Friedhelm Käpnick (Hrsg.)

Verschieden verschiedene Kinder
Inklusives Fördern im Mathematikunterricht der Grundschule

Klett | Kallmeyer

Bibliografische Information der Deutschen Nationalbibliothek
Die Deutsche Nationalbibliothek verzeichnet diese Publikation in der Deutschen Nationalbibliografie;
detaillierte bibliografische Daten sind im Internet über http://dnb.d-nb.de abrufbar.

Impressum

Friedhelm Käpnick (Hrsg.)
Verschieden verschiedene Kinder
Inklusives Fördern im Mathematikunterricht der Grundschule

1. Auflage 2016

© 2016. Kallmeyer in Verbindung mit Klett
Friedrich Verlag GmbH
D-30926 Seelze
Alle Rechte vorbehalten.
www.friedrich-verlag.de

Redaktion: Stefan Hellriegel, Berlin
Realisation: Lars Pätsch
Druck: Beltz Bad Langensalza GmbH, 99947 Bad Langensalza
Printed in Germany

ISBN: 978-3-7800-4833-2

Friedhelm Käpnick (Hrsg.)

Verschieden verschiedene Kinder

Inklusives Fördern im Mathematikunterricht
der Grundschule

Klett | Kallmeyer

Vorwort

Wenn man ein (Sach-)Buch schreibt oder herausgeben möchte, dann sollte man eine ausgewiesene Sachkompetenz und/oder (mindestens) profunde eigene Erfahrungen zu den Buchthemen besitzen. Das, es sei vorab offen angesprochen, traf auf mich als Herausgeber dieses Buches zum Zeitpunkt der Zusage zu diesem Projekt nur ansatzweise zu. Was bewog mich dennoch, diese Herausforderung anzunehmen und worauf begründet sich nun die Hoffnung, dass das vorliegende Buch für Mathematikdidaktiker/innen und Lehrer/innen gleichwohl „lesenswert" ist?

Entscheidend ermutigt wurde ich zum Schreiben des Buches von den wissenschaftlichen Mitarbeiterinnen und Mitarbeitern und den Studierenden unseres Projektes „Mathe für kleine Asse" an der Universität Münster sowie von meinem ehemaligen Mitarbeiter, dem jetzigen Juniorprofessor Dr. Ralf Benölken, zu dessen Forschungsschwerpunkten sowohl die Förderung mathematisch begabter als auch rechenschwacher Kinder gehört. Sie verwiesen zum einen auf das (bisherige) Fehlen eines fundierten fachdidaktischen Konzepts für einen inklusiven Mathematikunterricht und boten zum anderen ihre aktive Mitwirkung an, die wiederum auf sehr verschiedenartiger Expertise beruhte. Der Weg vom schrittweisen Verstehen der unterschiedlichen Facetten wie auch diverser, teils konträrer Auffassungen zu Inklusiver Bildung über ein vergleichendes Analysieren der vorhandenen theoretischen und praktischen Ansätze bis zum konstruktiven Entwickeln sinnvoller konzeptioneller Ideen und konkreter schulpraktischer Lösungsvorschläge war dennoch ein langwieriger und schwieriger Prozess. Besonders problematisch war es immer dann, wenn ich bzw. wir feststellen mussten, dass unsere bisher gewachsenen Grundüberzeugungen von einem „guten Mathematikunterricht" ins Wanken gerieten – weil wir erkannten, dass Inklusive Bildung einen generellen Perspektivwechsel bezüglich des Organisierens, Durchführens und Analysierens mathematischer Lehr-Lernprozesse erfordert.

Eine unverzichtbare Unterstützung in unserem Verstehens- und Entwicklungsprozess stellte die große Expertise von Marcel Veber, einem wissenschaftlichen Mitarbeiter der Arbeitsgruppe des renommierten Erziehungswissenschaftlers Prof. Dr. Christian Fischer an der Universität Münster, dar. Da Marcel Vebers aktueller Forschungsschwerpunkt die Inklusive Bildung ist, konnten wir von seinen wertvollen Informationen zu historischen und aktuellen Entwicklungen auf diesem Gebiet äußerst profitieren und er bereicherte, gemeinsam mit seinem Kollegen Daniel Bertels, als Autor einzelner Kapitel die Inhalte des Buches in bedeutendem Maße. Sehr wertvolle Hilfe aus einer anderen Perspektive, und zwar der Schulpraxis, erhielten wir außerdem von Stefanie Jansing, einer ehemaligen Projektstudentin, die inzwischen über umfangreiche und mehrjährige Erfahrungen mit sowohl jahrgangsübergreifendem als auch inklusivem Mathematikunterricht verfügt und ihre Kompetenzen ebenfalls nutzte, um als Diskussionspartnerin und als Autorin einiger Buchabschnitte zu wirken. Schließlich erwies es sich als sehr Gewinn bringend, inklusives Lernen im Mathematikunterricht aus einer weiteren Perspektive, und zwar aus der Kindheitsforschung, zu betrachten. Diese wichtige Facette „deckte" Frau Prof. Dr. Mandy Fuchs von der Hochschule Neubrandenburg ab, mit der ich im Übrigen seit vielen Jahren im Rahmen diverser Forschungs- und Publikationsprojekte intensiv zusammenarbeite. Mandy Fuchs' konsequentes Beharren auf eine Kind orientierte Sicht, die sich beispielhaft in dem von ihr verfassten Buchkapitel widerspiegelt, sicherten, dass Kernideen Inklusiver Bildung beim Schreiben des Buchs durchgängig Beachtung fanden. Nicht zuletzt schulde ich meiner Sekretärin Carmen Fischer großen Dank für ihre immense Unterstützung bei der technischen Zusammenstellung der Texte und Abbildungen in der Manuskriptfassung. Somit lässt sich konstatieren, dass das vorliegende Buch ein authentisches Ergebnis praktizierter kokonstruktiver Zusammenarbeit unter sehr verschiedenen Personen ist, ganz im Sinne von Inklusion, und hierfür danke ich allen genannten und ungenannten Kolleginnen und Kollegen, den Studierenden sowie den vielen beteiligten Kindern, die dieses Buch erst ermöglichten, herzlich!

Friedhelm Käpnick
Münster, im Mai 2015

1 Einleitung

Friedhelm Käpnick

> Im Menschenrechtsdiskurs hat sich Inklusive Bildung als die Realisierungsform des Menschenrechts auf Bildung herauskristallisiert, welche Diskriminierungsfreiheit und die gleichberechtigte Teilhabe aller zu gewährleisten vermag und daher als genuine Ausformulierung des Menschenrechts auf Bildung gelten kann.
>
> (Neuhoff 2014)

Neuhoffs Einschätzung stellt sowohl die historische als auch die gesamtgesellschaftliche Dimension der Umsetzung Inklusiver Bildung in unserem Schulsystem heraus. Das geschichtliche Ausmaß wird konkret erkennbar, wenn man sich vergegenwärtigt, dass mit Inklusiver Bildung eine mehr als hundertjährige Epoche de facto endet, in der Kinder mit Behinderungen oder akuten Leistungsdefiziten in Sondereinrichtungen getrennt von anderen gleichaltrigen Kindern lernen mussten. Die hohe allgemeingesellschaftliche Relevanz lässt sich daran verdeutlichen, dass Inklusive Bildung übereinstimmend als ein entscheidender Schlüssel für die Verwirklichung der Selbstbestimmung eines jeden Menschen und für sein Recht auf ein gleichberechtigtes Mitwirken in der Menschengemeinschaft angesehen wird. Die zweifellos zu Recht vielfach ausgesprochene Würdigung des Beschlusses der UN-Generalversammlung über die Rechte von Menschen mit Behinderungen im Dezember 2006 und die Ratifizierung dieser Konvention durch die deutsche Bundesregierung im Jahr 2009 bewirken aber natürlich noch nicht, dass ein inklusives Lernen aller Kinder in der Schulpraxis „im Selbstlauf" gelingt. In den vergangenen Jahren haben Bildungspolitiker[1], Wissenschaftler, Lehrer wie auch Eltern vielmehr die Erfahrung gewonnen, dass der historische Schritt der Umsetzung Inklusiver Bildung mit gravierenden Veränderungen in verschiedenen Bereichen verbunden sein muss und dass dieser Wandel nur in einem längerfristigen Prozess erfolgreich gemeistert werden kann. Ein breiter Konsens besteht darin, dass für ein gelingendes inklusives Lernen grundlegende Voraussetzungen geschaffen werden müssen, wozu insbesondere gehören:

▶ die Schaffung schulischer Rahmenbedingungen, was wiederum das Festlegen gesetzlicher Regelungen sowie die erforderliche räumliche, materielle und vor allem personelle Ausstattung einschließt;

▶ eine fachliche, fachdidaktische, pädagogische und psychologische Qualifizierung der Lehr- und Begleitpersonen – entsprechend den veränderten Anforderungen inklusiven Lernens, was in der Endkonsequenz auch eine veränderte Lehreraus- und -weiterbildung bedeutet;

---

[1] In diesem Buch wird aus Gründen der besseren Lesbarkeit häufig nur die männliche Form genannt; das weibliche Geschlecht ist jedoch stets mitgemeint.

▸ ein grundsätzliches Umdenken von Lehrkräften und Erziehern hinsichtlich ihrer Einstellungen zum Lernen von Kindern, ihrer eigenen Rolle in Unterrichtsprozessen sowie der Organisation und Gestaltung von Unterricht, des Umgangs mit der Diversität von Kindern u. a. m.;

▸ die Entwicklung von praktikablen didaktisch-methodischen Konzepten, einschließlich von unterrichtlichen Organisationsformen, die den individuellen Lernbedürfnissen wie auch den Ansprüchen gemeinsamen Lernens ohne und mit sonderpädagogischen Unterstützungsbedürfnissen, von verhaltensauffälligen wie nichtauffälligen Schülern, von für Mathematik begeisterten wie nichtbegeisterten Kindern usw., gerecht werden.

Diese Grundvoraussetzungen stehen in engen wechselseitigen Zusammenhängen und sie sind demgemäß stets als komplexe Rahmenbedingungen zu beachten, wenn man zu einem konkreten Schwerpunkt einen praktikablen Lösungsansatz entwickeln will. Somit waren sie auch eine wesentliche Ausgangsposition für die Autoren dieses Buches. Ihr Anliegen bestand darin, ein Rahmenkonzept für einen inklusiven Mathematikunterricht zu entwickeln. Der besondere Fokus lag dabei auf dem Mathematikunterricht in der Grundschule, weil in diesem Schultyp alle Kinder eines oder verschiedener Jahrgänge ohnehin seit vielen Jahren gemeinsam lernen – mit Ausnahme von Schülern, die Förderschulen besuchen. Im Vergleich hierzu erscheint die Umsetzung Inklusiver Bildung in Sekundarschulen von vornherein viel schwieriger, schon allein deshalb, weil das in Deutschland nach wie vor vorherrschende mehrgliedrige Schulsystem dem Kerngedanken Inklusiver Bildung diametral gegenübersteht. Aber auch die räumlichen und organisatorischen Bedingungen sowie die bisher (meist) üblichen didaktisch-methodischen Ausrichtungen und „Traditionen" des Mathematikunterrichts an Gymnasien, Real- oder Hauptschulen entsprechen kaum den Erfordernissen und Intentionen Inklusiver Bildung.

Die inhaltlich-logische Struktur des vorliegenden Buches ist an den Kernideen Inklusiver Bildung und an den oben genannten Grundvoraussetzungen für eine gelingende Inklusion orientiert. Dementsprechend sind wesentlicher Ausgangspunkt aller Überlegungen zu einem Inklusionskonzept die Kinder. Im Kapitel 2 werden zehn Fallbeispiele zu verschieden verschiedenen Kindern vorgestellt, die die große Vielfalt kindlicher Lebenswelten und ihre Diversitäten authentisch aufzeigen. Mit der Doppelung in „verschieden verschieden" im Titel dieses Buches soll ausgedrückt werden, dass ein klischeehaftes Denken in „Prototypen" eines rechenschwachen oder eines mathematisch begabten Kindes, eines verhaltensauffälligen Schülers oder eines unauffälligen „Durchschnittsschülers" der tatsächlichen Unterschiedlichkeit nicht genügt: Jedes Kind ist einzigartig und es gilt, hiervon ausgehend es individuell zu fördern und die individuellen Potenziale aller Kinder zugleich für ein gegenseitig bereicherndes gemeinsames Lernen zu nutzen. Die Einzelfallbeispiele können dem Leser aber auch gleichzeitig die zweifellos großen Herausforderungen eines inklusiven Lernens verschieden verschiedener Kinder vergegenwärtigen – und aufzeigen, dass es auf der Basis der bisherigen ("nichtinklusiven") Schulkonzepte meist nur unzureichend gelingt, den individuellen Bedürfnissen dieser Kinder gerecht zu werden.

Als weitere wichtige Ausgangsbedingungen für das Entwickeln eines Inklusionskonzeptes werden im Kapitel 3 zunächst die gesetzlichen Rahmenbedingungen überblicksartig erläutert. Es folgt ein unseres Erachtens repräsentatives aktuelles Stimmungsbild zu Chancen und Hoffnungen, ebenso zu Skepsis und tendenzieller Ablehnung Inklusiver Bildung. Diese Meinungsvielfalt ernst zu nehmen, ist insofern von Bedeutung, weil sie konkret zum Teil verfestigte Einstellungen und Haltungen der am Prozess der Einführung von Inklusion beteiligten Personen widerspiegelt, und diese sind unseres Erachtens zweifellos auch ein wichtiger Ausgangspunkt einer Konzeptentwicklung. Nachfolgend werden aktuelle wissenschaftliche Analyseergebnisse vorgestellt, die helfen sollen, ein objektives "Bild" der realen Meinungsvielfalt aufzuzeigen und die eine oder andere "Stimmung" in Schulen, unter Eltern oder in den Medien zu relativieren. Für die vor allem unter Lehrkräften am häufigsten genannten "Stolpersteine" bei der Umsetzung Inklusiver Bildung werden anschließend Unterstützungssysteme aufgezeigt.

Ausgehend von der im Kapitel 2 exemplarisch verdeutlichten realen Vielfalt kindlicher Entwicklungen und den hieraus resultierenden enorm vielschichtigen Anforderungen an Lehrkräfte sowie den im Kapitel 3 vorgestellten gesetzlichen Rahmenbedingungen, den Momentaufnahmen und Analysen zu Chancen wie auch zu Problemen Inklusiver Bildung, werden im Kapitel 4 des Buches konzeptionelle Eckpfeiler für ein tragfähiges Inklusionskonzept im Mathematikunterricht entwickelt. Entsprechend der Grundidee Inklusiver Bildung stehen hierbei die lernenden Kinder im Mittelpunkt. Deren Lerntätigkeit wird wiederum einerseits durch ihre individuellen Lernvoraussetzungen und andererseits durch die schulischen Rahmenbedingungen bestimmt. Eine gewinnbringende Entwicklung des individuellen wie auch des gemeinsamen Lernens der Kinder erfordert somit ein flexibles Zusammenspiel vieler verschiedener Einflussfaktoren. Hierbei spielen die Lehrkräfte, wie – nebenbei bemerkt – in allen historischen Phasen der Schulentwicklung, eine "Schlüsselrolle". Eine Grundintention des hier entwickelten Inklusionskonzeptes besteht demgemäß darin, dass für ein erfolgreiches Umsetzen Inklusiver Bildung im Mathematikunterricht prinzipiell übereinstimmende pädagogische Grundpositionen und Grundüberzeugungen aller Lehrkräfte einer Schule zur Inklusiven Bildung entwickelt werden müssen. Die Idee der Multi-Professionalität (Heinrich/Arndt/Werning 2014, S. 69) kann mit einer gemeinsamen interprofessionellen "Handlungs- und Strukturlogik" und einer gemeinsamen Nutzung von "Karte und Kompass" (Lindmeier/Lindmeier 2012, S. 266) gekennzeichnet werden. Dabei ist entscheidend, dass jede Lehrkraft die gravierenden Veränderungen Inklusiver Bildung im Vergleich zum bisherigen Unterrichten erkennt und die Bereitschaft zum Umdenken, zum Erlernen neuer Organisations- und Gestaltungsformen des Mathematikunterrichts sowie zu einem neuartigen Team-Teaching aufbringt. Die im Kapitel 3 präsentierten Momentaufnahmen verdeutlichen, dass dieses Umdenken vor allem für Lehrende ein grundsätzliches Andersdenken erfordert, die viele Jahre zum Beispiel eher auf ein geschicktes Vermitteln von Lerninhalten an die Kinder, auf das Erreichen homogener Leistungsniveaus oder auf ein Vermeiden von Schülerfehlern fokussiert waren.

Als weitere, eng miteinander verknüpfte Eckpfeiler des Konzepts für einen inklusiven Mathematikunterricht werden anschließend eine angemessene Raum- und Lernmittelausstattung und grundlegende didaktisch-methodische Orientierungen erläutert. Anzumerken ist freilich, dass das Rahmenkonzept kein über mehrere Jahre praktisch erprobtes Konzept ist. Es ist (nur) das Resultat eines analytisch-konstruktiven Herangehens und zumindest punktueller empirischer Befunde. Demgemäß mag zum Beispiel die für notwendig erachtete Sach- und Personalausstattung – je nach Perspektive – für die einen „völlig angemessen", für die anderen „noch als unzureichend" und für wiederum andere „als unrealistisch überzogen" erscheinen. Ganz gleich, welchen Standpunkt man hierzu einnimmt, es wäre aus unserer Sicht schon viel erreicht, wenn diesbezüglich eine sachliche Diskussion angeregt und zumindest für eine „Mindestausstattung" an den Schulen gesorgt werden kann.

Das 5. Kapitel ist allgemeinen Orientierungen und konkreten praktischen Empfehlungen einer prozessbezogenen inklusiven Diagnostik gewidmet. Hierbei wird herausgestellt, dass dem Erfassen und Analysieren von individuellen Einstellungen, Interessen, Lern-, Denk- und Problemlösestilen, von besonderen mathematischen Potenzialen u. a. m. ein vergleichsweise bedeutend größerer Raum als im herkömmlichen Unterricht beigemessen werden sollte. Ein wichtiger Aspekt besteht zudem darin, dass sich auch der grundsätzliche Charakter von Diagnostik im Vergleich zum herkömmlichen Unterrichten verändern muss. Markante Veränderungen beziehen sich beispielsweise auf die grundsätzlich kompetenzorientierte Sichtweise auf Schülerleistungen im Vergleich zur bisherigen eher defizitorientierten Sichtweise von Lehrern und auf eine aktive Einbeziehung von Kindern in den Prozess des Diagnostizierens im Kontext eines selbstbestimmten und eigenverantwortlichen Lernens.

Der umfangreichste Teil des Buches stellt das Kapitel 6 dar. In diesem Buchteil werden gemäß der Grundidee Inklusiver Bildung und den konzeptionellen Eckpfeilern eines inklusiven Mathematiklernens konkrete Organisationsformen vorgestellt, die ein gemeinsames Lernen sehr verschiedener Kinder im Mathematikunterricht ermöglichen. Als eine didaktische Leitidee wird dabei die Form der *natürlichen Differenzierung* deklariert. Bei dieser Organisationsform erfolgt im Unterschied zu allen anderen einschlägig bekannten Differenzierungsmaßnahmen, wie etwa der inneren oder der äußeren Differenzierung, die Differenzierung oder besser gesagt: die Individualisierung im Prozess der Lerntätigkeit durch die Kinder selbst. Die natürliche Differenzierung ist demgemäß dadurch gekennzeichnet, dass jedes Kind beim Entdecken, Üben und Anwenden mathematischer Lernthemen selbst über die Tiefe des Eindringens in einen Inhalt wie auch über die Wahl von Lösungswegen, von Hilfsmitteln und die Lösungsdarstellung entscheidet. Auf diese Weise wird den Kindern Eigen- bzw. Mitverantwortung für ihr Lernen übertragen und sie können hierbei ihre individuell bevorzugten Denk- und Lernstile entwickeln. Die Chancen für ein differenzierendes Lernen entsprechend den jeweiligen Potenzialen eines Kindes sind somit bei der natürlichen Differenzierung weitaus größer als bei einer „Sondierung" durch die Lehrkraft.

Hinsichtlich der Erläuterungen zu den insgesamt zehn Organisationsformaten für einen gelingenden inklusiven Mathematikunterricht ist zu berücksichtigen, dass die Formate in engen inhaltlichen Zusammenhängen stehen und dass sie sich in der praktischen Umsetzung häufig vermischen. Dies wird in den verschiedenen Unterkapiteln an vielen konkreten Beispielen thematisiert. Eine Unterscheidung der Organisationsformen erschien uns dennoch sinnvoll, weil auf diese Weise die besonderen Lernpotenziale und die spezifischen didaktisch-methodischen Ansprüche einer Organisationsform herausgestellt werden können. Dementsprechend erfolgt ihre Darstellung in den Unterkapiteln jeweils so, dass zunächst die allgemeine Grundstruktur, spezielle Vorzüge und wichtige didaktische Aspekte beim Einsatz einer Organisationsform beschrieben werden. Dann wird das Allgemeine an authentischen Unterrichtsbeispielen konkretisiert.

Abschließend wird im Nachwort ein kurzes persönliches Fazit zum Prozess des „Einarbeitens" in den Themenkomplex „Inklusive Bildung" gezogen und ein allgemeiner Ausblick auf die Chancen für ein gelingendes inklusives Lernen im schulischen Mathematikunterricht gegeben.

Bei der Erarbeitung des Buchmanuskriptes ist uns immer wieder aufgefallen, dass sowohl in der pädagogischen Literatur als auch in der Schulpraxis Begriffe, die in einem unmittelbaren Zusammenhang zum Themenfeld „Inklusion" stehen, mit verschiedenartigen Bedeutungen verwendet wurden. Hinzu kommt, dass inhaltliche Unterschiede oder Zusammenhänge zwischen einzelnen Begriffen wie zwischen „Inklusion" und „Integration" uneinheitlich, mitunter auch widersprüchlich in der Literatur und auch in der öffentlichen Diskussion gebraucht werden. Um solche Ungereimtheiten und Missverständnisse beim Lesen des Buches zu vermeiden, haben wir im letzten Teil ein Glossar mit zentralen Begriffen und ihren jeweiligen kurzen inhaltlichen Bedeutungen zusammengestellt.

2 Fallbeispiele zu verschieden verschiedenen Kindern

Im schulischen Alltag verbinden viele Lehrkräfte (immer noch) „Inklusion" vor allem mit der Integration von äußerst leistungsschwachen oder behinderten Kindern in den regulären Unterricht. Wenn diese einseitige Sichtweise auch nicht der Grundidee eines inklusiven Lernens aller Kinder unter Wertschätzung ihrer individuellen Besonderheiten und Bedürfnisse Rechnung trägt, wird im Folgenden – gemäß der vielfach genannten „verzehrten" Sichtweise – als erstes Fallbeispiel ein Junge mit einem besonderen Förderbedarf vorgestellt.

2.1 Per: „Ich bin Spitze in Sport, aber Mathe mag ich nicht"

Ralf Benölken

Per kam als Frühgeburt im 7. Schwangerschaftsmonat zur Welt. Im Alter von 2 Jahren erlitt er einen Hirninfarkt, der eine Lähmung der linken Körperhälfte auslöste. Während die geistige Entwicklung sowie die Entwicklung von Seh- und Hörvermögen fortan prinzipiell altersgemäß verliefen, ist Pers Motorik bis heute linkslateral eingeschränkt.

Der Junge wurde regulär im Alter von 6 Jahren eingeschult, wiederholte später aber aufgrund erheblicher Schwierigkeiten im Fach Mathematik die 2. Klasse. Mittlerweile besucht der Junge das 3. Schuljahr. Wie vorher bereits in seiner Kindergartengruppe und in der früheren Klassengemeinschaft ist er gut integriert und erfährt viel Unterstützung durch die Lehrkräfte sowie die anderen Kinder. Während des Unterrichts, aber auch bei allen anderen Interaktionen im schulischen Rahmen treten Pers körperliche Einschränkungen in der Regel völlig in den Hintergrund. Sein Verhalten ist durch große Offenheit, Fröhlichkeit und Hilfsbereitschaft gekennzeichnet. Pers Lieblingsschulfächer sind Sachunterricht und Sport. Darüber hinaus zeigt er sich in beiden Bereichen über den schulischen Unterricht hinaus sehr interessiert: Beispielsweise kennt er die Kaderbesetzungen von Mannschaften der Fußballbundesliga sehr detailliert und kann viele Spiele – auch wenn sie schon länger zurückliegen – sehr genau erinnern. Außerdem spielt der Junge auch selbst gern Fußball (und zwar auf Vereinsebene) und bezeichnet dies als sein Lieblingshobby. In seiner Freizeit liest Per zudem sehr viel, wobei sein besonderes Interesse Sachbüchern gilt. Während der Junge allen anderen Schulfächern gegenüber mindestens indifferent (oder wie in den Beispielen Sport und Sachunterricht positiv) gegenübersteht, mag er das Fach Mathematik nicht. Dies spiegelt sich auch in seinen schulischen Leistungen wider, denn diese sind mit Ausnahme des Fachs Mathematik durchgehend mindestens zufriedenstellend. Im Unterricht ist Per in der Regel im Vergleich zu anderen Kindern eher ruhig und zurückhaltend. Dennoch arbeitet er – auch in Mathematik – zumeist sehr konzentriert und hoch motiviert, selbst oder gerade dann, wenn ihn Themen an seine Grenzen führen. Während seine prinzipiellen sprachlichen Fähigkeiten altersgemäß entwickelt sind, bereitet dem Jungen die Artikulation durch seine körperlichen Einschränkungen des Öfteren Schwierigkeiten.

Pers Schwierigkeiten beim Rechnen

Per zeigt einige Probleme beim Rechnen, die als typisch für Kinder gelten, die mehr oder minder stark ausgeprägte Lernschwierigkeiten im Fach Mathematik entwickeln.[2] Hinzu kommen – im Gegensatz zu seinem sehr guten Gedächtnis für sportliche Fakten – deutliche Schwierigkeiten im Erinnern mathematischer Sachverhalte. Diese Probleme scheinen auch ein Grund dafür zu sein, dass Per für die Erschließung neuer mathematischer Themen im Vergleich zu anderen Kindern seiner Klasse oft deutlich mehr Zeit für die Bearbeitung von Aufgaben benötigt. Aufgrund der Schwierigkeiten im Fach Mathematik wurde für Per hier der Förderschwerpunkt „Lernen" festgelegt.

Auffällig ist zunächst, dass Per auch komplexere Additions- oder Subtraktionsaufgaben in der Regel durch *zählendes Rechnen* zu lösen versucht. Zwar stellt das bei jüngeren Kindern ein gewöhnliches zeitweiliges Phänomen dar, doch verweist es in Pers Alter auf mögliche Probleme, die mit einem *einseitig ordinalen bzw. einem mangelnden kardinalen Zahlenverständnis* verbunden sind (siehe auch unten die Anmerkungen zur Abb. 4).

Per hat zudem einige Schwierigkeiten bei schriftlichen Rechnungen, die einen Übertrag enthalten. Zwar wendet er erlernte Algorithmen teilweise richtig an, jedoch nicht konsequent, was darauf hindeutet, dass er kein tieferes *Verständnis für die Operationen* entwickelt hat (Abb. 1; siehe auch die Anmerkungen unten zu Pers Problemen beim Wechsel der Repräsentationsebenen). Eine ähnliche Beobachtung liefern schwierigere operative Übungen (vgl. Abb. 2). Per betrachtet augenscheinlich jede Stelle für sich und stellt keine Zusammenhänge her, die durch den Übertrag ausgedrückt werden müssten.

Pers Probleme sind „doppelt" wichtig, weil das Verständnis von Operationen zugleich grundlegend für Prozesse des Mathematisierens von Realsituationen bzw. umgekehrt des Angebens passender Kontexte zu gegebenen Rechenaufgaben ist. Demgemäß hat Per auch immer wieder hierbei Probleme und ist in der Regel nur zu relativ simplen statischen Lösungen in der Lage, die oft keinen sinnvollen Kontext ergeben. Auf die Aufforderung hin, passende Geschichten zu den

---

2 Die im Folgenden vorgestellten Beispiele deuten bereits an, dass solche „Erscheinungsformen" in einem komplexen Wechselgefüge stehen und eine Trennung (zum Beispiel zwischen Fähigkeiten zum Repräsentationswechsel und dem Operationsverständnis) eher normativen Charakter besitzt. Ein Ansatz zur theoretischen Charakterisierung von Lernschwierigkeiten mit einer Kennzeichnung „typischer" Erscheinungsformen wird in Kap. 2.1 diskutiert.

Aufgaben „$9 + 5 = 14$" und „$6 - 4 = 2$" zu erfinden, formulierte er beispielsweise: *„Neun grüne Smarties und fünf rote Smarties. Man hat vierzehn Smarties"* und *„Sechs gelbe Smarties und vier blaue Smarties und man hat nur noch zwei Smarties"*.

Die beschriebenen Probleme beim Übertrag deuten zudem auf ein *mangelndes Stellenwertverständnis* hin. So zeigen sich bei Per ähnliche Probleme bei Aufgaben, die ein „Umbündeln" von einer Stelle zur nächsten erfordern (vgl. Abb. 3). Die Zehnerbündelung scheint ihm darüber hinaus generelle Schwierigkeiten zu bereiten (vgl. Abb. 4, S. 16; allerdings wird hier nicht explizit nach einer Zehnerbündelung gefragt und Per löste die Aufgabe durch vollständiges Auszählen der Äpfel).

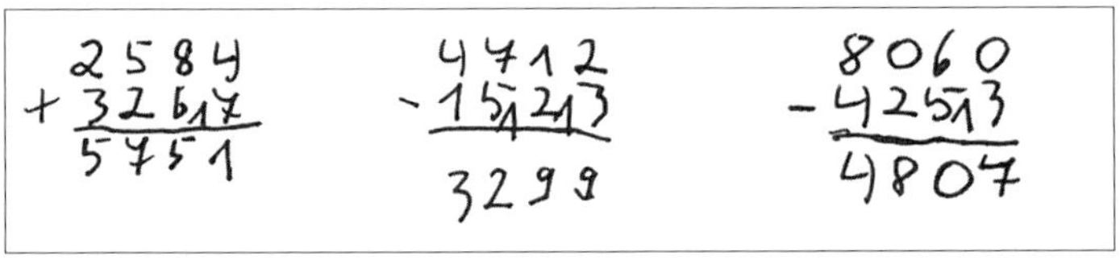

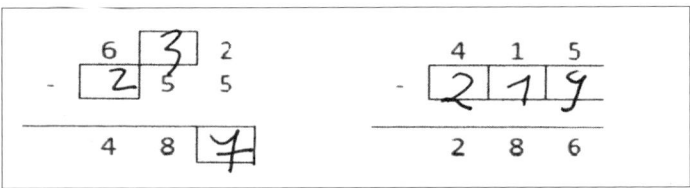

Abb. 1: Beispiele für schriftliche Rechnungen von Per

Abb. 2: Beispiele für schriftliche Subtraktionen von Per bei einer operativen Übung

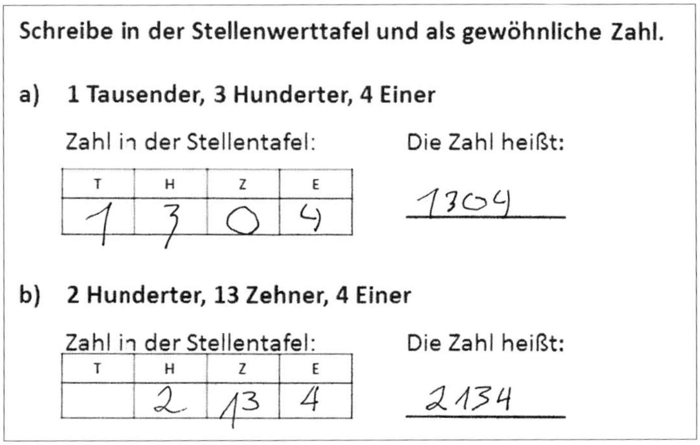

Schreibe in der Stellenwerttafel und als gewöhnliche Zahl.

a) 1 Tausender, 3 Hunderter, 4 Einer

Zahl in der Stellentafel: Die Zahl heißt:

T	H	Z	E
1	3	O	4

1304

b) 2 Hunderter, 13 Zehner, 4 Einer

Zahl in der Stellentafel: Die Zahl heißt:

T	H	Z	E
	2	13	4

2134

Abb. 3: Pers Lösung zur Stellenwerttafel

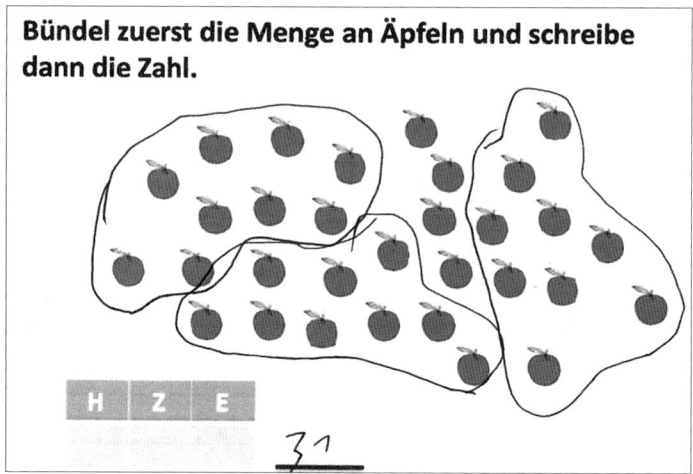

Abb. 4: Eine Lösung von Per zum Bündeln

Per hat zugleich deutliche Probleme beim *Wechseln der Repräsentationsebenen:*
So ist er zum Beispiel nicht in der Lage, eine angemessene Darstellung der Aufgabe „4 · 3" mit Plättchen zu legen (vgl. Abb. 5, links), und umgekehrt bereitet es
ihm Schwierigkeiten, Aufgaben beispielsweise aus einer ikonischen Repräsentation in eine symbolische zu überführen (vgl. Abb. 5, rechts).

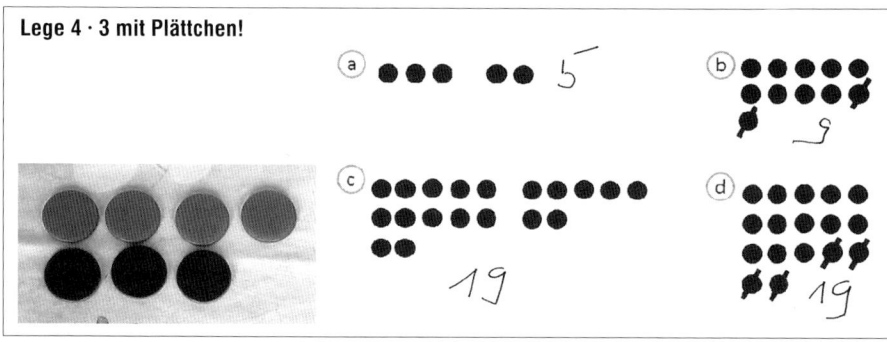

Abb. 5: Beispiellösungen von Per zum Repräsentationswechsel

Zusammengefasst hat Per mit den beschriebenen Schwierigkeiten beim kardinalen Zahlenverständnis, beim Operations- und Stellenwertverständnis sowie
beim Wechseln der Repräsentationsebenen einige Probleme, die – in individueller Ausprägung und Kombination – durchaus typisch für Kinder sind, die Lernprobleme in Mathematik entwickeln.

Kleiner Exkurs: Professionswissen als Basis für die unterrichtliche Gestaltung

Rechenschwäche

Zur Charakterisierung des Begriffs „Rechenschwäche" gibt es eine Vielzahl an Terminologien und Definitionen. Der hier vorgestellte Ansatz entspricht nicht der diskrepanzorientierten Sichtweise der psychologisch-medizinischen „Dyskalkulieforschung", die sich auf eine eher kleine Gruppe von Kindern bezieht, die aufgrund von „Rechenschwächen" seelische Probleme entwickeln (vgl. Schipper 2005). Er ordnet sich vielmehr unter fachdidaktischer Perspektive in phänomenologisch orientierte Ansätze ein. Danach wird versucht, mögliche *Erscheinungsformen* von „Rechenschwächen" (nicht „Symptome", denn dieser Begriff wird vor allem mit Krankheiten, Mängeln u. Ä. assoziiert) zu benennen und auf diese Weise eine an die individuellen Bedürfnisse eines Kindes angepasste Diagnostik und Förderung zu gewährleisten, die im Idealfall innerhalb schulischer Gegebenheiten durchführbar sind. Dieser Ansatz fokussiert eine deutlich größere Gruppe von Kindern, bei denen Lernprobleme in Mathematik als fehlende Grundvorstellungen, -fähigkeiten und -fertigkeiten beschrieben werden (ohne dass oder bevor sich seelische Probleme o. Ä. entwickeln), die im schulischen Kontext prinzipiell behoben werden können.

Probleme, wie sie sich bei Per zeigen, schließen an die am häufigsten berichteten „Erscheinungsformen" im gesamten Themenkomplex „Rechenschwächen" an – sie entsprechen häufigen Erfahrungen von Praktikern und Praktikerinnen gleichermaßen wie Ergebnissen mathematikdidaktischer Studien. Diese Erscheinungsformen lassen sich ausgehend von den Beispielen Pers abstrakter grob folgendermaßen charakterisieren, wobei der Überblick gewiss weder hinsichtlich der möglichen individuellen Ausprägung noch hinsichtlich möglicher weiterer individueller Schwierigkeiten vollständig ist (insbesondere sind hier Aspekte der Wahrnehmung wie Links-Rechts- oder Figur-Grund-Unterscheidungen zu nennen) und sich Überlappungen in ihren Beschreibungen nicht vermeiden lassen (siehe auch die Fußnote im vorigen Abschnitt):

▸ *Mangelndes Kardinal- bzw. einseitiges Ordinalverständnis, verfestigtes Zählen:* Zahlen werden nicht als Mengen, sondern einseitig als Rangplätze wahrgenommen. Kinder weichen bei Rechnungen auf das für sie sichere „Zählen" aus. Häufig erkennen und nutzen sie die Strukturen von Arbeitsmitteln wie der Hundertertafel nicht, was auch zu einem mangelnden Stellenwertverständnis beitragen kann (vgl. Schipper 2005).

▸ *Mangelndes Operationsverständnis:* Kinder vertauschen zum Beispiel „plus" und „minus" oder verstehen das Prinzip von Tausch- bzw. Umkehraufgaben nicht (vgl. Gaidoschik 2011). Unzureichendes Operationsverständnis führt zu Problemen beim Mathematisieren, also dabei, eine Verbindung zwischen einer Realsituation und der Mathematik oder umgekehrt herzustellen (vgl. Scherer/Moser-Opitz 2010). Auch und gerade gilt dies für ein mangelndes

Operationsverständnis bei der Division: Mit Blick auf das Kennenlernen anderer Zahlbereiche in der Sekundarstufe I könnten sich hieraus weitere erhebliche Schwierigkeiten ergeben.

▸ *Mangelndes Stellenwertverständnis:* Kinder haben Schwierigkeiten im Verständnis des dekadischen Stellenwertsystems. Dies kann etwa das Bündeln und Entbündeln oder die Stellenwertschreibweise betreffen (vgl. Scherer/Moser-Opitz 2010). Auch Schreib- oder Lesefehler (wenn etwa „224" als „242" gelesen wird), Zählfehler bei Stellenübergängen (z. B. „128, 129, 130, 150 ..."), Stellenwertfehler beim Rechnen (z. B. „500 + 40 = 900", „399 + 1 = 499") und Unverständnis beim Runden gehören zum Beispiel in diesen Bereich (vgl. Gaidoschik 2011).

▸ *Probleme beim Repräsentationswechsel:* Kinder zeigen Schwierigkeiten darin, zwischen enaktiven, ikonischen und symbolischen Repräsentationen zu wechseln. Handlungen mit Material helfen in diesem Falle nicht bei der Entwicklung tragfähiger Rechenstrategien (vgl. Schipper 2005).

▸ *Schwierigkeiten beim Teil-Teil-Ganzes-Konzept:* Kinder haben Schwierigkeiten hinsichtlich des Verständnisses dafür, dass eine Menge in verschiedene Anzahlen zerlegt bzw. aus verschiedenen Anzahlen zusammengesetzt werden kann und dass Zahlen Beziehungen zwischen Mengen ausdrücken, das heißt die Beziehungen eines Ganzen und seiner Teile (vgl. Scherer/Moser-Opitz 2010).

Gerade bei jüngeren Kindern können zudem Entwicklungsretardierungen bezogen auf *Vorläuferfunktionen zum Erwerb des Zahlverständnisses* (Herstellen von Eins-zu-eins-Zuordnungen, Klassifizieren, Erkennen von Reihenfolgen und qualitatives Vergleichen; siehe auch Hasemann 2010) die Ausbildung basaler arithmetischer Grundvorstellungen, -fähigkeiten und -fertigkeiten erschweren. Lernprobleme in Mathematik, zum Beispiel in Bezug auf die berichteten „Erscheinungsformen", sind demgemäß nicht als generelle physische Disposition aufzufassen. Vielmehr kann ihre Entstehung multifaktoriell durch diverse Ursachen begünstigt werden. Diese konkret zu benennen, ist wiederum unmöglich, da es keine hinreichenden wissenschaftlichen Belege für derartige Effekte gibt (man spricht daher eher von „Risikofaktoren"). Prinzipiell ist zwischen intra- und interpersonalen Einflüssen zu unterscheiden, das heißt zwischen Faktoren, die in der Person, und solchen, die in der sozialen Umgebung liegen (vgl. z. B. Gaidoschik 2011). Als theoretische Fundierung einer angemessenen individuellen Diagnostik und Förderung in Bezug auf die beschriebenen „Erscheinungsformen" erscheint eine ganzheitliche Sichtweise günstig, die nicht auf kognitive Faktoren verengt ist, sondern co-kognitive Variablen (Motivation, Unterstützung durch das soziale Umfeld usw.) ebenso einschließt wie die gesamte kindliche Entwicklung. In Anlehnung an phänomenologische Definitionen und entwicklungsorientierte Modellierungen von Lernproblemen in Mathematik (sowie an Begabungsentwicklungsmodelle, z. B. Gagné 2000) kann das folgende Modell zu Einflussfaktoren auf den Entfaltungsprozess wichtiger arithmetischer Kompetenzen bei Grundschülern die Basis für eine Beschreibung der Entstehung typischer „Rechenprobleme" bilden (Abb. 6; vgl. Benölken/Kelm 2015).

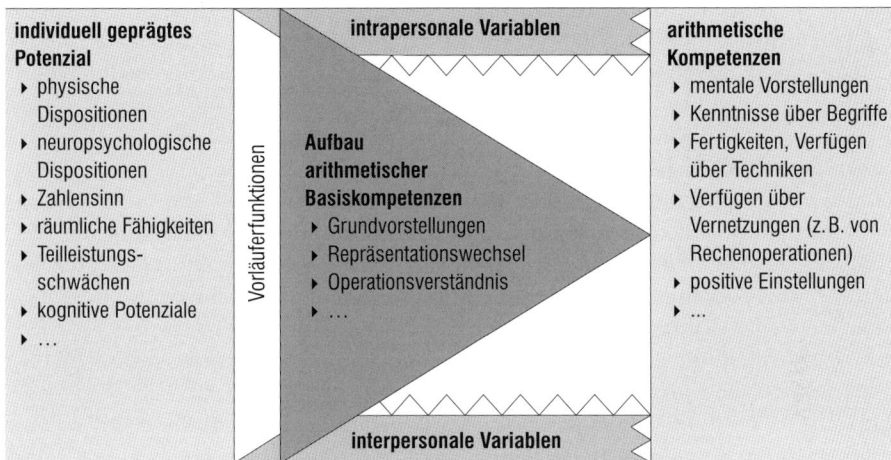

Abb. 6: Einflussfaktoren auf den Entfaltungsprozess wichtiger arithmetischer Kompetenzen

Vor diesem Hintergrund können „Rechenprobleme" charakterisiert werden als Schwierigkeiten bei Vorläuferfunktionen für den Erwerb des Zahlverständnisses, bei Grundvorstellungen (in Bezug auf das ordinale und kardinale Zahlenverständnis – in Verbindung mit einem verfestigten zählenden Rechnen –, in Bezug auf das Teil-Teil-Ganzes-Konzept oder in Bezug auf das Verständnis des Stellenwertsystems), bei Repräsentationswechseln oder beim Operationsverständnis, die ausgehend von einem individuell geprägten Potenzial unter dem Einfluss inter- und intrapersonaler Variablen entstehen können, sodass sich Komponenten arithmetischer Kompetenzen nicht auf einem tragfähigen Niveau ausprägen. Dieser Ansatz liefert wohlgemerkt kein Modell dazu, wie sich zum Beispiel der konkrete Entfaltungsprozess arithmetischer oder mathematischer Kompetenzen kennzeichnen ließen (etwa anhand von Stufen- oder Mehrebenenmodellen, z.B. Krajewski 2008). Diese Charakteristik stellt zudem natürlich nur eine Vereinfachung der realen Komplexität dar, die einerseits Aspekte akzentuiert, die in der einschlägig bekannten Forschung als wesentlich angesehen werden. Andererseits wird hierdurch ein Strukturierungs- und Ordnungsrahmen für die Einordnung inhaltlicher Schwerpunkte und Zusammenhänge geschaffen. Insofern scheint die Fokussierung auf Einflussfaktoren ihres Entfaltungsprozesses geeignet, um Bereiche herauszustellen, die für eine angemessene Diagnostik und Förderung zu berücksichtigen sind. Zu beachten ist ferner, dass Rechenprobleme in dem hier vorgestellten Ansatz als sehr individuelles Phänomen gedeutet werden, etwaige Erscheinungsformen also sehr unterschiedlich und in differierenden

Profilen ausgeprägt sein können. Anknüpfend an die ganzheitliche Grundvorstellung, die anhand der Abb. 6 impliziert wird, erscheint eine Prozessdiagnostik angemessen, die die gesamte kindliche Persönlichkeit vermöge einer Synthese verschiedener formeller und vor allem informeller diagnostischer Verfahren in den Blick nimmt, wobei insbesondere die Bedeutung verschiedener Vorgehensweisen bei individuellen „Denk-" bzw. „Fehleranalysen" hervorzuheben ist (vgl. Lorenz/Radatz 1993), das heißt eine Diagnostik, die *nicht* auf rein produktorientierte standardisierte Testverfahren beschränkt ist.

Herausforderungen für eine Lehrkraft

Kinder mit großen Rechenproblemen, wie Per, stellen besondere Herausforderungen für Lehrkräfte beim Bemühen um eine erfolgreiche Gestaltung des Mathematikunterrichts dar. Sie verlangen eine intensive individuelle Zuwendung, um die komplexen „Rechenprobleme" überwinden zu können – ohne dass gleichzeitig die Förderung der anderen Kinder einer Klasse entsprechend deren Lernbedürfnissen vernachlässigt wird. Einerseits sollte eine Lehrkraft daher über das notwendige Professionswissen hinsichtlich häufiger „Erscheinungsformen" und eventueller „Risikofaktoren" für Rechenprobleme bzw. Rechenschwächen verfügen. Andererseits sollte sie Möglichkeiten kennen, um Kinder bei der Überwindung von Rechenproblemen zu unterstützen, und der Unterricht sollte grundsätzlich vielschichtig angelegt sein, sodass Lernwege individuell beschritten werden können.

Bezüglich des zuletzt genannten Aspekts werden im Folgenden einige wichtige Facetten der Gestaltung des Mathematikunterrichts, an dem Per teilnimmt, skizziert, um Hinweise zu geben, wie sich die Förderung von Kindern mit Rechenproblemen vor dem Hintergrund der geforderten Vielschichtigkeit innerhalb des schulischen Rahmens gestalten ließe: Ein wichtiges Prinzip ist hier das *multiprofessionelle Team-Teaching*: Neben einer Fachlehrkraft sollte eine sonderpädagogisch geschulte Lehrkraft an der Gestaltung der Lernprozesse beteiligt sein, welche die Lernwege der Kinder mit besonderen Förderbedarf kompetent reflektiert sowie spezielle Fördermaßnahmen plant und durchführt. In Bezug auf Rechenprobleme kann es sich dabei beispielsweise um die Unterstützung bei der Entwicklung tragfähiger Grundvorstellungen u. Ä. handeln. Es empfiehlt sich, Pers Förderung zudem durch begleitende *professionelle Zusammenarbeiten* zu ergänzen, etwa durch einen Integrationshelfer oder durch einen Logopäden.

Hinsichtlich der Individualisierung der Lernwege anhand geeigneter Unterrichtsmethoden ist im von Per erlebten Mathematikunterricht das Bemühen der Lehrkraft um eine prinzipielle *Öffnung des Unterrichts* herauszustellen, besonders durch die häufige Implementierung von Wochenplanarbeiten, die Prinzipien der *natürlichen Differenzierung* folgen (vgl. hierzu auch Kap. 6.1). Die Lehrkraft bietet in diesem Kontext Module zur systematischen Erarbeitung von Unterrichtsstoffen an. Beispielsweise können Lernende nach ihrem eigenen Lerntempo arbeiten, die Sozialform oft selbst wählen oder Rückzugsmöglichkeiten nutzen. Die Kontrolle der bearbeiteten Aufgaben erfolgt zunächst selbstständig mithilfe von Modelllösungen, anschließend durch einen Austausch mit anderen Lernenden und den Lehrkräften. Der Dokumentation und Reflexion von Lernwegen dienen individuelle „Logbücher". Ausgehend von einer Grundhaltung, die die natürliche Differenzierung betont, finden sich oft ergänzende innere Differenzierungen (z. B. Module, die beispielsweise insgesamt weniger Aspekte eines Themas aufgreifen oder Schwierigkeiten isolieren) und einzelne ergänzende äußere Differenzierungen (Per nimmt beispielsweise regelmäßig an einem speziellen Förderkurs teil, um zum Beispiel tragfähige Grundvorstellungen im Sinne des Rückschaltprinzips aufzuarbeiten oder Inhalte in Ruhe automatisieren zu können). Außerdem achten die Lehrkräfte auf eine angemessene Variabilität bei der Gestaltung von beispielsweise Themeneinstiegen und Klassenarbeiten, die so aufbereitet werden, dass sie für den Jungen eingängig sind bzw. seinen Lernprozess widerspiegeln.

2.2 Sven: „In Mathe bin ich topp, aber Deutsch liegt mir nicht"

Friedhelm Käpnick

Auf dem ersten Blick erweckt der 11-jährige Sven den Eindruck eines körperlich zwar sehr kleinen, aber äußerst agilen und „pfiffigen" Kindes. Der Eindruck täuscht nicht, denn der vielseitig interessierte Junge gehört zu den sportlich besten seiner Klasse und er hat seine mathematische Begabung schon mehrfach eindrucksvoll unter Beweis gestellt. Kommt man mit Sven ins Gespräch, kann man häufig („auf dem zweiten Blick") erleben, dass er sich auffällig abwartend, mitunter ängstlich verhält und nur wenig spricht. Dies trifft insbesondere dann zu, wenn der Gesprächspartner eine für Sven fremde Person ist. Das „merkwürdige" Verhalten des Jungen hat sich, basierend auf seiner besonderen Persönlichkeitsstruktur und seinen seit der Kindergartenzeit gewonnenen Erfahrungen mit Erwachsenen, schrittweise verfestigt.

Prägende Besonderheiten in der vorschulischen Entwicklung
Bereits im Vorschulalter fiel den Eltern Svens spezielle mathematische Begabung auf. Mit Hilfe seines Vaters, eines Mathematik- und Physiklehrers, erlernte der 3-jährige Sohn zum Beispiel spielend das Zählen bis 100, beherrschte wenig später viele Additions- und Subtraktionsaufgaben und erschloss sich dabei – auf der Basis eines offenbar angeborenen besonderen Zahlgefühls – selbstständig Grundstrukturen des dezimalen Stellenwertsystems. Im Alter von 4 Jahren entwickelte Sven zudem eine große Faszination für das Schachspiel. Seine Spielgegner waren häufig bedeutend ältere Kinder, und um gegen diese erfolgreich zu sein, entwickelte er die Strategie, sich verschiedene mögliche Züge für diverse Schachspielkonstellationen einzuprägen. Dieses Wissen nutzte er dann beim

Spielen erstaunlich geschickt. So schulte er nebenbei sehr früh seine besondere Gedächtnisfähigkeit für bildhafte (nonverbale) Sachverhalte, wozu ebenso sein leidenschaftliches Bauen mit Legosteinen beitrug. Dieser individuelle Gedächtnis- und Denkstil prägt bis heute Svens Vorgehensweise bei kognitiven Tätigkeiten, so auch beim Bearbeiten mathematischer Problemaufgaben.

Im Kindergarten entstanden zwischen dem 3-jährigen Sven und seiner Erzieherin dagegen schnell mehrere Konflikte, die den Jungen nachhaltig beschäftigten. Zunächst fand er das Spielen mit den anderen gleichaltrigen Kindern meist langweilig, auch weil ihn die angebotenen Spielmaterialien wenig reizten, ihn die Spiele meist unterforderten. Er wollte, nicht zuletzt aufgrund seiner Erfahrungen vom Schachspiel her, viel lieber mit älteren Kindern zusammen sein. Dies erlaubte ihm die Erzieherin jedoch nur in Ausnahmefällen. Ebenso wurde ihm sein Wunsch verweigert, bei Lege- oder Strategiespielen die Erwachsenenversion zu wählen. Seine Erzieherin wies ihn immer wieder mit den Worten *„Das ist noch nichts für dich. Spiel erst einmal mit der Kinderversion!"* zurecht. Als *„Ersatz"* versprach sie aber dem Jungen, an jedem Vormittag einige Minuten nur mit ihm zu spielen. Doch dieses Versprechen hielt sie nicht ein, was Sven, der einen ausgeprägten Gerechtigkeitssinn besitzt, tief verletzte. Da sich die Situation nicht änderte, provozierte der Junge eines Tages seine Erzieherin, indem er eine alltägliche Verhaltensregel bewusst nicht einhielt. Als ihn die Erzieherin daraufhin ansprach, platzte es aus Sven heraus: *„Wenn du Regeln nicht einhältst, brauche ich das auch nicht!"* Fortan hielt er sich im Kindergarten sehr zurück, sprach mit der Erzieherin lediglich das Notwendige, beteiligte sich eher uninteressiert an gemeinsamen Unternehmungen und konzentrierte sich nur noch auf das, was ihm Spaß bereitete und seinen Entdeckerdrang befriedigte: Bauen mit Legosteinen, Erkunden von Lege- und Strategiespielen, Lösen von Rechenrätseln. Hierbei konnte Sven gut mit gleichgesinnten Kindern kommunizieren, freundete sich auch mit einigen an. Seine wichtigsten Vertrauenspersonen waren aber und bleiben bis heute die Eltern. Sie erkannten und akzeptierten auch früh manche Eigenart ihres Sohnes. So waren Sven bereits seit frühester Kindheit zum Beispiel ein sehr strukturierter Tagesablauf sowie präzise Vereinbarungen und deren konsequente Einhaltung äußerst wichtig. Abweichungen und Verstöße, wie der beschriebene Konflikt mit seiner Erzieherin zeigte, ertrug er nur unwillig. Beispielsweise störte ihn als 5-Jährigen an der Auskunft seiner Mutter *„Das kannst du später machen"*, dass diese unkonkret war.

Svens „gemischte" Erfahrungen in der Grundschule und das Entfalten seiner individuell geprägten mathematischen Begabung

Auf die Schule freute sich Sven sehr, vor allem weil er hoffte, hier ständig Neues lernen zu können. Der Junge entwickelte auch schnell ein sehr gutes Verhältnis zu seiner verständnisvollen Klassenlehrerin und zu seinen Mitschülern. Im Mathematikunterricht wünschte er sich zwar ein schnelleres Vorankommen beim Erkunden der „Welt der Zahlen und Formen". Da ihm die Lehrerin aber oft Zusatzaufgaben anbot, war er insgesamt zufrieden. Auch Sport wurde schnell zu einem seiner Lieblingsfächer. In diesem Fach konnte er seinen Bewegungsdrang ausleben, seine körperliche Geschicklichkeit zeigen und weiterentwickeln und er erfuhr viel Anerkennung durch die Mitschüler. Im Deutschunterricht hielt sich Sven dagegen zurück. Seine Leistungen im Lesen und Schreiben waren *„eher unauffällig"*. Ab dem 2. Schuljahr stellten sich dann jedoch zunehmend Lese-Rechtschreibprobleme heraus – weil Svens „Geheimtaktik", sich die im Unterricht behandelten Texte auswendig einzuprägen, nun nicht mehr aufging. Die Probleme vergrößerten sich bald zu einem „Problemkomplex" – durch einen Klassenlehrerwechsel. Die neue Klassenlehrerin stellte viel stärker die immer deutlicher werdenden Schwächen des Jungen im Lesen und Schreiben als seine Stärken im mathematischen Bereich heraus. Fokussiert auf die Defizite nahm sie sogar Svens überdurchschnittliches kognitives Potenzial wenig wahr. Daraus entstand – vergleichbar mit den sozialen Spannungen zwischen Sven und seiner Erzieherin im Kindergarten – ein grundsätzlicher Konflikt zwischen dem Jungen und seiner Lehrerin. Hierzu trugen auch eine immer größere Unzufriedenheit des Jungen über den oft als *„langweilig"* empfundenen Mathematikunterricht und über eine häufige Unruhe im Unterricht bei, die das lärmempfindliche Kind sehr störte. Die besorgten Eltern berieten immer wieder die Probleme, sowohl mit ihrem Sohn als auch mit der Lehrerin, jedoch mit nur geringen Erfolgen.

Die Suche nach einer alternativen Fördermöglichkeit führte schließlich zum Projekt „Mathe für kleine Asse" (vgl. Käpnick 2011), an dem der Junge seit Beginn seines 3. Schuljahres regelmäßig teilnahm. In den Förderstunden des Enrichmentprojektes bearbeitete der Junge stets hochmotiviert sehr selbstständig und ausdauernd komplexe Problemaufgaben. Er bewies von Anfang an immer wieder, dass er sprachlich vorgegebene, relativ komplexe mathematische Sachverhalte sehr schnell für sich in eine bildhaft-schematische oder formal-abstrakte Repräsentationsebene übersetzen und dabei zugleich unwesentliche Sachverhalte aussortieren und den „restlichen Kern" strukturieren konnte, das heißt, dass er bereits in der Phase der ersten Informationsaufnahme intuitiv strukturierte – wenngleich mitunter aufgrund seiner Sprachprobleme fehlerhaft. Dies ermöglichte ihm ein äußerst schnelles Erfassen und internes Verarbeiten von wesentlichen mathematischen Zusammenhängen, wodurch er häufig in verblüffend kurzer Zeit richtige Lösungsideen oder gar Lösungen präsentieren konnte – ohne darüber sprachlich reflektieren zu können. In einem Analysegespräch kommentierte er dieses Phänomen mit den Worten: *„Ich habe so viele Dinge im Kopf, dass ich das, was ich sagen möchte, nicht* [mit Worten] *rausselektieren kann."*[3] Charakteristisch war für den Jungen weiterhin, dass er ein sehr ausgeprägtes Ge-

---

3 Diese Selbstreflexion ist mehr oder weniger typisch für Kinder (wie im Übrigen auch für professionelle Mathematiker), die anspruchsvolle mathematische Probleme bevorzugt intuitiv lösen (vgl. z. B. Käpnick 2009). Sie entspricht auch derzeitigen Einschätzungen von Hirnforschern (vgl. z. B. Roth 2003, Plessner u. a. 2008) oder Vertretern der Emotionalen Intelligenzforschung (vgl. z. B. Goleman u. a. 1999).

fühl für Zahlen und Zahlbeziehungen sowie ein besonderes ästhetisches Gefühl für schöne mathematische Muster besaß. Dies spiegelte sich unter anderem darin wider, dass er seine kreativen Lösungsideen des Öfteren mit „cool", „lustig" oder „schön" kommentierte.

Enrichment und Acceleration
Unter einer Enrichment-Förderung versteht man eine Anreicherung (Ergänzung, Vertiefung) des üblichen Schulstoffs, ohne den Stoff späterer Schuljahre vorwegzunehmen. Dagegen beinhaltet eine Acceleration-Förderung das Anpassen der Förderinhalte an das akzelerierte kognitive Niveau eines Kindes, was vor allem eine Vorwegnahme von Lernthemen späterer Schuljahre einschließt.

Vorstrukturierung
Die Fähigkeit, bereits in der ersten Phase der Informationsaufnahme, mathematische Sachverhalte strukturieren und sich auf diese Weise mehr Inhalte (als üblich) und diese in höherer Qualität einprägen zu können, stellt Käpnick im Ergebnis seiner Untersuchungen als ein besonderes bzw. wesentliches Merkmal mathematisch begabter Grundschulkinder heraus (vgl. Käpnick 1998, S. 170).

Folgende Diagnoseergebnisse können Svens besondere mathematische Begabung belegen:

▸ Im Einstiegstest der von Lehrern nominierten leistungsstärksten Drittklässler aus 10 Münsteraner Grundschulen erreichte er unter 49 Drittklässlern den 9. Rangplatz.

▸ Im halbstandardisierten Indikatoraufgaben-Test (vgl. dazu Käpnick 2001, S. 167–182) erzielte er unter 66 Dritt- und Viertklässlern den 11. Rangplatz.

▸ Sein mathematischer IQ-Wert beträgt 130 (auf der Basis des eingesetzten Intelligenztestes CFT 20-R).

▸ In einem speziellen Test zur Raumvorstellung belegte Sven den 17. Rangplatz unter 62 mathematisch potenziell begabten Dritt- und Viertklässlern des Projektes.

Svens Lese-Rechtschreibprobleme und seine hieraus resultierenden Besonderheiten beim Bearbeiten mathematischer Aufgaben
Im sprachlichen Bereich geriet Sven immer stärker in einen „Teufelskreis". Seine Leistungen im Lesen und im Rechtschreiben konnte die Lehrerin meist nur mit „ausreichend" oder „mangelhaft" bewerten. Schon beim Durcharbeiten von nur kleinen Texten quälte sich der Junge oft mühsam und fand offenbar keinen Zugang zu den Regeln der Grammatik und Orthografie. Folglich erlebte er Anforde-

rungssituationen zum Lesen und Schreiben in der Regel als äußerst unangenehm und peinlich. Für den Umgang mit diesem Dilemma entwickelte er dann Schritt für Schritt diverse Vermeidungs-, Ausweich- und Ersatzstrategien. So hatte er stets eine selbst angefertigte Visitenkarte mit korrekt geschriebenem Namen mit Adresse dabei – für den Fall, dass er diese Angaben unvorbereitet aufschreiben sollte. Oder er vermied es möglichst, im Unterricht vor den Mitschülern Sachverhalte zu erklären, Zusammenhänge zu begründen (obwohl er diese vermutlich meist durchschaute) oder gar Geschichten zu erzählen. Natürlich mochte er auch im Mathematikunterricht Sachaufgaben in Form von Texten nicht, obwohl er leidenschaftlich gern knobelte. Hierfür hatte er die bereits zuvor beschriebene „Analysetechnik" entwickelt, die Sachtexte nur grob zu überfliegen, sich vor allem auf die verwendeten Zahlenangaben zu konzentrieren und die jeweilige mathematische Struktur zu erahnen – was ihm meist gelang. Wenn er Textpassagen auf diese Weise nicht verstand oder richtig deuten konnte, kam es auch vor, dass er einen Mitschüler bat, ihm wichtige Textpassagen laut vorzulesen. Eine weitere Besonderheit bestand darin, dass der Junge Aufgaben bevorzugt allein bearbeitete.

Die Sprachprobleme implizierten ebenso, dass der Junge Lösungswege und Lösungen, wie im Beispiel der Abb. 7 zu sehen ist, generell stark verkürzte und verbale Formulierungen möglichst vermied. Das führte dazu, dass seine Darstellungen oft unvollständig, mitunter auch fehlerhaft (trotz richtiger Lösungsideen) waren. Außerdem vermied er es generell, seine Ergebnisse anderen zu zeigen oder sie im Plenum vorzustellen.

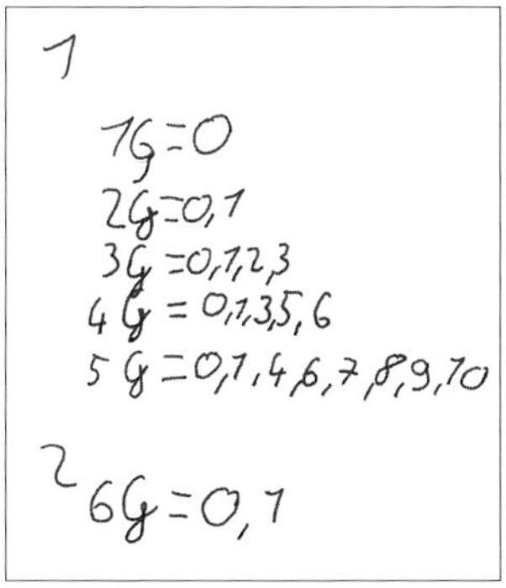

Abb. 7: Svens Lösung zum Erkunden aller Möglichkeiten für die Anzahl von Schnittpunkten bei 1, 2, 3, 4 und 5 Geraden

Svens stark verkürzte Lösungsdarstellung lässt sich dennoch leicht deuten: Bei einer Geraden („1 G") gibt es 0 Schnittpunkte, zwei Geraden („2 G") können 0 oder 1 Schnittpunkt haben usw. Eine genauere Analyse offenbart schnell, dass Svens Lösung unvollständig ist. So fehlen für 4 Geraden die Möglichkeit von 4 Schnittpunkten und für 5 Geraden die von 5 Schnittpunkten. Die beiden „Detailfehler" unterliefen dem Jungen, weil er so sehr von seiner entdeckten Visualisierung fasziniert war, dass ihm einzelne Lösungen nebensächlich erschienen. Sein besonderes und qualitativ hochwertiges „Lösungsbild" bestand darin, dass er sich alle Möglichkeiten für Anzahlen von Schnittpunkten bei 1, 2, 3, 5 und 5 Geraden als ein System einer doppelten Dreiecksanordnung vorstellte. Die „äußere" Dreiecksform wurde dabei durch die stetige Vergrößerung der maximalen Anzahl von Schnittpunkten bei größer werdender Geradenzahl und die „innere" Dreiecksform, die Sven als „schwarzes Loch" bezeichnete, durch die kontinuierlich zunehmende Anzahl nicht möglicher Schnittpunkt gekennzeichnet (vgl. Tab. 1).

Anzahl der Geraden	Anzahl der Schnittpunkte										
	0	1	2	3	4	5	6	7	8	9	10
1	X										
2	X	X									
3	X	X	X								
4	X	X			X	X	X				
5	X	X			X	X	X	X	X	X	X

Tab. 1: Anzahl der Schnittpunkte in Abhängigkeit von der Anzahl der Geraden in einer Ebene

Die im Beispiel eindrucksvoll nachgewiesene besondere visuelle Vorstellungskompetenz, die Sven vielfach nachweisen konnte, hält Käpnick generell für ein markantes Merkmal mathematisch begabter Kinder (vgl. Käpnick 2013a). Aufgrund seiner spezifischen kognitiven Konstellation besitzt Sven offenbar vorzügliche Voraussetzungen für die Entwicklung dieser Fähigkeit auf hohem Niveau.

Zur Häufigkeit von mathematisch begabten Kindern mit sprachlichen Defiziten

Analysen zu mehr als 200 mathematisch begabten Kindern des Projektes „Mathe für kleine Asse" erbrachten, dass ca. 18 % der Matheasse, ähnlich wie Sven, deutlich geringere sprachliche Kompetenzen aufweisen und dass ein Großteil dieser Kinder beim Problemlösen eine vergleichbare Herangehens- und Verhaltensweise wie er zeigt. Die Ursachen für die „Schieflage" zwischen hohen mathematischen Kompetenzen und sprachlichen Defiziten können durchaus verschieden sein. Eine Hauptursache dürfte aber zunächst in der besonderen angeborenen kognitiven Gehirnstruktur liegen. Wie Svens Beispiel zeigt, ist weiterhin anzunehmen, dass intrapersonale und Umweltkatalysatoren bereits beginnend mit den ersten Lebensjahren den individuellen Begabungstyp dieser Kinder weiter prägen. So entwickelte Sven schon im Kindergartenalter einen starken Gerechtigkeitssinn, eine individuell geprägte Selbstkompetenz sowie ein besonderes Sozialverhalten, das er in der Schulzeit weiter „intensivierte" und das bis heute seine Persönlichkeit mitbestimmt. Erzieher und Lehrer wiederum erkennen derartige „Abnormitäten" vermutlich häufig nur teilweise oder gar nicht. Sie orientieren sich nach den Projekterfahrungen häufig an „normal entwickelten Durchschnittskindern". Damit entstehen beiderseits Missdeutungen und Missverständnisse, was in den meisten Fällen zu einer weiteren Verschärfung der Probleme führt.

So stellt sich bei Kindern mit sehr guten mathematischen und schwachen sprachlichen Kompetenzen im 4. Schuljahr stets das Problem, ob diese Kinder für die gymnasiale Schullaufbahn geeignet sind. Die betroffenen Kinder und ihre Eltern sind dann meist (und fast immer zu Recht) der Meinung, dass die Kinder die Anforderungen eines Gymnasiums erfüllen können – die Lehrkräfte empfehlen dagegen überwiegend dringend den Besuch einer Realschule. Dieser Weg würde jedoch wahrscheinlich dazu führen, dass zum Beispiel Svens mathematische Begabung verkümmern würde – was nicht nur tragisch für ihn, sondern angesichts der ökonomischen Bedeutung von Hochleistungsfähigen für ein Land auch aus gesellschaftlicher Perspektive unakzeptabel wäre.

Svens Beispiel verdeutlicht zugleich, dass auch mathematisch begabte Kinder sehr unterschiedliche individuelle Ausprägungen haben können. Diese zu erkennen und die Kinder entsprechend ihren Besonderheiten zu fördern, ist eine äußerst anspruchsvolle Aufgabe jeglicher Breiten- und Begabtenförderung. Die Grundidee eines inklusiven Lernens bietet hierfür aber zweifellos besondere Chancen.

Nachtrag zu Svens aktueller Situation

Wie oben beschrieben standen Sven, seine Eltern und seine Lehrer im 4. Schuljahr vor dem Problem, die „richtige" Entscheidung für die weitere Schullaufbahn zu treffen, und sie vertraten dabei die erwarteten unterschiedlichen Positionen. Das im Universitätsprojekt erstellte Gutachten über die besondere mathematische Begabung des Jungen war dann mitentscheidend dafür, dass Sven ab dem 5. Schuljahr auf ein Gymnasium gehen konnte. An der neuen Schule fühlte er sich von Anfang an wohl. In seiner Klasse waren einige Kinder, die er aus dem Förderprojekt bereits gut kannte, und er fasste schnell Vertrauen zu seiner Klassenlehrerin, die sich vorher umgehend über Svens besondere kognitive Konstellation informiert hatte und verständnisvoll mit der Spezifik umging. Neben Mathematik entdeckte Sven Biologie, später Physik und Geografie als seine neuen Lieblingsfächer und begeisterte sich für naturwissenschaftlich-technische Phänomene. Seine Sprachdefizite blieben aber und sie behinderten nun auch zunehmend das Lernen in seinen Lieblingsfächern.

Durch einen glücklichen Umstand konnte dann jedoch die Abwärtsspirale von Svens Sprachdefiziten gestoppt werden. Der Begabungsforscher Ch. Fischer (Universität Münster) erfuhr von den Problemen des Jungen und schlug den Eltern ein spezielles Förderkonzept für den Sohn vor. Bei einem gemeinsamen Treffen erläuterte er das LEGAOPTIMA-Konzept für kognitiv begabte Kinder mit Lese-Rechtschreibproblemen. Da Sven schnell Vertrauen zu Prof. Fischer gewann und er sich nun auch entschlossen um eine deutliche Verringerung seiner sprachlichen Defizite bemühen wollte, stimmte er dem Vorhaben zu. Die individuelle Sprachförderung, die an Svens kognitiver Ausprägung anknüpfte, erbrachte nach einigen Monaten tatsächlich die von allen erhofften deutlichen Fortschritte. Sven rutschte schließlich sogar die spontane Einschätzung heraus, dass *„Deutsch auch cool sein kann"*. Ein wichtiger Nebeneffekt bestand zugleich darin, dass Sven plötzlich selbstbewusst auftrat und nicht nur inhaltlich, sondern auch sprachlich korrekt Sachzusammenhänge im Unterricht verschiedener Fächer erläutern konnte. Seine Hauptinteressen blieben aber das Knobeln, das Erkunden naturwissenschaftlich-technischer Themen – und das Bauen mit Legosteinen.

Der Erfolg des speziellen Förderkonzeptes von Prof. Fischer und die wechselseitig bereichernde Zusammenarbeit zwischen uns und mit den Eltern von Sven zeigen darüber hinaus, dass sowohl eine ganzheitliche Sicht auf begabte Kinder als auch spezifisches Wissen aus verschiedenen Einzeldisziplinen notwendig sind, um solche besonderen Begabungsausprägungen differenziert diagnostizieren und wirksam fördern zu können – sowohl im mathematischen wie auch im sprachlichen Bereich. Hieraus erwächst die Notwendigkeit einer interdisziplinären, aber auch themenübergreifenden Forschung. So könnten und sollten zum Beispiel auch Spezialisten für mathematische oder sprachliche Minder- wie Hochbegabung zusammenarbeiten, um differenzierte Begabungsmodelle und Förderkonzepte zu entwickeln. Im „Zeitalter der Inklusion" ist dies m. E. sogar aus schulpolitischer und schulpraktischer Perspektive unverzichtbar.

2.3 Luisa: „Ich würde die Zahlen lieber durcheinander haben!"

Friedhelm Käpnick

Luisa ist eine aufgeweckte, meist fröhliche Viertklässlerin. Sie hat viele Freundinnen in ihrer Klasse, was auch der Hauptgrund dafür ist, dass das Mädchen größtenteils gern zur Schule geht. Obwohl sie in allen Fächern überwiegend gute und sehr gute Leistungen erzielt, hat sich in den letzten Jahren ihr zwiespältiges Verhältnis zum schulischen Lernen und zu ihrer Mathematiklehrerin verfestigt. Einerseits ist Luisa durchaus wissbegierig, fleißig und ehrgeizig, sie hat hervorragende Gedächtnisfähigkeiten und überdurchschnittlich gute allgemeine kognitive Kompetenzen. Ihre Lieblingsfächer sind Sport, Kunst und Musik. In diesen Fächern hat sie seit dem 3. Schuljahr auf den Zeugnissen die Note Eins. Beim Zeichnen im Kunstunterricht kann sie sehr fantasiereiche Darstellungen kreieren, ihre ausgeprägte Kreativität stellt sie ebenso beim Erfinden von Geschichten in Deutsch oder mit andersartigen Lösungsansätzen im Mathematikunterricht unter Beweis. Luisas ausgeprägter fantasiereicher Zugang zur Welt der Zahlen, Formen und Strukturen sorgen andererseits häufig für Irritationen und Missverständnisse zwischen dem Mädchen und ihrer Mathematiklehrerin.

Luisas „Erscheinungsbild" im Mathematikunterricht aus der Sicht ihrer Lehrerin

Die Mathematiklehrerin hält Luisa, wie die Klassenlehrerin, vom Leistungspotenzial her für eine *„Durchschnittsschülerin"*, die beim Erarbeiten eines Rechenverfahrens, einer geometrischen Figur oder einer Größeneinheit zunächst immer vergleichsweise viel Zeit benötigt, um wesentliche Zusammenhänge „vollständig und korrekt" zu erfassen. Ebenso dauert das Einüben der verschiedenen mathematischen Lernthemen bei Luisa relativ lange, weil sie häufig dazu neigt, *„andersartige, oft fehlerhafte Lösungswege"* anzuwenden. Auffällig ist für die Lehrerin weiterhin, dass dem Mädchen immer wieder Flüchtigkeitsfehler beim Rechnen und mitunter sogar beim Vergleichen und Ordnen von Zahlen unterlaufen. Aufgrund ihres großen Ehrgeizes und Fleißes erreicht Luisa in Lernstandserhebungen aber überwiegend gute, mitunter sogar sehr gute Leistungen. Dabei erstaunt die Mathematiklehrerin gelegentlich, dass Luisa auch anspruchsvolle Problemaufgaben, wie zum Beispiel komplexere Sachaufgaben, richtig löst – wenngleich die Lösungswege nicht immer vollständig aufgeschrieben oder *„unüblich"* sind. In Erarbeitungs- und Übungsphasen hält sich Luisa meist zurück. Sie meldet sich kaum, ist nach Einschätzung ihrer Mathematiklehrerin jedoch stets aufmerksam. Außerdem lobt die Lehrerin Luisas Sozialverhalten, was sich auch darin zeigt, dass das Mädchen bei Gruppenarbeiten sehr gut mit den Mitschülern kommuniziert, gegebenenfalls gern und geduldig anderen Kindern hilft und stets vereinbarte Verhaltensregeln einhält. Zusammengefasst wirkt Luisa auf ihre Lehrerin im Mathematikunterricht eher *„unscheinbar"*. Aufgrund ihrer sehr positiven Lerneinstellung und der erreichten, überwiegend guten Leistungen ist Luisa für die Lehrerin kein „Problemkind", um das sie sich in besonderer Weise kümmern müsste.

Luisas Erfahrungen im schulischen Mathematikunterricht

Als Luisa in die Schule kam, freute sie sich – wie fast alle Schulanfänger – darauf, endlich lesen, schreiben und rechnen zu lernen und viele Kinder sowie ihre Klassenlehrerin kennenzulernen. Zunächst gefiel ihr die Schule auch sehr gut. Sie war begeistert, täglich Neues zu erfahren, mit Buchstaben oder Zahlen immer besser umgehen zu können und mit den anderen Kindern gemeinsam zu singen, Sport zu treiben oder Rätsel zu lösen. Luisa begriff ebenso schnell die von der Klassenlehrerin vorgegebenen Verhaltensregeln und hielt sie anstandslos ein. Sie hatte in allen Fächern keine nennenswerten Konzentrations- und Ausdauerprobleme. Aber allmählich entstand ein gewisses Unbehagen, das sich nicht zuletzt auf den Mathematikunterricht bezog. Es irritierte Luisa, dass sie nicht frei mit den Zahlen und Formen spielen durfte. Die Mathematiklehrerin entwickelte im Unterricht immer „nur" ein Regelsystem, das alle Kinder dann so lange übten und wiederholten, „bis es alle kapiert" hatten. Auf Luisa wirkten die meisten mathematischen Regelsysteme jedoch fremdartig. Das fing bereits mit der eindeutig festgelegten Sprechweise für das Zeichen „+" an und setzte sich später mit der von Luisa als *„starr"* empfundenen, nur einzig richtigen Anordnung von Zahlen auf dem Zahlenstrahl, im Hunderterfeld oder in der Stellenwerttafel fort. Diese Gleichförmigkeit missfiel dem Mädchen zunehmend. Entsprechend lustlos übte und übt sie das Vergleichen von Zahlen, das Anwenden immer gleichartiger Rechenverfahren, das Lösen von Gleichungen und Ungleichungen, das Umwandeln von Größenangaben oder das Zeichnen mit dem Geodreieck.

Besonders irritiert war Luisa immer dann, wenn sie für Rechenrätsel oder Sachaufgaben eigene Lösungsideen fand, die meist zu richtigen Ergebnissen führten, jedoch von den im Unterricht thematisierten Lösungswegen abwichen. Sie ärgerte sich dann vor allem darüber, dass ihre Lösungsideen von der Lehrerin und den Mitschülern nur wenig oder keine Wertschätzung erhielten. Zugleich gelang es ihr meist nicht, inhaltliche Querverbindungen zwischen ihren Ideen und den Lösungswegen an der Wandtafel herzustellen, was sie zusätzlich verunsicherte. So passte sie sich mehr und mehr dem „Unterrichtsregime" an und meldete sich kaum noch. Weil sie aber sehr ehrgeizig war und weder die Eltern noch die Lehrerin enttäuschen wollte, versuchte sie alle Aufgaben gemäß der vorgegebenen oder im Unterricht erarbeiteten Methoden richtig zu lösen. Dies gelang ihr meist gut, mitunter fehlerhaft – weil sie zum Beispiel die Rechenverfahren als „starr" oder umständlich oder „fremdartig" empfand oder einzelne Schritte inhaltlich nicht nachvollziehen konnte. Wenn Letzteres zutraf, war ihre (innere) Unlust besonders deutlich und ihr unterliefen gehäuft Fehler.

Für Luisa war Mathematik somit kein Lieblingsfach, aber ein Fach, in dem man „mit Zahlen denken lernen" konnte und „wichtige Dinge für den Alltag, zum Beispiel das Rechnen mit Geld, was beim Einkaufen wichtig ist, oder wie man zwölf Bonbons auf vier Kinder aufteilt".

Luisas besondere subjektive Zahlauffassungen
Die Einschätzungen aus der Perspektive der Lehrerin wie auch Luisas in den vorangehenden Abschnitten lassen erkennen, dass das Mädchen einen spezifischen Zugang zur Mathematik hat, der vom ersten Schultag an von seinen besonderen Emotionen und kindlichen Fantasien mitbestimmt war. Wie markant individuelle Vorerfahrungen, besondere Denkstile, Stimmungen und Gefühle Luisas Lernen im Mathematikunterricht beeinflussen, verdeutlichen ihre subjektiven Zahlauffassungen, die der Autor im Rahmen von Einzelfallstudien erfasste (vgl. Käpnick 2002). Inhaltliche Schwerpunkte der Studien waren interne Repräsentationen von Zahlen bei Kindern des 1. bis 4. Schuljahres und deren Veränderungen im Verlaufe der Grundschulzeit. Konkret wurden bei jedem Kind die subjektiv bevorzugte Anordnung bzw. flächenhaften Verteilung von Zahlen, Personifikationen von Zahlen (Vorhandensein von Lieblings- und Pechzahlen), subjektiv empfundene Zuordnungen zwischen Zahlen und Personen bzw. Gegenständen sowie zwischen Zahlen und Farben erfasst und analysiert.

Luisas subjektiv empfundene bevorzugte Zahlanordnung blieb im Verlaufe der Grundschulzeit prinzipiell konstant. Geringfügige Veränderungen resultierten lediglich aus ihrem freien, spielerischen Umgang mit den Zahlen. Somit kann an dieser Stelle die angegebene Zahlanordnung des Mädchens im 4. Schuljahr als repräsentativer Beleg dienen (siehe Abb. 8).

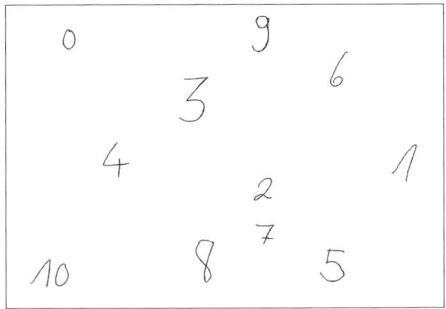

Abb. 8: Luisas subjektiv bevorzugte Zahlanordnung im 4. Schuljahr

Luisa kommentierte ihr Zahlenbild mit folgenden markanten Worten: *„Ich würde die Zahlen lieber durcheinander haben. Wenn sie hintereinander stehen würden, also zum Beispiel 0, 1, 2, 3, dann würden sie wie Soldaten aussehen. So sind sie schön verteilt in einem Raum, wie meine Sachen im Kinderzimmer."*

Der Kommentar deutet darauf hin, dass das Mädchen offenbar Zahlen mit ihren Spielsachen aus dem Kinderzimmer gleichsetzt und demgemäß mit ihnen wie mit dem Spielzeug frei spielen will. Diese Auffassung erklärt zu einem Großteil den oben mehrfach angesprochenen spielerisch-kreativen Umgang des Mädchens mit Zahlen, Formen oder Größen. Sehr markant ist, dass Luisas interne Zahlauffassung stark von der im schulischen Mathematikunterricht als einzig richtig deklarierten Zahlenanordnung abweicht – und dies konstant vom 1. bis zum 4. Schuljahr. Es besteht somit eine große Kluft zwischen beiden „Mathematiksystemen" und Luisa empfindet die im Mathematikunterricht thematisierten Zahl- und Rechensysteme dementsprechend als etwas Fremdartiges, das ihr von der Lehrerin „übergestülpt" wird (Zahlen, die *„wie Soldaten aussehen"*). Die Diskrepanz zwischen der fremdartigen „übergestülpten" und Luisas intern bevorzugten Zahlenanordnung ist vermutlich auch die Hauptursache dafür, dass das Mädchen insbesondere in Stresssituationen, wie beim Schreiben einer Klassenarbeit oder beim Rechnen an der Wandtafel, nicht souverän zwischen beiden „Zahlenwelten" unterscheiden kann, sondern diese diffus vermischt, woraus (für Außenstehende, wie die Lehrerin, unerklärlich „leichte") Fehler beim Vergleichen oder Ordnen von Zahlen resultieren. Aber für Luisa ist zum Beispiel „9", ihre Lieblingszahl, nicht einfach kleiner als „13", ihre große Pechzahl. Die Zahl „9" erscheint dem Mädchen *„irgendwie offen und hell"* und ihr gebührt wie der Lieblingspuppe ein *„schöner Platz"* im Raum, während demgegenüber „13" ins Dunkle gehört oder, wie im wiedergegebenen Zahlenbild, gar nicht zu sehen ist. Luisa empfindet auch die Zahlen „1" und „6" als freundlich und hell, sodass für sie beide Zahlen, *„wie meine Couch, die ja auch im Hellen steht"*, in eine *„helle Ecke"* ihres „Zahlenraumes" gehört.

Wie ausgeprägt Luisas emotionale Beziehungen zu Zahlen sind, verdeutlichen auch ihre weiteren Kommentare. So assoziiert sie mit der Lieblingszahl „9" die Farben Rot und Grün, „weil 9 etwas Weihnachtliches hat" und sie zudem an einem „Neunten" jedes Jahr ihren Geburtstag feiert. Zu den Zahlen „1", „2" und „6" gehören dagegen für das Mädchen helle Farben, weil ihr die Zahlen „klar" und „wichtig" erscheinen. Bei „12" denkt sie an Hexen und glaubt, dass „12 eine magische Zahl ist" – wahrscheinlich, weil sie die Zahl mit Bezügen zu „Mitternachtserscheinungen" in Märchen und Gruselgeschichten verbindet.

Luisa erklärt, dass sie beim Zählen, Vergleichen und Rechnen im Mathematikunterricht auch meist „ein bisschen" an ihre besonderen Zahlauffassungen denkt. Inwiefern diese Assoziationen ihr schulisches Umgehen mit den Zahlen beeinflusst, vermag sie aber nicht einzuschätzen. Hierüber hat sie noch nie nachgedacht und bislang auch noch mit keinem gesprochen.

Herausforderungen für eine Lehrkraft
Luisas Beispiel zeigt, dass auch eine scheinbar „unscheinbare Durchschnittsschülerin" einen sehr individuell geprägten und zugleich markanten Lernstil haben kann, der für eine Lehrkraft (nicht nur) im Kontext der Inklusion eine besondere didaktische und pädagogisch-psychologische Herausforderung bedeutet. Prinzipiell verdeutlicht das Fallbeispiel ohnehin überzeugend, dass (kindliches) Lernen stets ein subjektiver und aktiv-konstruktiver Prozess ist, der nicht nur von der Art und Weise der Stoffvermittlung im Unterricht bestimmt wird, sondern der auch von individuellen Vorerfahrungen, von Interessen und Motiven, von Denkstilen, von Stimmungen und von Gefühlen der Kinder beeinflusst wird. Demgemäß sollten die Kinder im Unterricht stets angeregt und dabei unterstützt werden, von ihren individuell verschiedenen Zugängen zur Mathematik ausgehend ihre Fähigkeiten zu immer gewandteren und weniger fehleranfälligeren Lösungsstrategien und zu immer fundierteren und komplexeren Kompetenzen weiterzuentwickeln.

Die verschiedenartigen subjektiven Zahlauffassungen von Kindern sind offensichtlich ein wichtiger Ausgangspunkt und eine immanente Komponente mathematischer Lernprozesse von Kindern:

„Ich finde, wenn die Zahlen durcheinander stehen, sieht es bunter aus. Es ist eine Fantasieanordnung. Ich glaube, dass jedes Kind eine andere Fantasieanordnung hat. Und das finde ich gut! Dass wir in der Schule nur eine Anordnung haben, finde ich langweilig. Mathe gehört eigentlich zu meinen Lieblingsfächern. Beim Rechnen habe ich auch Fantasie und addiere anders zusammen. Aber meine Lehrerin weiß das nicht." (Kommentar von Michael, 3. Klasse, zu seiner subjektiv empfundenen Zahlanordnung)

Deshalb sollte eine Lehrkraft Schülern im Mathematikunterricht vielfach Möglichkeiten einräumen, die verschiedenartigen internen Zahlauffassungen einzubeziehen. Erst dann haben die Kinder Chancen, sich ihrer synästhetischen Auffassungen bewusst zu werden und sich hiermit konstruktiv auseinanderzusetzen, anstatt ihnen kleinschrittig fremde Auffassungen überzustülpen. Subjektive Zahlauffassungen könnten sogar sinnvoll für das Auslösen und Organisieren von Lernprozessen im Kontext eines inklusiven Mathematikunterrichts genutzt werden. Hierzu gehört m. E. auch, dass im Mathematikunterricht subjektive Zahlauffassungen der Kinder gelegentlich thematisiert werden – mit dem Ziel, dass die Kinder ihre eigenen subjektiven Auffassungen erkennen, sich damit auseinandersetzen und dabei lernen, zwischen mathematischen und andersartigen Sichtweisen zu unterscheiden. Eine konkrete Anregung hierfür ist die Durchführung eines Miniprojektes zum Thema „Meine Lieblingszahl“ (vgl. hierzu auch Käpnick 2004, Käpnick 2014, S. 80 f. sowie Kap. 4.4, S. 126 f.).

Eine zweite Möglichkeit für das Aufgreifen subjektiver Zahlauffassungen könnte darin bestehen, dass jedes Kind eine Fantasiegeschichte oder einen Erfahrungsbericht zu einer ausgewählten oder zu mehreren Zahlen schreibt. Die Zahlen könnten die Lieblings-, aber auch Pechzahlen oder eine aus bestimmten Gründen für wichtig empfundene Zahl von Kindern sein. Beim Erzählen oder Schreiben solcher emotionalen Schilderungen sind nach unseren Erfahrungen die Kinder im Allgemeinen sehr motiviert und sie erlauben meist Einblicke in kindliche Fantasiewelten, die für die Lehrkräfte wiederum wichtige Indizien für subjektiv geprägte Sinnkonstruktionen von Kindern zu Zahlen sein können (vgl. hierzu zum Beispiel Luisas Erfahrungsbericht zu ihrer Pechzahl 13 in Abb. 9).

Ein drittes, vor allem für das 3. oder 4. Schuljahr geeignetes Beispiel kann ein Miniprojekt zu „Zahlenanordnungen auf Hunderterfeldern“ sein. Um der Entwicklung entgegenzuwirken, dass Kinder normierte Zahlenanordnungen und damit häufig verallgemeinernd Mathematik – wie Luisa – als „einseitig“, „starr“, „langweilig“ oder „fremd“ erfahren, sollten ihnen im Mathematikunterricht generell Freiräume für die Entfaltung ihrer (noch) offenen Fantasie geboten werden. Hierzu könnte man Dritt- oder Viertklässlern zum Beispiel leere Hunderterfelder vorgeben und sie bitten, Zahlen nach eigenen Anordnungsprinzipien eintragen zu lassen. Dann sollten alle Kinder gemeinsam versuchen, Besonder-

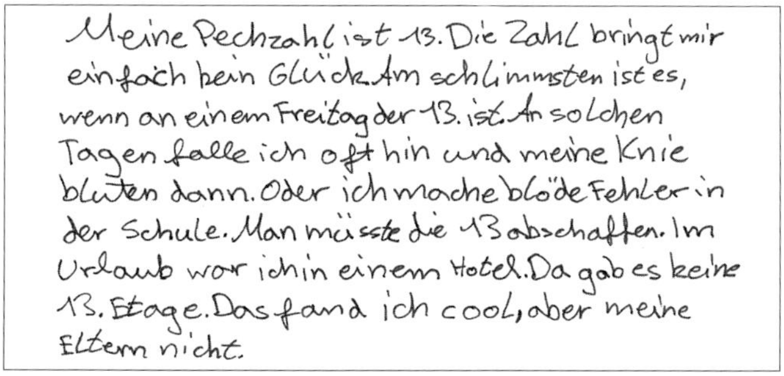
Meine Pechzahl ist 13. Die Zahl bringt mir einfach kein Glück. Am schlimmsten ist es, wenn an einem Freitag der 13. ist. An solchen Tagen falle ich oft hin und meine Knie bluten dann. Oder ich mache blöde Fehler in der Schule. Man müsste die 13 abschaffen. Im Urlaub war ich in einem Hotel. Da gab es keine 13. Etage. Das fand ich cool, aber meine Eltern nicht.

Abb. 9: Luisas Erfahrungsbericht zu ihrer „Pechzahl“ im 3. Schuljahr

1	2	3	4	5	6	7	8	9	10
36	37	38	39	40	41	42	43	44	11
35	64	65	66	67	68	69	70	45	12
34	63	84	85	86	87	88	71	46	13
33	62	83	96	97	98	89	72	47	14
32	61	82	95	100	99	90	73	48	15
31	60	81	94	93	92	91	74	49	16
30	59	80	79	78	77	76	75	50	17
29	58	57	56	55	54	53	52	51	18
28	27	26	25	24	23	22	21	20	19

46	56	65	73	80	86	91	95	98	100
37	47	57	66	74	81	87	92	96	99
29	38	48	58	67	75	82	88	93	97
22	30	39	49	59	68	76	83	89	94
16	23	31	40	50	60	69	77	84	90
11	17	24	32	41	51	61	70	78	85
7	12	18	25	33	42	52	62	71	79
4	8	13	19	26	34	43	53	63	72
2	5	9	14	20	27	35	44	54	64
1	3	6	10	15	21	28	36	45	55

Abb. 10: Beispiele für kindliche Eigenproduktionen zum Thema „Zahlenanordnungen auf Hunderterfeldern"

heiten einzelner Zahlenanordnungen und zugleich Besonderheiten im Denken einzelner Kinder zu verstehen (siehe Abb. 10). In den angegebenen Beispielen kann man viele interessante Zahlen- und Rechenmuster entdecken, sodass die Schüler an diesem Aufgabenfeld Mathematik authentisch sowohl als „Strukturwissenschaft" wie auch als „freies Gedankenspiel" erleben können.

Die beiden Miniprojekte sind von uns vielfach im Mathematikunterricht verschiedener Schulen eingesetzt worden. Dabei konnten wir immer wieder eine sehr große Motivation und Aktivität aller Kinder feststellen. Beim Zusammenstellen von Zahlenanordnungen oder beim Entdecken von Zahlenbeziehungen entwickelten viele Schüler eine ausgeprägte und für ihre Lehrer oft überraschende Fantasie. Der freie spielerische Umgang mit Zahlen und mit Zahlenanordnungen entsprach offenbar dem offenen, und kreativen Denken von Grundschulkindern und er trug dazu bei, das zuvor bei den Kindern entwickelte, relativ einseitige „Bild" von Mathematik erheblich anzureichern. Darüber hinaus boten sich für die Lehrer sehr gute Möglichkeiten, besondere individuelle Zahlauffassungen, subjektive Denkstile u. Ä. m. der Kinder zu diagnostizieren und auf diese Weise ein weitaus besseres Verständnis für die individuell sehr unterschiedlichen Zugänge der Kinder zu mathematischen Lernthemen zu entwickeln.

2.4 Anna: „Ich helfe gern anderen und brauche selbst Hilfe in Mathe"

Stefanie Jansing

In einer 3. Klasse einer westfälischen Grundschule: Die Pausenglocke läutet, die Schüler strömen in die Klasse und ziehen Schuhe und Jacke aus. Lachend kommt

Anna in die Klasse, plaudert noch kurz mit ihren Freundinnen und setzt sich dann auf ihren Platz. Der Mathematikunterricht beginnt. Heute wird der Zusammenhang von Multiplikations- und Divisionsaufgaben wiederholt. Dafür legt die Lehrkraft verschiedene Aufgaben mit Steckwürfeln in die Mitte des Kreises, die Kinder benennen Teilmengen, die zugehörigen Aufgaben und Ergebnisse. Für die meisten Kinder stellt dies keine große Herausforderung dar, weil sie das Aufgabenprinzip schon aus dem 2. Schuljahr kennen. Auch Anna sitzt im Kreis, verfolgt den Unterricht interessiert und arbeitet motiviert mit. Sie benennt die Mächtigkeit von Teilmengen, zerlegt größere Mengen enaktiv und bestimmt, wie viele Mengen gelegt wurden. Sie nimmt an der Erarbeitungsphase teil wie die 24 anderen Kinder in ihrer Klasse. Auf den ersten Blick lässt sich kaum ein Unterschied ausmachen. Doch Anna kann zurzeit noch nicht die Gesamtzahl der Würfel zählend ermitteln und sie hat noch kein ausreichendes Grundverständnis zur Multiplikation und Division entwickelt.

Das voranstehende Beispiel gibt einen ersten Einblick in Annas Lernbesonderheiten. Das Mädchen ist 9 Jahre alt und besucht seit 3 Jahren eine reguläre Grundschule. Sie ist körperlich altersgemäß entwickelt. Ihre sprachlichen wie auch ihre allgemeinen kognitiven Potenziale sind jedoch von Geburt an stark eingeschränkt, sodass schon im Vorschulalter ein besonderer Förderbedarf festgestellt wurde. Vielschichtige Tests diagnostizierten dann bei Anna eine sonderpädagogische Förderunterstützung im kognitiven Bereich. Nichtsdestotrotz entschieden die Eltern, ihre Tochter nicht auf einer Förderschule mit dem Schwerpunkt „Lernen" oder „geistiger Behinderung", sondern auf einer regulären Grundschule einzuschulen. Ausschlaggebend hierfür waren die positiven Erfahrungen im Kindergarten. Anna fügte sich dort gut in die Gruppe ein, schloss Freundschaften und machte nach Ansicht der Erzieher und Eltern große Fortschritte hinsichtlich ihrer kognitiven Entwicklung. Die Eltern erhofften sich für Anna aufgrund des komplexeren Anregungspotenzials und der höheren Herausforderungen an einer Regelgrundschule größere Lernfortschritte als durch den Besuch einer Förderschule.

Im Folgenden wird ein Einblick in Annas Schulalltag gegeben, in die Herausforderungen, denen sie sich stellen muss, und darin, wie sie diese vor allem im Mathematikunterricht bewältigt. Es soll zugleich verdeutlicht werden, welche besonderen Maßnahmen notwendig waren, um Annas Inklusion in die Grundschule zu ermöglichen.

Ein Rückblick auf Annas erste Schulwochen

Als Anna eingeschult wurde, begegnete sie der Schule in den ersten Tagen mit großer Skepsis. Bereits die hohe Anzahl fremder Menschen und natürlich die üblichen Lernsituationen im Klassenraum überforderten sie stark. Um Anna die Eingewöhnung zu erleichtern, erhielt sie in ihrer Klasse eine feste Patin, Emma. Die Patin half Anna beim An- und Ausziehen, begleitete sie auf dem Schulhof, suchte mit ihr die passenden Materialien heraus, half ihr beim Abheften und unterstützte sie in allen organisatorischen Tätigkeiten im Schulalltag. Schnell fasste Anna Vertrauen zu Emma und zwischen den beiden Mädchen entstand eine feste Freundschaft. Wenn Anna auch heute die meisten organisatorischen Tätigkeiten allein bewältigen kann, bleibt Emma bei Schwierigkeiten eine wichtige Ansprechpartnerin. Anna kann nicht vergessen, wie unwohl und überfordert sie sich zu Beginn in der Schule fühlte und wie wichtig Emma für sie vor allem in dieser Zeit war.

In den ersten Schulwochen stellten Anna nicht nur die allgemeine Eingewöhnung, sondern auch die kognitiven Aufgaben vor große Herausforderungen. Aufgrund ihrer Lernprobleme konnte sie sich nur über Zeitspannen von 5 bis 10 Minuten konzentrieren. Danach wurde sie immer unruhig und benötigte regelmäßige Pausen. Darüber hinaus überforderte sie der Lernstoff des 1. Schuljahres beträchtlich. Anna verfügte weder über die notwendigen mathematischen Basiskompetenzen (vgl. Fuchs 2015, S. 29) noch über ein Buchstaben- oder Lautverständnis im sprachlichen Bereich. Ihr Ausdrucksvermögen und ihr Wortschatz waren insgesamt nur gering ausgeprägt. Für Anna wurde daher im 1. Schuljahr ein differenziertes Förderprogramm entwickelt, das darauf gerichtet war, zunächst die angesprochenen Basiskompetenzen zu entwickeln. Für Anna war es zudem besonders wichtig, ihren Schultag angemessen zu rhythmisieren. So erhielt das Mädchen nur sehr kurze Aufgaben, die nicht mehr als 10 Minuten in Anspruch nahmen. Hatte sie diese erledigt, durfte sie in der Leseecke eine kurze Pause machen. Dort malte Anna, stempelte oder spielte mit den verfügbaren Materialien. Nach einer solchen Pause war sie dann bereit, die nächste Aufgabe zu lösen. Aufgrund dieser sehr kurzen Lernphasen war es in den ersten Wochen schwierig, Anna in Erarbeitungs- oder Übungsphasen der Gesamtgruppe zu integrieren. Dennoch sollte sie so häufig wie möglich an gemeinsamen Lernphasen teilnehmen, damit sie sich als gleichwertiger Teil der Gemeinschaft fühlen konnte. Wenn sie sich allerdings im Unterricht überfordert fühlte, durfte sie sich jederzeit zurückziehen. Dabei verhielt sich Anna ihren Mitschülern gegenüber stets rücksichtsvoll. So versuchte sie beispielsweise in ihren Pausen ruhig zu spielen, um die anderen Kinder nicht zu stören. Andererseits nahmen auch die Mitschüler viel Rücksicht auf Anna und sie halfen ihr gern, wenn sie zum Beispiel eine zusätzliche Erklärung benötigte. Für Anna war in dieser Zeit außerdem die tägliche Förderstunde mit der schuleigenen Sozialpädagogin in einer Kleingruppe von 3 bis 5 Kindern sehr wichtig. Hier wurde Anna ganzheitlich hinsichtlich ihrer kognitiven, motorischen und psychisch-sozialen Entwicklung gefördert. Die Aufmerksamkeit, die sie in dieser Kleingruppe erhielt, und das Lernen mit Kindern, die ähnliche Schwierigkeiten wie Anna aufwiesen, stärkten das Selbstwertgefühl des Mädchens enorm.

Insgesamt dauerte es etwa ein halbes Jahr, bis Anna sich in der Lerngruppe rundum wohlfühlte und sich als gleichwertiges Mitglied der Klassengemeinschaft ansah. In dieser Zeit lernte sie vor allem, sich zu konzentrieren und auf eine bestimmte Aufgabe zu fokussieren. Wichtig war hierbei, dass das Mädchen zu keinem Zeitpunkt unter Druck gesetzt und das Lernen im sprachlichen und mathematischen Bereich zunächst auf ein Minimum „heruntergefahren" wurde – immer an Annas Lernstand, ihren Lernfortschritten und vor allem an ihrem Wohlbefinden orientiert. Trotz der umsichtigen Unterstützung bleibt in Annas Gedächtnis haften, wie unwohl sie sich in den ersten Schulwochen fühlte. In dieser Zeit wurde ihr erstmalig bewusst, dass sie nicht so schnell wie die meisten Kinder lernen und grundlegende Anforderungen im Lesen, Schreiben oder Rechnen nicht erfüllen kann. Dies verstehen und akzeptieren zu lernen war für sie sehr schwierig, und sie findet es auch heute noch *„dumm"*. Umso mehr freut sie sich über eigene Lernfortschritte und errungene Erfolge.

Annas aktuelle schulische Situation
Anna besucht mittlerweile die 3. Klasse. Das Mädchen hat ihren festen Platz in der Klassengemeinschaft und keinerlei Schwierigkeiten mit ihren Mitschülern. Sie zeichnet sich durch eine sehr ausgeprägte Sensibilität aus, spürt, wenn es einem anderen Kind nicht gutgeht und kümmert sich dann gern und fürsorglich darum. Dabei macht Anna im Gegensatz zu vielen Alterskameraden keine Unterschiede zwischen Mädchen und Jungen. Sie hat einen festen Freundeskreis sowohl in der Schule als auch im privaten Bereich, auf den sie stark fokussiert ist. Fremden Menschen öffnet sich das Mädchen dagegen nur zögerlich, vielmehr vertraut sie auf ihre festen Bezugspersonen, die ihr Rückhalt und Sicherheit geben.

Anna lernt gern und mit guten Fortschritten. Mittlerweile kann sie kurze Sätze lesen und erste Wörter schreiben. Im mathematischen Bereich kann sie mithilfe von Material Aufgaben im Zwanzigerraum zählend lösen. In beiden Bereichen nimmt Anna stets an den Einführungs- und Erarbeitungsphasen der Gesamtgruppe teil und beteiligt sich dort wie in der beschriebenen Einstiegssituation entsprechend ihren Möglichkeiten. Beim Üben nutzt sie spezifische Fördermaterialien, die ihrem jeweiligen Leistungsstand angepasst sind. Sie bearbeitet jedoch nach Möglichkeit Lerninhalte, die denen der anderen Kinder ähneln – weil es Anna äußerst wichtig ist, auf diese Weise in die Klasse integriert zu sein. In den Nebenfächern arbeitet Anna an den gleichen Lernthemen wie die Mitschüler. Müssen im Sachunterricht längere Texte erarbeitet werden, unterstützen ihre Mitschüler sie, indem sie ihr die Texte vorlesen und mit ihr gemeinsam besprechen. Im künstlerischen Bereich entwickelt Anna sogar besondere Fähigkeiten und erhält viel Anerkennung. Zudem macht sie hier die für sie äußerst wichtige Erfahrung, nicht immer Hilfe in Anspruch nehmen zu müssen, sondern selbst anderen Kindern helfen zu können. Andererseits führt eine Sonderpädagogin in jeder Woche mit Anna zwei spezielle Förderstunden durch, in denen sie mit dem Mädchen nochmals auf individuelle Art und Weise wichtige Lerninhalte erarbeitet und übt.

Somit sind an Annas Förderung sowohl ihre Klassenlehrerin und die schuleigene Sonderpädagogin wie auch ihre Mitschüler aktiv beteiligt. Alle unterstützen Anna entsprechend ihren Möglichkeiten. Zudem trainieren Annas Eltern regelmäßig notwendige Lerninhalte mit der Tochter. Für ihre Leistungen und Lernfortschritte erhält das Mädchen von allen Seiten viel Anerkennung und Zuspruch. Alle Beteiligten begrüßen, dass das Mädchen in einer Regelschule gemeinsam mit anderen Kindern lernt. Dennoch besitzt Anna nach wie vor nur über ein sehr gering ausgeprägtes Selbstbewusstsein. Immer wieder zweifelt sie an sich, da sie wahrnimmt, dass sie nicht die gleichen Leistungen erbringen kann wie die anderen Kinder. Dies stellt für Anna die Kehrseite der Inklusion dar, denn bei aller fruchtbaren Anregung durch das gemeinsame Lernen mit sehr verschiedenen Kindern erlebt sie auch immer wieder schmerzliche Misserfolge, die sie (zumindest in der erlebten „Härte") an einer Förderschule nicht erfahren hätte. Deshalb ist es umso wichtiger, dass Anna nicht nur bezüglich ihres Lernens, sondern auch hinsichtlich ihrer psychisch-emotionalen Entwicklung sehr gestärkt und unterstützt wird.

Annas Lernen im Mathematikunterricht

Als Anna mit 6 Jahren in die Schule kam, hatte sie kaum ein Verständnis für Zahlen, Formen oder Größen. Obwohl sie zum Beispiel in ihrer Umwelt und im Kindergarten ständig mit Anzahlen und mit dem Zählen konfrontiert war, die anderen Kinder zählen hörte und selbst mitzählte, wusste sie nicht, was die Zahlwörter bedeuteten. Im 1. Schuljahr erklärte das Mädchen beim Zählen einmal: *„Das ist ein so langes Lied, das kann ich mir einfach nicht merken."* Für die Erstklässlerin waren Zahlen nur Wörter, hinter denen sich weder ein Inhalt noch eine Regel verbargen. Das Abzählen von Mengen gelang ihr nur im Zahlenraum bis 3. Fast die gesamte Dauer des ersten Schuljahres benötigte Anna, um zunächst die für das Lernen von Mathematik unabdingbaren pränumerischen Kenntnisse zu erwerben. Dennoch hat Anna bis heute wesentliche Aspekte des Zahlbegriffes noch nicht verinnerlicht. So hat sich das Mädchen in der Schuleingangsphase zwar die Zahlreihe bis 20 erschlossen, jedoch bis heute nur ein geringes Verständnis des Zahlaufbaus hinsichtlich der Rekursion um 1. Zudem ist Anna in der Lage, Mengen bis 20 von 1 an abzuzählen, sie kann jedoch weder weiter- noch rückwärtszählen. Um ihre Zählkompetenzen weiterzuentwickeln, trainiert das Mädchen regelmäßig mit der Sonderpädagogin, ihrem diesbezüglichen Bemühen scheinen jedoch aufgrund ihrer Gehirnstruktur Grenzen gesetzt.

Weil es, wie bereits erwähnt, Anna sehr wichtig ist, möglichst viel am Unterricht der Klasse beteiligt zu sein und gemäß ihren Möglichkeiten an ähnlichen Aufgaben wie die anderen Kinder zu arbeiten, addiert und subtrahiert sie beispielsweise mithilfe eines Rechenrahmens im Zahlenraum bis 20, während die anderen Kinder im Zahlenrum bis 1000 rechnen. Dabei gelingt es Anna trotz vielfacher Übung aufgrund ihrer begrenzten Gedächtnisfähigkeit nicht, Zahlen am Rechenrahmen simultan zu erfassen. Sie behilft sich jedoch, indem sie die Perlen jeweils von 1 an abzählt. Bemerkenswerterweise hat Anna wiederum kaum Probleme hinsichtlich des Verständnisses für die Rechenoperationen Addition und Subtraktion. Das Mädchen kann die Rechenarten auch bezüglich ihrer Symbole unterscheiden und diese in Aufgaben richtig verstehen. Umkehrbeziehungen zwischen Addition und Subtraktion hat sie dagegen bisher nicht verinnerlichen können. Auch fehlt ihr die Fähigkeit Aufgabengleichungen des kleinen „Einspluseins" zu automatisieren und auswendig abzurufen, was wiederum auf ihre eingeschränkte Gedächtnisleistung zurückzuführen ist.

Als die anderen Kinder im 3. Schuljahr die Multiplikation wiederholten, forderte auch Anna ihr Mitwirken ein. So erhielt sie bildlich dargestellte Multiplikationsaufgaben im Zahlenraum bis 20, die sie mithilfe der fortschreitenden Addition lösen konnte. Anna freute sich sehr darüber und rechnete höchst motiviert.

Im geometrischen Bereich zeigt Anna im Allgemeinen gute Leistungen. Sie hat sehr gute zeichnerische Fähigkeiten und kann sowohl Flächen- als auch Körperformen erkennen und richtig benennen. Ebenso kann das Mädchen einfache kombinatorische Aufgaben auf der enaktiven Handlungsebene oder zeichnerisch lösen. Diese Themenbereiche motivieren Anna besonders, da sie hier an den gleichen Aufgaben wie die anderen Kinder arbeiten kann.

Insgesamt betrachtet wird deutlich, dass Anna sich vor allem Kompetenzen im Umgang mit Zahlen und Operationen, die andere Kinder schon im Vorschulalter mühelos erlernen, während der gesamten Grundschulzeit hart und langwierig erarbeiten musste. Sie benötigte dabei äußerst umfangreiche Übungen und Wiederholungen. Zudem arbeitete sie meist auf der enaktiven Handlungsebene. Konnte sie auf dieser Ebene eine mathematische Aufgabe lösen, bedeutete dies jedoch noch nicht, dass das Mädchen sie auch auf der ikonischen Darstellungsebene nachvollziehen konnte. Zum Beispiel stellte für Anna das Lösen von Additionsaufgaben an Punktefeldern einen völlig anderen Lerngegenstand dar als am Rechenrahmen. Ihre Transferfähigkeiten sind generell sehr eingeschränkt. Das Umkehren von Gedankengängen ist ihr nicht nur im mathematischen Bereich, sondern in ihrem gesamten Alltag kaum möglich. Das ist vermutlich ein Hauptgrund dafür, dass das Mädchen bis heute nicht rückwärtszählen kann. Auch ihre Gedächtnis- und Merkfähigkeit sind sehr gering ausgeprägt. Somit bleibt fraglich, inwiefern Anna in der Lage sein wird, bis zum Ende der Grundschulzeit die Aufgaben des kleinen „Einspluseins" auswendig zu beherrschen. Es zeigt sich, dass die Regeln und Systeme der Mathematik, die begabte Kinder scheinbar spielend erobern, für Anna eine schier „uneinnehmbare Festung" darstellen. Sie muss sich jeden kleinen (Erkenntnis-)Schritt äußerst mühsam erarbeiten.

Obwohl sich Anna hinsichtlich ihrer mathematischen Kompetenzen und ihres Begabungspotenzials von mathematisch begabten Kindern extrem unterscheidet, zeigen sich bezüglich der Persönlichkeitsqualitäten bemerkenswerte Ähnlichkeiten. So ist Anna geistig sehr neugierig und aktiv und sie hat eine hohe Anstrengungsbereitschaft erworben. Das Mädchen ist ebenso sehr beharrlich und fordert stetig neue Herausforderungen ein. Sie hat große Freude am „Problemlösen", auch wenn Annas Problemaufgaben sich hinsichtlich des Anspruchsniveaus natürlich deutlich von denen mathematisch begabter Kinder unterscheiden. Wenn sich das Mädchen unterfordert fühlt oder sie ein Aufgabentyp langweilt, reagiert Anna ablehnend und fordert schwerere und interessante Aufgaben. Deshalb ist es wichtig, bei Anna Aufgabentypen und Inhalte zu variieren und ihr Lernen abwechslungsreich zu gestalten. Annas motiviertes Arbeitsverhalten im Mathematikunterricht unterscheidet sich somit insgesamt gesehen kaum von dem ihrer besten Freundin Emma. Emma ist jedoch im Gegensatz zu Anna mathematisch besonders begabt und rechnet schon mühelos im Zahlenraum bis 1 000 000, setzt sich mit Bruchrechnungen auseinander und löst komplexe Problemaufgaben. Emma vergleicht das Lernen beider Mädchen im Mathematikunterricht treffend mit folgenden Worten: *„Für Anna ist das Rechnen, wie wenn ich eine ganz schwere Aufgabe löse. Dann komm ich manchmal wirklich nicht weiter und dann überleg ich ganz lange und dann hab ich's irgendwann. Genauso ist das bei Anna auch. Also eigentlich ist es gleich, nur dass wir halt andere Aufgaben machen."*

Zwischenfazit aus der Sicht der Klassenlehrerin

Annas Integration in einer Regelschulklasse kann als gelungen eingeschätzt werden. Sowohl ihre Lern- als auch ihre Persönlichkeitsentwicklung sind bisher insgesamt sehr positiv verlaufen. Dennoch ist allen Beteiligten deutlich geworden, welche besonderen Herausforderungen bei der Umsetzung von Inklusion im Mathematikunterricht zu meistern sind. Das ohnehin in jeder Grundschulklasse vorhandene große Heterogenitätsspektrum wird durch einen inklusiven Mathematikunterricht nochmals stark erweitert, und somit steigen im gleichen Umfang die Anforderungen, den individuellen Bedürfnissen jedes Kindes entsprechen zu können. Hiervon ausgehend sind Phasen individuellen Lernens in einem inklusiven Mathematikunterricht unverzichtbarer als je zuvor. Gleichzeitig ist ein gemeinsames Lernen aller Kinder notwendig, wenngleich auch dieses sehr kompliziert erscheint. Annas Beispiel zeigt eindrucksvoll, dass es vor allem für Kinder mit speziellen Förderbedürfnissen von enormer Bedeutung ist, in den Unterricht und die Klasse integriert zu sein und keine Sonderstellung einzunehmen. Hierfür eignen sich insbesondere gemeinsame Erarbeitungsphasen, in denen sich jedes Kind gemäß seinen Kompetenzen beteiligen kann, wie auch der Einsatz offener und differenzierender Aufgaben sowie Projekte, bei denen alle Kinder ihre individuellen Stärken entfalten und zugleich in Teams arbeiten können (vgl. Kap. 6). Eine ausgewogene Balance zwischen individualisierter Förderung einerseits und gemeinsamem Lernen andererseits zu finden, stellt daher eine der größten Herausforderungen von Inklusion für die Lehrkraft dar. Sie muss zum Beispiel fähig sein, sehr sensibel und verständnisvoll zu agieren, denn wie Annas Beispiel zeigt, nehmen Kinder mit Lernproblemen durchaus wahr, dass sie andere, vergleichsweise leichte Aufgaben lösen und nicht die Leistungen ihrer meisten Mitschüler erbringen können. In solchen Fällen gilt es, das Selbstkonzept dieser Kinder zu stärken und immer wieder ihre individuell positiven Entwicklungen herauszustellen. Dies erfordert von der Lehrkraft täglich eine hohe diagnostische Kompetenz, viel Feingefühl und eine äußerst große Flexibilität. Prinzipiell gilt aber für eine reguläre Schulklasse wie für eine inklusive Lerngruppe: Kein Kind ist wie ein anderes und jedes Kind benötigt eine Förderung, die auf seine individuelle Prägung abgestimmt – egal, ob es Lernprobleme hat oder hochbegabt ist.

2.5 Carla: „Mathe finde ich echt blöd!"

Matthias Geukes

Bis vor Kurzem besuchte Carla noch eine Realschule. Doch ihre großen Leistungslücken in den Fächern Mathematik und Englisch erforderten einen Wechsel auf eine Hauptschule. Die räumliche Nähe der beiden Schulen erleichterte diesen Schritt.

Die Siebtklässlerin geht im Prinzip gern zur Schule. Sie erbringt in den meisten Fächern gute Leistungen und hat viele Freundinnen und Freunde in der Klasse und in der Jahrgangsstufe. Auch den meisten Herausforderungen im Schulalltag stellt sich das Mädchen engagiert, oft sogar kämpferisch. Aber wenn es um Mathematik geht, wirkt Carla gehemmt, gibt schnell auf und traut sich häufig gar nicht zu, eine Aufgabe überhaupt zu bearbeiten.

Carlas schulisches „Erscheinungsbild" aus der Sicht ihres Klassenlehrers

Für den Klassenlehrer ist Carla in Bezug auf das Lernverhalten und die Lernleistungen eine vergleichsweise *„sehr gute Hauptschülerin"*. Sie erledigt, wenn auch nicht selten mit Hilfe der Eltern, ihre Hausaufgaben meist in zufriedenstellender Qualität, sie geht sorgsam mit ihren Lernmaterialien um und folgt dem Unterricht genauso aufmerksam wie viele andere Kinder in ihrem Alter. Das schließt ein, dass es auch Phasen wie bei ihren Mitschülern gibt, in denen sie sich nicht gut konzentrieren kann. Seit dem Wechsel auf die Hauptschule fühlt sie sich nach eigener Einschätzung *„viel besser"* und nimmt meist mit Freude am Unterricht teil. Die Erkenntnis, dass ihre neuen Mitschüler kein höheres, sondern zum Teil sogar ein insgesamt niedrigeres Leistungsniveau in vielen Fächern zeigen, hat Carlas Selbstkonzept spürbar verbessert („Big-Fish-Little-Pond"-Effekt, Marsh 2005). Sie blüht regelrecht auf und wirkt sehr zufrieden, wenn sie zum Gelingen des Unterrichts aktiv beitragen kann und dabei die Anerkennung ihrer Mitschüler und der Lehrpersonen erfährt.

Eine große Ausnahme bildet jedoch nach wie vor der Mathematikunterricht. Im Unterschied zu den meisten anderen Fächern hat sie in Mathematik weiterhin enorme Schwierigkeiten. Diese sind nach Einschätzung des Klassenlehrers vor allem auf die bisherigen, fast ausschließlich negativen Erfahrungen des Mädchens im Mathematikunterricht vom 1. Schuljahr an zurückzuführen. Diesbezüglich hat der Schulwechsel leider nicht den erhofften deutlichen Motivationsschub so wie in den anderen Fächern bewirkt. Carla nimmt, obwohl sie von der Realschule kommt, in der Hauptschule am Unterricht des Mathematikgrundkurses teil. Die Teilnahme am Unterricht des Erweiterungskurses hat sie für sich von vornherein ausgeschlossen – hierzu fehlte ihr jegliches Selbstvertrauen.

Carlas Sicht auf den schulischen Mathematikunterricht

Wenn Carla morgens zur Schule geht, freut sie sich erwartungsvoll. Diese positive Einstellung hat sich seit der Grundschulzeit verfestigt. Sie mag es, den Tag mit ihren Mitschülern zu verbringen, sich mit ihnen über Neues auszutauschen, aber auch gemeinsam zu lernen. In Geschichte und Geografie kann Carla mit ihrem überdurchschnittlichen Allgemeinwissen und ihrer Begeisterung für historische Themen sogar „glänzen" und genießt dabei die Anerkennung ihrer Mitschüler. Sie ist ebenso sehr sportlich und traut sich im Gegensatz zu vielen Klassenkameradinnen selbst dann Fußball zu spielen, wenn es gemischte Mannschaften aus Mädchen und Jungen gibt. Darüber hinaus hält sie problemlos schulische Regeln ein und engagiert sich für die Klassengemeinschaft. Steht jedoch das Fach Mathematik auf dem Plan, erlebt man eine völlig veränderte Carla. Das sonst sehr selbstbewusste Mädchen sitzt verängstigt auf seinem Stuhl und wenn dann Rechen-, Konstruktions- oder Textaufgaben zu lösen sind, zweifelt Carla von vornherein daran, dass sie einen sinnvollen Lösungsansatz entwickeln könnte.

Dies war aber nicht immer so. Im Mathematikunterricht der Grundschule konnte sie zunächst recht positive Erfahrungen sammeln. Im 1. Schuljahr hatte sie keine größeren Probleme im Umgang mit Zahlen und Formen. Sie verstand das Bündelungs- und das Stellenwertprinzip, also die beiden wesentlichen Merkmale unseres Zahlsystems. Ebenso konnte sie sicher und recht flexibel zwischen verschiedenen Zahldarstellungen wechseln. Das Ordnen und Vergleichen von Zahlen war für Carla sogar ein „Kinderspiel". Ihre Schwierigkeiten fingen beim Rechnen an. Als im Mathematikunterricht einfache Grundsituationen besprochen wurden und sie diese einer Operation zuordnen sollte, wie zum Beispiel das Hinzufügen oder das Vereinigen der Addition, tappte das Mädchen im Dunkeln. Diese Probleme setzten sich im 2. Schuljahr bei der Behandlung der Multiplikation und Division fort.

Da viele Mitschüler anfänglich vergleichbare Schwierigkeiten hatten, fielen der Lehrerin offenbar Carlas noch fehlende Basiskompetenzen nicht auf. Das Mädchen wurde nach eigener rückblickender Einschätzung als eine „eher langsame" Schülerin „abgestempelt" – und ihr Unverständnis über die Rechenoperationen blieb. So kam, was wohl unvermeidbar war: Bei der Erweiterung des Zahlenraums über 20 hinaus potenzierten sich Carlas Schwierigkeiten. Das automatisierte Wiedergeben von Aufgaben des kleinen „Einspluseins" und Einmaleins gelang ihr nicht so gut wie den Mitschülern. Beim schnellen Bearbeiten von Aufgaben unterliefen ihr immer wieder Fehler und bei Rechenspielen schnitt sie wenig erfolgreich ab. Dies führte Schritt für Schritt dazu, dass sie sich im Mathematikunterricht zurückzog, ihr Selbstvertrauen im Umgang mit Zahlen schwand und das Fach Mathematik wurde nach und nach zum „roten Tuch". Es war für Carla zudem immer deprimierender zu erleben, dass die anderen Kinder ihrer

Lerngruppe keine solchen Schwierigkeiten im Mathematikunterricht hatten.

Trotz dieser gravierenden Probleme im Fach Mathematik erhielt Carla im 4. Schuljahr eine bedingte Empfehlung für die Realschule. Hier lebte sie sich zunächst schnell in der neuen Klassengemeinschaft ein. Aber der Mathematikunterricht blieb für sie ein „rotes Tuch", sie fühlte sich sehr unwohl und überfordert. Hinzu kamen ähnliche Probleme im Fach Englisch. Schließlich wurde in der Erprobungsstufenkonferenz nach dem 6. Schuljahr der Wechsel an die Hauptschule beschlossen. Carla und ihre Eltern akzeptierten diese Lösung und Carla verband den Schulwechsel mit neuen Chancen und Hoffnungen. Das Mädchen erwarb auch schnell viel Anerkennung unter ihren neuen Mitschülern an der Hauptschule. Aber ihre grundlegenden Kompetenzlücken und ihre psychologischen Blockaden beim Rechnen blieben.

Carlas besondere Lernkonstellation im Mathematikunterricht

Aus den Einschätzungen des Klassenlehrers und aus der Schilderung von Carlas Erfahrungen im schulischen Mathematikunterricht geht übereinstimmend hervor, dass die Schwierigkeiten des Mädchens im Fach Mathematik bereits im Grundschulalter entstanden und sich verfestigten. Vor allem drei Basiskompetenzen hat Carla noch nicht ausreichend erworben:

▶ Carla fehlt immer noch ein inhaltliches Verständnis der vier Grundrechenoperationen, was sich in ihren Problemen bei der Zuordnung von Sinngebungen (Hinzufügen, Vereinigen, Wegnehmen, Aufteilen) zu den vier Rechenoperationen und beim Erkennen und Anwenden von Operationseigenschaften, wie zum Beispiel von Umkehrbeziehungen zwischen Addition und Subtraktion, widerspiegelt.

▶ Das Mädchen beherrscht noch nicht ausreichend das kleine „Einspluseins" und das kleine Einmaleins sowie die jeweiligen Umkehraufgaben, sodass es ihm generell nicht gelingt, schnell und flexibel im Kopf zu rechnen.

▶ Carla gelingt es oft nur fehlerhaft, Rechnungen in verschiedenen Kontexten durchzuführen, wie zum Beispiel beim Lösen von Gleichungen und Ungleichungen, beim Bearbeiten von Tabellen- oder von Textaufgaben. Hierbei zeigt sie auch grundlegende Probleme beim Erkennen von Zusammenhängen und Strukturen sowie beim Wechseln von Repräsentationsebenen.

Diese drei grundlegenden Kompetenzlücken bedingen wiederum, dass Carla alle weiteren hierauf aufbauenden Rechenverfahren nicht korrekt und flexibel anwenden und komplexere Aufgaben nicht lösen kann. So hat sie große Probleme beim Ausführen von Verfahren des halbschriftlichen und des schriftlichen Rechnens, weil sie nicht das kleine „Einspluseins" und das kleine Einmaleins sicher beherrscht. Die noch nicht entwickelten Rechenfertigkeiten bewirken außerdem, dass Carla sehr viel Zeit bei komplexeren Aufgaben wie etwa Dreisatzrechnungen benötigt oder hierbei Teilschritte falsch bearbeitet. In Abb. 11 kann man beispielsweise erkennen, dass das Mädchen anstelle der Multiplikation von

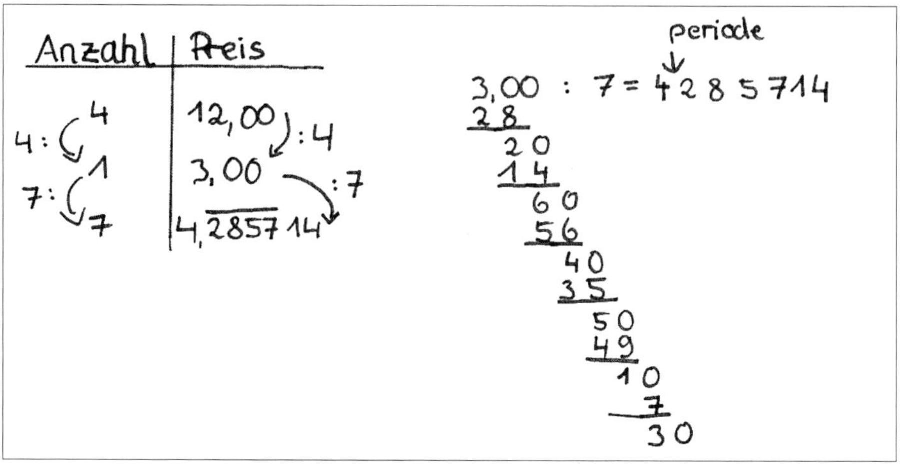

Abb. 11: Carlas fehlerhafte Lösung einer Dreisatzaufgabe in Klasse 7

3,00 € mit 7 den Wert 3,00 € durch 7 teilt und diese Rechnung dann noch falsch durchführt. Die Beispiellösung in Abb. 11 lässt auch erkennen, dass Carla bisher nur ein mangelhaftes inhaltliches Verständnis zu den „Umkehroperationen" Subtraktion und Division entwickeln konnte. So vertauscht sie ständig Minuend und Subtrahend bzw. Dividend und Divisor beim Aufstellen einer Gleichung. Der bislang erreichte Entwicklungsstand ermöglicht es offensichtlich Carla ebenso nicht, im 7. Schuljahr viele einfache Textaufgaben zu lösen. Hier scheitert sie oft schon daran, im Text die zugrundeliegenden mathematischen Zusammenhänge zu erkennen oder den Text in eine formale Gleichung zu „übersetzen". Carlas Schwierigkeiten im Wechseln der Repräsentationsebenen zeigen sich auch beim Umgang mit Größen. Das Bestimmen von einfachen Flächeninhalten mittels Auszählen von Einheitsquadraten ist beispielsweise für Carla ein Leichtes. Dagegen gelingt es ihr auch nach wiederholtem Zählen von verschiedenen Rechteckflächen nicht, einen Bezug zur Formeldarstellung herzustellen.

Die somit erlebten ständigen Misserfolge im Mathematikunterricht hinterließen bei Carla Spuren. Ihre anfängliche grundsätzliche Erfolgszuversicht ist einer Misserfolgsängstlichkeit gewichen, die dazu führt, dass das Mädchen in vielen Lernsituationen verunsichert ist und sich sehr zurückzieht. Sie denkt im Mathematikunterricht eher an die negativen Folgen des Misserfolges als an die Chancen eines für sie unwahrscheinlichen Erfolgs. Also meldet sie sich kaum noch und stellt aus Angst vor dem Gelächter der Mitschüler wenig Fragen. Wenn sie könnte, würde sie dem Fach Mathematik „ganz aus dem Weg gehen". Dass Carla die Gründe für diese „Sackgasse" eher bei sich als in externen Faktoren sucht, beschleunigt die Abwärtsspirale enorm. Sie fühlt sich in vielen Situationen hilflos und unfähig, sich mit einem mathematischen Sachverhalt auseinanderzusetzen oder eine Aufgabe zu lösen. Das spiegelt sich in Aussagen wie „*Das Rechnen kann ich eh nicht"*, oder *„Oh nein, schon wieder Textaufgaben!"* wider. Typisch für Carlas große Unsicherheit ist ebenfalls das permanente Nachfragen nach der Korrektheit eines von ihr gewählten Lösungsweges: *„Ist das richtig bis jetzt?"*

Besondere Herausforderungen für eine Lehrkraft

An Carlas Situation im Mathematikunterricht der 7. Klasse einer Hauptschule kann man exemplarisch die großen fachlichen, didaktischen und pädagogisch-psychologischen Herausforderungen einer Lehrkraft erkennen. Die Lehrkraft empfindet einerseits einen ständigen „Druck", die curricularen Vorgaben zu erfüllen und möchte andererseits den unterschiedlichen individuellen Lernvoraussetzungen jedes Schülers Rechnung tragen. Beide Komponenten sinnvoll zu „vereinen" und alle Schüler optimal auf Lernstandserhebungen bis zu den zentralen Prüfungen vorzubereiten, wird für sie eine äußerst schwierige Aufgabe.

Hinsichtlich Carlas besonderer Situation besteht eine zusätzliche Herausforderung darin, dass ihre fundamentalen fachlichen Wissenslücken aus der Grundschulzeit stammen, und diese zu beheben ist wiederum kein expliziter Lehrplaninhalt ihrer weiterführenden Schule. In der Stundentafel der Ausbildungsordnung für die Sekundarstufe I (AO-SI) ist demgemäß nicht genügend Zeit für ein notwendiges „Nachholen" von Lernthemen aus dem Mathematikunterricht der Grundschule vorgesehen. Zudem sind die Lehrkräfte an der Hauptschule nicht immer ausreichend für die zielgerichtete Diagnose und Förderung von Grundschullernthemen qualifiziert. Die laut Schulplan möglichen Ergänzungsstunden können zwar für eine Förderung mathematischer Basiskompetenzen genutzt werden, von der Anlage her sind diese Stunden jedoch fachunabhängig und die Raum- und Lernmittelausstattung ist in Bezug auf Carlas besondere Probleme unzureichend. Es müssten also an der Hauptschule des Mädchens erst einmal die notwendigen personellen und schulorganisatorischen Rahmenbedingungen geschaffen werden.

Für Carlas weitere Entwicklung ist neben der Überwindung der angesprochenen fachlichen Defizite auch eine deutliche Stärkung ihres Selbstkonzeptes in Bezug auf jegliches mathematische Tun unbedingt notwendig. Eingeordnet in das Schema der Ursachenzuschreibung von Misserfolgen nach Weiner (1992; vgl. Abb. 12) ist die Lösung dieses Dilemma aber sehr schwierig, weil der Zustand zeitlich stabil und für Carla selbst wenig veränderbar ist, was auch Aussagen wie *„Das schaffe ich eh nicht!"* und *„Sachaufgaben konnte ich noch nie"* belegen. Nachdem in der einschlägigen lernpsychologischen Literatur (z. B. Guay u. a. 2010) inzwischen davon ausgegangen wird, dass sowohl die schulische Leistung einen Einfluss auf das Selbstkonzept ausübt als auch das Selbstkonzept die Leistungsentwicklung beeinflusst (Marsh/Craven 2006), ist es an dieser Stelle schwierig einzuschätzen, welche Art von Förderung für Carla „ideal" wäre. Es wird vermutlich nicht den einen „richtigen" Lösungsweg geben.

Lokation			
intern		extern	
zeitliche Stabilität		zeitliche Stabilität	
stabil	variabel	stabil	variabel
niedrig — Faulheit	schlecht vorbereitet	Nachhilfelehrer ist inkompetent	Freunde haben versäumt zu helfen
hoch — geringe Fähigkeit	Kopfschmerzen während der Prüfung	hoher Anspruch des Lehrers	Pech

(Zeilenbeschriftung links: subjektive Kontrollierbarkeit – niedrig / hoch)

Abb. 12: Ursachenzuschreibung nach Misserfolg (Attributionsstile) nach Weiner (1992)

Carlas Lehrer haben sich inzwischen entschieden, die Förderung an mehreren Stellen „anzusetzen". Die wichtigste „Stellschraube" ist die Sicherung der mathematischen Basiskompetenzen (vgl. Fuchs 2015, S. 29). Hierfür haben sich die Lehrkräfte Rat und Hilfe von Grundschullehrkräften geholt. Mit didaktischen Materialien aus dem Mathematikunterricht der Klassenstufen 1 bis 4 wird nun intensiv daran gearbeitet, Carlas inhaltliches Verständnis zu den vier Grundrechenarten neu zu entwickeln und ihre Sicherheit im Anwenden des kleinen „Einspluseins" und des kleinen Einmaleins zu erhöhen. Die Lehrkräfte nutzen dabei zum Beispiel auch das Lernen von Einmaleins-Reihen mit Fingerbildern von Zahlenreihen (vgl. Lorenz 2003, S. 182), was sie nun auch generell für ein automatisierendes Üben im Kopfrechnen im Mathematikunterricht der Hauptschule einsetzen. Dass Carla während solcher speziellen Übungen mitunter aktuellen Unterrichtsstoff „verpasst", nehmen die Lehrkräfte bewusst in Kauf – auch weil sie wissen, dass das Mädchen die aktuelle Lernanforderungen (zum Beispiel Rechnen mit antiproportionalen Zuordnungen) derzeit nicht einmal ansatzweise erfüllen kann.

Um Carlas mathematisches Selbstkonzept zu stärken, wird das Mädchen bewusst „potenzialorientiert" gefördert. Das heißt, dass sie Lerninhalte, die sie schon recht gut beherrscht, wie das Lösen kopfgeometrischer Aufgaben, in größerem Umfang und in verschiedenen Variationen übt. Auf diese Weise kann Carla verstärkt Lernerfolge im Mathematikunterricht erleben, was sehr hilfreich ist, um aus ihrem Teufelskreis herauszukommen. Mit dieser Fokussierung führt auch die Schulsozialarbeiterin gegenwärtig mit Carla Gespräche. Eine für Carla sehr einprägsame anschauliche Hilfe ist in diesem Kontext die Geschichte vom Elefanten, der die Freiheit fand, von J. Bucay (2010).

Die bei Hellmich (2005) angesprochene Notwendigkeit der positiven Erlebnisse ist für die Lehrkräfte an Carlas Schule Unterrichtsprinzip geworden und die normalen Mathematikstunden werden um Knobelaufgaben bereichert, die dem Niveau der Hauptschüler entspricht. Die hierbei gewonnenen Erfahrungen zeigen, dass gerade die Beschäftigung mit solchen spielerischen Aufgaben alle Kinder sehr motivieren und ihr bisheriges „Bild" von mathematischem Tun erheblich bereichern kann. Die Knobelaufgaben kommen unter den Schülern inzwischen so gut an, dass es eine „Knobelaufgabe der Woche" gibt, die alle Schüler der Klassen 5 bis 7 bearbeiten können. Für Carla und viele andere Kinder ist dies eine willkommene Abwechslung zum alltäglichen Mathematikunterricht, der damit gleichzeitig bereichert wird. Als geeignete Knobelaufgaben und komplexere Aufgabenfelder für den regulären Mathematikunterricht erwiesen sich unter anderem die für kleine Matheasse des 3. und 4. Schuljahres erprobten Aufgabenmaterialien aus Käpnick (2001). Das schätzt auch Carla so ein: *„Knobelaufgaben finde ich besonders spannend. Das ist endlich mal Mathematik, die ich auch verstehe."* (Vgl. hierzu auch die Anregungen im Kap. 6.1.)

2.6 Sayuri: „Musik und Mathe sind meine Leidenschaft!"

Ralf Benölken

Sayuris Familie stammt aus Südkorea und lebt seit etwa 3 Jahrzehnten in Deutschland, wo das Kind auch geboren wurde. Sayuri ist ein zierliches Mädchen. Sie war am Ende der 3. Klasse nur 1,20 Meter groß und wog 20 Kilo – und entwickelte schon sehr früh eine starke Leidenschaft für Musik, insbesondere für das Spielen von Geige und Klavier, und eine beeindruckende allgemeine Wissbegier. Die Familie fördert Sayuris musikalisches Talent mit großem Engagement. Das Lesen, Schreiben und elementare Rechnen brachte sich das Mädchen selbst bei, was dazu führte, dass sie schon im Alter von 5 Jahren eingeschult wurde. Aufgrund ihres hohen mathematischen Potenzials nahm Sayuri im 3. und 4. Schuljahr am Münsteraner Förderprojekt „Mathe für kleine Asse" (Fuchs/Käpnick 2009) teil. Sayuri ist zurückhaltend, aber trotzdem durchaus offen und gesellig. Sie lacht und spielt gern und ist bei ihren Mitschülern sehr beliebt. Insbesondere ihr Alter und ihre Statur scheinen ein Grund dafür zu sein, dass ihr die anderen Kinder der Klasse mit besonderer Vorsicht und Zuwendung begegnen. Bemerkenswert ist Sayuris außergewöhnliche Ausdauer für Beschäftigungen, die sie interessieren. Dank dieser Eigenschaft gelangte sie zu einem für ihr Alter erstaunlichen Niveau im Klavier- und Geigenspiel – allerdings bleibt ihr wegen der zeitintensiven täglichen Übungs- und Unterrichtszeiten wenig freie Zeit. Über die Beschäftigung mit Mathematik und Musik hinaus kommt es immer wieder vor, dass sie ein Buch bis tief in die Nacht nicht aus der Hand legen möchte und am nächsten Morgen in der Schule sehr müde ist. Entsprechend wirkt sie dort häufig abgelenkt und hat Probleme, sich zu konzentrieren. Ihre schulischen Leistungen sind trotz der Fähigkeit, sich stark auf ein Interesse fokussieren zu können, schwankend.

Die Entwicklung und das Profil von Sayuris mathematischer Begabung

Sayuri zeichnet sich durch außergewöhnliche Fähigkeiten im Speichern mathematischer Sachverhalte aus. Sehr günstig erscheinen diesbezüglich ihre Fähigkeiten, Strukturen zu erfassen, sodass sie sich notwendige Informationen zur Reproduktion zentraler Problemlösungen in stark komprimierter Form (sogenannten „Superzeichen") einprägen kann. Sayuris präferierte Vorgehensweise beim Bearbeiten mathematischer Problemaufgaben im Sinne der Typisierung von Fuchs (2006) lässt sich als „abwechselndes Überlegen und Probieren – Suchen nach Lösungsmustern" charakterisieren. Der Wechsel zwischen enaktiver, ikonischer und symbolischer Repräsentation gelingt ihr stets problemlos. Sayuri besitzt zudem die Fähigkeit, selbstständig Gedankengänge umzukehren. Demgegenüber gelingt es ihr nur zum Teil, erkannte Strukturen auf neue Situationen und Sachverhalte zu übertragen. Darüber hinaus zeichnet sich Sayuri nicht – wie es bei vielen kleinen Matheassen zu beobachten ist – durch eine besondere Sensibilität für Zahlen und Zahlbeziehungen aus. Sowohl von ihrer Mutter als auch von ihrer Mathematiklehrerin wird sie nicht als besonders kreativ im Umgang mit mathematischen Problemen und Phänomenen eingeschätzt. Die Abb. 13 belegt dies exemplarisch anhand von Sayuris Lösung zu der Aufgabe, selbst Sudoku-Quadrate zu entwickeln. Auffällig ist zunächst die für das Mädchen eher ungewöhnliche kreativ-spielerische Annäherung mit Farben und Symbolen. Darüber hinaus basieren ihre Ergebnisse substanziell auf dem Übertrag eines einmal gefundenen Musters auf neue Sudokus: So enthalten die 3 Sudokus der oberen und die beiden der unteren Zeile jeweils die exakt gleiche Anordnung, die sich nur durch eine Variation von Farben bzw. Formen unterscheidet.

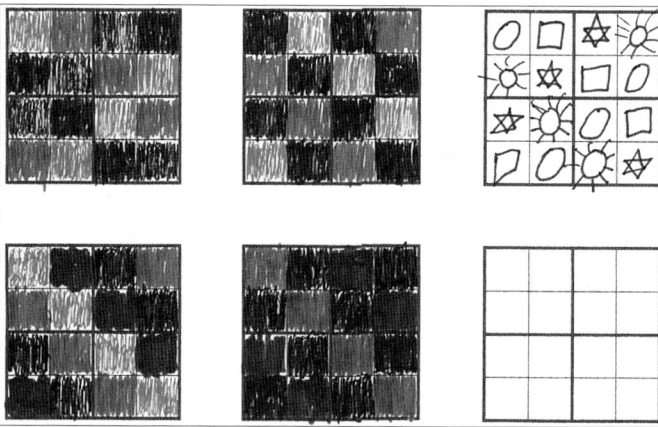

Abb. 13: Sayuris Lösung zur Darstellung unterschiedlicher Sudokus

Hinsichtlich begabungsstützender Persönlichkeitseigenschaften ist zunächst Sayuris schon angedeutete hohe geistige Aktivität und ihre große intellektuelle Neugier zu nennen. So stellt sie ihren Eltern oft tiefgehende Fragen, die jene nicht spontan beantworten können. Sayuris Anstrengungs- und Konzentrationsbereitschaft beschränken sich auch innerhalb des mathematischen Bereichs auf Inhalte, denen sie subjektiv eine hohe Bedeutung beimisst – auf diese Weise erklärt es sich, dass sie trotz ihrer hohen zeitlichen Beanspruchung durch ihre musikalischen Tätigkeiten über zwei Jahre kontinuierlich an dem Projekt „Mathe für kleine Asse" teilnahm. In diesem Rahmen zeigte Sayuri zudem stets große Freude am Lösen anspruchsvoller mathematischer Problemaufgaben, verzichtete allerdings auf Kooperationen mit anderen Kindern und arbeitete sehr selbstständig. Im Mathematikunterricht ließ ihr Engagement demgegenüber mitunter zu wünschen übrig und ihre Noten sind in der Regel eher durchschnittlich. Angesprochen auf Sayuris Anstrengungsbereitschaft im Unterricht kommt ihre Mathematiklehrerin beispielsweise zu der folgenden Einschätzung:

„Sie [Sayuri] konzentriert sich nicht. Sie gibt dann auch einfach die Arbeiten ab, die Knobelaufgaben [die in jeder Klassenarbeit als Zusatz ritualisiert sind] geht sie dann gar nicht an. Und dann kommen da natürlich keine Einsen raus. Wenn ich dann neben ihr sitze und sie – ja, zwinge ist zu viel gesagt [...], aber wenn sie sich beobachtet fühlt, dann geht das. [...] Dieses Flüchtige oder auch, dass sie dann –manchmal ärgert es mich, dass sie dann nicht motiviert ist, diese Knobelaufgaben zu machen, weil ich weiß, sie kann es. Wir haben einen Knobelkalender in der Klasse, in der Schule hängen, da geht sie nicht hin. Und da gibt es so einen Wettlauf: Am Ende des Schuljahres wird dann gesagt, wer wie oft das eingeschickt hat oder abgegeben hat, seinen Zettel, wie oft die Lösungen richtig waren, also auch noch so eine Motivation, dann gibt es ein Buch oder so etwas als Belohnung. Da geht sie nicht freiwillig hin."

Problematisch wirkt sich im mathematischen Bereich zudem Sayuris trotz der langfristigen Teilnahme an dem Förderprojekt „Mathe für kleine Asse" verhältnismäßig dysfunktional ausgeprägtes Selbstkonzept aus: So geht die Mathematiklehrerin davon aus, dass dem Mädchen sein hohes mathematisches Potenzial keineswegs bewusst sei und es deshalb sein Leistungsvermögen im Mathematikunterricht nicht abrufen würde. Auf die Frage, ob Sayuri um ihre mathematischen Fähigkeiten wüsste, unterstreicht ihre Mutter diese Beobachtung (auch im Vergleich zum musikalischen Bereich) und hebt die Bedeutung motivationaler Faktoren für die Entfaltung des mathematischen Potenzials des Kindes hervor: *„Nein, überhaupt nicht. Leider nicht. Ich glaube, wenn sie weiß, dass sie stark, also was ganz wichtig ist, sie ist ein Typ, wenn sie weiß, dass sie gut ist, dann wird sie immer stärker. Also das ist in Musik. Aber wenn sie unsicher ist, dann bringt sie die Leistung auch nicht."*
Fehlende positive Rückmeldungen im schulischen Kontext verunsichern Sayuri offenbar erheblich, sodass sie trotz der außerschulischen Förderung kein Zutrauen in ihre mathematischen Fähigkeiten aufbaut. Der „reguläre" Unterricht

scheint dem Mädchen (im Gegensatz zu dem außerschulischen Förderprojekt) keinen Zugang zu einem kreativen mathematischen Tätigsein ermöglichen zu können.

Die Entwicklung und das Profil von Sayuris musikalischer Begabung

Die intensive Beschäftigung mit Musik prägt Sayuri seit frühester Kindheit: Sie übt jeden Tag zusätzlich zum entsprechenden Unterricht mehrere Stunden das Spielen von Geige und Klavier und beschäftigt sich sehr ausdauernd und diszipliniert mit komplexen Musikstücken. Sowohl an Wochenenden als auch in den Ferien nimmt sie an speziellen mehrtägigen, gelegentlich sogar mehrwöchigen Lehrgängen teil – es kam sogar vor, dass das Kind zugunsten eines solchen Lehrgangs von der Schule freigestellt wurde. Hinsichtlich der Ausprägung ihres musikalischen Potenzials sind zunächst Sayuris außergewöhnliche Gedächtnisfähigkeiten zu erwähnen: Ungeübte Stücke prägt sie sich zügig ein und spielt diese nach kurzer Zeit frei. Dabei offenbart sie einen außergewöhnlichen Sinn für musikalische Gesetzmäßigkeiten und Strukturen. Während das Mädchen im Mathematikunterricht häufig abgelenkt scheint und überwiegend im Förderprojekt „Mathe für kleine Asse" überdurchschnittliche Anstrengungsbereitschaft zeigt, ist diese Persönlichkeitseigenschaft im musikalischen Bereich durchgehend auf hohem Niveau ausgeprägt. Sayuri sieht in ihrem 2 Jahre älteren Bruder, der ebenfalls über überdurchschnittliche musikalische Fähigkeiten verfügt, ein besonderes Vorbild, mit dem sie mitunter wetteifert. Großer Lerneifer, verbunden mit einer ausgeprägten (Selbst-)Disziplin und Leistungsorientierung, charakterisieren ohnehin das familiäre Erziehungskonzept. Darüber hinaus hat sie wenig Kontakt zu gleichaltrigen Kindern und lässt sich als „kraftvoll introvertiert" charakterisieren (ein Phänomen, das in der musikalischen Begabungsforschung häufig berichtet wird, z.B. Olbertz 2009): Sie verhält sich ruhig und zurückhaltend, äußert aber stets eigene Vorstellungen und setzt diese durch. Sayuris Selbstkonzept ist im musikalischen Bereich deutlich funktionaler ausgebildet als im mathematischen – durch stete positive Rückmeldungen ihrer Umgebung wird sie zudem immer weiter zu noch komplexeren Leistungen angespornt. Aber wie im mathematischen Bereich charakterisiert Sayuris Mutter das Kind auch in der Musik als eher wenig kreativ.

Fazit

Sayuris Beispiel macht deutlich, wie eng mathematische und musikalische Begabungen miteinander verbunden sein können, sind doch ihre jeweiligen Ausprägungen bei dem Mädchen in hohem Maße miteinander vergleichbar: Beiderseits zeigt sich die Begabung zunächst durch die Fähigkeit des Erkennens von Mustern und Strukturen. Diese führt wiederum augenscheinlich sowohl im mathematischen als auch im musikalischen Bereich zu sehr hohen Gedächtnisfähigkeiten. Beide Bereiche sind zudem durch eine vergleichsweise geringe Kreativität und eher durch die Nachahmung bereits erkannter Strukturen geprägt – diese gelingt wiederum auf sehr hohem Niveau. In Bezug auf begabungsstützende Persönlichkeitseigenschaften ist besonders auffällig, dass Sayuri ein ausgesprochen hohes Maß an Anstrengungsbereitschaft und Konzentrationsvermögen zeigt, falls etwas für sie eine hohe subjektive Bedeutung besitzt. Für den musikalischen Bereich wird dies anhand ihrer unermüdlichen Beschäftigung mit dem Geige- und Klavierspiel deutlich, für den mathematischen anhand ihrer kontinuierlichen Teilnahme am Förderprojekt. Die Ausprägung des mathematischen Potenzials bei Sayuri belegt gleichzeitig, dass mathematische Begabungsmerkmale (im Sinne von Käpnick 1998) wie Fähigkeiten im Erkennen oder im Transfer von Strukturen individuell sehr unterschiedliche Profile bilden. Dies wird auch anhand ihres bevorzugten Problembearbeitungsstils deutlich. Einen weiteren Aspekt dieses Profils bieten zudem etwaige geschlechtsspezifische Besonderheiten – so findet sich bei Sayuri wie bei vielen anderen Mädchen eine eher dysfunktionale Ausprägung motivationaler Faktoren wie des mathematischen Selbstkonzepts (Benölken 2011, 2013a).

Die mathematischen und vor allem musikalischen Interessen nehmen einen Großteil der Freizeit des Mädchens ein, sodass vergleichsweise wenig Raum für das Treffen von Freunden, für Spieltätigkeiten oder für Erholungsphasen bleibt. In der Schule scheint sich das außerunterrichtliche Engagement zudem negativ auszuwirken, denn hier wirkt Sayuri häufig kraftlos und müde. Im Mathematikunterricht kann sie ihr hohes Potenzial nicht in überdurchschnittliche Leistungen umsetzen, was unter anderem offenbar darin begründet liegt, dass sie sich hier selbst (im Gegensatz zum musikalischen Bereich) keine besonderen Fähigkeiten zuschreibt. Neben Musik und Mathematik (im außerunterrichtlichen Kontext) ist Sayuris große Leidenschaft für Bücher auffällig: Möglicherweise zeigt sich hier eine Ausgleichstätigkeit zu den hohen Belastungen, die das Mädchen täglich bewältigt. Für den schulischen Bereich erweitert dieser dritte Schwerpunkt allerdings die Problematik, dass Sayuri ihre Potenziale nicht entfalten kann, da sie – sicher bereits angestrengt durch Tage, die durch die Beschäftigung mit Musik, aber auch mit Mathematik für sie sehr lang sind – oft bis tief in die Nacht liest und nur wenig Schlaf findet.

Herausforderungen für eine Lehrkraft

Ausgehend von dem Beispiel Sayuris liegen für eine Lehrkraft besondere Herausforderungen, insbesondere im Kontext eines inklusiven Mathematikunterrichts, darin, einerseits die Ausprägung individueller mathematischer Begabungspotenziale zu erkennen: Wegen der oben dargelegten Facetten, die beispielsweise Sayuris individuelles Profil bestimmen, sowie wegen der eventuellen Überlagerung durch andere Interessen wie der Musik und wegen Effekten, die die Lebensorganisation eines Kindes mit sich bringt, stellt dies hohe Anforderungen an ihre didaktischen und pädagogischen Professionen, insbesondere an ihren diagnostischen Feinsinn. Das Beispiel Sayuris belegt exemplarisch andererseits, wie sehr die persönlichen Interessen und Potenziale eines Kindes und die schulischen Leistungen divergieren können. Gerade die starke freiwillige Belastung im außerschulischen Bereich kann ein mangelndes Engagement in der Schule zur Folge haben, aber leicht als Desinteresse oder gar mangelndes Potenzial gedeutet werden. Das Fallbeispiel belegt folglich, wie sehr kindliches Lernen von motivationalen Faktoren und dem Gesamtlebenskomplex der Kinder beeinflusst werden kann. Hier stellt sich die Frage, wie Kinder im Mathematikunterricht angeregt werden können, um einen individuellen Zugang zu finden. Mit Blick auf das Beispiel Sayuris bieten Aufgaben eine konkrete Anregung, die sich auch und gerade zur Förderung von Mädchen unter einem Enrichmentansatz eignen und die auch im regulären Mathematikunterricht aufgrund ihres natürlich differenzierenden Charakters eingebunden werden können – und zwar besonders im Hinblick auf die Stärkung motivationaler Faktoren wie des mathematischen Selbstkonzepts. Zusätzlich zu Anforderungen an Aufgaben, die sich für die Förderung mathematisch begabter Kinder eignen sollen, wie einer reichhaltigen mathematischen Substanz, besonderer Offenheit gegenüber verschiedenen Lösungswegen und der Wahl von Anschauungsmitteln (Fuchs/Käpnick 2009), sollten solche Aufgaben eine oder mehrere der folgenden Denkrichtungen aufnehmen (Benölken 2013b):

▸ Ein sehr wichtiger Aspekt besteht in inneren Differenzierungen durch eine Mischung aus Aufgaben, die dem „Sicherheitsdenken" vieler Mädchen nachkommen, und herausfordernden, natürlich differenzierenden Fragestellungen.

▸ Zentral ist die Ermöglichung vielfältiger und kreativer, auch künstlerisch-kreativer Lösungsdarstellungen.

▸ In der methodischen Gestaltung sollten Austausch und Kooperationen explizit angeregt werden.

▸ Viele Mädchen geben Vorlieben an für künstlerisch-kreative Aufgabenformate, für „echte" Rechenaufgaben sowie für Aufgaben zur Logik und Mustererkennung.

▸ Günstige „Stützfaktoren" können bestehen (a) in der Akzentuierung von bei Mädchen beliebten Themen (was der Lehrkraft hohe Sensibilität abverlangt, um Geschlechterstereotype nicht zu bekräftigen – daher sollte man mit diesem Zugang äußerst „sparsam" umgehen), (b) in der Einbeziehung von Situationen oder Personen mit einem hohen Identifikationspotenzial sowie (c) im Einbringen „außermathematischer" (etwa musikalischer oder sprachlich-literarischer) Interessen und Stärken.

Ein Beispielformat, das künstlerisch-kreative und logikorientierte Aspekte vereint und ein hohes Identifikationspotenzial für Mädchen bietet, sind „Nonogramme". Dabei handelt es sich um ein Rätsel, das die japanische Designerin Non Ishida erfunden hat (nach dem Vorbild der „Lichtkunst" an Hochhäusern): Nonogramme sind Gitter aus Quadraten, in denen man „Blöcke" ausmalen soll. Ein Block besteht aus einem oder mehreren direkt nebeneinanderliegenden Quadra-

ten. An den Zeilen und Spalten des Gitters stehen Zahlen, die anzeigen, welche Blöcke auszumalen sind. Dabei sind drei Regeln zu beachten:
▸ Eine Zahl am Rand steht für die Länge eines Blocks.
▸ Die Anzahl der Zahlen ist gleich der Anzahl der Blöcke in einer Zeile oder Spalte.
▸ Zwischen zwei Blöcken muss mindestens ein Quadrat frei bleiben (siehe das Beispiel in Abb. 14).

Nonogramme eignen sich sehr gut für Strategiediskussionen. Neben dem Ausfüllen von Nonogramm-Gittern können Kinder eigene Nonogramme erstellen, diese austauschen und wechselweise Lösungen entwickeln – viele Kinder verwenden Farben, um die Attraktivität der Bilder weiter zu steigern (die 3. Regel kann dann wegfallen; siehe Abb. 15).

Der künstlerisch-ästhetische Zugang wirkt auf viele Kinder sehr motivierend – und zwar auf Mädchen und Jungen, da derartige Formate nicht auf geschlechtstypisierende Facetten zurückgreifen, sondern in dieser Hinsicht möglichst neutral gehalten sind. Ihre Eignung im Sinne der Förderung auch und gerade von Mädchen ist auf der Basis von Erfahrungen einzuschätzen. So handelt es sich bei Nonogrammen um ein Problemfeld, das im Projekt vielfach erprobt wurde, das beide Geschlechter mögen, das sich gleichzeitig erfahrungsgemäß aber besonders eignet, um Mädchen die Mathematik auf spielerische Weise näherzubringen, ihr Interesse für und ihre Neugier an Mathematik zu wecken und zu fördern sowie ihre mathematischen Selbstkonzepte zu stärken.

			4	1	1	4	4
1	1	1					
2	1	1					
1	2	1					
1	1	1					

			4	1	1	4	4
1	1	1	■		■	■	■
2	1	1	■	■		■	■
1	2	1	■		■	■	■
1	1	1	■		■	■	■

Abb. 14: Non Ishidas Initialen als Beispiel für ein „Nonogramm" (links unbearbeitet, rechts ausgefüllt)

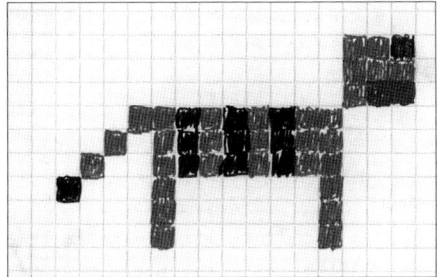

Abb. 15: Ein „Tiger" als Beispiel für ein selbst hergestelltes „Nonogramm"

Die im Projekt gesammelten Erfahrungen mit diesem und vergleichbar konstruierten Problemfeldern sind bisher sehr positiv (weitere Beispiele bei Benölken 2013b): Lehrkräfte berichten immer wieder über konstruktive Effekte für die „regulären" Inhalte des Mathematikunterrichts, beispielsweise dass sich Mädchen mehr zutrauen und deutlich mehr Engagement zeigen. Viele Lehrkräfte veränderten außerdem durch den Einsatz von Aufgabenformaten wie den „Nonogrammen" ihr Bild über das individuelle Potenzial einzelner Kinder.

2.7 Julia und Tobias: „Wir sind ein ungleiches Zwillingspaar"

Ralf Benölken

Die frühkindliche Entwicklung der Zwillinge Tobias und Julia verlief sehr unterschiedlich: Julia erwarb (fein-)motorische Fähigkeiten bedeutend eher als ihr Bruder. So malte sie schon mit anderthalb Jahren Bilder, die von ihren Eltern als „bemerkenswert" charakterisiert wurden. Tobias erwarb dagegen sprachliche Kompetenzen im Vergleich zu seiner Schwester zügiger. Bereits im Alter von 1,5 Jahren konnte er in vollständigen Sätzen sprechen, während Julia dies erst mit etwa 20 Monaten vermochte. Die weitere Entwicklung des Mädchens ist aber als „akzeleriert" einzuschätzen, denn als 5-Jährige begann sie, sich selbst das Lesen beizubringen. Tobias fiel demgegenüber schon in der Kindertagesstätte durch eine besondere Affinität zu mathematischen Phänomenen auf. Die Mutter beschrieb die Unterschiede so:

„Ja, die sind schon sehr früh auffällig geworden: Die kamen ja in die Tagesstätte mit einem Jahr und aufgefallen sind erstmal so, das Malen von Julia ist aufgefallen, weil sie sehr früh also schon angefangen hat zu malen, das war das eine und bei Tobias war uns aufgefallen, die sind ihn immer mitgenommen, mit dem Kinderwagen, als sie mit den größeren Einkaufen waren. Da sprach uns die Erzieherin schon an, ob wir mit denen Mathe üben würden. Weil die größeren Kinder, die Schulkinder quasi, die Fragen gestellt bekommen haben: Wie viele Kiwis haben wir im Wagen? Wir wollen fünf Kiwis: Wie viele brauchen wir noch? Und da hat Tobias sofort geantwortet. Aber da war uns schon bekannt, dass Tobias mathematisch eine ziemlich, also schnelle Auffassungsgabe hat."

Tobias' Vorliebe für die „Welt der Zahlen" lässt sich durch viele weitere Beispiele belegen. So nahm er in seinem Umfeld stets mathematische Aspekte wahr und spielte beispielsweise schon vor der Einschulung Gesellschaftsspiele, die das Wechseln von Geld thematisieren. Im Alter von 3 Jahren fragte der Junge seine Mutter „Mama, wie viel ist fünf und zwei?", als er während eines Gottesdienstes bemerkte, dass der Pastor an einer Hand nur zwei Finger hatte. Julia entwickelte demgegenüber früh eine Vorliebe für kreative Tätigkeiten und zum Einschulungszeitpunkt konnte sie einfache Sätze schreiben und bekannte Texte fließend lesen. Aufgrund ihrer (verschieden ausgeprägten) akzelerierten intellektuellen Fähigkeiten übersprangen die Zwillinge zu unterschiedlichen Zeitpunkten ein Schuljahr.

Tobias und Julia sind auf jeweils ihre Art temperamentvoll und kreativ. Beide haben ein hohes Maß an intellektueller Neugier – so fragen sie bei unklaren Sachverhalten häufig so lange nach, bis sie eine schlüssige Erklärung bekommen. Die Eltern waren schon früh immer wieder über die Wortgewandtheit und die Argumentationsketten ihrer Kinder erstaunt. Während Julia viele verschiedene Interessen verfolgt, sind es bei Tobias eher wenige. Beide Zwillinge legen hier eigene Schwerpunkte, spielen aber zum Beispiel auch beide Fußball. Aufgrund der oben beschriebenen Affinitäten der Kinder gingen die Eltern bei Tobias schon früh von einer besonderen Begabung im mathematischen Bereich aus, bei Julia demgegenüber im künstlerischen und sprachlichen. Beide Kinder wurden zudem durch einen psychodiagnostischen Intelligenztest als „hochbegabt" identifiziert, was die Eltern im Falle Julias allerdings überraschte.

Im Folgenden wird aufgezeigt, welchen Einfluss die Identifikation besonderer Begabungspotenziale auf die günstige Ausprägung motivationaler Faktoren und umgekehrt welchen Einfluss die günstige Ausprägung motivationaler Faktoren auf die Identifikation derartiger Potenziale haben kann. Dazu werden exemplarisch das „mathematische Selbstkonzept", das „Interesse an Mathematik" sowie „Attributionen", das heißt subjektiv vermutete Gründe für eigene Leistungsergebnisse, betrachtet (siehe auch Benölken 2014).

Selbstkonzept, Interessen, Attributionen

Unter dem „Selbstkonzept" einer Person ist mit Moschner/Dickhäuser (2006) ihre mentale Vorstellung über eigene Fähigkeiten und Eigenschaften zu verstehen. Selbstkonzepte treten sowohl global als auch domänenspezifisch auf (Shavelson u. a. 1976). „Interessen" entstehen gemäß dem Konsens der pädagogisch-psychologischen Forschung durch eine günstige Person-Gegenstand-Interaktion: Zunächst entsteht situationsgebunden eventuell ein „situationales" Interesse, das sich unter günstigen Voraussetzungen zu einem längerfristigen, individuellen Interesse entwickeln kann (Prenzel u. a. 1986). „Attributionen" lassen sich mit Weiner (1986) vornehmlich den Dimensionen Lokation (internal oder external) sowie Stabilität (stabil oder variabel) zuordnen. Die Attribution eines Erfolgs auf internale Ursachen wie die eigene Fähigkeit oder Anstrengung gilt als günstig, auf externale Ursachen als ungünstig. Bei Misserfolgen verhält es sich umgekehrt.

Die Ausprägung von Tobias' mathematischem Selbstkonzept,
den Attributionen und seinem Mathematikinteresse

„Tobias' ganzes Leben besteht aus Zahlen. Er jongliert immer mit Zahlen." (Der Vater zu den Interessen des Jungen.) Nachdem Tobias eingeschult wurde, zeigt

er stets sehr gute Leistungen im Mathematikunterricht und beschäftigte sich mit Zahlen und Figuren weit über den schulischen Kontext hinaus. Die Fachlehrerin erkannte sowohl sein besonderes mathematisches Potenzial als auch sein außergewöhnliches Mathematikinteresse. Daher schlug sie zu Beginn des 3. Schuljahres vor, er solle ergänzend zum regulären Schulunterricht am Projekt „Mathe für kleine Asse" (siehe Fuchs/Käpnick 2009; Käpnick 2008) teilnehmen, in dem mathematisch begabte und interessierte Kinder unter einem Enrichmentansatz (vgl. hierzu Hinweis in Kap. 2.2) gefördert werden.

Tobias handelt bei mathematischen Aufgaben stets ausgesprochen selbstbewusst. Er löste mit Freude bereits vor Schulbeginn mathematische Aufgaben und scheute hier nicht vor größeren Herausforderungen zurück. Insofern besaß er bereits früh ein günstig ausgeprägtes mathematisches Selbstkonzept, das durch zahlreiche Erfolge im Mathematikunterricht der Schule sowie durch die Teilnahme an dem Projekt „Mathe für kleine Asse" gewiss weiter bestärkt wurde. Entsprechend der Ausprägung des mathematischen Selbstkonzepts sind auch die Attributionen für mathematische Leistungen bei Tobias günstig: Erfolge führt er in der Regel auf seine mathematischen Fähigkeiten zurück (dieses Muster ist als „internal-stabil" einzuordnen), Misserfolge auf äußere Ursachen, beispielsweise auf die Formulierung von Aufgaben („external-stabil"). Ein Indiz hierfür liefert das folgende Zitat:

Interviewer: *Und nehmen wir mal an, du bekommst jetzt mal eine Mathematikaufgabe nicht raus. Was glaubst du dann, woran liegt das?*
Tobias: *Weiß nicht, ich glaube, dass eh hier die Aufgaben, also dass ihr das nicht richtig aufgeschrieben, dass das nicht richtig formuliert ist. Und das ist in der Schule auch ständig, die schreiben die Aufgaben dann nicht richtig hin und dann passieren dauernd Fehler und selbst mein Vater oder meine Mutter wissen dann oft nicht, was man da machen soll.*

Die Ausführungen liefern zusammengefasst Indizien dafür, dass die günstige Ausprägung motivationaler Faktoren wesentlich dazu beitragen kann, besondere mathematische Potenziale frühzeitig zu erkennen und adäquate Fördermaßnahmen einzuleiten.

Die Entwicklung von Julias mathematischem Selbstkonzept, der Attribution und ihrem Mathematikinteresse

„*Bei Julia hat es ein Stück weit mit Selbstbewusstsein zu tun, bei Tobias stellt sich die Frage nicht.*" (Die Mutter zum Umgang der Kinder mit mathematischen Herausforderungen.) Im Gegensatz zu Tobias ließ Julia sehr lange kein besonderes Interesse an Mathematik erkennen – ihre Interessen lagen wie oben beschrieben im sprachlichen und im künstlerischen Bereich. Nachdem Tobias zur Teilnahme an dem Projekt „Mathe für kleine Asse" vorgeschlagen worden war, überlegten die Eltern, wie sich dies günstig organisieren ließe, denn wegen ihrer Berufe und der relativ weiten Entfernung nach Münster erschien ihnen die „Logistik" problematisch. Sie fragten daher bei der Projektleitung an, ob Julia ebenfalls an den Förderstunden teilnehmen könne – obwohl sie bis dato weder ein besonderes Interesse für Mathematik noch überdurchschnittliche Leistungen im Mathematikunterricht zeigte. Im Nachhinein interpretieren die Eltern dies einerseits als eine Abgrenzung des Mädchens gegenüber ihrem Bruder und andererseits analog zu einem Phänomen, das häufig in der Literatur berichtet wird: Begabte Mädchen passen sich offenbar häufig an den Leistungsdurchschnitt der Klassenkameradinnen an (z. B. Rohrmann/Rohrmann 2005):

Vater: *Also wir hatten mal eine Zeit lang den Eindruck, dass sie nicht auffallen will mit guten Leistungen, dann möglicherweise in einem Fach, was besonders auffällt, also Mathematik ist ja ein Fach, was besonders auffällt. Deshalb ist es bei Tobias auch aufgefallen, weil es Mathematik war, bei Sprachen fällt es eher nicht so sehr auf. Und da hatten wir bei Julia das Gefühl, dass sie sich eher so ins Mittelmaß hat zurückfallen lassen, um nicht irgendwie herauszustechen aus der Klassengemeinschaft.*

Nachdem beide Zwillinge am Projekt „Mathe für kleine Asse" teilnahmen, wurde schon bald klar, dass nicht nur Tobias, sondern auch Julia über ein besonderes mathematisches Potenzial verfügte. Durch die stete und erfolgreiche Beschäftigung mit komplexen mathematischen Problemaufgaben entwickelte sich eine positive Spirale, in der sich Julia mehr zutraute und größeres Mathematikinteresse entwickelte. Die Identifikation ihres Potenzials hatte hier offenbar erhebliche Bedeutung. Dennoch ordnete sich ihr Mathematikinteresse in ihre anderen Interessen ein. Entsprechend ihrer Wertschätzung für den künstlerischen Bereich mag sie auch in der Mathematik am liebsten künstlerisch-kreative Aufgaben.

Mathematik gehörte ursprünglich nicht zu den Bereichen, in denen sich Julia als besonders leistungsstark empfand. Entsprechend ihrer Interessen sah sie ihre Stärken stets im künstlerischen und sprachlichen Bereich, wie der folgende Interviewausschnitt exemplarisch belegt:

Interviewer: *Wer von euch beiden, meinst du, ist besser in Mathe?*
Julia: *Tobias.*
Interviewer: *Tobias?*
Julia: *Dafür bin ich eigentlich besser in Deutsch.*
Interviewer: *Gibt es denn auch Sachen, von denen du meinst, das kannst du viel besser als Tobias?*
Julia: *Ja. Malen. [...] Und schreiben. Schön schreiben, weil, der schreibt so krickelig, der radiert das dann so oft weg und dann kann man das gar nicht lesen.*

Julia vermied lange Situationen, in denen die Zwillinge in Konkurrenz zueinander traten. Da sie Mathematik als Stärke ihres Bruders ansah, beschäftigte sie sich mit dieser Domäne nicht über das durch den Schulunterricht definierte Maß hinaus:

Mutter: *Sie hatte schon am Anfang Angst so, sie hatte Angst so hinter Tobias' Leistungen halt so zu stehen und da haben wir so gesagt: Julia, guck dir das* [Projekt „Mathe für kleine Asse"] *an und, wenn es dir keinen Spaß macht, dann gehst du raus, ist nicht schlimm, ne?*
Vater: *Mittlerweile geht sie da gerne hin, sie freut sich drauf.*

Wie bei der Genese des Mathematikinteresses hatte die Teilnahme an dem Projekt „Mathe für kleine Asse" (und damit die Identifikation ihres Begabungspotenzials) also einen sehr positiven Effekt auf die Ausprägung eines positiven mathematischen Selbstkonzepts. Julias Attributionen für mathematische Leistungen verblieben hingegen trotzdem lange ungünstig. Gründe für Misserfolge suchte sie in der Regel bei sich selbst, wenn auch nicht unbedingt in ihren Fähigkeiten (sondern zum Beispiel in ihrem Engagement, das heißt „internal-variabel"). Das folgende Zitat liefert ein Indiz dafür, dass Julia Erfolge meist in äußeren Ursachen begründet sah (hier Aufgabenkenntnis, das heißt „external-variabel"):

Interviewer: *Und woran liegt das, wenn du eine Aufgabe richtig gelöst hast?*
Julia: *Wenn ich die kenne von „Fifikus" oder weil ich die schon mal in der Schule gemacht habe.*

Zusammengefasst deutet das Beispiel Julias darauf hin, dass die Identifikation besonderer Begabungspotenziale erhebliche Effekte auf die günstige Ausprägung motivationaler Faktoren induzieren kann.

Zusammenschau
Das Beispiel der Zwillinge liefert Indizien für die große Bedeutung motivationaler Faktoren hinsichtlich der Identifikation und der Entwicklung individueller Begabungspotenziale (siehe auch das Beispiel Sayuris in Kap. 2.6): Julia entwickelte ein günstiges mathematisches Selbstkonzept und höheres Mathematikinteresse erst, nachdem ihr besonderes mathematisches Potenzial erkannt wurde. Anhand der ungünstigen Ausprägungen der Attributionen Julias lässt sich vermuten, dass die Ausprägung vollständig günstiger motivationaler Faktoren zudem ein recht langfristiger Prozess ist. Die günstige Ausprägung von mathematischem Selbstkonzept, Attribution und Interesse bei Tobias trug dazu bei, dass sein mathematisches Potenzial bereits sehr früh auffiel. Der Vergleich der Entwicklungen der beiden Kinder impliziert damit, dass ungünstige Ausprägungen motivationaler Faktoren die Identifikation hoher Begabungspotenzialen erschweren könnte, da hohe Potenziale zum Beispiel durch andere Interessen kaschiert werden könnten.

Herausforderungen für eine Lehrkraft

Ausgehend von dem Beispiel der Zwillinge Tobias und Julia liegen für eine Lehrkraft insbesondere im Kontext eines inklusiven Mathematikunterrichts Herausforderungen darin, die Angebote des Unterrichts geschlechtersensibel zu organisieren (freilich ohne Stereotype zu verfestigen). Mit dem Blick auf die „Geschlechtsspezifik" gibt es einige Forschungsergebnisse, die für eine differenzierte Gestaltung des Unterrichts herangezogen werden können (Benölken 2011). Über die in der Fallstudie zu Sayuri präzisierten Denkrichtungen zu Materialien, die sich zur besonderen Förderung von Mädchen eignen, können einige weitere Orientierungen berücksichtigt werden, um die Entfaltung individueller Begabungspotenziale bei Jungen und Mädchen differenzierter zu unterstützen (vgl. Benölken 2013a). Die folgenden Empfehlungen sind mit der Idee verbunden, häufig zu beobachtende bzw. empirisch dokumentierte Bedürfnisse vieler Mädchen aufzunehmen.[4]

▸ *Viele Mädchen brauchen Zeit:* Mädchen neigen recht oft zu vollständigen und sorgsam ausgearbeiteten Lösungsdarstellungen, während Jungen häufig mit der kurzen Notiz zentraler Ideen zufrieden sind. Jungen benötigen daher oft weniger Zeit für die Notation ihrer Lösungen. Ferner mögen viele Mädchen Zeit- und Konkurrenzdruck nicht und haben Schwierigkeiten, damit umzugehen – dies gilt zum Beispiel für Testsituationen.

▸ *Mädchen sollten die Möglichkeit haben, Ergebnisse gemeinsam zu präsentieren:* Jungen wollen ihre Lösungsideen oft deutlich offensiver im Plenum präsentieren als Mädchen, die sich in derartigen Situationen häufig eher zurückhalten. Dies mag auch ihrem oft stärker ausgeprägten Sicherheitsdenken geschuldet sein (Jahnke-Klein 2001). Eine Alternative besteht darin, Mädchen eine gemeinsame Präsentation ihrer Lösungen anzubieten. Dieses Vorgehen passt außerdem besser zu ihren Präferenzen hinsichtlich Kommunikation und Kooperation, denn im Gegensatz zu vielen Jungen arbeiten Mädchen häufig lieber paar- oder gruppenweise.

▸ *Man sollte nicht vorschnell über kognitive Neigungen von Mädchen urteilen, denn sie haben häufig deutlich mehr Interessen als Jungen:* Viele Mädchen haben ein breites Spektrum verschiedener kognitiver und nichtkognitiver Interessen, während Jungen häufig relativ wenige Interessen, insbesondere meist nur einen kognitiven Schwerpunkt besitzen, wie es im Fallbeispiel der Zwillinge deutlich wurde (siehe auch Benölken 2014a). Mangelndes Interesse an mathematischen Inhalten sollte daher keineswegs als mangelnde Fähigkeit interpretiert werden, da sich Mädchen oft trotz eines hohen mathemati-

---

4 Aus begabungstheoretischer Perspektive wird das Zustandekommen solcher Bedürfnisse – zum Beispiel durch fragwürdige oder traditionelle sozialisatorische Einflüsse – im Sinne einer sozialen Konstruktion von Geschlecht zunächst nicht behandelt. Der Fokus wird hier auf ein breites Spektrum verschiedener Facetten gelegt, um die Identifikation besonderer Begabungspotenziale differenziert gestalten zu können (z. B. Benölken 2011).

schen Potenzials eher als Jungen anderen Interessenschwerpunkten zuwenden.

▸ *Leistungsmotivationale Positiva sind für viele Mädchen im Hinblick auf die Beschäftigung mit Mathematik sehr wichtig:* Die in der Fallstudie zu Tobias und Julia aufgezeigten kontrastierenden Ausprägungen motivationaler Faktoren finden sich häufig (siehe auch Benölken 2014a und das Beispiel Sayuris in Kap. 2.6). Ein Effekt kann darin bestehen, dass Mädchen Mathematik nicht als Domäne ansehen, in der sie besondere Leistungen erbringen können. Die Unterstützung der Entwicklung hin zu einer positiven Ausprägung motivationaler Faktoren verlangt Lehrkräften daher eine große Sensibilität ab – zum Beispiel anhand positiver, authentischer Rückmeldungen (siehe z. B. auch O'Mara u. a. 2006).

▸ *Spielerische, künstlerisch-kreative Zugänge eignen sich besonders zur Förderung von Mädchen:* Regelhaft-abstrakte und direktive Zugänge zur Mathematik begünstigen Desinteresse – und zwar insbesondere bei Mädchen. Daher bieten sich im „regulären" Mathematikunterricht wie auch in Arbeitsgemeinschaften kreativere Zugänge wie Spiele oder offene Problemaufgaben an.

Die folgenden Empfehlungen zur Förderung von Jungen sind verbunden durch die Idee, Mathematik als Domäne, in der sich viele Jungen fähig fühlen, zu nutzen, um sie übergreifend in ihrer gesamten Persönlichkeitsentwicklung zu unterstützen.

▸ *Berücksichtigung von und angemessener Umgang mit Konkurrenz- und Wettbewerbsdenken:* Jungen tendieren vergleichsweise oft zu Konkurrenzdenken und mögen beispielsweise Wettbewerbssituationen. Entsprechende Inhalte könn(t)en daher explizit in den Unterricht integriert werden (siehe auch Hoffmann 2009). Dies verlangt von einer Lehrkraft natürlich eine hohe Sensibilität, um das motivationale Potenzial zu nutzen, ohne häufig zu beobachtende Bedürfnisse von Mädchen beispielsweise hinsichtlich der Kommunikationskulturen außer Acht zu lassen.

▸ *Förderung vielfältiger Interessen:* Wie bereits angedeutet fokussieren sich Jungen oft recht stark auf einen kognitiven Interessenschwerpunkt, zum Beispiel auf die Mathematik. Eine mögliche Konsequenz besteht darin, Interessen an weiteren kognitiven Bereichen wie dem sprachlichen ausgehend von der Beschäftigung mit Mathematik zu fördern.

▸ *Jungen sollten zu Lösungsdarstellungen und -kontrollen angeregt werden:* Wie bereits angedeutet sind viele Jungen mit spontanen Lösungsideen oder kurzen, intransparenten Lösungsnotizen zufrieden. Ferner verzichten sie oft auf Kontrollen. Zur Förderung von Fähigkeiten im Argumentieren und Begründen eigener Ideen sowie im gründlichen Durchdenken von Sachverhalten sollten Jungen daher zu nachvollziehbaren Lösungsdarstellungen sowie -kontrollen angeregt werden und deren Vielfalt und Sinnhaftigkeit reflektieren.

▶ *Jungen sollten zur Kommunikation und Kooperation angeregt werden:* Jungen neigen – eventuell auch wegen des häufig zu beobachtenden Konkurrenzdenkens – häufig zur Einzelarbeit. Deshalb sollten explizit Unterrichtssituationen geschaffen werden, die gemeinsames Arbeiten akzentuieren, um Fähigkeiten hinsichtlich Kommunikation und Kooperation zu fördern, ohne die Möglichkeit zum eigenständigen Arbeiten völlig auszuklammern.

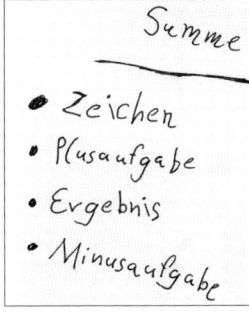

Abb. 16: Eine selbst erstellte Karte des „MathTabu"

„Gruppenwettbewerbe" sind ein Beispiel, wie sich die Förderung von Jungen und Mädchen gestalten lässt (Benölken 2013b). Vorteilhaft erscheinen in diesem Kontext die Möglichkeiten zur gegenseitigen Motivation und die Minimierung von Leistungs- und Konkurrenzdruck für den Einzelnen, ohne dass die motivierende Komponente des Wettbewerbs verloren geht. Die explizite Organisation als Gruppenwettbewerb impliziert per se Kooperation und Kommunikation. Ferner haben sie ein hohes diagnostisches Potenzial, da kleine Gruppen gezielt beobachtet werden können. Gruppenwettbewerbe können sehr unterschiedlich gestaltet werden und Teilwettbewerbe enthalten, in denen Kinder entweder allein oder zu zweit, zu dritt oder mehr knobeln können. Vorlagen und Ideen zur Konzeption von Gruppenwettbewerben können unter anderem von bekannten Fernsehshows oder Gesellschaftsspielen übernommen werden. Ein Beispiel bietet „MathTabu" (siehe auch Kap. 6.4).[5] Die benötigten Spielkarten zu mathematischen Formen, Figuren oder Begriffen können zunächst selbst gestaltet werden. Die Karten werden sodann gruppenweise weitergereicht. In den Gruppen beschreibt ein Kind die Begriffe der Karten, wobei die Verwendung einiger vorher bestimmter Begriffe dabei verboten ist (Abb. 16), während der Rest der Gruppe diese zu raten versucht. Eine Runde kann zum Beispiel 2 Minuten lang dauern. Die Gruppe mit der höchsten Anzahl richtig erratener Begriffe gewinnt. Im „regulären" Unterricht lässt sich ein solcher Gruppenwettbewerb beispielsweise in Sicherungsphasen oder zur substanziellen Auflockerung des Unterrichts einsetzen.

---

5   In Anlehnung an Tabu – Wer umschreibt, der bleibt!, MB Spiele, Hasbro International Inc., Soest, 1993.

2.8 Lara: „Ich bin in Mathe gut, obwohl ich nicht sehen kann"

Nadine Ehrlich

Der erste Schultag nach den Sommerferien ... Zwei Schülerinnen tauschen sich über ihre Urlaubserlebnisse aus, ein Junge spielt mit seinem Smartphone, ein anderer schaut aus dem Fenster – ein „normaler" Kurs mit 25 „verschieden verschiedenen" Neuntklässlern. Am Stundenanfang stellt sich jeder kurz vor, nennt seine Hobbies, Lieblingsfächer usw. Lara erklärt, dass sie viel liest, Klavier spielt und sich gern mit Freunden trifft. Dass sie seit ihrer Geburt blind ist, hält sie nicht für erwähnenswert. Das wissen die anderen ohnehin oder werden es schnell erkennen. Sie möchte nicht als „die Blinde", sondern als Lara, wahrgenommen werden – und das wird sie, nicht zuletzt aufgrund ihrer starken Persönlichkeit.[6]

Laras heutiger (Schul-)Alltag

Das 15-jährige schlanke Mädchen ist selbstbewusst und stets modisch gekleidet, sie beschreibt sich selbst als eher zurückhaltend, anfangs schüchtern, ebenso als humorvoll und ehrgeizig. Neben den bereits genannten Hobbies treibt sie sehr gern Sport. Seit ihrem 1. Lebensjahr schwimmt sie regelmäßig im Verein und joggt in Begleitung, meist mit ihrem Vater.

Laras schulischer Interessen- und Leistungsschwerpunkt liegt im sprachlichen Bereich. Englisch und Spanisch mag sie am liebsten, weiterhin gesellschaftswissenschaftliche Themen, die im Geschichts- und Pädagogikunterricht erörtert werden. Mathematik gefällt ihr auch. In diesem Fach kann sie ihre überdurchschnittlichen allgemeinen kognitiven Fähigkeiten, wie sehr gute Gedächtnis- und Strukturierungsfähigkeiten, meist effektiv und geschickt nutzen. Ihr hoher Selbstanspruch, gepaart mit großer Anstrengungsbereitschaft und Beharrlichkeit sowie einer ausgeprägten intellektuellen Neugier und Freude am Problemlösen, bewirken, dass sie in der Schule alle Herausforderungen wie ihre Mitschüler meistern möchte – auch, wenn sie hierfür häufig größere Anstrengungen als andere erbringen muss. Zudem ist ihr Handeln von einer sehr guten Selbstorganisation und Disziplin geprägt. Zum Beispiel erledigt sie meist freitags alle Hausaufgaben für die jeweils kommende Woche, um die Wochenenden entspannt genießen zu können.

Aufgrund ihres fehlenden Sehvermögens hat Lara einen stark individuell geprägten Lernstil. Deshalb bevorzugt sie es in der Schule, allein zu arbeiten. Eine enorme zusätzliche Hürde sind für sie zum Beispiel Aufgaben mit grafischen Darstellungen. Hier beeinträchtigen Laras eingeschränkte visuelle Wahrnehmungs-

---

6 In dieser Fallstudie werden Lara, ihre Schulbiografie und spezielle mathematikdidaktische Aspekte überblicksartig skizziert. Wenngleich im vorliegenden Buch die fachdidaktische Perspektive im Vordergrund steht, erschien es uns im Sinne eines ganzheitlichen Ansatzes unerlässlich, Laras Persönlichkeit, ihre bisherige Entwicklung sowie familiäre, schulische und außerschulische Rahmenbedingungen darzustellen.

kompetenzen das Lernen stark und sie empfindet demgemäß das Ermitteln und Darstellen von Lösungswegen bei komplexeren Aufgaben, deren Inhalte in verschiedenen Darstellungsformen präsentiert werden, oft als „sehr anstrengend". Da dies häufig in den Naturwissenschaften der Fall ist, mag sie die Fächer nicht gern. Kunst und Sport hat sie ebenfalls abgewählt, weniger aus mangelndem Interesse als aus zum Teil vorhandenen unterrichtsdidaktischen und -methodischen Gründen, wie der angesprochenen Problematik im Umgang mit Grafiken, dem häufigen Fehlen alternativer Aufgaben oder geeigneter Aufgabenrepräsentationen und eines „gerechten" Bewertungsmaßstabes für Laras andersartige Leistungen.

Lara machte sich bereits im Grundschulalter – anders als viele ihrer Mitschüler – intensive Gedanken über ihr Leben als Erwachsene. Während sie zunächst Schriftstellerin werden wollte, kann sie sich dies heute eher als Hobby vorstellen.

Nach dem Abitur will sie ihre Sprachkompetenzen erweitern und eine Ausbildung zur Fremdsprachenkorrespondentin machen. Diese wäre an einem Zentrum mit besonderen Angeboten für blinde Menschen möglich, der Deutschen Blindenstudienanstalt e. V. (BLISTA) in Marburg, wo Lara außerdem ihre blindenspezifischen Fähigkeiten vervollkommnen könnte. Dazu zählen zum Beispiel vertieftes Langstock-Training (umgangssprachlich auch als „Blindenstock" bezeichnet) zur Verbesserung ihrer Orientierung und Mobilität sowie der Erwerb „lebenspraktischer Fähigkeiten", wie etwa das Nutzen einer „sprechenden Küchenwaage" beim Kochen, was ihr ein eigenständiges Leben als Erwachsene ermöglichen könnte.

Abb. 17: Braillezeile als taktiles Hilfsmittel

Lara bewältigt ihren Alltag schon jetzt sehr selbstständig. Hierfür nutzt sie verschiedene spezielle Hilfsmittel, vor allem einen Laptop und die Braillezeile, die sie für alles gebraucht, „was andere mit Zettel, Stift und Buch machen", sowie für die üblichen computertechnischen Funktionen wie dem Internetzugang. Texte, die auf dem Rechner gespeichert oder in anderer Form digital verfügbar sind, werden ihr dabei über die Zeile in Punktschrift ausgegeben, sodass Lara sie durch das Tasten mit ihren Fingerspitzen erfassen kann. Auf diese Art und Weise liest sie auch sehr zügig – und gern. Mithilfe ihres Smartphones und einer kleineren Braillezeile hat Lara hierfür eine zusätzliche, handliche technische Möglichkeit.

Um die beeindruckenden Leistungen sehbehinderter Kinder beim Gebrauch der Braillezeile erfassen zu können, kann folgender Vergleich helfen: Während ein Schüler mit „intaktem" Sehvermögen eine ganze Buchseite oder sogar eine Doppelseite „mit einem Blick" erfassen kann, umfasst Laras Braillezeile nur maximal 40 Zeichen inklusive Leerzeichen. Dies entspricht der Länge eines kurzen Satzes. Da bereits mathematische Formeln oft umfangreicher sind und bei Umformungen häufig mehrere Terme unter- und übereinander verglichen und Teile „weggestrichen" werden, muss Lara einen enormen zusätzlichen Gedächtnis- und Konzentrationsaufwand aufbringen, gleichzeitig eine sehr gute Auffassungsgabe und beachtliche Fähigkeiten bei der Navigation im Text besitzen.

Für Lara sind weiterhin E-Books und Hörbücher sehr wichtig. Mit diesen Medien kann sie auch aktuelle altersgemäße Literatur selbstständig lesen bzw. hören. Gedruckte Bücher in Punktschrift werden von Bibliotheken und Verlagen zwar ebenfalls angeboten, jedoch sind diese meist nicht aktuell, zudem sehr unhandlich und teuer. Ein kleines Taschenbuch mit ca. 200 Seiten in üblicher Schwarzschrift kann zum Beispiel in Punktschrift 7 Bände mit jeweils ca. 100 Seiten in einem Großformat wie DIN A4 oder mehr umfassen. Ein Band der beliebten *Harry-Potter*-Reihe, der regulär ca. 25 € kostet, kann als E-Book in Punktschrift 100 € oder sogar noch teurer sein. Laras Smartphone besitzt, wie die meisten aktuellen Modelle, eine sprachliche Textwiedergabe-Funktion, sodass die Schülerin Textnachrichten und zum Beispiel Internetangebote gut nutzen kann. Neben den elektronischen Hilfsmitteln gebraucht Lara zur Orientierung und Mobilität insbesondere ihren Langstock. Mit diesem ist sie in der Lage, bestimmte Wege selbstständig zu gehen. Wenn sie mit anderen Personen unterwegs ist, findet sie es jedoch „*entspannter*", ihn nicht zu nutzen und sich etwa bei einer Freundin einzuhaken, dann würde sie auch nicht sofort „*erkannt*" werden. Ein kleines Detail fällt beim Blick auf Laras Handgelenk auf: Ihre Armbanduhr besitzt ein aufklappbares Abdeckglas und das Zifferblatt sowie die Zeiger sind tastbar.

Hinsichtlich ihrer sozialen Integration sagt Lara, dass sie diese während der Grundschulzeit sowie im 5. und 6. Schuljahr als „super" empfand, seitdem aber zunehmend Probleme auftreten. Frustriert stellt sie fest: *Im Moment wollen sich viele* [Mitschüler] *ausprobieren, selbst darstellen, im Moment sehe ich keine Besserung, gerade aktuell nicht."* Auch andere blinde Jugendliche berichten Lara, „*dass sie nicht mitgenommen werden, dass sie die Außenseiterrolle haben".* „*Dass man sich nach der Schule zum Shoppen trifft und sagt, ich mache jetzt dies, ich mache jetzt das*", kommt bei Lara und anderen blinden Jugendlichen nur selten vor. So hat Lara auch derzeit keinen Freundeskreis in, sondern vielmehr außerhalb der Schule. Über diese betrübliche Situation macht sich nicht nur Lara Gedanken. „*Von Lehrerseite hat man ja schon einiges versucht, verschiedene Sachen, aber das ging eher nach hinten los."* Dazu zählten Gespräche mit einzelnen Gruppen oder mit der ganzen Klasse, was aber danach die Situation stets eher verschlimmerte. Aber auch an einer Förderschule wären nach Laras Meinung soziale Defizite gegeben, nur „anders geartet": „*Da hat man ja nicht so die Aus-*

wahl. Wenn in einer Klasse 8 Schüler sind, 5 Jungen, 3 Mädchen, dann hat man als Mädchen genau 2 Möglichkeiten, sich eine Freundin zu suchen." Darüber hinaus glaubt Lara, dass das Problem des „Sich-nicht-angenommen-Fühlens" nicht nur Menschen mit Beeinträchtigungen betrifft, sondern ebenso auf Personen mit anderen Interessen und Fähigkeiten als die Mehrheit der Mitschüler zutrifft. Aber für Hilfsbedürftige sei es besonders wichtig, dass andere Menschen ihnen zumindest gelegentlich eine besondere Zuwendung geben. Laras Mutter schätzt in diesem Zusammenhang ein, dass Inklusion in Bezug auf Schule, aber auch generell im Alltag noch nicht *„das Normale"* ist. Sie glaubt, dass die jahrzehntelange Separierung noch sehr stark das Denken und Handeln in Deutschland bestimmt.

Laras bisherige Schulbiografie

Als Lara eingeschult wurde, waren inklusive Schulkonzepte noch nicht etabliert. Ihre Eltern strebten dennoch von Anfang an ein gemeinsames Lernen der Tochter mit anderen Gleichaltrigen an, weil ihnen sehr wichtig war, dass Lara so früh und so selbstverständlich wie möglich regelmäßige Kontakte zu sehenden Kindern hat. Hierfür mussten die Eltern nach eigenen Angaben aber *„sehr kämpfen"*. Dabei war es kein Problem, einen Kindergarten und eine geeignete Grundschule zu finden. Die große Herausforderung stellten die bürokratischen Rahmenbedingungen dar. Laras Mutter konnte schließlich mit den zuständigen Behörden die Vereinbarung „erkämpfen", dass ihre Tochter es an einer Regelschule zunächst versuchen dürfe, bei Schwierigkeiten das Mädchen aber auf eine Förderschule wechseln müsse. Lara konnte dann die Grundschule sehr erfolgreich meistern, aber bei der Suche eines Gymnasiums stießen die Eltern wiederum auf große Skepsis und erlebten teilweise sehr frustrierende Reaktionen – bis sie Laras heutige Schule fanden, die das Mädchen von Anfang an sehr herzlich aufnahm. Auf diesem Gymnasium wird Lara im gemeinsamen Unterricht *„zielgleich"* unterrichtet, das heißt, dass sie mit dem Abitur den gleichen Bildungsabschluss wie die anderen Schüler anstrebt.[7]

Rückblickend sind Lara und ihre Eltern sehr froh darüber, dass das Mädchen auf eine Regelschule gehen konnte bzw. kann. Grundvoraussetzung für Laras gelungene Integration waren natürlich die überdurchschnittlichen kognitiven und allgemeinen Persönlichkeitsqualitäten des Mädchens sowie die große Unterstützung durch die Eltern, die Lehrer und Mitschüler. Zugleich war und ist es Lara aber sehr wichtig, vielfältige Kontakte zu anderen blinden Kindern bzw. Jugendlichen zu haben. So bedeutet ihr ein regelmäßiger Erfahrungsaustausch mit Gleichaltrigen aus einer Förderschule für Blinde sehr viel und sie würde es äußerst bedauern, wenn die überregionale Einrichtung, in der sie sich mit blin-

---

7   Da an Laras Schule verhältnismäßig wenige Schüler mit einem Förderschwerpunkt unterrichtet werden, müsste in ihrem Fall im engeren Sinne eher von einem integrativen als inklusiven Ansatz gesprochen werden.

den Schülern trifft, geschlossen werden würde. Angesprochen auf einen Vergleich zwischen Regel- und Förderschule schätzt Lara ein, dass das Leben und der Unterricht an der Förderschule *„schon was anderes ist"*. Sie vermutet, dass nach dem Schulende Jugendliche aus der Förderschule in „lebenspraktischen Fähigkeiten" und Stocktechniken besser als sie ausgebildet sind, da bei ihnen „Orientierung und Mobilität" ein reguläres Schulfach ist. Demgegenüber bewertet sie das allgemeine Leistungsniveau und die technische Ausbildung in Bezug auf moderne Medien an Förderschulen als geringer als die üblichen Standards an Regelschulen. So begann Lara an ihrer Grundschule schon in der 1. Klasse mit der Arbeit am Computer. Während ihr Integrationshelfer sie zunächst in allen Fächern begleitete und zum Beispiel Dateien öffnete und speicherte, erlernte sie ab der 3. Klasse das Zehn-Finger-Schreibsystem und Kurzbefehle. Im Vergleich dazu schreiben Lara zufolge Schüler an einer Förderschule zum Teil bis zur 5. Klasse wesentlich umständlicher mithilfe einer speziellen Schreibmaschine. Als einen weiteren Vorzug des Lernens an Regelschulen stellt Lara die Förderung von Selbstständigkeit heraus. Während viele Förderschüler zum Beispiel mit dem Taxi vor der Haustür abgeholt, zur Schule gebracht und dort zum Teil vom Lehrer zum Klassenraum begleitet werden, ist Lara mittlerweile sehr gut in der Lage, ihren Weg zur Bushaltestelle und die Busfahrt allein zu bewältigen, wobei sie der Integrationshelfer an der Bushaltestelle in Schulnähe abholt. Den Rückweg meistert sie allein. Diese eigenständigen Erfahrungen und Kompetenzen stärken natürlich auch das Selbstbewusstsein.

Laras besondere Chancen und Herausforderungen im Schulunterricht

Wie schon angesprochen, bewältigt Lara den Schulalltag sehr selbstständig. Ihr stehen ein Integrationshelfer sowie einige Hilfsmittel und ein sogenannter Nachteilsausgleich zur Verfügung. Dieser regelt unter anderem, dass Lara beim Zeichnen in Klausuren einen kleinen Toleranzbereich besitzt – das gilt zum Beispiel auch für Schüler, die aufgrund anderer Förderschwerpunkte feinmotorische Beeinträchtigungen besitzen. Die zusätzlichen Hilfestellungen ermöglichen ihr eine prinzipielle Chancengleichheit mit ihren Mitschülern. Ihre ständigen Begleiter sind der Laptop und die dazugehörige Braillezeile. Damit Lara dem Unterricht mit den Hilfsmitteln „barrierefrei" folgen kann, digitalisiert ihr Integrationshelfer Texte, die er von der Lehrperson erhält und die im Unterricht oder bei Hausaufgaben eine Rolle spielen. Da mithilfe der Braillezeile nur die Schrift, aber keine Abbildungen dargestellt werden können, müssen Grafiken verbal beschrieben werden. Die Texte, die Lara mithilfe der Braillezeile liest, werden in normaler Buchstabenschrift auf dem Bildschirm des Laptops angezeigt. Diese Funktion kann Lara gut bei Gruppenarbeiten nutzen.

Der Integrationshelfer unterstützt Lara außerdem beim Erfassen von Bildern, die im Vorfeld nicht von der Lehrkraft beschrieben werden (sollen) oder durch Mitschüler spontan entwickelt werden. Zudem erhält Lara von einem Landesinstitut spezielle Schulbücher in Punktschrift. Für Laras Lernen ist es im Unterricht generell notwendig, dass visuelle Eindrücke, inhaltliche Zusammenhänge an der Wandtafel, auf Folien oder in einer Mind-Map, versprachlicht werden. Um Lara ein korrektes Verstehen zu ermöglichen, müssen solche Beschreibungen stets sehr präzise sein. Für Lara ist es dabei sehr nützlich, wenn die Helfer sehr gut den Unterricht aus der Perspektive eines Blinden verstehen und überprüfen können. Hierbei kann eine enge Zusammenarbeit und Beratung mit blindenpädagogischen Experten, insbesondere bei besonderen methodischen oder schwerpunktmäßig visuellen Methoden, hilfreich sein.

Hinsichtlich des differenzierenden Lernens sammelte Lara im Unterricht bisher sehr unterschiedliche Erfahrungen. Eine entscheidende Rolle spielten hierbei die jeweiligen didaktisch-methodischen und psychologisch-soziologischen Kompetenzen der Lehrperson. So reflektiert Lara über den Sportunterricht: „Ich mache gerne Sport. Aber Ballsportarten sind kaum möglich, zum Beispiel Badminton oder Volleyball. Das hängt sehr stark vom Lehrer ab. Ich hatte alles von der 5 bis zur 9, zum Beispiel Zirkeltraining, wenn die anderen Volleyball gespielt haben, über ‚mach mal, was du willst' bis dazu, dass mir der Badminton-Schläger in die Hand gedrückt wurde und es hieß ‚mach einfach mal'." Ihr eigener Anspruch ist dagegen eindeutig: Sie möchte auf jeden Fall die gleichen Anforderungen erfüllen wie alle Schüler, aber gegebenenfalls auf eine andere, ihren Besonderheiten entsprechende Weise. Leichtere Lernaufgaben lehnt sie mit der Begründung ab: „Dann würde ich mich nicht gut fühlen und hätte noch einen zusätzlichen Sonderstatus." So freut sich Lara über gelungene Beispiele differenzierenden Lernens, wie sie es im Kunstunterricht erleben konnte. „Es war immer so, dass die Kunstlehrer sich mit der Lehrerin von der Blindenschule abgesprochen haben und ich dann ähnliche Aufgaben wie die anderen bekommen habe, zum Beispiel zum Thema ‚Selbstbildnis'. Die anderen haben Portraits gezeichnet und ich habe mit meinem Integrationshelfer eine Collage mit Fotos gemacht, wo immer verschiedene Teile des Gesichts abgedeckt waren." Oder bei der Darstellung eines „Traumzimmers" hatten ihre Mitschüler Zeichnungen angefertigt, während Lara ihr Zimmer im Karton mit Pappschachteln bastelte. Als weiteres gelungenes Beispiel nennt die Schülerin die Konzeption der letzten Biologie-Klausur: Während die anderen Schüler Zusammenhänge biologischer Prozesse grafisch darstellen sollten, beschrieb Lara diese in Worten.

Insgesamt gesehen überwiegen bei Lara die positiven Erfahrungen. Sie bilanziert: „Viele Lehrer stellen sich sehr gut darauf ein, sie sprechen mit beim Anschreiben, reichen Arbeitsblätter früh genug, ein paar Tage vorher, beim Integrationshelfer ein, lassen sich alternative Klausuren einfallen, mit den gleichen Anforderungen." In einem gemeinsamen Resümee heben Lara und ihre Mutter hervor: „Wichtig war immer, so wenig wie möglich die Sonderrolle zu betonen, also im besten Fall nicht ‚beschreibt mal das Bild für Lara', sondern einfach ‚wir brauchen jetzt eine Bildbeschreibung'." Als ein seltenes, aber „krasses Negativbeispiel" nennt Lara demgegenüber die folgende Aussage eines Lehrers: „Lara, du hast ja eine Sonderrolle, äußere du dich mal dazu."

Besondere didaktische Aspekte für Laras inklusives Lernen im Mathematikunterricht

Ausgehend von Laras Erfahrungen lässt sich konstatieren, dass für den Erwerb mathematischer Kompetenzen durch blinde Kinder von fundamentaler Bedeutung ist, dass sie reichhaltige Handlungserfahrungen mit konkreten Material sammeln können, da ihr Beobachten und das Imitieren von Handlungen anderer Personen nur sehr eingeschränkt oder gar nicht möglich sind. Dementsprechend kann sich eine blindenpädagogische Konzeption des mathematischen Lernens gut an den Repräsentationsmodi nach Bruner orientieren (für den folgenden Abschnitt vgl. Lang 2011, S. 62 f.).

Bildhafte Darstellungen stellen dabei die ersten Schritte weg von konkreten Handlungen hin zu abstrakten Vorstellungen dar, wobei hier bereits die Besonderheit zu beachten ist, dass die für Blinde geeigneten Reliefabbildungen nicht dieselbe Komplexität aufweisen wie visuelle Bilder, da durch Tastwahrnehmungen stärkere Grenzen gesetzt sind als durch visuelle Wahrnehmungen und dafür zudem ein größerer Zeitbedarf erforderlich ist. Außerdem ist das Tasten von Objekten aufgrund des Erfassens von drei Dimensionen kognitiv anspruchsvoller als der Umgang mit zweidimensionalen Bildern. Um blinden Kindern ein korrektes Erfassen von Sachverhalten zu ermöglichen, ist es daher notwendig, dass zum einen taktile Abbildungen eindeutig tast- und interpretierbar gestaltet sind und dass zu anderen den Kindern vergleichsweise mehr Zeit zum Ertasten gegeben wird.

Hinsichtlich des höchsten Abstraktionsgrades, der *symbolischen Darstellungsebene*, besteht eine spezifische Herausforderung für Kinder wie Lara darin, dass die Zifferndarstellung in der Blindenpunktschrift eine größere Verwechslungsgefahr in sich birgt als die übliche Ziffernschreibweise. Darüber hinaus führen die relativ ähnliche Schreibweise von Zahlen und Buchstaben in der Blindenschrift zu häufigen Verwechslungen. Diese zusätzlichen Erschwernisse bedingen wiederum, dass blinde Kinder sich beim Lesen und Schreiben größerer Zahlen sehr konzentrieren müssen. Auch das Erlernen schriftlicher Rechenverfahren ist deshalb für sie besonders übungsintensiv. Um gemäß den Stellenwertspalten Ziffern korrekt untereinander zu schreiben, bieten sich Übungen mit Klemmbrett und Ziffernplättchen an (vgl. Lang 2011, S. 79 f.). Andererseits können sich blinde Kinder das schriftliche Rechnen durch ein Automatisieren von Lösungsschritten wie durch gut verinnerlichte Kopfrechenstrategien wirkungsvoll erleichtern.

Die angesprochenen Schwierigkeiten blinder Schüler beim „Übersetzen" komplexer Situationsbilder in *Sachaufgaben* könnten wirksam verringert werden, indem diesen Kindern taktil erfassbare Skalierungen oder akustische Hilfen bei Messinstrumenten oder vorbereitete Texte und „Hörberichte" zur Erläuterung spezieller Inhalte von Sachaufgaben zur Verfügung gestellt werden.

Für die Befähigung blinder Kinder zum *Wechseln der Repräsentationsebenen* resümiert Lang (2011, S. 63) generell: „Die Umsetzung der beschriebenen Phasen kann nur dann gelingen, wenn der Mathematikunterricht ein hohes Maß an aktiv-entdeckendem Lernen und Individualisierung aufweist."

Schwarzschrift	Eurobraille
3456243	⠼⠉⠙⠑⠋⠃⠙⠉
3 456 243	⠼⠉⠙⠑⠋⠃⠙⠉
3.456.243	⠼⠉⠲⠙⠑⠋⠲⠃⠙⠉
4½	⠼⠙⠌⠃
3 + 4 = 7	⠼⠉⠖⠙⠶⠛

Abb. 18: Vergleich von mathematischen Symbolen

Eine gleich große Bedeutung wie für Sehende besitzt für blinde Kinder der Erwerb mathematischer Basiskompetenzen. Da es für Kinder mit eingeschränkter visueller Wahrnehmung jedoch zum Teil schwieriger ist, solche Kompetenzen im Alltag zu erwerben, ist einer zielgerichteten schulischen Förderung der entsprechenden Kompetenzen bei blinden Kindern eine noch größere Beachtung zu schenken (für den folgenden Abschnitt vgl. Lang 2011, S. 64–67). Zudem geht der Lerneffekt beim Bearbeiten von Aufgaben im Sortieren und Klassifizieren für blinde und hochgradig sehbehinderte Kinder weit über das mathematische Lernen hinaus, sie sind auch unter den Aspekten der Begriffsbildung und der Wahrnehmungsförderung sehr wichtig. Förderschuldidaktiker empfehlen, dass die Befähigung zum Sortieren und Klassifizieren bei blinden Kindern zunächst anhand von nur einer Kategorie erfolgen und dann schrittweise erweitert werden soll. Bei der konkreten Umsetzung sind zugleich die verschiedenen Taststrategien blinder Kinder zu beachten (z.B. Konturen mit den Fingerkuppen nachfahren, simultanes Vergleichen durch den Einsatz beider Hände). Hinsichtlich der Lernmittel sind die bereits angesprochene eindeutige Abgrenzung von Flächen sowie eine ausreichende Anzahl von Materialschalen wichtig, damit die Kinder Objekte leicht und eindeutig erfassen und unterscheiden können. Als Material zum Sortieren eignen sich zahlreiche Alltagsgegenstände wie Knöpfe und Spielzeug (z.B. Autos) oder Gegenstände aus der Natur wie Steine oder Blätter. In engem Zusammenhang hierzu steht das Erkennen und Bilden von „Mustern". Dabei ist aus didaktischer Sicht wichtig, mit konkreten Gegenständen zu beginnen und dann schrittweise zu Mustern auf symbolischer Darstellungsebene überzugehen. „Beispiele für konkrete Musterbildungen sind regelhafte Abfolgen von Gegenständen (z.B. Spielzeugautos, Spielfigur, Spielzeugauto usw.), Klangereignissen (stampfen, klatschen, stampfen usw.) oder Eigenschaften (z.B. groß, klein, groß usw.; rau, glatt, rau usw.; laut, leise, laut usw.). Wichtig ist wiederum das Reflektieren und Verbalisieren der jeweiligen Regelhaftigkeit" (Lang 2011, S. 66). Damit sich die Objekte nicht verschieben, ein taktiles Erkunden aber dennoch möglich ist, sollten die Gegenstände auf einer rutschfesten Unterlage präsentiert werden und Formenplättchen zum Beispiel auf einem Klettbrett oder einer Magnettafel angebracht werden.

Grundlegende Basiskompetenzen für den Erwerb des Zahlbegriffs, wie Kompetenzen in der „Eins-zu-Eins-Zuordnung", im Erkennen der Mengenkonstanz oder die simultane Mengenerfassung, können sehbehinderte Kinder effektiv auf spielerische Weise erwerben. Hierfür eignen sich zum Beispiel Hüpfspiele, Zahlenreime oder die sogenannte „Körpermathematik". Durch die Mengenerfassung über die Anzahl der Körperglieder und Handlungen, wie Hüpfen oder Klatschen, kann zudem das Körperschema gefördert werden.

Das Anknüpfen an reichhaltige Erfahrungen in der Körperwahrnehmung der Schüler sind – wie auch das Prinzip der Handlungsorientierung sowie der Einsatz spezieller Hilfsmittel – ebenso für die Ausbildung von Basiskompetenzen für die Inhaltsbereiche „Raum und Geometrie", „Wiegen, Messen und Vergleichen" sowie „Grafische Darstellung und Statistik" maßgeblich. So sind auch Laras gute mathematische Fähigkeiten auf einem sehr frühzeitigen Erwerb mathematischer Basiskompetenzen und hierauf aufbauender grundlegender Zahl-, Größen- und Formvorstellungen zurückzuführen. Bereits 2 Monate nach ihrer Geburt wandten sich ihre Eltern an die nächstgelegene Förderschule mit dem Schwerpunkt „Sehen", woraufhin wenige Monate später Laras Frühförderung einsetzte. Seitdem wird das Mädchen kontinuierlich von der gleichen Person begleitet. Im Vorschul- und Grundschulalter führte Lara zum Beispiel sehr vielfältige und zahlreiche Übungen im Sortieren und Klassifizieren von Alltagsgegenständen wie Murmeln, Kastanien und anderen Materialien durch. Sehr hilfreich waren für sie auch das (Er-)Fühlen von Figuren aus Moosgummi oder von Säulendiagrammen aus Legosteinen, ein sinnliches Erfassen von Armspannen, von Schrittlängen, der Länge von 1 Meter oder das Messen mit einer „taktilen" Skala.

Außerdem ermöglichten die Eltern Lara frühzeitig das Sammeln vielfältiger sinnlicher Erfahrungen. Sie schlossen sich zum Beispiel der Arbeitsgemeinschaft „Eltern blinder Kinder" an und schätzten hier den regelmäßigen Erfahrungsaustausch. Die anderen Eltern ermutigten sie beispielsweise auch zu Laras Besuch einer Regelschule und gaben praktische Hinweise, etwa zum Erlernen des Schwimmens. Weitere wichtige Aktivitäten für Laras positive frühkindliche Entwicklung, einschließlich der Förderung mathematischer Vorläuferfähigkeiten, waren das Joggen, das Fahrradfahren in Begleitung oder mit dem Tandem und das Mithelfen im Haushalt, vor allem in der Küche, wo sie vielfältige Mengen- und Gewichtserfahrungen sammeln und hierauf basierend sehr früh ein Verständnis für Zeit, für Längen, Rauminhalte und Gewichte entwickeln und sogar das Ablesen der Uhrzeit erlernen konnte. Der Erwerb dieser inhaltbezogenen Kompetenzen wirkte sich zugleich sehr positiv auf die allgemeine Persönlichkeitsentwicklung aus. So wuchsen Laras Selbstständigkeit, ihr Selbstvertrauen u. Ä. m. stetig mit und ermöglichten dem Mädchen eine äußerst positive ganzheitliche Entwicklung von frühester Kindheit an.

Hinsichtlich der Befähigung zur *Raumvorstellung* ist zu beachten, dass der Erwerb dieser „menschliche[n] Qualifikation von hoher lebenspraktischer Relevanz" (Maier 1999, S. 1), für blinde Kinder eine äußerst große Herausforderung darstellt. Diese ergibt sich daraus, dass sehbehinderte Kinder generell einen vergleichsweise geringen „Vorrat" an geometrischen Grundvorstellungen haben, der zudem unter den Kindern sehr unterschiedlich entwickelt ist (Hahn 2011, S. 85). Deshalb ist für blinde Kinder eine sehr intensive, eine kontinuierliche und systematische wie zugleich eine individuelle Förderung räumlicher Wahrnehmungs- und Vorstellungskompetenzen unverzichtbar. Um diese didaktischen Grundorientierungen konkret umsetzen zu können, sollte regelmäßig das jeweils erreichte räumliche Wahrnehmungs- und Vorstellungsvermögen differenziert erfasst und analysiert werden. So hatte auch Lara durch ihre reichhaltigen Alltagserfahrungen bereits zum Schulanfang sehr beachtliche Fähigkeiten in der Raum-Lage-Orientierung erwerben können. Für den Kenntniserwerb zur Formenvielfalt ist es ebenso notwendig, dass blinde Kinder reichhaltige Möglichkeiten im Ertasten, Beschreiben oder Hantieren zwei- und dreidimensionaler Alltagsgegenstände (z.B. Legeplättchen, Münzen, Dosen, Bausteine), im selbstständigen (Re-)Produzieren (z.B. durch Kneten, Bauen oder Falten) und im Identifizieren von Gegenständen, Figuren oder Mustern erhalten. Zudem sollten die Kinder immer wieder aufgefordert werden, ihre Lerntätigkeiten und Lernergebnisse mit eigenen Worten zu beschreiben.

Konkrete Aufgabenbeispiele zur Förderung der räumlichen Orientierung sind etwa Erkundungen im Klassenraum und auf dem Schulgelände, wie das Beschreiben des Weges zur Turnhalle oder zu anderen Plätzen, ferner das Benennen von Schülern, die rechts, links, vor oder hinter einer Person sitzen. Dabei können die jeweiligen Startpunkte variiert werden. Als weitere effektive Übung nennt Hahn (2011, S. 89) „gedanklich an den Kanten eines Quaders/Würfels einen Käfer entlang krabbeln lassen (von vorn unten rechts nach oben vorne links)" und erkunden, wie viele Wege es hierfür gibt und wie viele Ecken oder Kanten er dabei berührt.

Sehbehinderte Kinder sollten darüber hinaus auch grundlegende Zeichenfähigkeiten erwerben. In diesem Zusammenhang verweist Maier (1999, S. 9) darauf, dass blinde Personen mithilfe taktiler Erfahrungen sehr gute räumlich-visuelle Leistungen erbringen können. Auf dieser Basis können blinde Kinder zum Beispiel mit dem sogenannten GALLUS-Brett „zeichnen". Dieses auch von Lara gern genutzte Zeichenbrett ist mit einer reliefartigen Gummimatte und einer speziellen Folie ausgestattet; darauf können blinde Kinder mit einem Stift tastbare Zeichnungen anfertigen. Falls dies Lara nicht gelingt, hilft ihr der Integrationshelfer hierbei. Reliefartige und damit tastbare Darstellungen nutzt Lara ebenso im Biologie- und Geografieunterricht.

Wenngleich Lara grafisch dargestellte Aufgaben oder das Anfertigen von Zeichnungen als besonders herausfordernd einschätzt, verfügt sie über gut ausgeprägte zeichnerische Fähigkeiten. Es bereitet ihr zum Beispiel (im Unterschied zu anderen Kindern mit einem eingeschränkten Sehvermögen) keine Probleme, gedanklich eine Normalparabel zu verschieben und diese Bewegung zeichnerisch darzustellen. Damit alle Schüler mit sehr eingeschränkten visuellen Wahrnehmungskompetenzen ein vergleichbares Niveau erreichen können, ist aber eine enge Zusammenarbeit mit blindenpädagogischen Experten empfehlenswert, mit denen gemeinsam kreative Ideen für geeignete Hilfsmittel zu allen Lerninhalten entwickelt werden können.

Hinsichtlich des *Zahlbegriffserwerbs* zeigen Untersuchungen, dass dieser Lernprozesss für blinde Kinder durch folgende Entwicklungsstufen geprägt ist (für den folgenden Abschnitt vgl. Lang 2011, S. 68–71): „1. Erfahren von Zahlen als Zahlwort, 2. Zahl als Anzahl, 3. Zahl als Position in einer Reihe, 4. Zahlen als zusammengesetzte Einheiten" (Lang 2011, S. 68). In Bezug auf die Ausbildung der Zählkompetenz, speziell dem „Eins-zu-eins-Prinzip", ist zu beachten, dass blinde Kinder beim Rechnen und Zählen ihre Hände und Finger im Allgemeinen nicht nutzen, da diese als Wahrnehmungsorgane benötigt werden. „Die Fähigkeit, die Fingeranzahl ausschließlich über die Fingerstellung, also propriozeptiv, zu erfühlen, ist sehr komplex und im Alter von 5–6 Jahren noch nicht ausgeprägt." (Lang 2011, S. 69) Ebenso kann die Mengenerfassung bei blinden Kindern mithilfe von tastbaren Würfelzahlen und Gruppierungen von Elementen gut gefördert werden. Eine andersartige Vorstellung entwickeln blinde Kinder im Übrigen vom Zahlenstrahl. Dieser ist aufgrund der häufigen Schwierigkeiten bei der taktilen simultanen Mengenerfassung bei Sehbehinderten zum Teil akustisch repräsentiert:

> Blinde Kinder würden meist einen „interiorisierten simultanen akustischen Zahlenstrahl" […] entwickeln. Zur Erklärung dieses Phänomens verweist Csocsán auf die Zählstrategien bei Additionsaufgaben. Viele der blinden Schülerinnen und Schüler würden hier doppelt zählen, also zwei Zahlreihen gleichzeitig zunächst laut und später innerlich aufsagen: z. B. 4 + 3 = 5/1, 6/2, 7/3 […]. Csocsán sieht dieses Doppelzählen als geeignete Strategie an: Durch Übung kämen die Kinder in die Lage, die zweite Zahlreihe wegzulassen. Mittels der gehörten Zahlwortreihe (zuerst laut, später innerlich) könnte die Anzahl der Zahlwörter als zusammengehörige Menge erfasst werden (mindestens bis zu einer Menge von 7 oder 8 Zahlwörtern). Demnach würden die Zahlwörter als strukturiertes Muster wahrgenommen werden. Csocsán spricht hier von einem „Sinfonie-Effekt", da beim Musikgenuss die aktuellen Eindrücke und bereits zurückliegende gleichzeitig „gehört" werden könnten (z. B. ein bestimmtes Motiv oder Thema) […]. (Lang 2011, S. 70)

Die beschriebene Zählmethode wird nach Lang (2011, S. 70 f.) aufgrund der Fehleranfälligkeit in der Mathematikdidaktik kritisch diskutiert, wenngleich Csocsáns Forderung nach einer stärkeren Berücksichtigung eines auditiven Zugangs zum Zahlbegriff in Verbindung mit verbalen und haptischen Komponenten sowie Bewegungen generell zugestimmt wird. Ohne die Berechtigung auditiver Übungen infrage zu stellen, bleibt für blinde Kinder die Aneignung effektiver Taststrategien zur taktilen Mengenerfassung von zentraler Relevanz – auch, weil akustische Impulse im Gegensatz zu taktilen flüchtig sind. Leuders (2012, S. 154) stellt diesbezüglich heraus:

Blinde Kinder verfügen wie sehende über den Zahlensinn als semantische Grundlage der Zahlen und auch die Weiterentwicklung des Zahlensinns zum mentalen Zahlenstrahl findet statt. Die Entwicklung des mentalen Zahlenstrahls bei weniger begabten blinden Kindern könnte allerdings bei nicht ausreichender Förderung immer noch stärker gefährdet sein, da ihnen grundlegende Erfahrungen mit Mengen schwieriger zugänglich sind. Dennoch ist festzuhalten, dass die Blindheit die Entwicklung des mentalen Zahlenstrahls, also der semantischen Grundlage des Zahlbegriffs, nicht generell verhindert oder beeinträchtigt.

(Leuders 2012, S. 154; Hervorhebungen im Original durch Kursivschrift).

In diesem Kontext wäre es m.E. sehr interessant, verschiedene mentale Vorstellungen beim mathematischen Tätigsein zu untersuchen. Berlinger/Käpnick (2013) verweisen zum Beispiel auf einen Zusammenhang zwischen Raumvorstellung, Intuition und visuellen Vorstellungen bei professionellen Mathematikern und mathematisch begabten Kindern. Dabei stellen diese Vorstellungen keine Abbilder realer Objekte dar, sondern dienen einer internen, subjektiv geprägten Repräsentation wesentlicher Zusammenhänge des Problems, die daher nicht nur für das ganzheitliche Erfassen des jeweiligen Sachverhaltes, sondern zugleich für eine effektive Lösungsfindung sehr wichtig sein kann. In Bezug auf Menschen mit visuellen Beeinträchtigungen könnte es spannend sein zu untersuchen, inwieweit sie fähig sind, ähnliche visuelle Vorstellungsbilder zu erzeugen oder ob sie mathematische Kontexte tendenziell in anderer Form, zum Beispiel akustisch oder taktil, repräsentieren und welche individuellen Ausprägungen es hierbei gibt.

Bezüglich der *Auswahl geeigneter Lernmaterialien* für sehbehinderte Kinder ist nach Lang (2011, S. 71–73) generell wichtig, dass die Materialien

▸ sowohl das zählende Rechnen als auch die simultane Mengenerfassung bzw. die strukturierte Erfassung größerer Anzahlen ermöglichen,
▸ (eigenständige) Zähl- und Rechenstrategien fördern,
▸ die Entwicklung adäquater visueller Vorstellungen erlauben bzw. fördern,
▸ für verschiedene mathematische Lernthemen flexibel genutzt werden können (da das Erfassen des Arbeitsmittels mit seinen Spezifika meist eine komplexe, zeitaufwendige Aufgabe ist),
▸ leicht handhabbar sind, sich gut anfühlen, sich mittels Tasten schnell sortieren und somit auch von blinden Kindern gut geordnet aufbewahren lassen.

Für geeignete Lernmaterialien hält Lang (2011, S. 73–76) Würfelbilder mit erhobenen Würfelzahlen, Zwanzigerrechenrahmen, deren farbige Strukturierung durch verschiedene Formen, zum Beispiel Würfel und Kugeln, ersetzt werden, eine Hundertertafel mit Punktschrift, Mehrsystemblöcke und einen Abakus. Die Beispiele verdeutlichen, dass sich mit kleineren Modifizierungen zahlreiche der üblichen mathematikdidaktischen Arbeitsmaterialien für blinde Kinder gut eignen. Analoges gilt für Übungen und Spiele, die mit Bewegungen sowie taktilen und akustischen Wahrnehmungen verbunden sind. Zahlreiche Informationen, nützliche Hinweise und Beispiele für geeignete Materialien, auch für den gemeinsamen Unterricht mit blinden und sehenden Schülern, finden sich zum Beispiel bei Leuders (2014) und auf den Internetseiten des ISaR-Projektes („Inclusive Services and Rehabilitation", ein virtuelles Kompetenzzentrum zur Unterstützung von Schülern mit einer Sehschädigung). Demgemäß betont Lara auf die Frage, worauf ein Mathematiklehrer bei sehbehinderten Kindern besonders achten sollte, dass neben der Versprachlichung Modelle sehr wichtig seien. Nach ihrer Erfahrung sind Lehrer zum Beispiel beim Bauen komplexer Figuren aus Legosteinen oder beim Einsatz von Sortierschachteln häufig sehr kreativ. Beim Bruchrechnen halfen ihr beispielsweise Schokoladentafeln. Sie profitierte auch oft von spontanen Ideen der Lehrer oder Mitschüler, wie etwa der Darstellung einer Tangente an einer taktil erfassbaren Kurve mithilfe eines Schaschlikspießes.

Als aktueller Nachtrag kann abschließend ergänzt werden, dass Lara im Rahmen eines speziellen Sprachenzertifikats ein kleines „Forschungsprojekt" plant. Sie möchte das an ihrer Schule übliche Betriebspraktikum in England absolvieren und Interviews zum Thema „Erfahrungsvergleich zur inklusiven Beschulung autistischer Schüler aus England und Deutschland" durchführen und analysieren.

2.9 Paul: „Ich kann rechnen – aber lasst mich alle in Ruhe!"

Stefanie Jansing

In einer 3. Klasse einer westfälischen Grundschule: Die Pausenglocke läutet. Die Schüler strömen in den Klassenraum und ziehen ihre Schuhe und Jacken aus. Paul betritt jedoch erst einige Minuten später gemeinsam mit seinem Schulbegleiter den Raum. Er hatte in der Pause Streit mit anderen Kindern und musste sich erst beruhigen, bevor er in seine Klasse zurückkehren konnte. Paul setzt sich auf seinen Platz – ohne seine Jacke und Schuhe abzulegen. Die Lehrerin wartet zunächst ab, fordert Paul dann aber ruhig auf, seine Sachen auszuziehen. Paul reagiert aggressiv, er schlägt mit der Hand auf den Tisch. Die anderen Kinder schauen ihn irritiert an. Daraufhin schreit Paul: „Lasst mich alle in Ruhe, ihr …" und stürmt aus der Klasse. Erst Minuten später kehrt er zurück und legt seine Sachen ab. Der Mathematikunterricht hat schon begonnen. Paul setzt sich zu den anderen Kindern in den Kreis. Mathematik macht ihm Spaß und das heutige Thema, Multiplizieren und Dividieren bis 1 000, bereitet ihm keine Schwierigkeiten. Motiviert und aktiv beteiligt er sich an der Erarbeitung der neuen Rechenaufgaben. Von seiner Aggressivität und Anspannung ist nun nichts mehr zu spüren. Auch in der darauffolgenden Übungsphase arbeitet er zunächst konzentriert. Dann benötigt Paul einen Radiergummi, den er aber nicht in seinem Etui findet. Anstatt nun ein Kind um einen Radiergummi zu bitten, wirft Paul Papierkugeln auf die anderen Kinder. Leon, der Pauls Problem bereits aus vorherigen Unterrichtsstunden kennt, geht auf Paul zu und bietet ihm seine Hilfe an. Paul verweigert diese jedoch. Auch den Radiergummi der Lehrerin nimmt er nicht an und brüllt, dass er nichts anfasse, was schon andere Kinder berührt hätten. Der Schulbegleiter nimmt Paul mit auf den Flur. Dort kann der Junge sich wieder beruhigen. Als er anschließend hereinkommt, streicht er auf seinem Arbeitsblatt eine falsche Lösung durch und bearbeitet die weiteren Aufgaben ruhig, bis er alle gelöst hat. Am Ende der Stunde fordert die Fachlehrkraft die Kinder auf, ihre Arbeitsblätter in die Mappen abzuheften und dann bei ihr abzugeben. Paul zerknüllt sein Blatt und stopft es in die Schultasche. Auf eine erneute Aufforderung hin zerreißt er den Zettel, schmeißt Stühle und Tische um, dann schlägt er mit einem Besen wütend um sich. Die anderen Kinder flüchten in die Pause. Paul lässt sich an diesem Morgen nicht mehr beruhigen und wird von seiner Mutter abgeholt.

Paul ist 9 Jahre alt und nimmt seit 1 Jahr am Unterricht der 3. Klasse einer Grundschule in Nordrhein-Westfalen teil. Vorher ging er auf eine andere Grundschule. Ein Verbleib auf dieser Schule war aber aufgrund der oft eskalierenden sozialen Konfliktsituation nicht mehr möglich. Paul wird als „förderungswürdig" mit dem Schwerpunkt „Emotionale und soziale Entwicklung" eingeschätzt. Die kognitiven Anforderungen an das schulische Lernen kann Paul prinzipiell gut erfüllen. Sein Verhalten, vor allem das sture Verweigern von Lerntätigkeiten, verhindert aber meist, dass Paul seine Potenziale entfaltet bzw. zeigt. In den Fokus dieses Fallbeispiels rücken demgemäß weniger die Entwicklung von Pauls mathematischen Kompetenzen, sondern seine gravierenden Defizite in sozialen und emotionalen Bereichen und die hieraus resultierenden Herausforderungen, vor denen Paul ebenso wie seine Mitschüler und die Lehrkräfte täglich stehen.

Pauls bisherige familiäre und schulische Entwicklung

Der Junge lebt zusammen mit seiner Mutter, ihrem neuen Lebensgefährten und seinem jüngeren Bruder in einem Haushalt. Der kleine Bruder ging aus der Beziehung zwischen der Mutter und dem Stiefvater hervor. Zu seinem „richtigen" Vater hat Paul keinen Kontakt.

Paul wird sehr autoritär erzogen und erlebte in seiner Kindheit viel Gewalt. Das Jugendamt begleitet die Familie und bietet regelmäßig Unterstützungsmaßnahmen an. Pauls körperliche und kognitive Entwicklung ist bisher altersgemäß verlaufen. Er hat das kognitive Potenzial, um den Schulstoff in allen Fächern erfolgreich zu lernen. Da sein Verhalten aber mit zunehmendem Alter immer schwieriger wird und er sich verstärkt von seinem eigenen Lernen ablenkt oder das Lernen sogar verweigert, manifestieren sich mittlerweile einige Wissenslücken, insbesondere im sprachlichen Bereich. Mathematischen Themen begegnet er offen, meist sogar erkennbar interessiert. Dementsprechend zeigt er im Mathematikunterricht teilweise gute Lernleistungen und es kann eingeschätzt werden, dass Paul alle wichtigen mathematischen Lerninhalte des 3. Schuljahres recht gut beherrscht. Die Entwicklung seiner mathematischen Fähigkeiten und Fertigkeiten erfolgte bisher eher unauffällig und unproblematisch. Er erfasst neu zu erarbeitende Aufgabentypen, Rechenverfahren u. Ä. m. recht schnell und beweist in Übungs- und Anwendungsphasen, dass er erworbenes Wissen selbstständig auf verschiedene Aufgaben- und Anwendungskontexte übertragen kann. Dennoch treten auch im Mathematikunterricht, wie in allen anderen Unterrichtsfächern, immer wieder Situationen auf, in denen Paul plötzlich und unerwartet soziale Konflikte erzeugt und er Lernleistungen verweigert. Somit wird auch in zunehmenden Maße Pauls erfolgreiches Weiterlernen im Mathematikunterricht problematisch.

Zusammengefasst lässt sich konstatieren, dass Pauls Lernschwierigkeiten nicht auf mangelhafte allgemeinkognitive und mathematische Leistungspotenziale oder auf mangelnde physische Lernvoraussetzungen zurückzuführen sind, sondern auf große Defizite im sozialen Verhalten und im Umgang mit alltäglichen Routinetätigkeiten. Für Paul stellen wie eingangs beschrieben bereits das Ausziehen seiner Jacke, ein fehlender Radiergummi oder das Abheften eines Arbeitsblattes scheinbar unüberwindbare Hindernisse dar. Seine Verhaltensreaktionen sind dann sowohl für die Lehrkräfte als auch für den Schulbegleiter und die Mitschüler nicht kalkulierbar. Paul fällt es schwer, sogar einfachste Regeln einzuhalten und Grenzen seiner unkontrollierten emotionalen Ausbrüche zu erkennen. Er agiert vielfach nach dem „Lustprinzip". Wird eine Anforderung an ihn gestellt, die er in diesem Moment nicht erfüllen möchte, kann sich sein Verhalten von einer Sekunde auf die andere abrupt verändern. Sein Verhalten variiert ebenso je nach Tagesform und Lust. Er reflektiert selbst, dass seine Wutausbrüche für ihn „unüberwindbar" seien. Somit wird er in Bezug auf das schulische Lernen zunehmend selbst- und fremdgefährdend.

Dies war bereits vor einem Jahr der Hauptgrund für den Schulwechsel, denn an seiner ehemaligen Schule konnte Paul keine Freunde finden und seine Mutter sah sich massiven Konfrontationen mit den Eltern anderer Kinder ausgesetzt. Den Schulwechsel verband die Mutter demgemäß mit der Hoffnung, dass sich die Entwicklung ihres Kinders verbessern würde. Nach dem Wechsel zeigte sich im ersten Monat tatsächlich ein positiver Effekt, mittlerweile manifestiert sich die Situation jedoch ähnlich wie an Pauls ehemaliger Schule – trotz aller Bemühungen der Lehrkräfte und der durchaus vorhandenen prinzipiellen Hilfsbereitschaft seiner Mitschüler. Die Kinder seiner neuen Klasse gingen zunächst offen und freundlich auf Paul zu und suchten immer wieder den Kontakt zu ihm. Sie mussten dann aber erfahren, dass Paul sogar in eigentlich entspannten Spiel- und Pausensituationen ihnen gegenüber aggressiv und zudem situativ gewalttätig wurde. Aufgrund dieser Erfahrungen zogen sich die Mitschüler Schritt für Schritt von Paul zurück. Der Junge konnte somit auch in seiner neuen Klasse keine Freundschaften aufbauen. Wie in der Eingangssituation geschildert, verhalten sich die meisten Kinder der Klasse dennoch auf beeindruckende Weise gegenüber Paul kameradschaftlich und versuchen immer wieder, ihn einzubeziehen oder auf sein Verhalten einzugehen. In Stuhlkreisen und in vertraulichen Gesprächen mit ihrer Klassenlehrerin äußern zugleich viele Kinder (vor allem Mädchen, aber auch einige Jungen) immer häufiger, dass sie Angst vor Paul hätten und deshalb manch-

mal auch einfach nur das machen würden, was er verlange, damit er nicht ausras-
te. Diese Angst tritt vor allem in Konfliktsituationen im Klassenraum auf, in denen
ein schnelles Ausweichen bei Pauls unkontrollierten Gewaltausbrüchen nicht in
dem Maße möglich ist wie beispielsweise auf dem Schulhof. Schon wenn Paul
seine Stimme hebt, ziehen viele Kinder die Schultern hoch, und wenn er „aus-
rastet", nehmen die anderen Kinder schützend ihre Köpfe unter die Arme, ver-
stecken sich unter dem Tisch oder rennen hilfesuchend in andere Klassenräume.
Insbesondere sehr empfindliche Kinder benötigen nach solchen Erlebnissen teilweise mehrere Schulstunden bis sie bereit sind, in ihre Klasse zurückzukehren.
Sie nutzen dann das Alternativangebot und erledigen ihre Lernarbeiten in anderen Klassen. Die aus Pauls aggressivem Verhalten resultierende psychische und
soziale Belastung der anderen Kinder muss dementsprechend als sehr bedenk-
lich eingeschätzt werden.

Über die tieferliegenden Ursachen für Pauls massive emotionale und soziale
Schwierigkeiten können die Lehrkräfte bislang nur Vermutungen aufstellen. Da
Paul hierüber in Gesprächen keine Antworten gibt, sind die Lehrkräfte in erster
Linie auf die Aussagen der Mutter angewiesen. In einer vertrauensvollen Zusammenarbeit mit ihr könnte auch ein Erfolg versprechender Ansatz zur Verbesserung der Situation liegen. Hierzu bedarf es aber der Bereitschaft und der Unterstützung durch die Mutter, was zurzeit unklar erscheint. Aufgrund der Selbst- und
Fremdgefährdung wurde nun vonseiten der Schule als erste „Hilfsmaßnahme"
eine psychologische Untersuchung und Beratung Pauls eingefordert.

Weitere schulische Unterstützungsmaßnahmen für Paul

Wenn Paul erfolgreich und gemeinsam mit anderen Kindern lernen möchte, muss
sich der Junge natürlich zunächst selbst um ein angemesseneres Verhalten bemühen. Aber die Schule muss sich ebenfalls in vielerlei Hinsicht auf Paul einstel-
len. Die Grundlage für die gemeinsame Arbeit ist dabei ein Vertrauensverhältnis
zwischen Paul und den Lehrkräften sowie den Mitschülern, woran offensichtlich
täglich gearbeitet werden muss. Der Junge weiß, dass er zur Klasse und Schul-
gemeinschaft gehört, auch wenn er sich durch sein Verhalten zeitweise von der
Gruppe selbst separiert. Die Klassenlehrerin agiert mit viel Verständnis und Ein-
fühlungsvermögen. Sie thematisiert und sensibilisiert die Kinder immer wieder
für Pauls besondere Schwierigkeiten, sodass eine Ausgrenzung vermieden wird.

Paul erhielt zudem einen festen Schulbegleiter für den gesamten Schulvor-
mittag, der immer eingreift, wenn Konfliktsituationen entstehen. So verlässt der
Begleiter mit Paul den Klassenraum, wenn dieser es dort plötzlich „nicht mehr
aushält" oder wenn durch Wutausbrüche des Jungen das Lernen der anderen
Kinder be- oder verhindert wird. Der Schulbegleiter führt außerdem mit Paul Re-
flexionsgespräche durch, hilft ihm dabei, wieder zu sich zu finden und ihm den
Weg zurück in die Klasse zu ebnen. Das Verhältnis von Paul zu seinem Schulbegleiter war übrigens zunächst gut. Der Junge akzeptierte seinen „Partner". Sukzessive richtete Paul seine Gewaltausbrüche jedoch auch gegen seinen Schulbe-

gleiter. Dies begann mit Beleidigungen und aggressiven Äußerungen, steigerte sich dann immer mehr hin zu massiver körperlicher Gewalteinwirkung. Problematisch erweist sich in dieser Situation, dass der Schulbegleiter keine psychologische oder pädagogische Ausbildung besitzt und dadurch sehr unsicher im Umgang mit Paul agiert. Zudem handelt er in einer rechtlichen „Grauzone", da beispielsweise nicht rechtsverbindlich geklärt ist, inwiefern er Paul bei gewalttätigen Ausbrüchen festhalten darf. Paul zeigt mittlerweile kaum noch Respekt gegenüber seinem Schulbegleiter und hat keine Hemmungen, diesen zu schlagen. Dadurch hat die wichtige Unterstützungsmaßnahme „Schulbegleiter" seine Wirkung nahezu verloren.

Dennoch eröffnet die Schulbegleitung Paul prinzipiell die Möglichkeit, sich aus dem Klassenraum zurückzuziehen, insbesondere immer dann, wenn er spürt, dass Wut in ihm aufsteigt. Paul durfte zudem eine Partnerklasse auswählen, in die er gehen kann, wenn er eine Veränderung der sozialen oder räumlichen Umgebung für sein Weiterlernen benötigt. Seine selbstgewählten Auszeiten führen zu keinen Konsequenzen. In Bezug auf sein Verhalten in der Klasse gelten für Paul wie für die anderen Kinder klare Regeln. Bei Regelverstoß greifen lehrer- und klassenübergreifende Konsequenzen. Dies ist notwendig, um Paul einerseits Grenzen seines Verhaltens aufzuzeigen und um ihm andererseits Verlässlichkeit und Sicherheit zu bieten. Kommt es trotz aller Unterstützungsmaßnahmen zu gewalttätigen Ausrastern, bei denen er sich und andere gefährdet, kann Paul für einen oder mehrere Tage vom Unterricht ausgeschlossen werden (was durchaus kritisch zu sehen ist). Für diese Zeit erhält er Arbeitsmaterialien, die er morgens abholt und mittags wieder in der Schule abgibt. Auf diese Weise wird zumindest sichergestellt, dass Paul sich den schulischen Lernstoff aneignen kann.

Herausforderungen für die Lehrkräfte
Pauls häufiges Stören im Unterricht bedingt, dass sich die Lehrkräfte im Unterricht immer wieder und zugleich hauptsächlich mit den Konfliktsituationen des Jungen auseinandersetzen müssen. Dies erfordert eine äußerst hohe soziale Kompetenz und viel „Kraft", die weit über das „normale Maß" an notwendiger Anstrengungsbereitschaft für die Unterrichtsdurchführung hinausgeht. So fühlen sich auch Pauls Lehrkräfte überfordert. Sie schätzen ein, dass sie in ihrem Bemühen eine zusätzliche professionelle psychologische Begleitung des Jungen benötigen, mit deren Hilfe eine stabile positive emotionale und soziale Entwicklung von Paul ermöglicht werden könnte. Seine Mathematiklehrerin beklagt zugleich, dass ihr durch das immer wieder notwendige Auseinandersetzen mit Pauls unkontrollierten Wutausbrüchen kaum Raum für eine individuelle Zuwendung zu anderen Kindern bleibt.

Inwiefern eine Inklusion von Paul daher dauerhaft möglich und sinnvoll sein wird, erscheint dem Lehrerteam der Schule fraglich. Sicher stellt Paul einen Extremfall dar und das Lehrerteam verweist zugleich darauf, dass die Inklusion anderer Kinder mit emotionalem und sozialem Förderschwerpunkt sich bisher als weniger schwierig erwies. Dennoch ist Paul sicher kein Ausnahmefall und es bedarf im Kontext Inklusiver Bildung sowohl einer dringende Qualifizierung aller Lehrkräfte als auch einer spürbaren personellen und sächlichen schulischen Unterstützung, um auch eine erfolgreiche Inklusion dieser Gruppe von Kindern zu ermöglichen.

2.10 Zwischenfazit: Herausforderungen für Lehrkräfte

Friedhelm Käpnick

Die vorgestellten Fallbeispiele zeigen exemplarisch, wie unterschiedlich sich die Gesamtpersönlichkeit sowie spezielle mathematische Kompetenzen bei Kindern entwickeln können. Darüber hinaus wird deutlich, dass häufig verwendete stereotype Klassifizierungen von Kindern, wie etwa eine Einteilung in sogenannte „rechenschwache", in mathematisch „durchschnittlich" leistungsfähige und in mathematisch „begabte" oder „hochbegabte" Schüler, ihrer tatsächlichen individuellen Unterschiedlichkeit nicht gerecht werden. Die enorme und offenbar stetig zunehmende Heterogenität von Kindern stellt bereits seit Jahren eine der größten Herausforderungen des schulischen Unterrichts dar.[8] Mit der rechtlich verbindlichen Einführung inklusiven Lernens aller Kinder an Regelschulen hat dieses Thema noch erheblich an Relevanz gewonnen und eine angemessene gemeinsame wie gleichermaßen individuelle Förderung von derartig verschieden verschiedenen Kindern ist für alle Lehrkräfte und Erzieher zur komplexesten und größten aktuellen Herausforderung ihres Unterrichts geworden. So verdeutlichen die Fallbeispiele dieses Kapitels, dass Lehrkräfte ein breit gefächertes Spektrum von Kompetenzen aufweisen müssen, wie

▸ fundierte fachliche, fach- und allgemeindidaktische, aber ebenso pädagogisch-psychologische Kompetenzen in der Organisation, in der Gestaltung und in der Analyse verschiedenartiger Lernumgebungen für ein individuelles wie auch für ein gemeinsames Lernen aller Kinder,

▸ hohe soziale Kompetenzen, was eine intensive individuelle Zuwendung zu jedem Kind einschließt, unabhängig von seinem Leistungspotenzial, seinem Lernverhalten, seiner sozialen Herkunft, seinen körperlichen Voraussetzungen u. Ä.,

▸ ein notwendiges Professionswissen hinsichtlich häufiger Erscheinungsformen, Ursachen, Förderkonzepten für sowohl gering als auch hoch begabte

---

8 Ob die Heterogenität von Kindern in den letzten Jahren tatsächlich stetig zunimmt, kann aber auch angezweifelt werden. Als durchaus plausible Begründung ließe sich anführen, dass mit einer weitaus stärkeren Fokussierung auf ein individuelles Fördern jedes Kindes als zuvor auch deren Unterschiede in Bezug auf Lernpotenziale, -einstellungen, -stile usw. nun (lediglich) verstärkt in den pädagogisch-didaktischen Blickpunkt geraten sind.

und „normal" begabte Kinder, ebenso für Kinder mit speziellen, oft sehr unterschiedlichen Förderbedarfen,

▶ „Managerqualitäten" bezüglich der Organisation von Team-Teaching unter den Lehrkräften sowie mit Spezialisten wie Psychologen, Logopäden, Soziologen oder Medizinern im Zusammenhang mit der Entwicklung und Umsetzung individueller Förderpläne für einzelne Kinder und nicht zuletzt

▶ eine positive Grundeinstellung zum inklusiven Lernen verschieden verschiedener Kinder, verbunden mit einer prinzipiellen Bereitschaft zum ständigen Weiterlernen.

Über alle hier nur unvollständig aufgelisteten Kompetenzen zu verfügen, erscheint wenig realistisch und insbesondere unter der Perspektive eines eher traditionellen „lehrerzentrierten" Unterrichtens (vgl. Kap. 4.1) völlig unzumutbar. Umso mehr ergibt sich die Notwendigkeit eines radikalen Umdenkens. Dazu ermutigen auch die vorgestellten Fallbeispiele von derartig verschieden verschiedenen Kindern. Sie zeigen auf, dass im Mathematikunterricht die Vielfalt der Kinder das Erkunden der Welt der Zahlen, Formen und Strukturen und das soziale Miteinander unter individueller wie auch kollektiv-sozialer Perspektive enorm bereichern kann – auch in Bezug auf die unterrichtliche Arbeit einer Lehrkraft. Dass für eine gelingende Inklusive Bildung im Vergleich zum bisherigen Unterrichten in beträchtlicher Weise andere Rahmenbedingungen geschaffen werden müssen, dürfte jedoch ebenso deutlich geworden sein.

3 Für und Wider einer Inklusiven Bildung in der Schulpraxis

In diesem Kapitel werden zunächst überblicksartig die wichtigsten zentralen Beschlüsse zur Umsetzung von Inklusiver Bildung an Regelschulen vorgestellt. Anschließend können authentische Statements von Kindern, von Lehrkräften, Eltern und Bildungspolitikern exemplarisch einen Eindruck davon vermitteln, wie diese grundlegende Neuorientierung in der Schulpraxis und breiten Öffentlichkeit gegenwärtig diskutiert wird. Schließlich spiegeln aktuelle Befunde empirischer Studien Hauptrends der Positionierungen von Kindern und Lehrkräften zur Inklusiven Bildung wider.

3.1 Zentrale Beschlüsse zur Umsetzung von Inklusiver Bildung

Friedhelm Käpnick

Anknüpfend an humane Grundpositionen zum sozialen Verantwortungsbewusstsein einer Gesellschaft und zur Achtung vor der Menschenwürde sowie unter Berücksichtigung von langjährigen positiven Erfahrungen in Skandinavien, Kanada und anderen Ländern mit Inklusiver Bildung, verabschiedete im Dezember 2006 die UN-Generalversammlung ein Übereinkommen über die Rechte von Menschen mit Behinderungen[9] (UN-BRK). Diese Konvention wurde durch die deutsche Bundesregierung im Jahr 2009 ratifiziert (vgl. Bundesministerium für Arbeit und Soziales 2011, S. 2) und zugleich mit dem Ziel konkretisiert, „die bestehenden Menschenrechte für die Lebenssituation von Menschen mit Behinderungen und ihre Chancengleichheit in der Gesellschaft zu fördern, insbesondere das bedingungslose Verbot jeglicher Formen von Diskriminierung, das unbedingte Recht auf Selbstbestimmung und das uneingeschränkte Recht auf gleiche Teilhabe" (Höhle 2014, S. 2). Als einen Schlüssel zur Selbstbestimmung wurde und wird dabei Bildung gesehen, weil sie die Voraussetzung für eine eigenverantwortliche Teilhabe an Gesellschaft, Kultur, Erwerbsleben und Demokratie darstellt (vgl. ebd., S. 3). Im Zuge der Umsetzung von Inklusion hat die Bundesregierung per Kabinettsbeschluss vom 15. 06. 2011 einen „Nationalen Aktionsplan" (NAP) verabschiedet. Darin wird mit Bezug auf Bildung deklariert, dass

---

9   Die Verwendung des Begriffs „Behinderungen" in dieser und in den nachfolgend genannten schulpolitischen Dokumenten ist aus heutiger Sicht bereits als „überholt" aufzufassen. Angemessener wäre es, anstelle von „Kindern mit Behinderungen" die Bezeichnung „Kinder mit besonderem Förderbedarf" zu verwenden. Zudem ist es m. E. wichtig herauszustellen, dass es im UNO-Beschluss nicht um besondere Rechte für Menschen geht, denen wir eine „Behinderung" zuschreiben. Es geht vielmehr um eine Spezifizierung eines allgemeinen Menschenrechts, vergleichbar mit Festlegungen in Frauen- oder Kinderrechtskonventionen.

jedes Kind Anspruch auf individuelle Förderung, Unterstützung, Entwicklung und Bildung [hat]. Die Bundesregierung setzt sich dafür ein, dass inklusives Spielen und Lernen zur Selbstverständlichkeit wird. Jedes Kind soll auf die Schule seiner und seiner Eltern Wahl gehen können, also zwischen Regel- oder Förderschule frei entscheiden. Egal, welche Fähigkeiten und Neigungen, Stärken und Schwächen es mitbringt. Das ist der Leitgedanke der inklusiven Bildung. (NAP 2011, S. 14)

Hierunter wird vor allem das Recht aller Schüler/-innen verstanden,

unabhängig von ihren Fähigkeiten oder Beeinträchtigungen sowie von ihrer ethnischen, kulturellen oder sozialen Herkunft miteinander und voneinander in „einer Schule für alle" zu lernen. Kein Kind soll ausgesondert werden, weil es den Anforderungen der Schule nicht entsprechen kann. (Schumann 2009, S. 51)

Zugleich wird im „Nationalen Aktionsplan" angemerkt, dass

im Schuljahr 2009/2010 jedoch knapp 80 Prozent der Schülerinnen und Schüler mit sonderpädagogischem Förderbedarf in Deutschland [noch] in Förderschulen unterrichtet [wurden]. Trotz einer zunehmenden Tendenz, Schülerinnen und Schüler mit sonderpädagogischem Förderbedarf auch in allgemeinen Schulen zu unterrichten, ist die Förderschulbesuchsquote zwischen 1998 und 2009/2010 von 4,4 auf 5,0 Prozent gestiegen. (NAP 2011, S. 48)

Um die Umsetzung Inklusiver Bildung konsequent voranzutreiben,

wollen die Länder für den Bildungsbereich zunächst eine Bestandsaufnahme vornehmen, Schritte der Weiterentwicklung festlegen, entsprechende Maßnahmen veranlassen und die gegebenenfalls erforderlichen rechtlichen Maßnahmen zur Steigerung der inklusiven Bildung an allgemeinbildenden Schulen entwickeln. Im Rahmen ihrer Zuständigkeit und Möglichkeiten wird die Bundesregierung Länder und Schulträger zum Ausbau der Angebote des gemeinsamen schulischen Lernens aktiv auffordern und in diesem Prozess weiterhin unterstützen.

(ebd.)

Die im „Nationalen Aktionsplan" angesprochene „Qualifizierungsoffensive von Bund und Ländern" zur Umsetzung Inklusiver Bildung bezieht konsequenterweise auch eine Neuorientierung in der Lehrerausbildung ein. Dem trägt der Beschluss der Kultusministerkonferenz vom 20.10.2011 zur „Inklusive[n] Bildung von Kindern und Jugendlichen mit Behinderungen in Schulen" Rechnung. Damit wurde Länder übergreifend eine gemeinsame konzeptionelle Basis geschaffen, um den aus der Behindertenrechtskonvention resultierenden Verpflichtungen in der schulischen Bildung zu genügen (vgl. Höhle 2014, S. 3). Demgemäß wird in den Rahmenvereinbarungen über die Ausbildung und Prüfung von Lehramtstypen (Beschluss der Kultusministerkonferenz vom 06.12.2012) darauf hingewiesen, dass in der Ausbildung aller Lehrämter den „pädagogischen und didaktischen Basisqualifikationen in den Themenbereichen Umgang mit Heterogenität und Inklusion sowie Grundlagen der Förderdiagnostik" eine hohe Relevanz zukommt (vgl. ebd.).

Die hier beispielhaft angegebenen bildungspolitischen Beschlüsse zielen also langfristig darauf, dass das bisherige, mit dem Grundgedanken von Inklusion nicht vereinbare „Doppelsystem aus Regel- und Förderschulen" (vgl. Klemm 2013, S. 4) zu einer „Schule für alle" (Hinz 2002, S. 360) umgewandelt wird. Somit wird angestrebt, eine etwa hundertjährige Epoche zu beenden, in der Kinder mit Behinderungen oder akuten Leistungsdefiziten in Sondereinrichtungen getrennt von anderen gleichaltrigen Kindern lernen mussten – was die historische Dimension der Umsetzung Inklusiver Bildung noch einmal markant verdeutlicht.

Als konkrete Zwischenschritte haben die Bundesländer ihre „Verordnungen über die sonderpädagogische Förderung" aktualisiert. Exemplarisch seien an dieser Stelle die Neufestlegungen der „Ausbildungsordnung sonderpädagogische Förderung" (AO-SF) des Bundeslandes Nordrhein-Westfalen vom 29. 09. 2014 vorgestellt. In § 1 der Ordnung wird gemäß dem „Nationalen Aktionsplan" explizit das Recht jedes Kindes auf Inklusive Bildung erklärt, zugleich aber auch die Möglichkeit der Wahl einer Förderschule angeboten:

- Sonderpädagogische Förderung findet in der Regel in der allgemeinen Schule statt. Die Eltern können hiervon abweichend die Förderschule wählen.
- In der allgemeinen Schule werden Schülerinnen und Schüler mit und ohne Behinderung in der Regel gemeinsam unterrichtet und erzogen (inklusive Bildung). (AO-SF, § 1)

In § 2 werden „Orte und Schwerpunkte der sonderpädagogischen Förderung" festgelegt:

Orte der sonderpädagogischen Förderung sind
1. die allgemeinen Schulen (allgemeinbildende Schulen und Berufskollegs),
2. die Förderschulen,
3. die Schulen für Kranke.
Schwerpunkte der sonderpädagogischen Förderung sind
1. Lernen,
2. Sprache,
3. Emotionale und soziale Entwicklung,
4. Hören und Kommunikation,
5. Sehen,
6. Geistige Entwicklung,
7. Körperliche und motorische Entwicklung. (AO-SF, § 2)

Die Schwerpunkte sonderpädagogischer Förderung, die auch einen „Bedarf an sonderpädagogischer Unterstützung begründen können", werden in nachfolgenden Paragraphen detaillierter gekennzeichnet:

(1) Lern- und Entwicklungsstörungen sind erhebliche Beeinträchtigungen im Lernen, in der Sprache sowie in der emotionalen und sozialen Entwicklung, die sich häufig gegenseitig bedingen und wechselseitig verstärken. Sie können zu einem Bedarf an sonderpädagogischer Unterstützung in mehr als einem dieser Förderschwerpunkte führen.

(2) Ein Bedarf an sonderpädagogischer Unterstützung im Förderschwerpunkt Lernen besteht, wenn die Lern- und Leistungsausfälle schwerwiegender, umfänglicher und langdauernder Art sind.

(3) Ein Bedarf an sonderpädagogischer Unterstützung im Förderschwerpunkt Sprache besteht, wenn der Gebrauch der Sprache nachhaltig gestört und mit erheblichen subjektiven Störungsbewusstsein sowie Beeinträchtigungen in der Kommunikation verbunden ist und dies nicht alleine durch außerschulische Maßnahmen behoben werden kann.

(4) Ein Bedarf an sonderpädagogischer Unterstützung im Förderschwerpunkt Emotionale und soziale Entwicklung (Erziehungsschwierigkeit) besteht, wenn sich eine Schülerin oder ein Schüler der Erziehung so nachhaltig verschließt oder widersetzt, dass sie oder er im Unterricht nicht oder nicht hinreichend gefördert werden kann und die eigene Entwicklung oder die der Mitschülerinnen und Mitschüler erheblich gestört oder gefährdet ist. […]

Ein Bedarf an sonderpädagogischer Unterstützung im Förderschwerpunkt Geistige Entwicklung besteht, wenn das schulische Lernen im Bereich der kognitiven Funktionen und in der Entwicklung der Gesamtpersönlichkeit dauerhaft und hochgradig beeinträchtigt ist, und wenn hinreichende Anhaltspunkte dafür sprechen, dass die Schülerin oder der Schüler zur selbstständigen Lebensführung voraussichtlich auch nach dem Ende der Schulzeit auf Dauer Hilfe benötigt.

Ein Bedarf an sonderpädagogischer Unterstützung im Förderschwerpunkt Körperliche und motorische Entwicklung besteht, wenn das schulische Lernen dauerhaft und umfänglich beeinträchtigt ist auf Grund erheblicher Funktionsstörungen des stütz- und Bewegungssystems, Schädigungen von Gehirn, Rückenmark, Muskulatur oder Knochengerüst, Fehlfunktionen von Organen oder schwerwiegenden psychischen Belastungen infolge andersartigen Aussehens. […]

Ein Bedarf an sonderpädagogischer Unterstützung im Förderschwerpunkt Hören und Kommunikation besteht, wenn das schulische Lernen auf Grund von Gehörlosigkeit oder Schwerhörigkeit schwerwiegend beeinträchtigt ist. […]

Ein Bedarf an sonderpädagogischer Unterstützung im Förderschwerpunkt Sehen besteht, wenn das schulische Lernen auf Grund von Blindheit oder Sehbehinderung schwerwiegend beeinträchtigt ist. […]   (ebd.)

Die Entscheidungshoheit über einen Bedarf an sonderpädagogischer Unterstützung, über die Förderschwerpunkte und die Notwendigkeit zieldifferenzierter Förderung obliegt der Schulaufsichtsbehörde, die eine sonderpädagogische Lehrkraft und eine Lehrkraft einer allgemeinen Schule sowie gegebenenfalls weitere Fachkräfte oder Fachdienste mit einem entsprechenden Prüfverfahren beauftragt. Nach erfolgter Prüfung ist die Schulaufsichtsbehörde verpflichtet, die Eltern über die beabsichtigte Entscheidung zu informieren und ihnen in einem Gespräch die Förderpläne zu erläutern, einschließlich der Einsicht in die

Gutachten. Hierzu gehört ausdrücklich, dass den „Eltern mit Zustimmung des Schulträgers mindestens eine allgemeine Schule" vorgeschlagen wird, „an der ein Angebot zum Gemeinsamen Lernen eingerichtet ist" (§ 14 der Verordnung). Die Schulaufsichtsbehörde entscheidet zudem über eine „intensivpädagogische Förderung", die laut der Verordnung dann gegeben ist, wenn „bei einem Schüler oder einer Schülerin der Bedarf an sonderpädagogischer Unterstützung in den Förderschwerpunkten geistige Entwicklung, körperliche und motorische Entwicklung, emotionale und soziale Entwicklung, Sehen und Hören und Kommunikation erheblich über das übliche Maß hinausgeht" (§ 15 der Verordnung). Weitere gesetzliche Festlegungen beziehen sich auf differenzierte Möglichkeiten der Unterrichtsorganisation, der Leistungsbewertung, der Übergänge in andere Klassen, ferner auf Abschlüsse und Nachprüfungen die auf der Basis allgemeiner Vorgaben in der Verordnung jeweils schulintern geregelt werden können.

 FRAGEN ZUM VERTIEFENDEN NACHDENKEN

▸ Inwiefern werden in den zentralen Beschlüssen die Interessen aller Kinder gleichwertig berücksichtigt?
▸ Halten Sie das Fortbestehen von Sonderschulen im Kontext Inklusiver Bildung für gerechtfertigt?
▸ Wird in der „Ausbildungsordnung sonderpädagogische Förderung" (AO-SF) von Nordrhein-Westfalen den Kompetenzen von Lehrkräften in angemessener Weise entsprochen?

3.2 Statements von Kindern, Lehrkräften, Eltern und Politikern zur Umsetzung Inklusiver Bildung

Friedhelm Käpnick

Für die im Kapitel 2 vorgestellten Kinder ist inklusives Lernen eine Selbstverständlichkeit und ihre individuelle Verschiedenartigkeit bewerten sie ebenso prinzipiell positiv. So meint Luisa: *„Ich weiß, dass jeder von uns anders rechnet und das finde ich auch gut so, auch wenn die Lehrerin das oft gar nicht mitkriegt."* Luisas Statement deutet darauf hin, dass die Kinder offenbar mehr oder weniger bewusst zwischen ihrer „Welt" und der „Welt der Erwachsenen" unterscheiden (offen bleibt aber, wie sie diese Unterschiedlichkeit konkret werten). Ebenso stellen Kinder mit speziellen Förderbedürfnissen in der körperlichen oder geistigen Entwicklung für die von uns befragten Kinder generell kein Problem dar. Im Gegenteil: Sayuri betont, dass es ihr wichtig sei und ihr sogar Freude bereite, einem Kind mit einem speziellen Förderbedarf zu helfen. Ergänzend fügt sie an: *„Nebenbei habe ich bei Till, der schwerhörig ist, gelernt, was er anders als ich macht und wie clever er dabei ist. Und als ich mir einmal den Arm gebrochen hat-*

te, wusste ich zuerst auch nicht, wie man mit links schreibt. Aber da half mir Lea, die ja immer mit der linken Hand schreibt." Sven hat erst durch das Erleben der großen Vielfalt kindlicher Lern- und Verhaltensweisen staunend erkannt, dass er „viel schneller und besser als andere rechnen kann". Der Junge verweist aber zugleich auf besondere Ansprüche Inklusiver Bildung. Aufgrund seiner Lese-Rechtschreibprobleme und der hierdurch bedingten Verweigerungs- und Ausweichstrategien ist Sven zugleich eine enge Bindung zu einer erwachsenen Vertrauensperson, die in der Schule eine Lehrkraft sein sollte, äußerst wichtig. Außerdem beklagt er mitunter, dass ihn andere Kinder „nerven", weil sie keinen Spaß am Knobeln haben und dann „ziemlich laut" werden. Als begeistertes Matheass wünscht sich Sven in solchen Situationen eine „ruhige Ecke" – und gelegentlich nur mit anderen Kindern, die seine Leidenschaft teilen, zusammen zu knobeln. In vergleichbarer Weise ist im Fallbeispiel von Lara deutlich geworden, dass sich das blinde Mädchen einerseits ein gemeinsames Lernen mit allen Kindern wünscht, andererseits aber ebenso regelmäßige Kontakte zu anderen blinden Mädchen aus der „Blindenschule" pflegt.

Unter den beteiligten Erwachsenen, insbesondere den Lehrkräften, einschließlich den Sonderpädagogen/-innen, und den Eltern, „erzeugte" eine solch gravierende Veränderung wie die Einführung Inklusiver Bildung spontan einerseits Hoffnung, andererseits naturgemäß viel Unsicherheit, Skepsis und sogar eine gewisse Ratlosigkeit. Letzteres erscheint durchaus verständlich, da alle Beteiligten auf diese Neuorientierung relativ unvorbereitet waren und über wenige oder keine Kenntnisse und Erfahrungen zu Inklusiver Bildung wie auch zu speziellen physischen, psychischen oder sozialen Förderbedarfen verfüg(t)en und viele Lehrkräfte ohnehin schon von den sonstigen Herausforderungen ihres Schulalltags „gestresst" waren und sind. Diese Einschätzung können die nachfolgenden Zitate, die zugleich recht einseitige Positionen widerspiegeln, beispielhaft verdeutlichen.

So heißt es in einem Leitartikel des *Hamburger Abendblattes* vom 19.02.2014:

> Vor wenigen Jahren noch war Inklusion den meisten ein Fremdwort – längst hat der Begriff jedoch, an Schulen zumindest, Karriere gemacht, eine zweifelhafte allerdings. [...] Inklusion steht [...] für das Gefühl der Überforderung vieler Lehrer, die für den Unterricht von Kindern mit speziellem Förderbedarf nicht ausgebildet sind. Das Gefühl der Überforderung hat in Hamburg sogar ein ganzes System erfasst: die Stadtteilschulen, die die Aufgabe der Inklusion fast allein schultern müssen, weil förderbedürftige Schüler so gut wie gar nicht auf Gymnasien angemeldet werden, die mit ihrer stärkeren Leistungsorientierung eher abschreckend wirken. Kurzum: Die Begeisterung über die Chance zur Inklusion ist längst der Ernüchterung gewichen angesichts der großen Herausforderungen, die eine immer heterogenere Schülerschaft mit sich bringt.
>
> (Hamburger Abendblatt, 19.02.2014, S. 2)

Als konkrete Belege liefert die *Tageszeitung* am gleichen Tag (S. 7) einen „Bestandsbericht" unter dem Titel „Inklusion überfordert viele Schulen" und am nachfolgenden Tag wird auf Seite 10 unter der markigen Überschrift „Schulleiter wollen 50 Mio. Euro mehr. Ohne zusätzliche Lehrer- und Förderstunden sei die Inklusion an den Stadtteilschulen in Gefahr" berichtet, dass

> der Anteil der Kinder, denen ein Förderbedarf in den Bereichen Lernen, Sprache sowie emotionale und soziale Entwicklung (LSE) attestiert wurde, [...] im Zuge der Inklusion [...] in den künftigen Klassen 15,6 Prozent [beträgt]. Im vergangenen Jahr waren es noch 10,8 Prozent.
>
> (Tageszeitung, 20. 02. 2014, S. 10)

Die unzureichende personelle und materielle Ausstattung greifen prompt besorgte Eltern auf, wie zwei Leserbriefe exemplarisch zeigen können:

> Fakt ist, die Förderschulen werden eingespart, Lehrer übernehmen neben ihrer eigentlichen Arbeit immer mehr die Verwaltung der Schüler, die nebenschulische Förderung unserer Kinder aus privater Tasche ist zu einem gigantischen Markt gewachsen [...] Kinderpsychologen sind über Monate ausgebucht. [...] (M. W.)

> Inklusion bedeutet „Tür auf, behinderte Kinder rein, Tür zu". Unser Sohn ist einer von fünf Inklusionskindern in einer Klasse einer Stadtteilschule. Er ist unter anderem lern- und sozialbehindert. Für alle Inklusionsschüler der Klasse sind der Förderlehrerin insgesamt fünf Stunden pro Woche bewilligt worden. Diese fünf Stunden beinhalten Unterrichtsvorbereitung und -nachbereitung, Elterngespräche und auch noch Anwesenheit in der Klasse. Man kann sich vorstellen, wie viel direkte Förderung für unseren Sohn letztlich bleibt. Eine Sozialarbeiterin hat für die Klasse zwölf Stunden pro Woche bekommen. In dieser Zeit versucht sie, die nötigsten Dinge nachzuholen. Eine Lösung wäre eine komplette Doppelbesetzung der Klasse. Leider ist das nur ein Traum. (C. H.)
>
> (Hamburger Abendblatt, 20.02.2014, S. 2)

Ein vergleichbares, tendenziell negatives Fazit wird im „Forum Lehrerbildung" gezogen:

> Für viele Lehrkräfte und Schulleiter zählt Inklusion zum größten Belastungsfaktor. Auch gut fünf Jahre nach der Ratifizierung der UN-Konvention durch die Bayerische Staatsregierung erleben viele Pädagogen, dass die Voraussetzungen für eine gelungene Umsetzung an ihren Schulen noch immer mangelhaft sind. „Die meisten fühlen sich mit der Aufgabe allein gelassen", prangerte der Präsident des BLLV, Klaus Wenzel, [...] an. [...] Die meisten Regelschulen seien noch immer weder personell noch räumlich auf Kinder mit Handicaps vorbereitet. Das führe im Schulalltag zu erheblichen Problemen. Die Ängste und Vorbehalte von Eltern und Lehrern seien deshalb unverändert groß. Versäumt worden sei bis heute auch, Inklusion in allen Phasen der Lehrerbildung zum Thema zu machen. [...] Die Schüler spüren die zum Teil vergiftete Atmosphäre. Eltern verbittern, weil sie ihr Recht auf Inklusion nicht erfüllt sehen und auf Widerstände stoßen und Lehrer resignieren, weil sie die vielen Herausforderungen überfordern.
>
> (BLLV-Ressort-Presse vom 03.12.2014, S. 1)

Eine inhaltlich vergleichbare und ebenso deutliche Skepsis spiegelt sich in einem Statement der CDU-Politikerin Klöckner wider:

> Was dem Kinderwohl entspricht, muss im Einzelfall entschieden werden. Die Abschaffung von Förderschulen, der gemeinsame Unterricht aller ist eben nicht in jedem Fall für jeden das Beste. Zu Recht warnen Fachleute vor einer Inklusion mit der Brechstange. Denn jedes Kind kann anders sein und braucht andere Begleitung. Ich finde es wichtig, dass es eine Wahlfreiheit zwischen Förderschulen und allgemeinen Schulen gibt. Werden behinderte Schüler in den allgemeinen Schulen unterrichtet, dann müssen zuerst die pädagogischen, die sachlichen und finanziellen Voraussetzungen geschaffen sein. (Welt am Sonntag, 11.05.2014, S. 13)

Demgegenüber nimmt die Grünen-Politikerin Künast eine andere Perspektive ein: „Schule muss vom Kind, von den Schülerinnen und Schülern aus gedacht werden. Nicht die Kinder sollen sich dem System anpassen, sondern es muss individuell auf die einzelnen Bedürfnisse eingehen. Dazu gehört unbedingt auch, dass Regelschulen sich für Kinder mit Behinderungen stärker öffnen." (Welt am Sonntag, 11.05.2014, S. 13) Zugleich kritisiert sie die bisher erbrachten Bildungsergebnisse von „Förderschulen", da ihres Erachtens hier „zu oft Gleichmacherei auf niedrigem Niveau" stattfindet, und belegt die Aussage mit einer aktuellen Studie des Instituts für Qualitätsentwicklung im Bildungswesen, wonach „Schülerinnen und Schüler mit Handicap sehr stark profitieren, wenn sie in einer regulären Klasse lernen" (ebd.; vgl. auch Kap. 3.3).

Dieser Auffassung sind wiederum auch viele Eltern aus Münster, die ihre Kinder mit „Förderbedarf" deutlich zunehmend nicht mehr in spezialisierten Förderschulen, sondern in Regelschulen mit Inklusiver Bildung einschulen (vgl. Westfälische Nachrichten, 16.08.2014). Allerdings wird auch darauf hingewiesen, dass „Kinder mit Seh-, Hör-, motorischen oder geistigen Behinderungen weiterhin häufig die Förderschulen" besuchen (ebd.), was die aktuelle „Ausbildungsordnung sonderpädagogische Förderung" explizit zulässt.

Ein vergleichsweise differenzierteres Zwischenresümee zieht eine Grundschullehrerin aus Nordrhein-Westfalen nach mehrjähriger Erfahrung mit Inklusiver Bildung:

> Seit fast 3 Jahren arbeite ich im inklusiven Unterricht in der Grundschule und habe sehr vielfältige positive Erfahrungen im Umgang mit Kindern mit speziellen Förderbedürfnissen gemacht. Meine erste und sehr einschneidende Erfahrung mit inklusivem Unterricht machte ich, als ein Schüler meiner Klasse schwer erkrankte und dadurch in kürzester Zeit nahezu erblindete. Durch die Zusammenarbeit mit einer Sonderpädagogin für den Förderschwerpunkt Sehen konnte schnell die notwendige materielle Ausstattung beschafft werden und ich erhielt viele hilfreiche Hinweise für spezielle Fördermaßnahmen, sodass das Kind über die gesamte Grundschulzeit in meiner Klasse verbleiben konnte. Heute lernt dieser Schüler sehr erfolgreich an einem Gymnasium. Mittlerweile ist es selbstverständlich, dass in meiner Klasse Kinder mit unterschiedlichen Förderschwerpunkten gemeinsam unterrichtet werden. Neben differenzie-

renden Maßnahmen und individueller Förderung, die ich in meinem Unterricht umsetze, sehe ich dabei die Zusammenarbeit mit einer Förderrpädagogin, die diese Kinder spezifisch unterstützt, als unbedingt notwendig an. Durch den regelmäßigen Austausch erhalte ich immer wieder fruchtbare Anregungen und neue Ideen für meinen Unterricht. Besonders positiv erlebe ich, dass die Kinder ausgeprägte soziale Fähigkeiten wie Rücksichtnahme, Hilfsbereitschaft und Toleranz entwickeln und Anderssein für die Kinder Normalität wird. Dennoch sehe ich die Inklusion durchaus auch kritisch, da in vielerlei Hinsicht die materielle und vor allem personale Ausstattung der Schulen nicht gewährleistet ist, was schnell zu Überforderung aller Beteiligten führt. Zudem stellt insbesondere die Integration von Kindern mit dem Förderschwerpunkt soziale und emotionale Entwicklung alle Beteiligten vor große Schwierigkeiten. Schulbegleiter und Integrationshelfer, die für diese Kinder in der Schule unterstützend tätig sein sollen, erlebe ich als sehr bemüht, jedoch stellen sie zumeist aufgrund ihrer mangelnden Ausbildung und Erfahrung keine tatsächliche Unterstützung und Entlastung dar. Das höchst auffällige Verhalten dieser Kinder stört den Unterricht häufig in einem Ausmaß, das das erfolgreiche Lernen aller Kinder in einer positiven und ruhigen Lernumgebung eingeschränkt wird. In diesem Bereich sehe ich daher unbedingten Handlungsbedarf insbesondere durch die Bereitstellung spezifisch qualifizierten Personals. Nur dann kann meines Erachtens die Inklusion dauerhaft erfolgreich umgesetzt werden. (unveröff. Mitteilung von S. J., 2015)

Auffällig ist ferner, dass in der öffentlichen Diskussion Inklusive Bildung fast ausschließlich auf die Integration von Kindern mit Behinderungen in Regelschulen beschränkt wird, während demgegenüber zum Beispiel die ebenso berechtigte individuelle Förderung und Integration hochbegabter Kinder im Kontext von Inklusion selten erwähnt wird. Zudem fällt auf, dass nicht selten die Begriffe „Inklusion" und „Integration" fälschlicherweise synonym verwendet werden.

Schließlich unterschieden in diversen Gesprächen Lehrkräfte deutlich zwischen Möglichkeiten Inklusiver Bildung in Grundschulen und weiterführenden Schulen. Während die übliche Organisations- und Personalstruktur an Grundschulen (auf den ersten Blick) relativ leicht Inklusive Bildung ermöglicht, passen drei- oder zweigliedrige Schulsysteme sowie der Fachunterricht mit entsprechenden spezifischen Organisations- und Personalstrukturen von vornherein nicht gut zu Kernideen und Inklusiver Bildung (vgl. Kap. 4). Hinsichtlich der Möglichkeiten einzelner Fächer für Inklusive Bildung im Grundschulbereich gaben befragte Lehrkräfte an, dass ein gemeinsames und zugleich individuelles Lernen aller Kinder entsprechend ihren Potenzialen in den Fächern, Musik, Sport, Kunsterziehung, Werken und teilweise im Sachunterricht relativ problemlos umgesetzt werden kann. Bezüglich des Mathematikunterrichts äußerten sie sich dagegen mehrheitlich skeptisch. Sie verwiesen auf die ihres Erachtens zu große Leistungsheterogenität, die in diesem übungsintensiven Fach häufig den Einsatz binnendifferenzierender Lernformen erfordert.

FRAGEN ZUM VERTIEFENDEN NACHDENKEN

▸ Welche Gemeinsamkeiten und welche Unterschiede stellen Sie zwischen den hier dargestellten Statements von Kindern, Eltern, Lehrkräften und Politikern fest? Wie bewerten Sie diese?

▸ Welche Einstellungen haben Kinder und Erwachsene aus Ihrem Bekanntenkreis zu Inklusiver Bildung?

▸ Welche Einflüsse können Ihres Erachtens Medien auf die öffentliche und Ihre persönliche Meinungsbildung hinsichtlich Inklusiver Bildung haben? Wie bewerten Sie diesbezüglich die hier wiedergegebenen Auszüge aus Zeitungen?

3.3 Untersuchungsergebnisse zur Positionierung von Kindern, Eltern und Lehrkräften

Marcel Veber, Daniel Bertels

Wie in den Statements des vorrangegangenen Kapitels, so wird auch in wissenschaftlichen Studien zu Einstellungen gegenüber Inklusiver Bildung der Fokus relativ einseitig auf eine Integration lernschwacher oder „behinderter" Kinder in den „Regelunterricht" gerichtet. Im Unterschied zu den häufig skeptischen und negativen Äußerungen besorgter Lehrkräfte und Eltern in der Öffentlichkeit verdeutlichen bisherige wissenschaftliche Studien aber, dass Kinder wie auch Lehrpersonen und Lehramtsstudierende eine solche Integration und darüber hinaus Inklusive Bildung tendenziell als Bereicherung wahrnehmen und sie deshalb prinzipiell befürworten.

So konnte in internationalen Studien festgestellt werden, dass Kinder, die bisher in Regelschulen lernten, mehrheitlich einer Integration von Schülern mit Lernproblemen positiv gegenüberstehen (z. B. Fox/Farell/Davis 2004; Stöger/Ziegler 2013, S, 23). Umgekehrt möchten auch Schüler mit Lernproblemen in der Regel integriert unterrichtet werden. Eine Mehrheit (in einigen Studien bis zu 70 % dieser Kinder) wünscht jedoch zugleich eine anteilmäßige individuelle Förderung in separaten Räumen, zum Beispiel im Rahmen spezieller Förderstunden (Vaughn/Klinger 1998; Stöger/Ziegler 2013, S. 23). Bemerkenswert ist zudem, dass behinderte Kinder von Gleichaltrigen am stärksten in Förderschulen und am geringsten in Integrationsklassen abgelehnt wurden (Stöger/Ziegler 2013, ebd.).

Die Einstellungen von Eltern behinderter Kinder zu Inklusion variiert sehr stark. Dennoch wird ein gemeinsamer Unterricht sowohl von diesen Eltern als auch von jenen nichtbehinderter Kinder überwiegend akzeptiert (z. B. Deppe-Wolfinger u. a. 1991; Preuss-Lausitz 1990).

Hinsichtlich der Einstellung von Lehrkräften spiegeln die Studien zwar eine prinzipielle Zustimmung, aber ein im Detail differenziertes Meinungsspektrum wider. So weisen zahlreiche Studien darauf hin, dass Lehrkräfte der Inklusion von Schülern mit sonderpädagogischem Förderbedarf tendenziell positiv gegenüberstehen (z. B. Lindsay 2007). Allerdings hängt der Grad der Zustimmung auch vom Schweregrad der Behinderung und von der Art des Förderbedarfs inkludierter Schüler ab. Bei „leichteren Behinderungen" sowie bei physischen und sensorischen Problemen liegt eine größere Bereitschaft zur Inklusion vor als zum Beispiel gegenüber Kindern mit schwerwiegenderen Behinderungen sowie emotionalen oder Verhaltensproblemen (Lindsay 2007; Stöger/Ziegler 2013, S. 22). Das Fallbeispiel des stark verhaltensauffälligen Paul (vgl. Kap. 2.9) kann das Verständnis für eine solche Position bekräftigen. Die Einstellung der Lehrkräfte zur Inklusiven Bildung hängt außerdem von ihrem jeweiligen „Kompetenzgefühl" ab. Lehrkräfte mit ausgewiesenen Qualifikationen und Erfahrungen im integrativen Unterrichten sowie mit Kontakten zu behinderten Personen außerhalb des schulischen Kontextes sind auch vergleichsweise eher bereit, an Inklusionsmaßnahmen mitzuwirken. Dagegen spielen das Geschlecht und das Alter einer Lehrperson keine Rolle, widersprüchlich sind die Befunde hinsichtlich der Berufserfahrung (vgl. Jost/Schmidt/Veber 2015 i. V.).

Es stellen sich somit vor allem zwei Fragen:

▸ Wann und wie können Lehrkräfte selbstwirksam professionell in inklusiven Settings agieren (was vor allem für Grundschullehrer machbar erscheint, da sie seit jeher mit der „Verschiedenheit der Köpfe" konfrontiert sind; vgl. Brügelmann 2014)?

▸ Ob und wenn ja in welchem Umfang und mit welchen Nuancen kann schulische Inklusion gegenüber einer separativen Beschulung positive Effekte aufzeigen?

Um die erste Frage fundiert beantworten zu können, ist es vorab notwendig, „Eckpfeiler" für einen erfolgreichen, sogenannten „guten" Inklusiven Unterricht möglichst klar zu benennen, die als Richtschnur für das alltägliche pädagogische Handeln dienen können. Hierzu werden im Kapitel 4 begründete Antworten gegeben.

An dieser Stelle wird zunächst auf die auch in der breiten Öffentlichkeit häufig diskutierte zweite Frage eingegangen. Dabei wird der Fokus exemplarisch auf die Diversitätsfacette sonderpädagogischer Förderbedarf gelegt, die derzeit auf ein besonderes gesellschaftliches Interesse stößt.

Das Für und Wider von schulischer Inklusion wird derzeit oft mit Bezug zu Forschungsergebnissen rund um das Konstrukt „gemäßigte Inklusion" geführt: Inklusion ist in Deutschland, das allgemein großen Wert auf politisch korrekte Umgangs- und Diskussionsformen legt, zwar ein sehr bedeutendes und „heiß" diskutiertes Thema, jedoch lehnt keiner Inklusive Bildung per se ab. Vielmehr wird von traditioneller (sonderpädagogischer) Warte oftmals, teilweise polemisch, für eine sogenannte gemäßigte Inklusion, „einem entschiedenen Sowohl-als-Auch", plädiert (Ahrbeck 2014; Brodkorb 2013; Speck 2011). Die Argumentationslinie kann so zusammengefasst werden: Inklusion ist wichtig und richtig; jedoch sollten für bestimmte Schüler Förderschulen weiterhin vorgehalten werden (was auch prinzipiell der Grundposition der CDU-Politikerin Klöckner entspricht, vgl. Kap. 3.2). Diese aus der deutschen Schulsystemlogik verständliche Argumentation wird von inklusionspädagogischer Seite auch mit Bezug auf fehlende Evidenzbasierung dieser Aussagen, aber auch mit Rückgriff auf die Uneingeschränktheit des inklusiven Anspruchs deutlich widersprochen. So lehnt Rohrmann dieses Argumentationsmuster deutlich ab und stellt in einem Essay provokant fest:

> Insofern Inklusion zu verstehen ist als Negation von Exklusion oder Ausgrenzung, erscheint die Vorstellung einer „moderaten Inklusion", bei der Inklusion und Exklusion ja gewissermaßen nebeneinander koexistieren, ebenso schwer nachvollziehbar, wie diejenige, eine Frau könne lediglich ein bisschen schwanger sein. (Rohrmann 2014, S. 162)

Neben solchen deutlichen Statements gibt es jedoch auch überzeugende Forschungsergebnisse zur Inklusiven Bildung. Wenn sich zum Beispiel die größte Gruppe der Schüler, der ein sonderpädagogischer Unterstützungsbedarf zugeschrieben wird, nämlich den mit einem Förderbedarf im Bereich Lernen, wissenschaftlich betrachtet wird (Schnell/Sander/Federolf 2011), lässt sich ein eindeutiges Bild feststellen, das aktuell durch eine umfassende Studie des Instituts zur Qualitätsentwicklung im Bildungswesen (IQB) in Berlin (Kocaj u. a. 2014) eindrucksvoll untermauert wurde: Die gemeinsame Beschulung für Schüler mit und ohne sonderpädagogischen Unterstützungsbedarf im Bereich Lernen ist für die Kompetenzentwicklung der Kinder und Jugendlichen mit diesem Förderschwerpunkt effektiver als die separierte Beschulung in Förderschulen. Zu vergleichbaren Ergebnissen kommt eine breit angelegte Studie von der Universität Bielefeld, die BiLieF-Studie (*Bi*elefelder *L*ängsschnittstudie zum *Lernen* in *in*klusiven und *ex*klusiven *F*örderarrangements) (Lütje-Klose/Wild/Schwinger 2014).

Werden Lehrpersonen in der Praxis gefragt, mit welchen Schülern sie sich Inklusive Bildung am schwierigsten vorstellen, kommt zumeist eine eindeutige Antwort in zweifacher Nuancierung: solche, denen ein sonderpädagogischer Unterstützungsbedarf im Bereich emotionaler und sozialer Entwicklung zugeschrieben wird (vgl. Fallbeispiel Paul in Kap. 2.9). Diese Kinder und Jugendliche rufen oftmals starke Emotionen bei den Lehrpersonen hervor, sodass nicht selten ein Gefühl der Überforderung entsteht, was zu einer im aktuellen Schulsystem logischen, aber zugleich paradoxen Situation führt. Der Sonderpädagogik und damit den Lehrkräften, die eine sonderpädagogische Ausbildung haben, wird zumeist die Verantwortung vor allem für diese „Problemkinder" zugewiesen. Dies führt zu einer steigenden (gefühlten) Abhängigkeit der Regelschullehrkräfte von den Sonderpädagogen, was einer Inklusiven Bildung unter anderem durch multiprofessionelle Teamarbeit im Wege steht und sich in einseitigen Rollenzuschreibungen zum Beispiel der Sonderpädagogen als „Fördertanten" (Heinrich/Arndt/

Werning 2014) widerspiegelt. Gleichzeitig steigt – wie in Kapitel 3.2 am Beispiel der Stadt Hamburg belegt wurde – aktuell die Zahl der Kinder, die das Etikett sonderpädagogischer Unterstützungsbedarf im Bereich „Emotionale und soziale Entwicklung" (womöglich nur zur Ressourcensicherung?) erhalten (Klemm 2013), was mit dem „Etikettierungs-Ressourcen-Dilemma" (Mittelzuweisung erst nach Feststellung eines Bedarfs, Wocken 1996a, 1996b) erklärt werden kann. Ist aufgrund der parallelen Zunahme der Förderquote in diesem Bereich und der Ausweitung schulischer Inklusion ein Zwischenresümee pro Förderschule angezeigt? Wenn gerade die Bewertungsmuster der Lehrpersonen und deren Folgen berücksichtigt werden, lautet die Antwort: nein. Trotz teilweiser widersprüchlicher empirischer Ergebnisse und ihrer Interpretation (Gasteiger-Klicpera/Klicpera 2008; Huber 2006; Klemm/Preuss-Lausitz 2011; Mand 2006; Sonntag 2010; Textor 2009) ist mindestens auch hier eine positive Tendenz festzuhalten, wobei die Rahmenbedingungen einen entscheidenden Einfluss ausüben.

Während die bisherigen Einschätzungen aus einer komplex-ganzheitlichen Perspektive vorgenommen wurden, beziehen sich die folgenden Analysen auf jeweils ausgewählte spezielle Schwerpunkte[10]:

Die „Durchlässigkeit" von Fördermaßnahmen. Eine hohe Durchlässigkeit ist vor allem bedeutsam, um sinnvolle, aufeinander aufbauende Sequenzen schulpädagogischer Maßnahmen zu erreichen, zu denen auch Inklusionen und Exklusionen gehören. Im Prinzip geht es darum, dass im Falle einer schulpädagogischen Maßnahme, die sich als irrtümlich erweist (wie etwa die Zuweisung eines Schülers auf eine Sonderschule), ein Wechsel bzw. eine Korrektur relativ problemlos möglich sein sollte. Einschlägige Studien belegen, dass in der Praxis ein solcher Wechsel zwischen schulpädagogischen Maßnahmen für Schüler aber meist nicht leicht ist. Das deutsche Bildungssystem erscheint diesbezüglich „besonders schwierig", denn ein Klassenwechsel auf der gleichen Stufe, das Überspringen von Klassen oder der Übertritt von der Realschule auf das Gymnasium sind oftmals mit erheblichem Aufwand verbunden. Statistisch gesehen, wechselt auf allgemeinen Schulen nicht mehr als jeder zehnte Schüler die Schule. Eine noch geringere Durchlässigkeit ist in Förderschulen festzustellen (Klemm 2009). Deren Schüler verbleiben im Regelfall während der gesamten Pflichtschulzeit dort.

Die fehlende Durchlässigkeit sollte aber anregen, Exklusionen zu überdenken und Inklusionen zu erwägen, denn: Wenn etwa ein erfolgreiches Lernen eines Kindes an einer Förderschule keinen Wechsel auf eine allgemeine Schule ermöglicht, ist die Exklusion sowohl unter schulpädagogischen Effektivitätsgesichtspunkten als auch unter bildungsethischen Gesichtspunkten höchst fragwürdig.

---

10 Die nachfolgend vorgestellten Untersuchungsergebnisse entstammen im Wesentlichen aus: Stöger/Ziegler 2013, S. 22–25.

Inklusionsdimension „Alter". Studien zu altersgemischten versus altershomogenen Klassen zeigen keine Unterschiede im Lernerfolg (vgl. Slavin 1987 sowie die Metaanalyse von Veenman 1996).

Inklusionsdimension „Geschlecht". Studien zu einem monoedukativen Unterricht von Mädchen in den MINT-Fächern erbrachten widersprüchliche Resultate. Einerseits belegen sie, dass in reinen Mädchenklassen Mathematikleistungen, mathematisches Fähigkeitsselbstkonzept, Interessen sowie der Umgang mit dem Computer deutlich besser gefördert wurden als in gemischten Klassen (Holz-Ebeling/Hansel 1993; Shapka/Keating 2003). Weitere Studien zeigten zudem auf, dass Mädchen in Mädchenklassen deutlich höhere naturwissenschaftliche Interessen aufwiesen, mehr Spaß am Unterricht hatten, ihre Begabung höher einschätzen, leistungsstärker waren und häufiger Fortgeschrittenenkurse wählten (z. B. Hannover/Kessels 2002). Andererseits gibt es ebenso Befunde, in denen sich die Vorteile monoedukativer Beschulung nicht belegen ließen (z. B. Holz-Ebeling/Gratz-Tümmers/Schwarz 2000).

Inklusionsdimension „Leistung". Verschiedene Studien konnten nachweisen, dass sich die Zuordnung eines Schülers zu einer bestimmten Leistungsgruppierung auch auf sein Selbstkonzept bezüglich der eigenen Fähigkeiten auswirkt. Dieses sinkt bei Schülern, die einer leistungsstarken Gruppe oder Schulart zugeordnet werden und es steigt bei Schülern, die einer leistungsschwachen Gruppe oder Schulart zugeordnet werden (Jerusalem 1984; Valtin/Wagner 2004).

Hinsichtlich der Lern- und Leistungszuwächse sind die Untersuchungsergebnisse eher uneinheitlich. Einige Studien zeigen, dass die Zuwächse bei Schülern der leistungsstärksten Gruppe am höchsten ausfallen (vgl. Gamoran u. a.1995). Ein Grund hierfür scheint darin zu bestehen, dass sich Lehrkräfte nach einer Leistungsgruppierung recht schnell in ihrem Unterricht dem Leistungsniveau ihrer Schüler anpassen (Gamoran u. a. 1995). Insbesondere hochbegabte Schüler scheinen vom Unterricht in leistungshomogenen Klassen leistungsmäßig zu profitieren (Kulik/Kulik 1987, 1992).

Ein etwas anderes Ergebnis erbrachte eine Längsschnittstudie von Burris/Heubert/Levin (2006) im Fach Mathematik. In der Studie lernten die Kinder in den ersten 3 Jahren in leistungshomogenen, in den nächsten 3 Jahren in leistungsheterogenen Klassen. Die Lernergebnisse waren für alle betrachteten Niveaugruppen besser unter heterogenen Bedingungen. Bemerkenswerterweise konnte in weiteren Studien nachgewiesen werden, dass sowohl leistungsstärkere als auch leistungsschwächere Schüler bessere Leistungen erzielen, wenn sie in Klassen mit mehr hochbegabten Schülern unterrichtet wurden (Beckermann/Good 1982; Kulik/Kulik 1987, 1992), was als ein deutlicher Hinweis für eine stärkere Beachtung leistungsstarker Kinder in der Inklusionsdebatte gewertet werden kann.

Schließlich sind qualitative Studien hervorzuheben, in denen Einflussfaktoren Inklusiver Bildung untersucht wurden.

Als förderliche Einflussfaktoren wurden dabei bestimmt:

▸ Scaffolding (das heißt die Unterstützung von Lernprozessen durch verschiedene Hilfestellungen wie ausführliche Anleitungen);
▸ Schaffung einer positiven Lernatmosphäre;
▸ schülerangepasstes Verhalten (z. B. kontingente Verstärkungen);
▸ effektive Instruktionen, einschließlich effektivem Feedback;
▸ Unterstützung durch Sonderpädagogen;
▸ kooperierende Lehrerteams;
▸ hoher Arbeitsethos der Lehrkräfte und positive Einstellung zur Inklusion

(vgl. z. B. Fisher/Roach/Frey 2002; Hunt u. a. 2003; Kugelmass 2001; Takala/Aunio 2005).

Demgegenüber wird der Erfolg Inklusiver Bildung vor allem durch folgende Faktoren beeinträchtigt:

▸ geringe Selbstwirksamkeitsüberzeugungen der Lehrkräfte;
▸ fehlende Ressourcen, die für das Unterrichten der zu integrierenden Schüler notwendig wären;
▸ Ausbildungslücken bei den Lehrkräften;
▸ fehlender Handlungsspielraum der Lehrkräfte zur Entwicklung eines authentischen Lehrstils;
▸ verzerrte Wahrnehmung der Schülerprobleme durch die Lehrkraft

(vgl. Dockrell/Lindsay 2001; Dockrell/Shield/Rigby 2003; Freire/César 2003).

Zudem zeigen die dargestellten Befunde nach Stöger und Ziegler „eindeutig, dass das Ausmaß an Heterogenität, dem sich die Schulpädagogik gegenüber sieht, dramatisch ist und in der einschlägigen schulpädagogischen Fachliteratur unterschätzt wird" (Stöger/Ziegler 2013, S. 25). Hierbei ist jedoch zu beachten, dass Inklusion selbstverständlich unter verschiedenen Gesichtspunkten beurteilt werden kann. Neben ihrer Wirksamkeit spielen gesellschaftspolitische und bildungsethische Gründe eine bedeutsame Rolle, was die hohe Komplexität von Inklusiver Bildung verdeutlicht und die Grenzen pädagogischer und (fach-)didaktischer Forschungen überschreitet. Demgemäß lässt sich auf der Basis der vorgestellten wissenschaftlichen Ergebnisse nicht pauschal resümieren, dass Inklusion generell effektiver als eine exkludierende Beschulung ist. Dies zeigt beispielsweise auch ein vergleichender Blick auf die Effektivität von Akzeleration und Enrichment bei Schülern mit besonderen Begabungen auf (u. a. Fischer/Rott/Veber 2014). Die Tendenz ist jedoch eindeutig – pro Inklusion. Entscheidend für den Erfolg inklusiver schulischer Beschulung sind – und das zeigen die dargestellten Untersuchungsergebnisse doch eindeutig – neben den Lehrerkompetenzen, die gewählten didaktischen Settings sowie nicht zuletzt die Kompositionseffekte und die Auswirkungen der Gruppenzusammensetzung (vgl. auch u. a. Löser/Werning 2013).

FRAGEN ZUM VERTIEFENDEN NACHDENKEN

> Sollte Ihres Erachtens Inklusive Bildung ein selektives Lernen prinzipiell ausschließen?
> Wie schätzen Sie an Ihrer Schule die Durchlässigkeit von Fördermaßnahmen ein und welche Möglichkeiten gibt es, die Durchlässigkeit (noch) zu erhöhen?
> Reflektieren Sie darüber, inwiefern die hier aufgelisteten förderlichen Einflussfaktoren auf Inklusive Bildung auf Ihren Unterricht zutreffen.
> Erörtern Sie einen weiteren wichtigen Einflussfaktor auf Inklusive Bildung und die diesbezügliche Beachtung in Ihrem Unterricht.

3.4 Stolpersteine und Unterstützungssysteme für Lehrkräfte

Marcel Veber, Daniel Bertels

Wenngleich in den vorherigen Abschnitten Vorteile inklusiver gegenüber selektiver Bildung aufgezeigt wurden, sollen – angesichts der „verfestigten Skepsis" zahlreicher Lehrkräfte, Eltern und Schulpolitiker – an dieser Stelle häufig genannte mögliche (reale) Hürden und Stolpersteine auf den Weg zur Inklusion nochmals dezidiert angesprochen und entsprechende Unterstützungssysteme für Lehrkräfte erläutert werden. Hierzu werden zunächst jeweils plakative Aussagen von Lehrpersonen dargestellt, die den Fokus auf einzelne mögliche „Stolpersteine" legen. Anschließend werden verschiedene mögliche Lösungsangebote aufgezeigt.

Der Blick auf die Zeit: „Dafür haben wir gar keine Zeit!"
Zum Hintergrund: Einer der größten, wenn nicht sogar der größte limitierende Faktor im System „Schule" ist in der Wahrnehmung von (angehenden) Lehrpersonen die fehlende Zeit. Dies wurde unter anderem bereits in älteren Studien zur multiprofessionellen Teamarbeit in inklusiven Settings deutlich (z. B. Lütje-Klose/Willenbring 1999). Die immer noch am weitesten verbreitete Taktung des Schultages in 45-Minuten-Abschnitte, verbunden mit einem Fachraum-, Fachlehrer- und Fachinhaltssystem, zerlegen den Lern-Tag in „kleinste Häppchen". Lehrpersonen können mitunter ihre Inhaltsplanung bis zur nächsten Klassenarbeit auf 15-Minuten-Teile „herunterbrechen", um der Stofffülle „Herr zu werden". Somit fragt sich: Wo bleibt da Raum für pädagogische Diagnostik der Vorerfahrungen, für Lernaktivierung, für Reflexion des Lernprozesses, für metakognitive Lernstrategie-Entwicklung, für die Entwicklung von Motivation, für die Beachtung emotionaler Zustände, für Austausch, Kooperation und Zusammenarbeit, für differenzierte, an die Entwicklung angepasste, individuelle Herausforderungen, für individuelle, motivierende Leistungsrückmeldungen, für die Lebenswelterfahrungen?

Lösungsansätze: Dass organisatorische Rahmenbedingungen eine entscheidende Gelingensbedingung für Inklusive Bildung sind, hat sich in zahlreichen (auch wissenschaftlichen) Settings gezeigt. So sollte neben der Unterrichtsentwicklung in Anlehnung an das Modell der Schulentwicklung nach Rolff (2010) gerade in inklusiven Settings die Personalentwicklung aber auch die Organisationsentwicklung berücksichtigt werden (Scheidt 2010). Lehrpersonen in multiprofessionellen Teams (Lütje-Klose/Wild/Schwinger 2014; Sonntag/Veber 2014) benötigen Raum und Zeit, um gemeinsame Kommunikations- und Kooperationsstrukturen zu entwickeln und zu fördern. Ein differenzierter praxiserprobter Weg hierfür ist die Supervision von Lehrpersonen, also eine Arbeitsorganisation im Team zur Erhöhung der Effektivität (Erbring 2008, 2010), die, wenn die vorhandenen Potenziale in Kollegien genutzt werden (Erbring 2014a), die Lehrergesundheit vielmehr erhalten und stärken kann (Erbring 2014b).

Der Blick auf die Ressourcen: „Inklusion ist doch nur ein verstecktes Sparmodell!" oder „Ich bin doch immer allein im Unterricht. Wie soll ich das denn machen?"

Zum Hintergrund: Die Umwandlung bestehender Schulsysteme hin zu einer inklusiven Schulkultur wird, wie in den Statements des Kapitels 3.2 angesprochen, oft an bestimmte finanzielle und auch personelle Ressourcen geknüpft. Bisherige Raum-, Material- und Personalressourcen werden als nicht zielführend oder als nicht ausreichend für die Ausgestaltung empfunden. Gerade mit Blick auf eine zu verwirklichende individuelle Förderung in der Pädagogik der Vielfalt werden die aktuellen Ressourcendimensionen infrage gestellt: Wie sollen Schüler aufbauend auf ihren Lernerfahrungen individuell begleitet und gefördert werden? Wie können Lehrkräfte den vielen persönlichen Bedürfnissen der Schüler gerecht werden? Wie kann individuelles und kooperatives Lernen in einem Klassenraum ohne Differenzierungsmöglichkeit gelingen? Welches Material kann ich nutzen? Wo finde ich Material? Wie finde ich Zeit zum Diagnostizieren, Beraten, Begleiten, Reflektieren usw.?

Lösungsansätze: Der Blick auf Ressourcen und ihre Verteilung stellt auch unter der wissenschaftlichen Betrachtung von schulischer Inklusion einen größer werdenden Aspekt dar (u. a. Katzenbach/Schnell 2012): Die notwendigen (personellen und sächlichen) Ressourcen sollten, unter anderem unter Berücksichtigung bereits genannter Etikettierungsprobleme (u. a. Wocken 1996a), möglichst dekategorisiert (Haas 2012; Hinz 2008) verteilt werden. Dies könnte bedeuten, dass eine pauschale und transparente Mittelvergabe die inklusive Umgestaltung des Schulsystems erleichtern kann bzw. erleichtert. Dieser veränderte Weg der Ressourcensteuerung kann auf allen Ebenen des Systems „Schule" (Jäger/Prenzel 2005) eingeschlagen werden, indem unter anderem innerhalb einer Schule oder einer Jahrgangsstufe (zusätzliche) Ressourcen pauschal und nicht mehr anhand vermeintlich klar diagnostizierter Auffälligkeiten verteilt werden (vgl. hierzu auch Kap. 4.2 und 4.3).

Der Blick auf die Kompetenzen: „Inklusion? Schüler mit Förderbedarf? Dafür bin ich doch gar nicht zuständig!"

Zum Hintergrund: Inklusive Fragestellungen sind immer auch Fragen der Haltung, der Identität und der Rolle des einzelnen. Was ist meine Profession als Lehrperson? Was ist meine Aufgabe in der Schule? Was sind meine Kompetenzen? Was sind meine Schwächen? Welche Rolle schreibe ich meinen Teamkollegen zu? Welche Erwartungen habe ich zur Rolle meinem Teamkollegen?

Lösungsansätze: Die Veränderungen durch eine inklusive Schulkultur erfordern primär eine kritische Reflexion der eigenen Lehrerrolle. Jede Lehrkraft muss erkennen: Eine inklusive Lernkultur wirft bestehende Rollenbilder um, wie es sich etwa im Rahmen der Arbeit mit dem Index für Inklusion zeigt (u. a. Braunsteiner/Gebhart/Germany 2008; Hinz/Boban 2013). Dies kann ein sehr schwieriger individueller Prozess sein, denn keinem fällt es leicht, eventuell in langjährigen Entwicklungsprozessen erworbene oder im bisherigen Kontext erfolgreich genutzte Kompetenzen plötzlich für unpassend oder gar falsch anzusehen und bereit zu sein, andersartige neue Lehr- und Lernkompetenzen zu erwerben. Über viele Berufsjahre aufgebaute „Sicherheiten" werden hierdurch möglicherweise entzogen (u. a. Amrhein 2011). Beispielsweise fällt es Lehrkräften schwer, ihre Funktion vom Wissensvermittler zum Lernbegleiter zu ändern – obwohl der „Lohn" eines entspannteren und bereicherterten Umgangs mit Lernenden auf der Hand liegt.

Sehr deutlich wird die angesprochene Herausforderung im Umgang mit Schülern, die Lehrpersonen besonders herausfordern, wie Kinder und Jugendliche mit einem Unterstützungsbedarf im Bereich Emotionaler und Sozialer Entwicklung, die zumeist Jungen sind (zur weiteren Vertiefung: Hopf 2014). Eine Entlastung kann analytisch bereicherte Lehrerbildung (u. a. Brandl 2013) sein (Veber/Fischer 2015 i. D.). So zeigte die Frankfurter Präventionsstudie zu AD(H)S, dass diese Form der entlastenden Unterstützung der Pädagogen die Zahl der Kinder mit dem Label AD(H)S verkleinerte (Leuzinger-Bohleber u. a. 2013).

 FRAGEN ZUM VERTIEFENDEN NACHDENKEN

▸ Welche der genannten Stolpersteine behindern gegenwärtig die Umsetzung von Inklusiver Bildung an Ihrer Schule?
▸ Welche der aktuellen Stolpersteine an Ihrer Schule halten Sie für schwerwiegend, welche für weniger schwerwiegend und welche für relativ leicht behebbar?
▸ Welche realen Chancen und Ansätze sehen Sie, die Stolpersteine an Ihrer Schule entscheidend zu verkleinern bzw. ganz aus dem Weg zu räumen?

4 Konzeptionelle Eckpfeiler einer sinnvollen Inklusion im Mathematikunterricht

Ausgehend von der in Kapitel 2 exemplarisch aufgezeigten realen Vielfalt kindlicher Entwicklungen und den im Kapitel 3 vorgestellten gesetzlichen Rahmenbedingungen sowie den Momentaufnahmen und Analysen zu Chancen wie auch zu Problemen Inklusiver Bildung in der öffentlichen Diskussion und in der Schulpraxis werden im Folgenden allgemeine Grundorientierungen für eine sinnvolle Inklusion im Mathematikunterricht entwickelt.

Einleitend kann das in Abb. 19 (S. 100) gezeigte Schema die vielschichtigen Zusammenhänge, die es hierbei im Wesentlichen zu beachten gilt, verdeutlichen. Entsprechend der Grundidee Inklusiver Bildung stehen im Mittelpunkt des Schemas die lernenden Kinder. Deren Lerntätigkeit wird wiederum einerseits durch ihre individuellen Lernvoraussetzungen und andererseits durch die schulischen Lernbedingungen bestimmt. Eine gewinnbringende Entwicklung des individuellen wie auch des gemeinsamen Lernens der Kinder erfordert ein flexibles Zusammenspiel vieler verschiedener Einflussfaktoren. Hierbei spielen die Lehrkräfte, wie bekanntlich in allen historischen Phasen der Schulentwicklung, eine zentrale Rolle (vgl. auch Kap. 2.10). Ihre Einstellungen und Grundpositionen, ihre professionellen Kompetenzen, einschließlich ihrer diagnostischer Fähigkeiten, müssen aber den Kernideen Inklusiver Bildung entsprechen und gemäß den hieraus resultierenden veränderten Anforderungen erweitert werden. Von neuer Qualität sind darüber hinaus die Anforderungen der Lehrkräfte bezüglich der Zusammenarbeit in Lehrerteams sowie mit weiteren unverzichtbaren Kooperationspartnern wie Psychologen oder Logopäden, aber auch den Eltern. Das gemeinsame Lernen von sehr unterschiedlichen Kindern mit äußerst verschiedenen Förderbedarfen verlangt zudem eine veränderte methodische Unterrichtsorganisation und -gestaltung, einschließlich besonderer Formen kooperativen Lernens unter den Kindern. Die spezifischen Bedürfnisse verschieden verschiedener Kinder bedingen schließlich die Bereitstellung zusätzlicher und besonderer Lernräume und -mittel.

Wenn man die im Schema dargestellten Einflussfaktoren inklusiven Lernens im Mathematikunterricht in ein „strategisches" Leitkonzept transferiert und sie unter Beachtung der aktuellen schulischen Rahmenbedingungen (vgl. Kap. 3) gewichtet, lassen sich vier Eckpfeiler einer sinnvollen Inklusion herausstellen, die im Folgenden ausführlich erläutert werden.

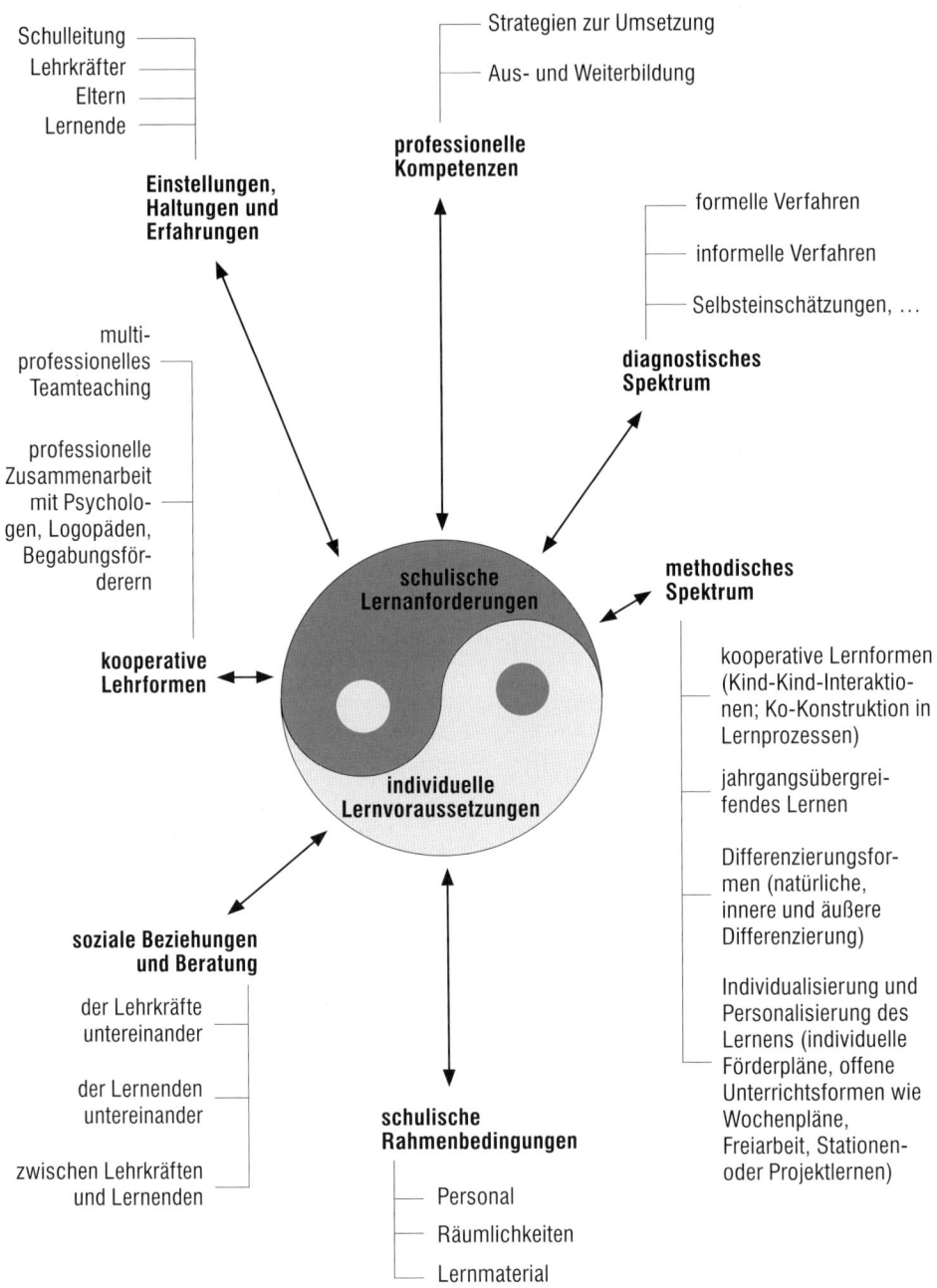

Abb. 19: Einflussfaktoren auf inklusives Lernen im Mathematikunterricht (nach Benölken)

4.1 Die Basis: Pädagogische Grundpositionen

Friedhelm Käpnick

Von fundamentaler Bedeutung für ein erfolgreiches Umsetzen Inklusiver Bildung im Mathematikunterricht sind prinzipiell übereinstimmende pädagogische Grundpositionen und Grundüberzeugungen aller Lehrkräfte einer Schule zur Inklusiven Bildung. Hierbei ist entscheidend, dass jede Lehrkraft die gravierenden Veränderungen Inklusiver Bildung im Vergleich zum bisherigen Unterrichten erkennt und die Bereitschaft zum Umdenken, zum Erlernen neuer Organisations- und Gestaltungsformen des Mathematikunterrichts sowie zu einem neuartigen Team-Teaching aufbringt.

Zu den pädagogischen Grundpositionen und Grundüberzeugungen für Inklusive Bildung gehören insbesondere:

▸ Alle Kinder, unabhängig von ihren individuellen Bedürfnissen, Fähigkeiten oder Beeinträchtigungen sowie von ihrer ethnischen, kulturellen oder sozialen Herkunft, haben das Recht, miteinander und voneinander zu lernen. Dabei bietet die enorme Vielfalt individueller Besonderheiten große Chancen eines sich gegenseitig bereichernden Lernens. Demgemäß sind kooperative Lernformen unter verschiedenen Kindern für Inklusive Bildung prägend.

▸ Lehr-Lernprozesse sind gemäß der Grundidee von Inklusion stets aus der Perspektive der Kinder (und nicht vordergründig aus der Perspektive der Lehrkräfte oder der jeweiligen Schulstrukturen) zu betrachten, denn es gilt die „Grundregel": Nicht die Kinder müssen sich den Bedingungen der Institution anpassen, sondern die Institution den besonderen Bedürfnissen aller Kinder!

▸ Damit sich die Lernpotenziale jedes Kindes entfalten können, müssen entsprechende personelle, organisatorische und materielle Rahmenbedingungen geschaffen und stetig auf ihre Wirksamkeit geprüft werden. Hinsichtlich der personellen Voraussetzungen ist wichtig zu erkennen, dass jede Lehrkraft oder Förderlehrkraft, jeder Lerncoach oder Erzieher entsprechend ihrer/seiner jeweiligen Qualifikationen spezifische Verantwortlichkeiten hat und diese in die gemeinsame Teamarbeit einbringt.

▸ Das Lernen von Mathematik sollte unter einer ganzheitlichen Perspektive begriffen werden. Dies schließt vor allem ein, das Erlernen des Umgangs mit Zahlen, Formen, Häufigkeiten oder Strukturen stets im Kontext der jeweiligen gesamten Persönlichkeitsentwicklung eines Kindes zu sehen.

▸ Jegliches Lernen und Reifen sind als individuell geprägte und dynamische Prozesse zu verstehen, wobei sich individuelle und soziale Lernprozesse wechselseitig beeinflussen – im positiven Sinne wechselseitig bereichern können.

▸ Für eine inklusive Leistungsbewertung ist wesentlich (und im Übrigen international üblich), dass Lehrkräfte mit Kindern und Eltern die Leistungsentwicklung besprechen und nicht nur in Form von Ziffernzensuren kommuni-

zieren – um individuell erreichte Leistungen anzuerkennen. Prinzipiell ist ein sozial vergleichendes Leistungsverständnis in allen modernen Gesellschaften Teil des demokratischen, ständische Privilegien überwindenden Differenzierungsprozesses. Inklusive Pädagogik braucht deshalb einen mehrperspektivischen Leistungsbegriff, der auf der Anerkennung der Menschenwürde und der individuellen Lernentwicklung jedes Kindes beruht und erst auf dieser Basis die Stärken und Schwächen, die beim Leistungsvergleich mit anderen Schülern sichtbar werden, in den Blick nimmt. (vgl. Prengel 2013, S. 4).
▸ Jede Lehrkraft, jeder Lerncoach oder Erzieher sollte die prinzipielle Bereitschaft zum ständigen „Dazulernen", zu Fort- und Weiterbildung haben.

Die Akzeptanz und bewusste Befürwortung dieser Positionen muss für eine Lehrkraft, die viele Jahre einen selektiv orientierten Unterricht plante und durchführte, eine gewaltige Herausforderung sein, die noch zusätzlich durch ungünstige Rahmenbedingungen (fehlendes und nicht speziell qualifiziertes Personal, unzureichende Raum- und Lernmittelausstattung) erschwert wird. Die in Kapitel 3.2 vorgestellten Statements, aber auch empirische Befunde (vgl. Kap. 3.3) verdeutlichen nachhaltig, wie schwer es Lehrkräften fällt, über viele Jahre entwickelte und angewandte Lehr-Lernkonzepte, die man zudem als erfolgreich erlebte, nun „über Bord zu werfen".

Die historische Dimension dieses enormen Veränderungsprozesses kann folgende pointierte Darstellung zum „Rollenwechsel" von Lehrkräften in den letzten Jahrzehnten[11] aufzeigen:

Traditioneller lehrerzentrierter Mathematikunterricht
Die Lehrkraft
▸ versteht sich als Instrukteur, als Vermittler von Lerninhalten, setzt deshalb auf die Methoden seiner Vermittlung und neigt dazu, die Schüler als zu formende Objekte zu sehen
▸ gibt Lernziele, möglichst in engen Stoffkontexten, an
▸ erarbeitet neue Themen vor allem darbietend oder durch gelenkte Unterrichtsgespräche
▸ gibt Hilfen als Hilfen zur Produktion gewünschter Antworten
▸ setzt auf kleinschrittiges und schwierigkeitsgestuftes Vorgehen
▸ betrachtet die Heterogenität von Schülern als „erschwerendes Unterrichtsproblem"
▸ fühlt sich generell verpflichtet, Schülerbeiträge selbst zu beurteilen
▸ versucht nach Kräften, das Auftreten von Schülerfehlern zu vermeiden (defizitorientierte Diagnostik)
▸ vermeidet eher Reflexionen über das Lernen und über das Lösen von Problemen

---

11 Es sei angemerkt, dass die Einschätzungen zum „Traditionellen lehrerzentrierten Mathematikunterricht" und zum „Kindorientierten Mathematikunterricht im Kontext individuell konstruktiven Lernens" größtenteils in Anlehnung an eine entsprechende Gegenüberstellung aus Winter (1989, S. 4 f.) zusammengestellt wurden.

Kindorientierter Mathematikunterricht im Kontext individuellen aktiv-konstruktiven Lernens

Die Lehrkraft (besser: Lerninitiator, -begleiter und -helfer)

▸ inszeniert, begleitet, unterstützt und moderiert kindliche Lernprozesse, versteht sich dabei als Vermittler zwischen den Lernthemen und den Schülern, setzt dabei auf die Neugier und den Wissensdrang von Schülern und betrachtet sie als Mitverantwortliche ihres Lernens

▸ bietet herausfordernde, lebensnahe und „substanzielle" Aufgaben an, die „in der Zone der nächsten Entwicklung" eines jeden Kindes liegen

▸ ermuntert zum Beobachten, Erkunden, Probieren, Fragen

▸ legt Wert darauf, dass Kinder in Sinnzusammenhängen lernen und auf diese Weise stabile Wissensnetze entwickeln

▸ gibt Hilfen als Hilfen zum Selbsthelfen

▸ gibt der Eigendynamik von Lernprozessen, die auch sprunghaft oder unsystematisch sein können, breiten Raum

▸ betrachtet die Heterogenität von Schülern als „natürliche Herausforderung"

▸ hält Schüler an, über ihre Lösungsideen und Lösungsdarstellungen selbst zu reflektieren

▸ analysiert zusammen mit den Schülern deren Fehler bzw. vermeintliche Fehler und nutzt sie als Chance zu gemeinsamem Weiterlernen

▸ thematisiert regelmäßig Verstehens- und Lernprozesse der Schüler (unter einer kompetenz- und nicht defizitorientierten Perspektive)

Inklusiver Mathematikunterricht

Ein professionelles Team (Fach-, Förderlehrer, Lerncoach ...)

▸ inszeniert, begleitet, unterstützt und moderiert kindliche Lernprozesse, versteht sich dabei als Vermittler zwischen den Lernthemen und den Schülern

▸ setzt auf die jeweiligen individuellen Lernpotenziale von Schülern und betrachtet sie als Mitverantwortliche ihres Lernens

▸ bietet herausfordernde, lebensnahe und „substanzielle" Aufgaben an, die „in der Zone der nächsten Entwicklung" eines jeden Kindes liegen

▸ ermuntert zum Beobachten, Erkunden, Probieren, Fragen und setzt auf kooperative Lernformen

▸ legt Wert darauf, dass Kinder in Sinnzusammenhängen lernen und auf diese Weise stabile Wissensnetze entwickeln

▸ gibt Hilfen als Hilfen zum Selbsthelfen und bietet spezifische Lernmittel für besondere Lerner an

▸ gibt der Eigendynamik von individuellen wie auch von gemeinsamen Lernprozessen breiten Raum

▸ betrachtet die große Diversität von Schülern als „Bereicherung" des Unterrichts

▸ hält Schüler an, über ihre Lösungsideen und Lösungsdarstellungen selbst zu reflektieren und diese kontinuierlich in Lerntagebüchern u. Ä. zu dokumentieren,

▶ analysiert zusammen mit den Schülern deren Fehler bzw. vermeintliche Fehler und nutzt sie als Chance zu gemeinsamen Weiterlernen

▶ thematisiert regelmäßig Verstehens- und Lernprozesse der Schüler

▶ erkennt auf der Basis eines mehrperspektivischen Leistungsbegriffes, der von der Anerkennung der Menschenwürde und der individuellen Lernentwicklung jedes Kindes ausgeht, kompetenzorientiert die individuellen Stärken und Schwächen jedes Kindes an und vergleicht diese erst sekundär mit denen anderer Schüler

Die zugegeben etwas zugespitzte Gegenüberstellung kann gravierende Gegensätze zwischen den Konzepten des traditionellen lehrerzentrierten und des inklusiven Mathematikunterrichts aufzeigen. Sie verdeutlicht ebenso tendenzielle Gemeinsamkeiten, aber auch einige klare Unterschiede zwischen den Konzepten des kindorientierten Mathematikunterrichtes im Kontext individuellen aktivkonstruktiven Lernens und des inklusiven Mathematikunterrichts.

So bestehen zwischen dem traditionellen lehrerzentrierten und inklusiven Mathematikunterricht unvereinbare Gegensätze bezüglich der Rolle einer Lehrkraft beim Motivieren, Organisieren und Begleiten kindlichen Lernens, hinsichtlich des Umgangs mit (vermeintlichen) Schülerfehlern sowie mit der Heterogenität von Kindern. Ein auf der Basis des traditionellen lehrerzentrierten Mathematikunterrichts möglicher und in der Schulpraxis zum Teil durchaus noch verbreiteter Frontalunterricht steht einem inklusiven Mathematikunterricht konträr gegenüber, er wäre hier auch nicht realisierbar. Der inklusive Mathematikunterricht unterscheidet sich zudem prinzipiell von den beiden anderen angegebenen didaktischen Grundkonzepten durch den Umgang mit der Heterogenität von Kindern, woraus sich wiederum deutliche Unterschiede bezüglich der Personal-, Raum- und Lernmittelausstattung und der Zusammenarbeit von Lehrkräften (Team-Teaching im inklusiven Mathematikunterricht, vgl. Kap. 4.2 und 4.3) ergeben.

Vielfach ist also eine Lehrkraft gefordert, bisherige, zur Inklusiven Bildung nicht passende Auffassungen zum Mathematikunterricht zu überwinden. Dies kann ein längerer und schwieriger Prozess sein – je nach aktueller Ausgangsposition. Dieser Prozess ist aber unbedingt notwendig, weil nur hierdurch das Fundament für einen gelingenden inklusiven Mathematikunterricht geschaffen werden kann. Die von Lehrkräften, Eltern und Politikern zu Recht eingeforderten Personal-, Raum- und Lernmittelausstattung ist zwar ebenso unverzichtbar, aber vergleichsweise relativ wirkungslos, wenn die Lehrkräfte nicht die Grundideen Inklusiver Bildung vorleben. Gemäß der Kernidee Inklusiver Bildung können solche Veränderungsprozesse unter den Lehrkräften vergleichsweise viel einfacher und erfolgreicher verlaufen, wenn sich alle beteiligten Lehrkräfte und Kooperationspartner hierbei untereinander helfen.

FRAGEN ZUM VERTIEFENDEN NACHDENKEN

▸ Reflektieren Sie, welche konzeptionellen Grundauffassungen zur Planung und Gestaltung des Mathematikunterrichts Sie gegenwärtig haben und inwiefern diese den Kernideen Inklusiver Bildung entsprechen.

▸ Inwiefern hat die Umsetzung Inklusiver Bildung in der Schulpraxis (bereits) Veränderungen hinsichtlich Ihrer Auffassung vom Unterrichten bewirkt?

▸ Welche Hemmnisse erschweren Ihnen derzeit die Umsetzung eines inklusiven Lernens im Mathematikunterricht? Welche Bedeutung haben dabei Grundauffassungen von Ihnen, von Ihren Kollegen und von Kooperationspartnern?

4.2 Der Schlüssel: Multiprofessionelle Teamarbeit und Kooperationen

Friedhelm Käpnick

Die Fallbeispiele des Kapitels 2 verdeutlichen, dass ein Mathematiklehrer hoffnungslos überfordert ist, den sehr unterschiedlichen individuellen Lernbedürfnissen von sowohl rechenschwachen als auch hochbegabten Kindern, von Schülern, die von der Mathematik frustriert sind, wie auch von Schülern, die sich für Zahlen, Formen oder Muster begeistern, von seh-, hör- oder geistig beeinträchtigten Kindern in einer sozialen Gruppe (einer Klasse, einer Projekt- oder Lerngruppe) gerecht zu werden. Hierfür ist er zum einen nicht qualifiziert und zum anderen könnte er eine solche „Herkulesaufgabe" unmöglich allein meistern. Somit sind mit der Umsetzung Inklusiver Bildung die Zeiten, in denen eine Lehrkraft relativ autonom in ihrem Klassenzimmer und innerhalb ihrer Schule unterrichtete, endgültig vorbei. Multiprofessionelle Teamarbeit und außerschulische Kooperationen mit weiteren Spezialisten wie zum Beispiel Logopäden, Psychiatern, Ergonomen oder Begabtenförderern sind unabdingbar und können als „Schlüssel" für gelingende Inklusive Bildung angesehen werden (vgl. z. B. Marty 2014). Eine solche Kooperation unter Lehrkräften, auch wenn sie von allen gewünscht und gefordert wird, funktioniert jedoch nicht per se. Die Erfahrungen mit Lehrerkooperationen bei der Umsetzung integrativer oder inklusiver Schulkonzepte sind dementsprechend oft zwiespältig. In der Schulpraxis zeigten sich insbesondere folgende Probleme:

▸ Lange Zeit galt für eine Lehrkraft der eigene Klassenraum als ihr „Hoheitsgebiet" und sie entschied, was und wie sie hier mit den Schülern lernte. Der „Preis" hierfür bestand (zumindest) aus heutiger Sicht darin, dass eine Lehrkraft im Prinzip auf sich allein gestellt war und in erster Linie nur selbst über den eigenen Unterricht reflektierte. Zwar fand auf informeller Ebene oder im Rahmen von Lehrerkonferenzen ein Austausch statt. „Echte Probleme" wurden aber selten im Team besprochen. Diese Autonomie und Freiheit nun aufzugeben, bedeutet für viele Lehrkräfte ein „Verlust" (vgl. ebd. S. 4).

▸ Teamarbeit unter Lehrkräften ist mit zusätzlicher Zeit für Gespräche und Sitzungen verbunden. Da sich Lehrkräfte aber ohnehin schon über zu viele und wenig effektive schulische Konferenzen beklagen, zweifeln sie den Wert solcher Sitzungen im Rahmen Inklusiver Bildung grundsätzlich an. Sie bemängeln außerdem, dass es keine eindeutigen Festlegungen für eine arbeitsrechtliche Anerkennung derartiger zusätzlicher Tätigkeiten gibt (vgl. ebd.).

▸ Sonderpädagogische Lehrkräfte fühlten und fühlen sich gegenüber Regelschullehrkräften häufig als „Assistenten" und nicht als gleichberechtigte Partner (vgl. ebd., S. 6).

Von diesen Erfahrungen ausgehend, sollte von vornherein einkalkuliert werden, dass eine gewinnbringende multiprofessionelle Teamarbeit im Rahmen Inklusiver Bildung meist erst im Ergebnis eines gemeinsamen Klärungsprozesses erreicht werden kann. Als Grundprinzip sollte hierbei eine gleichberechtigte Zusammenarbeit von Lehrkräften mit verschiedenen Professionen gelten, die über einen längeren Zeitraum gemeinsame Ziele, Organisationsformen und spezielle Verantwortlichkeiten vereinbaren.

Als *personelle „Grundausstattung"* für einen inklusiven Mathematikunterricht erscheint ein Fachlehrer, ein „Förderlehrer" mit sonderpädagogischen Kompetenzen und je nach Möglichkeit und Bedarf ein „Lerncoach" sinnvoll. Prinzipiell sollten alle beteiligten Lehrkräfte sehr eng zusammenarbeiten und sich um alle Schüler kümmern. Aufgrund der sehr komplexen Lehr- und Betreuungstätigkeit und entsprechend den jeweiligen speziellen Qualifikationen sind zugleich Schwerpunktsetzungen und während der Durchführung des Mathematikunterrichts auch eine eindeutig festgelegte Aufgabenverteilung empfehlenswert:

Der *Fachlehrer*

▸ plant, gestaltet und gewährleistet einen sowohl fachlich korrekten Mathematikunterricht, der einerseits den individuellen Lernpotenzialen der Kinder entspricht und der andererseits an den Bildungsstandards und an wissenschaftlich begründeten mathematikdidaktischen Lehr-Lern-Konzepten orientiert ist (was die Planung von gemeinsamen und zum Teil differenzierenden Lernformaten im Mathematikunterricht einschließt),

▸ diagnostiziert und bewertet auf der Basis seiner fachlichen Qualifikation prozessbegleitend den jeweiligen Leistungsstand und die Lernstandsentwicklungen jedes Kindes,

▸ steht als Ansprechpartner für die Organisation, Durchführung und Analyse individueller Lernprozesse jedes Kindern zur Verfügung,

▸ trägt die Mit- bzw. Hauptverantwortung für die Förderung mathematisch besonders leistungsfähiger bzw. hochbegabter Kinder,

▶ organisiert in regelmäßigen Abständen Teamsitzungen, in denen er die Lernstandsentwicklung der Klasse vorstellt.

Der *„Förderlehrer"* (Sonderpädagoge)
▶ beobachtet und diagnostiziert die Leistungen und Verhaltensweisen von Kindern mit besonderem Förderbedarf,
▶ begleitet als Vertrauensperson das Lernen dieser Kinder sowhl im Mathematikunterricht wie auch in anderen Fächern,
▶ entwickelt, begleitet und koordiniert spezielle individuelle Fördermaßnahmen,
▶ informiert das Team regelmäßig über Lernprobleme, Lernfortschritte usw. bei Kindern mit besonderem Förderbedarf.

Der *Lerncoach* („Beratungslehrer")
▶ beobachtet und analysiert vor allem soziale Prozesse im Unterricht,
▶ hilft individuell beratend bei sozialen Konflikten,
▶ koordiniert pädagogische Maßnahmen.

Angemerkt sei, dass mit dem Lerncoach ein neues berufliches Lehrerprofil beschrieben wird, für das in der Lehreraus- und -fortbildung auch spezielle Qualifizierungsformate entwickelt werden sollten. Aus dem Tatbestand, dass zum einen auch viele Schüler die enorme Unterschiedlichkeit im Sozial- und Lernverhalten sowie in den Leistungen der Kinder zunächst als etwas Fremdartiges wahrnehmen und zum anderen einige Kinder diverse Verhaltensprobleme aufweisen (vgl. insbesondere das Fallbeispiel Paul in Kap. 2.9), ergibt sich die Notwendigkeit, einen besonderen Fokus auf die Entwicklung personaler und sozialer Kompetenzen der Kinder zu legen. Hierbei sollte der Lerncoach eine maßgebliche Rolle spielen. Er sollte, stets in gemeinsamer Absprache mit dem Fach- und Förderlehrer, Konzepte für einzelne Kinder entwickeln und umsetzen.

Als generelle Schwerpunkte der *Entwicklung personaler Kompetenzen* der Schüler lassen sich zusammenfassend nennen:
▶ Förderung des Selbstvertrauens und Selbstwertgefühls (Zutrauen in die eigenen Stärken, Erkennen eigener Stärken und Schwächen, Wahrnehmen und Genießen eigener Erfolge, ebenso Verkraften von Misserfolgen und angemessenes Umgehen mit Ängsten) sowie der Sozialkompetenzen von Kindern (z. B. Einhalten von Regeln, respektvoller Umgang mit anderen Kindern),
▶ Erwerb der Fähigkeit, einen Perspektivwechsel vorzunehmen und je nach Situation der Jüngere oder der Ältere, der Stärkere oder der Schwächere zu sein,
▶ Förderung von Kompetenzen im selbstständigen Planen und Lernen sowie im selbstkritischen Prüfen eigener Tätigkeiten,
▶ Entwicklung der Fähigkeit, Problemsituationen zu erkennen, diese zu verstehen und selbstständig Lösungsansätze zu entwickeln,

▶ Erwerb von Fähigkeiten im sinnvollen und flexiblen Nutzen von Arbeitstechniken, Lernmethoden und -strategien, jeweils entsprechend den individuellen Lernvoraussetzungen jedes Kindes.

Hinsichtlich der Förderung sozialer Kompetenzen sollten die Kinder vor allem die Fähigkeit erwerben, sich in andere einfühlen zu können, auf Argumente anderer eingehen und Konflikte sachlich lösen sowie vereinbarte Regeln einhalten und Verantwortung für Gemeinsames tragen zu können.

Ob im Mathematikunterricht stets oder anteilig neben dem Fachlehrer auch der Förderlehrer und der Lerncoach anwesend sein können oder müssen, hängt einerseits vom jeweiligen Bedingungsgefüge der Lerngruppe und zum anderen von der Personalausstattung einer Schule ab. Empfehlenswert ist sicher, dass in der Regel zwei Lehrkräfte den Unterricht durchführen und sich hierbei arbeitsteilig den besonderen Lernbedürfnissen einzelner Kinder zuwenden. Erfahrungen aus der Schulpraxis belegen, dass zum Beispiel bereits ein unkontrollierter Wutausbruch eines Kindes die Hilfe eines Lerncoachs notwendig macht.

Allgemein können bezüglich der Zusammenarbeit im Lehrerteam drei verschiedene Kooperationsformen unterschieden werden (vgl. Marty 2014, S. 3):

▶ *Austausch:* ein Austausch von Informationen, zum Beispiel von Diagnoseergebnissen zu Schülern, und Materialien, wie etwa speziellen Lernmitteln;

▶ *arbeitsteilige Kooperation:* vor allem Aufteilung von Diagnose-, Analyse- oder Fördertätigkeiten unter einem Fachlehrer und einer sonderpädagogisch ausgebildeten Lehrperson sowie Lösung von Sozialverhaltensproblemen durch den Lerncoach entsprechend der oben dargestellten Kompetenzzuweisung;

▶ *Kokonstruktion:* Vereinbaren einer intensiven gemeinsamen Zusammenarbeit mit gemeinsam festgelegten Zielen, wobei individuelle bzw. professionelle „Stärken" einzelner Gewinn bringend im Team genutzt werden).

Die Kooperationsformen sollten flexibel angewendet und sinnvoll miteinander verknüpft werden, was auch auf die oben genannten Schwerpunktsetzungen und die daraus resultierende Aufgabenverteilung der Lehrkräfte zutrifft. Eine wichtige Basis hierfür sind ein vertrauensvolles Miteinander, was einen respektvollen Umgang untereinander, offene Diskussionen und sachlich-konstruktive Kritik, ebenso ein gemeinsames Entwickeln, Organisieren und Analysieren von Lernprozessen und die Bereitschaft, von und miteinander zu lernen, einschließt.

Ein *Austausch* von Informationen oder Materialien kann einerseits zielgerichtet erfolgen, wie zum Beispiel der oben genannte Austausch von Diagnoseergebnissen zu einem Schüler oder zu Vor- und Nachteilen eines Lernmittels. Im Schulalltag wird ein solcher Austausch aber andererseits häufig situativ geschehen, wenn etwa ein Kind eine besondere Lösung einer mathematischen Aufgabe präsentiert oder wenn ein Kind verhaltensauffällig ist.

Die *arbeitsteilige Kooperation* gemäß den beschriebenen Schwerpunktaufgaben des Fach- und Förderlehrers sowie des Lerncoachs könnte dagegen als generelle Groborientierung für die Organisation und Durchführung des Mathematikunterrichts dienen.

Im Sinne einer *Kokonstruktion* sollten wöchentliche oder zweiwöchentliche Teamtreffen zu jeweils aktuellen Themen, Dienstbesprechungen in regelmäßigen Abständen zu Schwerpunktthemen wie Sprachförderung, Hochbegabung, motorische, emotionale oder soziale Lernbehinderungen, gemeinsame Elterngespräche und die gemeinsame Planung von deren Umsetzung und Analyse wichtiger Phasen in der Entwicklung einer sozialen Gruppe durchgeführt werden.

Ein prägnantes Beispiel für eine solch wichtige Entwicklungsphase sind die ersten Schulwochen, für die hier exemplarisch ein kokonstruktives Team-Teaching skizziert werden soll. Allgemein lässt sich der Schulanfang wie folgt charakterisieren (vgl. Käpnick 2014, S. 64 f.): Für die Kinder ist der Schulanfang ein bedeutendes Ereignis, das mit markanten Veränderungen verbunden ist. Einerseits freuen sich zumindest die meisten Schulanfänger über ihren neu gewonnenen sozialen Status „Schüler" und über die hiermit verbundene Möglichkeit, nun systematisch lesen, schreiben und rechnen zu lernen, womit sich ihnen eine grundsätzlich neue Qualität des Erkennens und Verstehens ihrer Umwelt sowie ihres generellen Tätigkeitsspektrums eröffnet. Andererseits verbringen sie nun regelmäßig einen Großteil ihrer täglichen Zeit in einer externen Institution und übernehmen hier Pflichten. Dies schließt auch ein, dass die Kinder etwas tun sollen, was sie unter Umständen prinzipiell oder situativ nicht mögen, und dass sie sich bewusst oder unbewusst hinsichtlich des Verhaltens und ihrer Leistungspotenziale untereinander vergleichen. Insgesamt überwiegen bei den Schulanfängern jedoch deutlich eine große Neugier und Freude auf das Lernen, wobei Lerninteressen meist noch undifferenziert sind. Die Interessen wechseln zudem schnell, weil die Kinder sich oft mit oberflächlich Erkanntem zufriedengeben. In den ersten Schulwochen entwickeln die Kinder unter dem Einfluss des Unterrichts zugleich spezielle Erkenntnisinteressen, was sich in der Beliebtheit einzelner Unterrichtsfächer und Lernthemen sowie in der Bereitschaft zur zusätzlichen Beschäftigung mit den „Lieblingsthemen" widerspiegelt. Das Fach Mathematik nimmt diesbezüglich bei den meisten Kindern im 1. und 2. Schuljahr den ersten Rang in der Beliebtheit ein.

Mit dem Schuleintritt verändern sich zugleich die sozialen Beziehungen der Kinder. Besondere Beziehungspersonen werden für die Kinder von diesem Zeitpunkt an ihre Lehrkräfte. Sie genießen im Allgemeinen in Bezug auf das Lernen die größte Autorität. Das zeigt sich unter anderem darin, dass die Kinder ein sehr ausgeprägtes Bedürfnis nach Kontakt zu ihnen haben. Diese Entwicklung geht häufig einher mit dem Entstehen des Wunsches, selbst ein „Erwachsenwerden" anzustreben und möglichst schnell „groß" zu werden. Die Kinder beginnen im Umgang mit Erwachsenen Identifikationsmuster zu erkennen, die sie für nachahmenswert halten, sie machen aber ebenso negative Erfahrungen, die zur allmählichen Versachlichung ihrer Einstellung gegenüber Erwachsenen beitragen. Dagegen sind die sozialen Beziehungen zu Gleichaltrigen am Schulanfang und im

Verlauf des 1. Schuljahres noch relativ labil und wechselhaft, sodass Kindergruppen dieses Alters kaum stabile und prägnante Binnenstrukturen zeigen.

Zu beachten sind zudem gravierende Veränderungen in der körperlichen Entwicklung der Kinder. Innerhalb weniger Monate überwinden sie den ersten Gestaltwandel ihrer Kleinkindform, sie verlieren ihre Milchzähne und müssen sich häufig mit Zahnspangen anfreunden. Im Zusammenhang mit der körperlichen Entwicklung sind in den letzten Jahren außerdem besondere Probleme vieler Schulanfänger relevant geworden: ein zunehmender Bewegungsmangel und ein immer größerer Anteil übergewichtiger Kinder. Diese Probleme wirken sich oft negativ auf die Anstrengungs- und Konzentrationsfähigkeit der Kinder bei jeglichen Lernaktivitäten aus. Sie verschärfen außerdem häufig Aufmerksamkeits-Hyperaktivitätsstörungen oder hyperkinetische Störungen. In Verbindung mit den ebenso vermehrt zu beobachtenden Defiziten vieler Kinder in Bezug auf sinnliche Erfahrungen beeinträchtigt ein Bewegungsmangel darüber hinaus die Entwicklung von visuellen und akustischen Wahrnehmungskompetenzen sowie des räumlichen Vorstellungsvermögens, also von wesentlichen Grundlagen für das Lernen von Mathematik. Die Folge sind nicht selten auch Beeinträchtigungen in der visuellen und akustischen Gedächtnisleistung, Störungen in der Intermodalität und im taktil-kinästhetischen Bereich (vgl. z. B. Käpnick 2014, S. 197–207).

Während einerseits vermehrt „gestörte, geschwächte, auffällige, unangepaßte, aggressive, antriebsschwache, ängstliche, vereinsamte und/oder trennungsgeschädigte Kinder" (Krummheuer 1994, S. 8) in die Schule kommen, gibt es andererseits Schulanfänger mit bereits erstaunlichen Rechenfertigkeiten, mit einem bewundernswerten Wissensdrang, einer schier endlosen Ausdauer und einem enormen Spaß am Lernen.

Um diese hochkomplexe und gleichzeitig enorm wichtige Phase des Schulanfanges erfolgreich gestalten zu können, sollten im Sinne kokonstruktiven Team-Teachings der Mathematik- und der Förderlehrer sowie der Lerncoach entsprechend ihren jeweiligen Spezialkompetenzen konkrete Gestaltungsideen entwickeln, über die sie sich dann gemeinsam austauschen und anschließend ein gemeinsames Konzept für die Gestaltung der ersten Schulwochen planen, dieses dann umsetzen und später die Umsetzung im Team analysieren.

In der Planungsphase könnte zum Beispiel der Mathematiklehrer konkrete Unterrichtsvorschläge für das Erfassen und Analysieren des Lernausgangsniveaus jedes Kindes im Vorwärts- und Rückwärtszählen, im wechselseitigen Zuordnen von Mengen und (Kardinal-)Zahlen, im Vergleichen und Ordnen von Zahlen, im elementaren Rechnen, im Umgang mit Geldwerten, im Erkennen und Benennen geometrischer Grundformen, weiterhin im Diagnostizieren von visuellen und auditiven Wahrnehmungskompetenzen, des räumlichen Orientierungs- und Vorstellungsvermögens sowie von basalen kognitiven Fähigkeiten, wie Gedächtnisleistungen, Fähigkeiten im Klassifizieren, im Strukturieren oder im Ordnen entwickeln. Zudem sollte er den Fokus auf das Erkennen besonderer mathematischer Begabungen legen.

Der Förderlehrer könnte entsprechend seinem Kompetenzprofil und in Abstimmung mit den Lehrkräften, die in den anderen Fächern unterrichten, konkrete Vorschläge für das Erfassen eventuellen sonderpädagogischen Förderbedarfs für einzelne Kinder planen. Wenn ein Kind eine besondere Beeinträchtigung hat, könnte es auch erforderlich sein, dass der Förderlehrer Kontakte zu Spezialisten wie zum Beispiel zu einem Arzt oder einem Psychologen herstellt.

Der Lerncoach sollte ergänzend aus seiner Perspektive unterrichtliche Organisationsformen vorschlagen, die ein schnelles Kennenlernen der Kinder untereinander und konkret das Entwickeln von Verhaltensregeln in der Lerngruppe fördern. Zudem kann er Hinweise für günstige Sitzanordnungen der Kinder, für spezielle Patenschaften unter den Schülern u. Ä. liefern.

Gemäß der Grundidee von Kokonstruktion sollten die Lehrkräfte dann gemeinsam ihr abgestimmtes Konzept umsetzen, sich hierbei untereinander helfen und später rückblickend ebenso im Team über das Geschehene sachlich-konstruktiv reflektieren. Im Ergebnis könnten erste Entwürfe für individuelle Förderpläne einzelner Kinder entstehen.

Am Beispiel des Team-Teachings am Schulanfang ist gleichzeitig zu erkennen, dass in die Kooperation noch weitere Partner einzubeziehen sind. Unverzichtbar ist unbestritten eine kontinuierliche Zusammenarbeit mit den Eltern, zu denen möglichst schnell Vertrauen aufgebaut werden sollte. In Bezug auf die Schulanfangsphase können weiterhin die Erzieher aus den Kindertagesstätten wichtige Informationen zur bisherigen kognitiven, körperlichen und sozialen Entwicklung der Kinder sowie zu speziellen Interessen, Begabungen, ebenso zu Verhaltensauffälligkeiten oder zu speziellen Förderbedarfen geben.

Im weiteren Verlauf der Grundschulzeit sollten je nach Lernbedürfnissen der Kinder wie auch nach den regionalen Möglichkeiten Psychologen, Logopäden, Begabungsförderer sowie Leiter spezieller Förderinstitutionen (z. B. „Dyskalkulie-Institute", psychiatrische Einrichtungen, außerschulische Projekte zur Förderung kleiner Matheasse) als Kooperationspartner genutzt werden. Im letzten Halbjahr der Grundschulzeit bieten sich natürlich ausführliche Informationsaustausche mit Lehrkräften aus weiterführenden Schulen an.

FRAGEN ZUM VERTIEFENDEN NACHDENKEN

▶ Reflektieren Sie, inwiefern Sie durch Team-Teaching Autonomieverluste spüren und erleben.

▶ Warum wäre eine hierarchische Zusammenarbeit zwischen einem Mathematik- und einem Förderlehrer (bzw. Sonderschullehrer) und einem Lerncoach problematisch?

▶ Welche speziellen Kompetenzen für ein gelingendes Team-Teaching sollten Ihres Erachtens bereits Lehramtsstudierende bzw. Referendare erwerben? Welche diesbezüglichen Wünsche und Erwartungen haben Sie an die Lehrerfort- und -weiterbildung?

4.3 Das Unverzichtbare: Eine angemessene Raum- und Lernmittelausstattung

Friedhelm Käpnick

Die enorm unterschiedlichen Lernbedürfnisse von Kindern im Kontext Inklusiver Bildung erfordern notwendigerweise eine im Vergleich zum herkömmlichen Mathematikunterricht bedeutend umfangreichere und mannigfaltigere Raum- und Lernmittelausstattung.

Hinsichtlich des Raumbedarfs sind für einen inklusiven Mathematikunterricht zwei Räume sinnvoll:

▸ ein großer Gemeinschaftraum (der von der Größe ein üblicher „Klassenraum" sein sollte), in dem das überwiegende gemeinsame Lernen aller Kinder einer Sozialgruppe organisiert und durchgeführt wird,
▸ ein Neben- bzw. „Rückzugsraum", der für unterschiedliche Zwecke genutzt werden kann, und zwar für:
  – Kleingruppen- und Projektarbeiten,
  – individuelle Beratungsgespräche mit einzelnen Kindern, zum Beispiel zu besonderen Lernbedürfnissen von Kindern, zu speziellen Zielvereinbarungen oder gemeinsamen Auswertungen von Lernergebnissen,
  – ein differenzierendes Üben von Kindern, die – wie viele Kinder mit Autismus-Spektrum-Störungen – sehr lärmempfindlich sind (was im Übrigen auch nicht selten auf mathematisch begabte Kinder zutrifft) oder die eine besonders intensive Hilfe benötigen,
  – verhaltensauffällige Kinder (wie Paul, vgl. Kap. 2.9), deren Frust, Aggressionen, Depressionen usw. zum Beispiel von einem Lerncoach in vertraulicher Atmosphäre „entschärft" werden können.

Im Idealfall sollten beide Räume Nachbarräume sein, sodass ein Raumwechsel für alle schnell und unkompliziert vollzogen werden kann. Dies schließt natürlich barrierefreie Wege ein. Zwingend notwendig sind ebenso in ausreichendem Umfang behindertengerechte Stuhl- und Tischmöbel, verschiebbare Wandtafeln oder Whiteboards u. Ä. m. Natürlich müssen auch die Bedürfnisse von Kindern mit speziellen Beeinträchtigungen berücksichtigt werden. So ist zum Beispiel für hörgeschädigte Schüler eine gute Raumakustik mit reduziertem Nachhall zu gewährleisten, um einen Störschall zu minimieren. Dies kann durch Maßnahmen der Schalldämmung erreicht werden wie etwa durch Teppichböden, Akustikdecken, Korkwände oder durch schwere Vorhänge. Speziell für hörgeschädigte, aber auch für alle anderen Schüler sind zudem ein ruhiges Arbeitsklima und eine konzentrierte Gesprächsatmosphäre wichtig. So sollten Störungen durch Stühlerutschen, Lüftungsrauschen usw. verhindert werden. Für Kinder mit Hörproblemen muss außerdem ein guter Sichtkontakt zur Lehrkraft und zu den Mitschülern bestehen, um gesprochene Informationen zu verstehen, gegebenenfalls durch ein Ablesen von den Lippen. Demgemäß sind nicht nur aus der Perspektive sozialen Lernens, sondern auch aufgrund der besonderen Lernbedürfnisse verschiedener Kinder U-förmige Tischanordnungen oder Stuhlkreise vorteilhaft.

Sofern vorhanden, könnten außerdem weitere Gruppenräume einer Schule, die generell Lerngruppen für Beratungsgespräche oder Projektarbeiten zur Verfügung stehen, im Rahmen eines inklusiven Mathematikunterrichts genutzt werden. Dies trifft etwa auf spezielle Organisationsformen wie zum Beispiel Stationenlernen oder binnendifferenzierendes Üben in mehr als 3 oder 4 Teilgruppen zu (vgl. Kap. 6.3 und 6.6).

Zur Grundausstattung des Gemeinschafts- und des Nebenraumes sollte (mindestens) ein Computer mit Internetanschluss gehören. Die Computernutzung könnte Internetrecherchen für Projektarbeiten, für differenzierte Übungen mithilfe von Lernsoftware, für Computerspiele, statistische Berechnungen und für Darstellungen (Tabellen, Diagramme, Schaubilder), das Ansehen von Demonstrationsfilmen (z. B. zu Zahldarstellungen, zu Körperdarstellungen aus verschiedenen Perspektiven) umfassen. Hierbei ist prinzipiell zu beachten, dass die Nutzung eines Computers einerseits auf die meisten Kinder motivationsfördernd wirkt, dass aber andererseits ihre Vorkenntnisse sehr unterschiedlich sind und dass für den Einsatz eines Computers wie für jedes andere Medium generell gilt: Sie sind als besondere „Werkzeuge" in erster Linie didaktische Lernmittel, die das Lernen und Lehren unterstützen sollen. Es kommt somit auf den sinnvollen Gebrauch eines Computers an, was wiederum maßgeblich durch die Lernbedürfnisse eines Kindes und die jeweilige Lernsituation bestimmt wird.

Außerdem sollten sehr kritische Einschätzungen von Hirnforschern zur Computernutzung von Kindern durchaus ernst genommen werden. Der bekannte Hirnforscher Spitzer stellt zum Beispiel mit Bezug auf aktuelle amerikanische Studien sehr bedenkliche Einflüsse einer zu häufigen Nutzung digitaler Medien auf die Persönlichkeit und das Verhalten junger Menschen heraus. So verweist er auf Sprach- und Aufmerksamkeitsstörungen, wodurch sich natürlich die gesamte Lerntätigkeit verschlechtert:

> Wenn sich das Gehirn bei Heranwachsenden in Auseinandersetzung mit der wirklichen Welt gebildet hat, kann es auch mit digitalen Medien umgehen. Aber bei der Gehirnbildung stören digitale Medien massiv. Sie behindern das Lernen und führen entsprechend zu Entwicklungsstörungen von Sprache, Lesen, Schreiben, Aufmerksamkeit und Durchhaltevermögen.
>
> (Spitzer 2013, S. 14)

Außerdem wird seines Erachtens die Entwicklung des Sozialverhaltens bei Kindern massiv gestört (vgl. ebd. S. 15). Es empfiehlt sich deshalb, die oben angesprochenen Lernaktivitäten am Computer stets mit verschiedenartigen manuellen Tätigkeiten im Sinne eines „Lernens mit allen Sinnen" sinnvoll zu verknüpfen.

Bezüglich der Nutzung von herkömmlichen Lernmitteln wie Legeplättchen, Rechenrahmen oder Körpermodellen ist im Kontext eines inklusiven Mathematikunterrichts zu beachten, dass die Materialien sowohl den individuellen Lernbedürfnissen einzelner Kinder entsprechen als auch das gemeinsame Lernen aller Kinder fördern sollten. Zum Letzteren können insbesondere Lernspiele und Projektarbeiten wirkungsvoll beitragen, weil hierbei die unterschiedlichen Lernvoraussetzungen der Schüler im Sinne der Kokonstruktion eine wechselseitige Bereicherung der Lerntätigkeit aller Kinder ermöglichen. Demgemäß sollten Materialien für Lernspiele und Projektarbeiten neben einschlägig bekannten Lernmitteln für die Hauptinhaltsbereiche des Mathematikunterrichts und Materialien für differenzierendes Üben in der Lernmittelsammlung einen wesentlichen Platz einnehmen. Tab. 2 gibt einen groben Überblick über die gute Gestaltung einer Materialecke.

Spiele	Konzentrationsspiele, Bewegungsspiele, Gedächtnisspiele, Rechenspiele, Legespiele (z. B. Tangram), Würfelspiele, Strategiespiele, Schätzspiele, Begriffs- und Rechenrätsel
Sachbücher für Projektarbeiten	Nachschlagewerke, Rekordebücher, Bücher zur Geschichte von Zahlen, Formen, Statistikbücher zur Regionalgeschichte, Sachbücher zu interessanten Zahlen aus der Tier- und Pflanzenwelt und der Technik
Anschauungsmittel für arithmetische Themen	Legeplättchen, Zwanziger- und Hunderterrahmen, Zehner- und Zwanzigerfelder, Zahlbilder, Rechenketten, Steckwürfel, Rechengeld, Hunderterfelder und -tafeln, Stellenwerttafeln, Zahlenstrahle, Mehr-System-Blöcke, Schaubilder, Taschenrechner
Lernmittel für geometrische Themen	Legeformplättchen, Körpermodelle, Holz- oder Plastikwürfel, Soma-Würfel, Zeichengeräte, Buntstifte, Bastelmaterialien, Scheren, Bindfäden, Knetmasse, Mandalas
Lernmittel für Größenbereiche	Rechengeld, Zollstöcke, Bandmaße, Knotenbänder, Uhrenmodelle, diverse Kalender, Stoppuhr, Balkenwaagen mit Gewichten, verschiedene Messzylinder, Einheitsquadrate
Aufgabenbox für differenzierendes Üben	Aufgabenkarteien zum Sichern von Basiskompetenzen, von Mindeststandards, Fermi-Aufgaben-Box, Knobel- und Scherzaufgabenbox, knifflige Problemaufgaben für Matheasse

Tab. 2: Empfehlenswerte Rubriken für Lernmaterialien einer „Mathe-Materialecke"

Die Materialecke ist noch durch Lernmittel für Kinder mit besonderem Förderbedarf zu ergänzen. Hierzu gehören zum Beispiel eine Braillezeile und andere Tastmaterialien für blinde Kinder (wie Lara, vgl. Kap. 2.8), ebenso spezielle Schreib- und Zeichengeräte für Linkshänder oder Frequenzmodulations-Anlagen (FM-Anlagen) für Schüler mit eingeschränkter Hörfähigkeit. Letztere erleichtern erheblich das Sprachverstehen bei Lärm und über Entfernungen von mehreren Metern Entfernung. Die Anschaffung solcher weit verbreiteten speziellen Hilfsgeräte übernehmen übrigens in den meisten Fällen die gesetzlichen Krankenkassen.

Anschauungsmittel vs. Veranschaulichungen
In der aktuellen deutschsprachigen Mathematikdidaktik wird häufig unterschieden zwischen Anschauungsmitteln, die die Perspektive der aktiven und individuell geprägten Nutzung eines Werkzeugs durch den Lerner betont und Veranschaulichungen, womit eine (neutrale) Beschreibung eines visuell wahrnehmbaren Lernmaterials gemeint ist.

Hinsichtlich der Nutzung von Anschauungsmitteln für das kindliche Lernen besteht seit Langem ein prinzipieller Konsens dahingehend, dass diese unerlässlich für das kindliche Erlernen arithmetischer Sachverhalte und Zusammenhänge sind – allein schon deshalb, weil Anschauung das „Fundament aller Erkenntnis" (Pestalozzi) ist und weil das Denken von Kindern stark an Anschauung gebunden ist. Anschauungsmittel sind aber, wie es ihr Name besagt und wie bereits oben allgemeiner hinsichtlich von Lernmitteln eingeschätzt wurde, (nur) Mittel des Lernens. Sie garantieren keinen Kompetenzerwerb. Im Kontext des heute weit verbreiteten Verständnisses vom Lernen als aktiv-konstruktivem Prozess ist außerdem zu beachten, dass sich der „Status von Anschauungsmitteln gewandelt [hat] von Werkzeugen des Lehrens zu Werkzeugen des Lernens" (Söbbeke/Steinbring 2007, S. 62). Das schließt ein, dass auch der Umgang mit Anschauungsmitteln von den Kindern stets erst erlernt werden muss. Dies kann unter Umständen ein sehr komplexer Prozess sein, bei dem kognitive Leistungen wie Analysieren, Strukturieren, Ordnen, Abstrahieren, Konkretisieren und logisches Schlussfolgern ebenso wie Wahrnehmungs- und Vorstellungskompetenzen eine wichtige Rolle spielen (vgl. Käpnick 2014, S. 153–155). Zugleich wird das Vertrautmachen mit einem Anschauungsmittel von subjektiven Erfahrungsbereichen, individuellen Denkstilen u. Ä. beeinflusst. Dementsprechend gibt es auch nicht das ideale Veranschaulichungsmittel. Alle einschlägig bekannten Mittel haben besondere Vorzüge und Nachteile. Eine gleichzeitige Verwendung vieler verschiedener Anschauungsmittel ist dennoch keine gute didaktische Lösung, und zwar vor allem aus drei Gründen (vgl. ebd.):

▶ Kinder müssen beim Nutzen eines Anschauungsmittels zunächst seine Struktur, seine Besonderheiten wie auch Nachteile, die zugrundeliegenden didaktischen Konventionen und den flexiblen Umgang damit erlernen. Die Nutzung mehrerer verschiedener Anschauungsmittel bedeutet demgemäß einen Mehraufwand an zusätzlichem Lernen.

▶ Anschauungsmittel können von Kindern trotz vorgegebener didaktischer Konventionen verschieden gedeutet werden (Söbbeke/Steinbring 2007). Mit der Nutzung mehrerer Veranschaulichungsmittel erhöht sich auch das Problem der Mehrdeutigkeiten.

▶ Die gleichzeitige Verwendung verschiedener Lernmittel ist vor allem für leistungsschwächere Kinder problematisch, weil die Handlungen für das Ausführen einer konkreten Rechenoperation zum Beispiel recht unterschiedlich und somit für Kinder verwirrend sein können. So unterscheiden sich die Handlungen beim Lösen der Aufgabe „13 + 30" mit unstrukturierten Materialien, am Zahlenstrahl oder an der Hundertertafel recht deutlich (Lorenz 2007, S. 61).

Damit Anschauungsmittel die „brückenbauende Funktion" für das Erzeugen individuell geprägter Vorstellungsbilder und Visualisierungen, dem Hauptmedium des Denkens und Erkenntniserwerbs von Grundschulkindern, erfüllen können, ist es wichtig, die besonderen Nutzungsmöglichkeiten, die Vorzüge wie auch spezifischen Probleme zu kennen. Für die Bewertung von Anschauungsmitteln erscheinen folgende Kriterien als maßgeblich:

▶ die Verständlichkeit bzw. leichte Erlernbarkeit des Anschauungsmittels,
▶ die Ermöglichung und Unterstützung des Konstruktionsprozesses tragfähiger Konzepte (einschließlich von Visualisierungen) für den Zahlbegriff, für Zahl- und Rechenbeziehungen,
▶ die Vielfalt von Nutzungsmöglichkeiten für arithmetische bzw. allgemeiner für mathematische Lernthemen,
▶ die Ermöglichung simultaner Zahlauffassungen,
▶ die Ermöglichung und Förderung des Erkennens und Nutzens struktureller Zusammenhänge,
▶ die Förderung eines flexiblen und kreativen Umgangs mit Zahlen und Rechenbeziehungen (vgl. Käpnick 2014, S. 157).

Literaturhinweis Anschauungsmittel
Eine zusammenfassende Darstellung von Nutzungsmöglichkeiten, von Vorteilen und Nachteilen der einschlägig bekannten Anschauungsmittel findet man in: Käpnick (2014, S. 158–172).

Ein weiterer wichtiger Aspekt der Nutzung von Lernmitteln bezieht sich auf die Befähigung jedes Kindes, sein Lernen eigenverantwortlich und selbstgesteuert zu organisieren. Das heißt, dass die Kinder von Anfang angehalten werden sollten zu reflektieren, ob und wie gut ein gewähltes Lernmittel ihren jeweiligen individuellen Lernbedürfnissen und Denkstilen entspricht. Die Lehrkräfte können hierbei den Kindern beratend zur Seite stehen, aber lediglich im Sinne einer Hilfe zur Selbsthilfe. Gelingt dieser individuelle Lernprozess, sind nicht nur Kinder in der Lage, Lernmittel selbstständig und flexibel zu nutzen. Auch Lehrkräfte können diesbezüglich spürbar „entlastet" werden.

FRAGEN ZUM VERTIEFENDEN NACHDENKEN

▸ Welche Raumausstattung erachten Sie bezüglich eines inklusiven Mathematikunterrichts für notwendig und welche für wünschenswert?
▸ Für welche Lerntätigkeiten im Mathematikunterricht nutzen Sie einen oder mehrere Computer? Welche durchschnittliche Zeitdauer für die Computernutzung im Mathematikunterricht der Grundschule (in einer Woche, in einem Monat usw.) halten Sie für angemessen?
▸ Inwiefern erfüllen die Lernräume, die Sie derzeit für Ihren Mathematikunterricht nutzen, die in diesem Kapitel genannten Anforderungen für ein inklusives Lernen?

4.4 Die Wegweiser: Didaktisch-methodische Grundorientierungen

Marcel Veber, Daniel Bertels, Friedhelm Käpnick

An verschiedenen Stellen des Buches ist bereits angesprochen worden, dass herkömmliche didaktisch-methodische Konzepte und Organisationsformen des Mathematikunterrichts wenig geeignet sind, um derartig verschieden verschiedene Kinder, wie sie beispielhaft in Kapitel 2 dieses Buches beschrieben werden, auf angemessene Weise individuell zu fördern. Erforderlich ist dagegen eine

> inklusive Didaktik, deren zentrales Merkmal die Offenheit für innere Differenzierung in der heterogenen Lerngruppe ist, verbunden mit der Pflege von Gemeinsamkeit. Inklusive Didaktik umfasst Instruktion durch die Lehrperson und durch didaktisch strukturierte Lernmaterialien sowie selbsttätig entdeckendes Lernhandeln der Kinder. Zu der für die Didaktik der heterogenen Lerngruppe zentralen Arbeitsform der Freiarbeit [...] kommen u. a. differenzierender Fachunterricht und Lernen in Projekten hinzu. (Prengel 2015, S. 4)

Ausgehend von allgemeinen Grundpositionen zur Inklusiven Bildung, in denen vieles aus den vorigen Kapiteln aufgegriffen wird, werden im Folgenden didaktisch-methodische Grundorientierungen für einen inklusiven Mathematikunterricht erläutert. Diese sieben „Wegweiser" sind jedoch nicht isoliert zu sehen, sie stehen vielmehr in einem engen wechselseitigen Zusammenhang.

Zur ganzheitlichen Einordnung: Von der Heterogenität zur Diversität[12]
In der internationalen Bildungsdebatte wird das Konzept „Heterogenität im Kontext der Inklusiven Bildung" durch das der Diversität erweitert (Lütje-Klose/Löser 2013). Im Vergleich mit dem qualitativen Sprung von der Integration zur In-

---

12 Der folgende Abschnitt baut größtenteils auf einem bereits erschienenen Publikation von M. Veber (mit Coautoren) auf. Einzelne Bausteine wurden aus diesem Text (verändert) für diesen Abschnitt entnommen.

klusion wird die Anerkennung und Nutzung von schulischer Vielfalt angestrebt. Dabei wird weitestgehend auf eine Etikettierung der Lernenden (zum Beispiel als hochbegabt oder behindert) verzichtet, um sich von einer defizitorientierten Förderpädagogik zu lösen (Boban/Kruschel/Wetzel 2013). Sliwka (2014a) fasst diese Debatte mit Bezug auf die kanadische Entwicklung zu einem inklusiven Bildungssystem zusammen und zeigt verschiedene Paradigmata auf.

> Im Paradigma der Diversität wird die Unterschiedlichkeit der Schülerinnen und Schüler nicht mehr als Problem, sondern vielmehr als normale Realität und sogar als „Bildungsgewinn" wahrgenommen. Die Diversität der Individuen hinsichtlich ihrer herkunftsbedingten Sozialisation, ihren ethnischen und religiösen Wurzeln, ihrer Begabungsprofile und Interessen innerhalb einer Schule kann dann zu einer Lernressource werden, wenn dazu im Unterricht und in der Organisation einer Schule die notwendigen Voraussetzungen geschaffen werden.
>
> (Sliwka 2012, S. 170f.)

Dieser umfassende, jedoch zunächst recht unkonkrete diversitätsbezogene Anspruch an schulisches Lernen wird auf der Planungsebene noch durch 3 teilweise divergierende Zieldimensionen bei der Umgestaltung des Bildungssystems sowohl erweitert als auch geschärft (Sliwka 2014b, S. 335f.): Um möglichst vielen Individuen die Entfaltung ihres jeweiligen Bildungspotenzials zu ermöglichen, sollte *Chancengerechtigkeit* als erste Zieldimension verfolgt werden. Anknüpfend an die verschiedenen Lernpotenziale sollten als zweite Dimension anspruchsvolle Leistungen durch individuelle Förderung aller Kinder und Jugendlichen ermöglicht werden. Das dritte Ziel ist eine entscheidende Voraussetzung für nachhaltig erfolgreiche Lernprozesse: das Wohlbefinden in der Schule. Mit diesem soll es allen Schülern ermöglicht werden, eine tragende, intrinsische Lern- und Leistungsmotivation zu entwickeln bzw. aufrechtzuerhalten. Die Umgestaltung des Bildungssystems von einer Orientierung an Homogenität über das Paradigma der Heterogenität zur Diversität kann unter Berücksichtigung der verschiedenen Zieldimensionen als Prozess verstanden werden, den das Schaubild in Abb. 20 verdeutlicht.

Im Paradigma der Homogenität wird, wie Wocken provokant ausführt, stringent, „orthodox" am Glauben der Gleichheit festgehalten, was Wocken Anzu der Wortschöpfung der „Homodoxie" veranlasste (Wocken 2011, 245–248): „Im Zentrum der homodoxen Pädagogik steht die Gleichheitsbedingung, der Glaube an Homogenität. Die Schüler einer Lerngruppe sollten in ihren Lernvoraussetzungen, -möglichkeiten und -bedürfnissen möglichst gleich sein." (ebd., S. 246)

Das Paradigma der Heterogenität kann als ein Zwischenschritt angesehen werden, in dem zwar von dem Festhalten am Glauben an Gleichheit Abstand genommen wird, aber die nun akzeptierte Vielfalt als Problem bzw. Herausforderung und (noch) nicht als Chance verstanden wird. Die inter- wie auch intrapersonelle Vielfalt als Chance für die Gestaltung von individuellen wie auch gruppenbezogenen Entwicklungsprozessen zu interpretieren, ist das zentrale

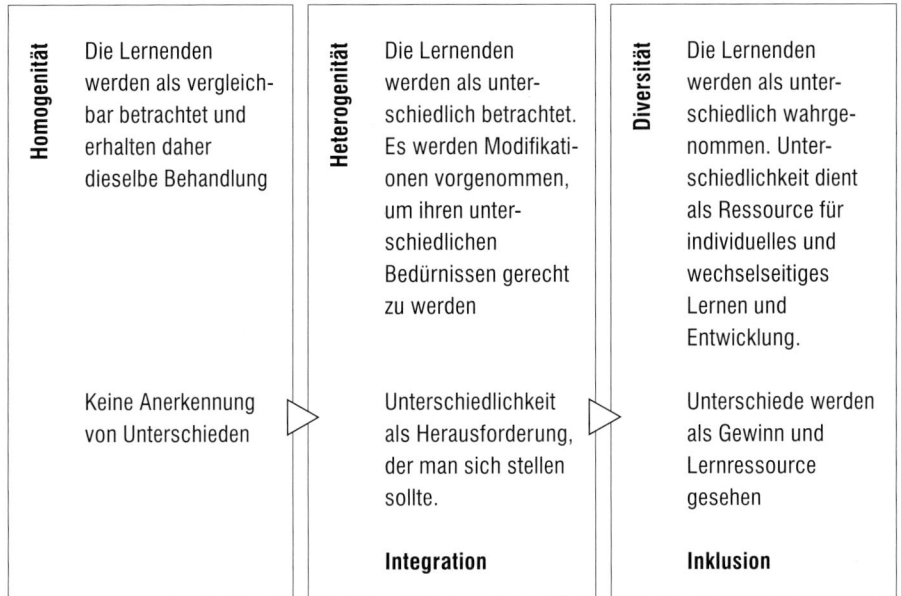

Abb. 20: Von der Homogenität zur Diversität (nach Sliwka 2010)

Moment der Diversität. Zusammenfassend könnte plakativ formuliert werden, dass die Vielfalt in Personen wie auch in Gruppen eine Bereicherung für jedes Individuum wie auch für die Gruppe darstellt.

Sieben Thesen zum „guten inklusiven Unterricht"
Wenn man aus schulpraktischer Ebene das oben aufgeführte Schema von Sliwka betrachtet, mag es (zunächst) relativ abstrakt erscheinen und Fragen nach der konkreten Operationalisierung hervorrufen, was verständlich erscheint. Was sind nun aber Kriterien, die eine diversitätsorientierte Gestaltung inklusiver Settings auszeichnet? Durch den UN-Sozialpakt wurde ein vier Kriterien umfassendes Schema entwickelt, dass einen (groben) Rahmen bieten kann. Das 4A-Schema zeichnet sich durch die folgenden Kriterien aus (Heimbach-Steins 2013, S. 46–49):

▸ *Availability* (Verfügbarkeit): Hier wird die Verfügbarkeit von einer ganzheitlichen Bildungsinfrastruktur auf mikro- wie auch makrosozialer Ebene beleuchtet.
▸ *Accessibility* (Zugänglichkeit): Die Barrierefreiheit (physisch, finanziell wie auch sozial) steht hier im Fokus, um die Chancen einer umfassenden Bildungsbeteiligung für alle zu ermöglichen.
▸ *Acceptibility* (Annehmbarkeit): Die Qualitätsentwicklung und -sicherung sind die entscheidenden Momente dieses Kriteriums.

▸ *Adaptability* (Anpassung): Der Grad der Öffnung zur Aneignung von Bildungsangeboten und -inhalten in einem umfassenden ökosystemischen Verständnis ist die Basis für dieses ergänzende Kriterium.

Dieser Kriterienkatalog kommt in unterschiedlichsten Settings (in operationalisierter Form) zum Einsatz. Er wurde zum Beispiel verwendet, um zu überprüfen, wie „inklusiv" die Schulgesetze in Deutschland sind (Mißling/Ückert 2014). Für die schulische Ebene wurden, auch teilweise mit Bezug auf dieses Schema, Kriterienkataloge entwickelt, um die inklusive Umgestaltung des jeweiligen Systems zu durchleuchten (u. a. Werning 2014; Wocken 2014, S. 153–192). Das am weitest verbreitete Instrument ist der Index für Inklusion, der auf inklusive Kulturen, Strukturen und Praktiken den Blick richtet (Boban/Hinz 2012a, 2013)

Die Notwendigkeit, sich mit solchen Kriterien auseinanderzusetzen, entspringt dem umfassenden Anspruch und den damit verbundenen Anforderungen inklusiven Unterrichts, wie sie Wocken pointiert zusammenfasst:

> Es geht um die doppelte Zielsetzung, sowohl die Entwicklung der individuellen Potentiale zu ermöglichen und anzuregen als auch die Gemeinsamkeit und Zugehörigkeit aller zu pflegen. Die widersprüchlichen Pole Verschiedenheit und Gleichheit müssen durch eine dialektische Balance von Individualisierung und Gemeinsamkeit ausgeglichen und versöhnt werden.
>
> (Wocken 2014, S. 55f.)

Inklusiver Unterricht ist demnach nicht, um es klar und deutlich zu betonen, durch eine restriktiv-dogmatische Ablehnung von Formen der äußeren Differenzierung gekennzeichnet. Vielmehr sind Lehrkräfte gefordert, neben gemeinsamen Lernsituationen (Wocken 1998) auch beispielsweise Drehtürmodelle zur individuellen Förderung (u. a. Jainski 2013) zu ermöglichen.

> Zentrale Prinzipien sind dabei:
> * die Individualisierung der Lernangebote für alle Kinder;
> * die Unterstützung der Lerngruppe beim Aufbau einer solidarischen Kultur;
> * die kollegiale Kooperation zwischen Regelschullehrkräften und Sonderpädagogen, die ihre je eigenen professionellen Perspektiven in den Unterricht einbringen;
> * die Berücksichtigung der außerschulischen Lebenswelt und
> * die Orientierung an den Fähigkeiten statt an den Defiziten der Kinder.   (Lütje-Klose 2011, S. 15)

Hierauf basierend und unter Berücksichtigung ihrer Beobachtungen des kanadischen Schulsystems hat Sliwka (2012) eine Orientierung für „guten" inklusiven Unterricht mittels sieben Grundthesen entwickelt. Diese Thesen werden nachfolgend skizziert und auf der schulpädagogischen sowie der mathematikdidaktischen Ebene konkretisiert. Vorab sei noch angemerkt, dass alle Thesen vor dem Hintergrund des durch die UN geforderten universellen Designs (Park 2012) zu sehen sind. Demgemäß wird gefordert, dass alle Adaptionen zur inklusiven Umgestaltung des Gemeinwesens nicht auf Spezialdesigns beruhen sollten, vielmehr ist ein gemeinsames diversitätsorientiertes Design gefragt. So sind die sieben nachfolgend zitierten Thesen Sliwkas (2012, S. 172–175; im Folgenden ohne nochmalige Quellenangabe zitiert) auch nicht auf einzelne Diversitätsfacetten beschränkt, sondern beziehen alle Kinder und Jugendliche mit ein.

1. These: „Gute Schulen gehen sensibel mit menschlicher Individualität um und nehmen Vorerfahrungen und Vorwissen von Lernenden ernst"

Erläuterung der These: Ein stark differenziertes und gegliedertes Schulsystem wie das deutsche verleitet schnell zur Annahme, intra- und interpersonale Vielfalt lasse sich in Kategorien, Muster oder Schubladen einteilen. Über Jahrzehnte versuchte das gegliederte deutsche Bildungssystem über die Einrichtung verschiedener Kategorien größtmögliche Homogenität und damit ein vermeintliches Lernen im „Gleichklang" und „Gleichschritt" zu erzeugen, was sich aber als nicht erreichbar erwies und ohnehin dem Grundgedanken des kindorientierten Lernens und Reifens widerspricht. Vor dem Hintergrund eines systemisch-konstruktivistischen Blickwinkels (Reich 2012) kann zudem festgehalten werden, dass es sich bei diesen Kategorisierungen lediglich um Versuche der Komplexitätsreduktion handelt, die je nach Beobachter auch anders gesetzt werden könnten. „Menschen sind in ihren kognitiven, emotionalen und motivationalen Lernvoraussetzungen hochindividuelle Wesen." (Sliwka 2012, S. 172) Diese Individualität sollte zunehmend als Ressource für Lernen erkannt und genutzt werden.

> Individuelle Vorerfahrungen und Vorwissen prägen in hohem Maße kognitive und emotionale Strukturen, auf die schulisches Wissen aufbaut sowie persönliche Interessen, auf deren Grundlage sich intrinsische Lernmotivation entwickelt.
> (Sliwka 2014b, S. 344)

Schulpädagogische Konkretisierung: Die Komplexität im Lern- und Bildungsprozess sollte als grundlegende „natürliche" Voraussetzung für jegliches Lernen anerkannt werden, und der Fokus ist darauf zu richten, wie damit sinnvoll umgegangen werden kann. Schüler müssen als „Individuen mit multiplen und komplexen Identitäten" akzeptiert und „Diversität der Interessen und Begabungen als Ressource für wechselseitige Lern- und Bildungsprozesse" (Sliwka 2012, S. 172) aufgefasst werden. Ein Schüler kann (wie das Beispiel von Sven zeigt, vgl. Kap. 2.2) ein Matheass sein, aber dagegen unterdurchschnittliche Leistungen in sprachlichen Bereichen aufweisen. Oder ein Schüler zeigt umgekehrt hohe allgemeinsprachliche Kompetenzen, hat aber Probleme, abstrakte mathematische Systeme oder naturwissenschaftliche Zusammenhänge zu erfassen. Ein Schüler mit sonderpädagogischem Unterstützungsbedarf im Bereich Lernen kann wiederum ein großes Potenzial in künstlerisch-handwerklichen Aufgabenstellungen besitzen. „Natürliche Differenzierung" (vgl. Kap. 6.1) erscheint unter dieser Perspektive nicht als Möglichkeit, sondern als unumgängliche Notwendigkeit eines konstruktiven Umgangs mit der Verschiedenartigkeit von Kindern.

Inklusiver Unterricht bietet die Chance und letztlich auch die Verpflichtung, intra- und interpersonale Diversität offen und vorurteilsbewusst (zum Beispiel mittels gewaltfreier Kommunikation; Boban/Hinz 2008) und damit erfahrbar, nutzbar zu machen – für das jeweilige Individuum sowie für die Gemeinschaft. Inklusiver Unterricht sollte somit im Sinne einer individuellen Diagnostik die intra- und interpersonale Wirklichkeit, die Vorerfahrungen und das Vorwissen in Bezug zum Unterrichtsgegenstand erfragen (Simon 2014; vgl. auch Kap. 5).

Umsetzung im Mathematikunterricht: Zahlreiche Praxisbeispiele zeigen Wege für die konkrete Umsetzung dieser These im Mathematikunterricht auf: Brainstorming, Lerntagebücher, Lernlandkarten, Mind-Mapping und viele weitere alternative Diagnoseverfahren ermöglichen es einer Lehrperson, Vorerfahrungen und Vorwissen der Schüler zu erheben und die Analyseergebnisse dann gewinnbringend in den gemeinsamen Unterrichtsprozess einzubeziehen. Beispielsweise wird dies an der Wartburgschule in Münster unter anderem mittels Lernlandkarten im Mathematikunterricht realisiert (Gravelaar 2012, S. 111 f.).

Brainstorming

Brainstorming ist eine Methode, bei der Kinder eine Vielzahl von Begriffen zu einem vorgegebenen Schlagwort unsortiert zusammentragen, die sie anschließend an einer Tafel oder Pinnwand gemeinsam sortieren. Diese Lernstrategie bietet sich als ganzheitlicher Einstieg in ein neues Lernthema an (vgl. Käpnick 2014, S. 101).

Abb. 21: Anregung zu einem Brainstorming zum Größenbereich „Gewichte bzw. Maße" im 3. Schuljahr (Fuchs u. a. 2004, S. 50)

Aufbauend auf diesen Erkenntnissen zum individuellen Lernstand der Schüler ermöglichen Lernumgebungen, die ein differenzierendes Lernen vom Kind aus ermöglichen, wie offene Aufgabenfelder (vgl. Kap. 6.1), ein direktes Anknüpfen an die Vorerfahrungen der Kinder und zugleich ein individuell geprägtes „Mathematiktreiben", was dadurch gekennzeichnet ist, dass jedes Kind selbst über Lösungswege und Lösungsdarstellungen, ebenso über die Nutzung von Lernmitteln und die Sozialform (Einzel-, Partner- oder Gruppenarbeit) entscheidet.

2. These: „Gute Schulen aktivieren die Lernenden und entwickeln in ihnen ein Verständnis des eigenen Lernprozesses"

Erläuterung der These: Lernen ist ein aktiver, mit Anstrengung und Herausforderung verbundener Prozess, der durch eine intrinsische Motivation des Lernenden geprägt sein sollte. Zugleich gilt, dass nachhaltiges Lernen nur dann geschieht, wenn eine Anschlussfähigkeit an den eigenen Lern- und Entwicklungsstand gewährleistet wird, wenn Informationen von „außen" zu bereits aufgebauten inneren Strukturen im Gehirn „passen", an diese Strukturen anschließen und mit diesen verknüpft werden können:

> Motivation entsteht da, wenn Lernende vor für ihren Lern- und Entwicklungsstand angemessene Herausforderungen gestellt werden und dabei positive Emotionen entwickeln.
>
> (Sliwka 2012, S. 172)

Eine aktivierende Lernumgebung sollte demgemäß an den jeweiligen Lern- und Entwicklungsständen der Schüler ansetzen, die individuellen Lernstile, Stärken und Ressourcen der Kinder beachten und somit eine Grundbedingung für den Lernprozess erfüllen: intrinsische Motivation, die nur dann entsteht, wenn ein Individuum sich als kompetent, selbstwirksam und erfolgreich erlebt (u. a. Behrensen/Sauerhering/Solzbacher 2014).

Schulpädagogische Konkretisierung: Um erfolgreich und nachhaltig lernen zu können, bedarf es kognitiver Aktivierung und auch der Berücksichtigung metakognitiver Prozesse. Dies wird beispielsweise in den methodisch-didaktischen Ansätzen von Renzulli umgesetzt (Renzulli 2004; Rogalla/Renzulli 2007). Der Begabungsforscher geht davon aus, dass Schüler ihr Lernen reflektieren und verstehen sollten: Was kann ich? Wo sind meine Stärken? Wo sind meine Interessen? Wo habe ich Schwierigkeiten? Was mache ich gern? Was gefällt mir nicht?

Die aktive Auseinandersetzung mit dem eigenen Lernen ermöglicht dem Schüler den Blick auf seinen aktuellen Lernstand, auf persönliche Stärken, Ressourcen und auch Fördernotwendigkeiten. Daraus ergeben sich dann konkrete Möglichkeiten für die aktive Einflussnahme auf das zukünftige Lernen.

Für die praktische Umsetzung dieser Grundorientierung bieten sich wiederum die Nutzung von Lerntagebüchern, Portfolios, (vgl. hierzu Kap. 5) und Differenzierungsmatrizen (vgl. Sasse/Schulzeck 2013), von (Lern-)Coachingansätzen (vgl. Furman 2008; Schinzilarz/Schläfli 2012) und von vielen weiteren Methoden der individuellen Lernbegleitung an. Wichtig ist hierbei, wie im Kapitel 4.1. herausgestellt, die Grundhaltung der begleitenden Lehrpersonen. Sie sollten im Sinne eines dialogischen Prozesses (Ruf/Winter 2012) den jeweiligen Lern-und Entwicklungsstand eines Schülers erfassen und analysieren und darauf aufbauend Lernangebote unterbreiten, die Erfolge und einen Kompetenzzuwachs ermöglichen (Kroner u. a. 2012b). Die Lernangebote sollten zudem durch das Vermitteln und Einüben von Lern- und Arbeitsstrategien ergänzt werden, wodurch eine vertiefende Auseinandersetzung mit den eigenen Lernwegen und Lernhürden ermöglicht wird. Dazu ist eine Adaption der Förderangebote an die Bedarfe der Schüler notwendig (Helmke 2013).

> Zentral bei den Bausteinen sind die Hinweise zur adaptiven Lernbegleitung. Die Schüler/innen werden von der Lehrkraft durch Modellverhalten oder konkrete Hinweise angeleitet, effiziente Strategien zu entwickeln und zu erproben. (Stöckli u. a. 2014, S. 52)

Umsetzung im Mathematikunterricht: Eine konsequente Umsetzung dieser didaktischen Grundorientierung bietet das Konzept des aktiv-entdeckenden (und konstruktiven) Lernens von Mathematik (vgl. z. B. Käpnick 2014, S. 36–39; Wittmann/Müller 1995). Eine Kernidee dieses Konzeptes besteht darin, dass sich die Schüler aktiv und selbstinitiativ mit mathematischen Lernthemen auseinandersetzen. Die Voraussetzungen hierfür können Lehrkräfte schaffen, indem sie mathematisch substanzielle Aufgaben stellen, die Schüler ermöglichen und zugleich herausfordern, eigene Ideen zu mehr oder weniger komplexen rechnerischen, geometrischen, stochastischen oder sachrechnerischen Zusammenhängen zu entwickeln. Lehrpersonen beschränken sich auf das Begleiten und Beobachten der Lernprozesse und vermitteln zwischen den Lernthemen und den Kindern.

Außerdem ermöglichen Formen operativen Übens ein selbstbestimmtes Erkennen und flexibles Ausprobieren verschiedenartiger rechnerischer, geometrischer u. a. Zusammenhänge. Typische Aufgabenformate operativen Übens arithmetischer Themen sind „operative Päckchen", Zahlenmauern, Strukturtafeln, Zauberquadrate oder Rechenketten, denen bestimmte Rechenstrategien zugrunde liegen. Diese Beziehungen zu erkennen und geschickt zu nutzen, sind wichtige inhaltsbezogene Ziele operativen Übens. Zugleich können prozessbezogene Kompetenzen, wie Fähigkeiten im Erkennen und Nutzen von Strukturen, im Problemlösen und im Argumentieren, wirkungsvoll gefördert werden – unter der Voraussetzung, dass allen Kindern prinzipiell Freiräume für das Nutzen ihrer Vorkenntnisse, für das Ausprobieren eigener Wege und für das Entwickeln individueller Denk- und Arbeitsstile gegeben sind.

3. These: „Gute Schulen erkennen und berücksichtigen Motivation und Emotion als treibende Kräfte von Lernprozessen"

Erläuterung der These: Jede Information, jede Wahrnehmung aus der Umwelt wird durch das limbische System im Gehirn schon emotional bewertet, bevor diese das Bewusstsein erreicht. Situationen und Informationen sind durch persönliche Erfahrungen und Lernen mit bestimmten Emotionen verknüpft, teils explizit, überwiegend aber auch implizit. „Durch die Hirnforschung wurde nachgewiesen, dass Lernen und die Ausbildung eines komplexen, lernfähigen Gehirns, von positiven Interaktionen mit Bezugspersonen und von positiven Gefühlen, wie Sicherheit, Geborgenheit und Vertrauen abhängen" (Sliwka 2012, S. 173). Lernen findet nur statt, wenn das Individuum sich angstfrei und sicher in der Lernumgebung „bewegen" kann, wenn es sich als Person angenommen und kompetent erlebt. Die Grundbedürfnisse jedes Menschen nach Anerkennung und Zugehörigkeit sollten beachtet werden.

Schulpädagogische Konkretisierung: Schule und Unterricht sollten daher Lernumgebungen schaffen, in denen sich alle Beteiligten als kompetent erleben können und gleichzeitig die (emotionale) Sicherheit vermittelt bekommen, als Person bedingungslos angenommen zu werden, wie dies beispielsweise im Anti-Bias-Ansatz angestrebt wird (Gramelt 2010). Aus einem solchen Kompetenzerleben und emotionalen Wohlbefinden, was ein vorurteilsbewusstes Agieren einschließt, können die für Lernen notwendigen positiven Emotionen und Motivation erwachsen (Wagner 2013). Schule und Unterricht richtet dabei den Blick auf Stärken und Potenziale, denn „herausragende Leistungen sehen bei jedem Menschen anders aus" (Sliwka 2012, S. 173). Darüber hinaus ist entsprechend dem heute weit verbreiteten Verständnis vom Lernen als einem subjektiven und aktiv-konstruktiven stetigen Entwicklungsprozess davon auszugehen, dass dieser Prozess nicht nur von der Art und Weise der Stoffvermittlung im Unterricht und von den individuellen Vorerfahrungen eines Kindes bestimmt wird, sondern auch von Interessen und Motiven, von Denkstilen, von Stimmungen und von Gefühlen der Kinder beeinflusst wird. Hieraus ergibt sich wiederum, dass Lehrkräfte vor allem Ressourcenaktivierer, Ermutiger für den nächsten Schritt, Bewunderer von Leistung, Coach für den Lernprozess, Unterstützer von Selbstwirksamkeit, Entwickler von Möglichkeiten, Stärker von Stärken sein müssen.

„The Coach plays beside the line" (Faller 2007, S. 40), lautet dies zusammenfassend im buddY-Prinzip, einem sozialen Lernprogramm, in dem Schüler durch Bausteine wie Peergroup-Education, Lebensweltorientierung, Partizipation und Selbstwirksamkeit zur Verwirklichung eigener Projekte angeregt werden und Lehrkräfte als Coach- und Lernbegleiter fortgebildet werden. Ein so verstandener Unterricht lebt von Ermutigung, Lob, Austausch, Unterstützung, Kooperation und Anerkennung in der Gesprächs- und Kommunikationskultur. Im Sinne eines Lernens am Modell bilden die verantwortlichen Lehrpersonen hier als Rollenvorbild diese veränderte Kultur des förder- und forderorientierten Lernens und des ressourcenaktivierenden Miteinanders in der Klasse aus. Auf diese Weise können Schüler nach und nach lernen, ihre eigenen Stärken, Potenziale und Ressourcen sowie die ihrer Mitschüler zu erkennen und im Sinne von Motivation und Ausbildung positiver Emotion auszubauen.

Umsetzung im Mathematikunterricht: Die Kinder sollten grundsätzlich immer wieder angeregt, ermutigt und unterstützt werden, von ihren individuell verschiedenen Zugängen zur Mathematik ausgehend ihre Fähigkeiten zu immer gewandteren und weniger fehleranfälligeren Lösungsstrategien und zu immer fundierteren und komplexeren Kompetenzen weiterzuentwickeln. Hierbei sind verschiedene Aspekte bedeutsam:

▶ Die gesellschaftlich an vielen Stellen geduldete, wenn nicht gar anerkannte undifferenzierte Auseinandersetzung bis abwertende Haltung gegenüber Mathematik („Mathe konnte ich noch nie!") rücken Mathematik und speziell die „Welt der Zahlen" zuweilen in ein Licht einer unerreichbaren Spezialwissenschaft. Solche prinzipiell falschen Auffassungen können sich auf Kinder „übertragen" und zu fehlender Motivation, negativen Emotionen oder gar zur Einstellung führen, dass ein „Scheitern" im Mathematikunterricht „normal" sei. Richtig ist dagegen, dass jedes Kind einen angeborenen Zahlen- und Struktursinn sowie ein angeborenes räumliches Wahrnehmungs- und Vorstellungsvermögen besitzt, was ihm grundsätzlich ein erfolgreiches Lernen von (elementarer) Mathematik ermöglicht.

▶ Diverse Studien zu emotional geprägten Zahlassoziationen von Kindern (vgl. z.B. Dehaene 1999, Käpnick 2014) verdeutlichen, dass fast alle Kinder Lieblingszahlen und die meisten Pechzahlen haben, dass viele Kinder Zahlen stark emotional mitbestimmen, mit ihnen bedeutsame Ereignisse oder Personen verbinden und ein Teil von ihnen, auf oft unerklärbare Weise, Zahlen bestimmte Farben zuordnet (vgl. z.B. Käpnick 2014, S. 73–79 sowie das Fallbeispiel Luisa in Kap. 2.3). Da solche vielfältigen subjektiven Zahlauffassungen ein wichtiger Ausgangspunkt und eine immanente Komponente mathematischer Lernprozesse von Grundschulkindern sind, sollte Schülern im Mathematikunterricht Möglichkeiten eingeräumt werden, sich mit den verschiedenartigen subjektiven Zahlauffassungen konstruktiv auseinanderzusetzen, anstatt den Kindern kleinschrittig fremde Auffassungen überstülpen zu wollen oder Kindern mit ihren andersartigen subjektiven Auffassungen allein zu überlassen. Subjektive Zahlauffassungen sollten sogar sinnvoll für das Auslösen und Organisieren von Lernprozessen im Mathematikunterricht genutzt werden. Hierzu gehört zum Beispiel auch, dass im Mathematikunterricht individuelle Zahlauffassungen der Kinder gelegentlich thematisiert werden – mit dem Ziel, dass die Kinder ihre eigenen kinästhetisch geprägten Auffassungen erkennen, sich damit auseinandersetzen und dabei lernen, zwischen mathematischen und andersartigen Sichtweisen zu unterscheiden (vgl. Käpnick 2014, S. 80). Eine konkrete Anregung hierfür stellt die Durchführung eines kleinen Projektes zum Thema „Meine Lieblingszahl" dar (siehe Abb. 22). Für die Durchführung des Projekts empfiehlt es sich, dass die Kinder zunächst

Abb. 22: Beispiele für kindliche Eigenproduktionen zum Thema „Meine Lieblingszahl"

frei und ungezwungen über ihre Lieblingszahlen und über subjektiv empfundene Bedeutungen dieser Zahlen sprechen. Hierbei können die Kinder bereits die Vielfalt emotionaler Zahlauffassungen erfahren. Möglich wäre ebenso, die Häufigkeit aller Lieblingszahlen in einer Tabelle zu erfassen und zu diskutieren. Anschließend könnte jedes Kind zu seiner Lieblingszahl ein Blatt gestalten, Bilder von Figuren oder Muster aufkleben oder zur Lieblingszahl Figuren basteln oder legen. Beim Präsentieren der Eigenproduktionen sollten die Kinder wechselseitig versuchen, die Ideen der anderen zu verstehen und sie mit den eigenen Auffassungen zu vergleichen. Für den Lehrer ergeben sich dabei oft sehr interessante Einsichten in vielfältige subjektive Auffassungen der Kinder.

▸ Die Umsetzung des Konzepts vom aktiv-entdeckenden Lernen, verbunden mit einer natürlichen Differenzierung vom Kind aus, ermöglicht generell einen Wandel von Motivation und Emotion. Hierdurch werden Erfolgs- und Selbstwirksamkeitserlebnisse für alle Kinder ermöglicht, wodurch wiederum niedrige Zugangsschwellen für das Lösen von Aufgaben geschaffen und damit für alle Kinder ein besseres Selbstkonzept ermöglicht wird (vgl. Krauthausen/Scherer 2010, S. 16). „Substanzielle" und selbstdifferenzierende Lernumgebungen schaffen somit „weitgehend durchgängige und länger als üblich anhaltende Motivation der meisten Kinder" (ebd.). „Geistiges Futter", wie es mathematisches Arbeiten „liefern", kann insbesondere für Kinder und Jugendliche, denen AD(H)S zugeschrieben wird, von besonderer Bedeutung sein (Zimpel 2012, S. 72–74).

Dieses wechselseitige Verhältnis von herausfordernden Aufgaben, Zuwendung und (positiven) Emotionen ist ebenso für mathematisch begabte Kinder von enormer Relevanz:

> Viele Fallstudien zu kleinen Matheassen belegen [...], dass begabte Kinder nicht – wie immer noch vielfach angenommen wird – problemlos alleine ihren Weg gehen. Sie brauchen vielmehr – wie alle Kinder – herausfordernde Lernumgebungen, zugleich Zuwendung und Anerkennung durch andere.
>
> (Käpnick u. a. 2005, S. 30)

4. These: „Gute Schulen verstehen Lernen als sozialen Prozess und organisieren eine Vielfalt an lernförderlichen Sozialsituationen"

Erläuterung der These: Lernen ist ein Prozess der Auseinandersetzung mit der dinglichen Umwelt und dem lebenden Gegenüber. Der sozialen Interaktion im Lernprozess wird dabei eine entscheidende Rolle zuteil. Sliwka weist in diesem Zusammenhang auf „die bewusste Steuerung von sozialen Interaktionsprozessen im Klassenzimmer" als „ein Instrument der Pädagogik demokratischer Inklusion" (Sliwka 2012, S. 175) hin. Kinder unterschiedlicher kultureller und ethnischer Herkunft sowie Kinder mit und ohne sonderpädagogischen Unterstützungsbedarf arbeiten immer wieder in kooperativen Lernsituationen zusammen, sie nehmen Diversität im konkreten Umgang wahr und gestalten so im Sinne eines sozialen Konstruktionismus (Palmowski/Heuwinkel 2002, S. 119–130), eine neue „gemeinsame Wirklichkeit".

Schulpädagogische Konkretisierung: Das normative Postulat „Der Mensch wird am Du zum Ich" (Buber 1965, S. 32) lässt sich auf der unterrichtspraktischen Ebene unter anderem durch vielfältige Formen des kooperativen Lernens (Boban/Hinz 2012b; Seitz/Scheid 2012) verwirklichen. „Gerade die soziale Gestaltung von Lernprozessen birgt Potenziale für kognitive Aktivierung, emotionales Wohlbefinden und soziales Lernen" (Sliwka 2014b S. 345).

Wenn Lernen als Aufbau und Gestaltung „einer inneren Landkarte im Kopf" verstanden wird, hat ein inklusiver, auf Diversität ausgerichteter Unterricht auch die Chance, diese individuellen inneren „Landkarten" durch Kommunikation beobachtbar und somit erfahrbar zu machen und gemeinsame Wege der Wirklichkeitskonstruktion zu schaffen. Zu dieser Kultur der Diversität sollte neben dem Erleben der Vielfalt aber auch das Erleben von Gleichheit oder Ähnlichkeit gehören. Auch Interaktionserfahrungen mit sogenannten Gleichgesinnten stärken (wie im Fallbeispiel von Lara, vgl. Kap. 2.8) Selbstwert und Persönlichkeit. So können beispielsweise Wettbewerbe und Projekte für Schüler mit bestimmten Begabungen, aber auch die Sportgemeinschaft für Kinder mit motorischen Handicaps die eigene Identität stärken (Sliwka 2012).

Umsetzung im Mathematikunterricht: Austausch, Kooperation, gemeinsame Aufgabenbewältigung können durch kooperative Lernformen wie Lern- oder Rechenkonferenzen, Projektunterricht, Stationenlernen oder Gruppenspiele in großem Umfang verwirklicht werden (vgl. hierzu Kap. 6.1 bis 6.5). Wenn Schüler sich zum Beispiel in Rechenkonferenzen über ihre Strategien bei Additions- oder Subtraktionsaufgaben austauschen, wird sich jeder fragen: Wie bin ich vorgegangen? Warum habe ich diesen Weg gewählt? Welche Vorteile oder Nachteile hat mein/dein Weg im Vergleich zu anderen Lösungswegen?

Hierbei werden Schüler gefordert, eigene Lern- und Verstehensprozesse für sich und für andere verständlich in Worte zu fassen und damit die eigene Wirklichkeit (die eigene „Landkarte") erkennbar und vergleichend einschätzbar zu machen. Somit ergeben sich einerseits wertvolle Chancen für Diagnostik und Förderung der einzelnen, andererseits können Kinder aber auch Diversität in ihrer Stärke im Sinne von Austausch und Kooperation erfahren. Hierbei können sehr leistungsstarke oder mathematisch besonders begabte Kinder das Lerngeschehen der gesamten Gruppe sehr positiv prägen:

> Zahlreiche Fallbeispiele belegen, dass sich mathematisch begabte Kinder vielfältige Kontakte zu Gleichaltrigen wünschen. Diese Kontakte sind für sie auch unverzichtbar, um verschiedene Einstellungen, Interessen und Wertvorstellungen kennen und achten zu lernen und um aus dieser Sicht das eigene „Ich" besser verstehen sowie – verallgemeinernd ausgedrückt – sich in ihrer Gesamtpersönlichkeit kompakt entwickeln zu können. Dies ist ein Hauptgrund dafür,

dass mathematisch begabte Kinder möglichst viel mit anderen gleichaltrigen Kindern gemeinsam lernen sollten. Ein anderer wichtiger Grund besteht darin, dass kleine Matheasse den regulären Mathematikunterricht mit ihren kreativen Ideen wie mit ihrem Spezialwissen sehr bereichern und mit ihrer hohen Kompetenz sein Gesamtniveau prägen bzw. erhöhen können.

(Käpnick 2014, S. 229)

5. These: „Gute Schulen bieten Lernenden Herausforderungen und erwarten von ihnen Leistung in ihrer jeweils nächsten Zone der Entwicklung"
Erläuterung der These: Lernen ist zum einen – wie schon mehrfach angesprochen wurde – ein zutiefst individueller Prozess, der auf bestehende und bereits erworbene Strukturen aufbaut. Das Produkt in einem Lernprozess bzw. die individuelle Bedeutung der Transformation individueller Potenziale in Leistung wird somit nur auf der jeweils individuellen Ebene deutlich. „Eine anspruchsvolle Leistung, auf die man stolz sein kann, das bedeutet für jeden Schüler und für jede Schülerin etwas anderes" (Sliwka 2012, S. 174).

Zum anderen ist zu beachten, dass Lernen, Anstrengungsbereitschaft und Motivation vor allem aus einer Wechselwirkung von Selbstwirksamkeitserfahrungen, positiven Emotionen und von Herausforderungen entstehen, denen man sich gewachsen fühlt. Bereichsspezifische Stufenmodelle sprechen in diesem Zusammenhang von Herausforderungen in der nächsten Zone der Entwicklung für erfolgreiches Lernen. Jedes Kind hat domainspezifisch in jedem Kompetenzbereich eine Zone, in der er mit Hilfe kompetenter Individuen und entsprechenden Hilfsmitteln wirksam lernen kann (vgl. Sliwka 2014d, S. 346). Lernprozesse, die diese aktuelle Zone unterschreiten, erzeugen dagegen Langeweile beim Lernenden. Lernprozesse, die oberhalb der nächsten Zone der Entwicklung liegen stoßen beim Lernen ebenso auf Ablehnung und Widerstand. Demgemäß muss es darum gehen, die jeweiligen domainspezifischen Potenziale der Kinder aufzudecken und diese zu individuell zu fördern. Das Ziel für jeden Schüler besteht letztlich darin, ein möglichst hohes Kompetenzniveau zu erreichen.

Schulpädagogische Konkretisierung: Das Konzept der individuellen Lernstandsanalysen (Kroner u. a. 2012a) setzt als diagnostisches Manual beispielsweise an dieser Erkenntnis an. Die Individuellen Analysen erfassen als didaktische Diagnostik eine weite Spanne schulischer Leistungsniveaus, um der Diversität der Schüler gerecht zu werden, den individuellen Lernstand zu ermitteln und darauf aufbauend Herausforderungen in der nächsten Zone der Entwicklung anzubieten. Das Ziel sollte es demgemäß sein zu erfassen, wo jeder einzelne Schüler in seinem Lernprozess steht und welche Unterstützung er gegebenenfalls benötigt. Ein inklusiver Unterricht, der es sich zum Ziel gemacht hat, alle Schüler individuell zu fördern, kann „sich nicht an einem für alle Kinder gleichschrittig gedachten Lernweg orientieren" (Kroner u. a. 2012b, S. 7). Daraus folgt, dass Lehrpersonen sich von einheitlichen Lernfortschritten, Klassenzielen und Zielorientierungen verabschieden und Lernen als höchst individuellen Prozess der Auseinandersetzung jedes Individuums mit seiner Umwelt begreifen sollten. Der sich dadurch ergebenden Komplexität lässt sich nur mit Kooperation, Kommunikation, didaktischer Diagnostik und Vertrauen in den einzelnen Schüler begegnen. Dieses Postulat kann mit offenen, den individuellen Bedürfnissen angepassten Lernzeiten, verbunden mit Lernentwicklungsgesprächen, mit Orientierung in Lernlandkarten oder Kompetenzrastern umgesetzt werden.

Umsetzung im Mathematikunterricht: Entsprechend Wygotskis Lernprinzip der Zone der nächsten Entwicklung sollten im Mathematikunterricht vor allem Aufgaben gestellt werden, die ein Kind mit Anstrengung bewältigen kann, gegebenenfalls auch mit Unterstützung durch die Lehrperson oder Mitschüler. Da die Kinder aber jeweils sehr unterschiedliche aktuelle Lernniveaus haben, ist die Organisation eines differenzierenden und individuellen Lernens unverzichtbar (vgl. Käpnick 2014, S. 57). Beispielsweise ist in einer der ersten Übungen nach einer gemeinsamen Erarbeitung der Addition im Zahlenraum bis 20 einzukalkulieren, dass einige Kinder noch erhebliche Probleme bezüglich des Zählens bis 20 und des Kardinalzahlverständnisses haben, andere Kinder dagegen (wie etwa die blinde Lara, vgl. Kap. 2.8) spezielle Tasthilfsmittel benötigen, während demgegenüber kleine Matheasse (wie Sayuri oder Sven, vgl. Kap. 2.6, 2.2) sich unterfordert fühlen und mindestens im Zahlenraum bis 100 rechnen wollen. Um diese enorme Diversität konstruktiv meistern zu können, sind den Kindern Aufgaben anzubieten, die ihnen reichhaltige Möglichkeiten für eine natürliche Differenzierung bieten. Das heißt, dass die Kinder selbst über das Anforderungsniveau ihrer Aufgaben sowie über die Wahl von Lernmitteln und von Lösungswegen entscheiden können. Zudem sollten sie selbst bestimmen, ob sie allein, zu zweit oder in Kleingruppen die Aufgaben bearbeiten (vgl. hierzu Kap. 6.1). Somit bietet eine solche Lernumgebung zugleich eine günstige Möglichkeit, die Selbststeuerungskompetenzen der Kinder zu fördern. Die Lehrkräfte sollten hierbei darauf vertrauen, dass sich alle Kinder in angemessener Weise selbst herausfordern, denn: Kinder sind im Allgemeinen gute Problemlöser (vgl. Käpnick 2014, S. 114 f.)!

Aufgrund vieler fehlender Routinen ist das Tun von Kindern im Alltag in einem hohen Maße Problemlösen, und dabei besitzen Kinder eine im Hinblick auf das Problemlösen sehr förderliche Besonderheit: Sie gehen meist unbekümmert, spontan und fantasiereich an das Lösen von Problemaufgaben heran und entwickeln auf (für Erwachsene) originelle und mitunter eigenwillige Weise Lösungswege (vgl. z. B. Selter 1993). Dabei spielt auch eine Rolle, dass sich bei Grundschülern erst allmählich bestimmte fachspezifische Denk- und Arbeitsweisen („Stilisierungen"; Klix 1987, S. 86) herausbilden und verfestigen. Auch Gardner schätzt ein, dass die meisten Kinder schon früh originelles Verhalten erkennen lassen. Seiner Meinung nach hat das zwei Gründe (Gardner 1994, S. 263 f.):

▸ Kinder erkennen Grenzen zwischen verschiedenen Bereichen noch nicht deutlich und sind deshalb eher als Erwachsene bereit, sie zu überschreiten; dabei stellen sie oft ungewöhnliche und rührende Vergleiche und Assoziationen an.

▸ Kinder sind nicht gefühlsmäßig daran interessiert, eine einzige „wahre" Erklärung einer Situation oder eines Problems zu erhalten; Widersprüche, Abweichungen von der Konvention oder Unwahrheiten beunruhigen sie nicht. Diese Unbekümmertheit trägt ebenfalls zu einem deutlich häufigeren Auftreten neuer Schöpfungen bei, selbst wenn andere diese Neuschöpfungen nicht begrüßen oder auch nur angemessen würdigen.

Falls sich ein Kind aufgrund einer subjektiven Fehleinschätzung dennoch eine zu schwere oder zu leichte Übungsaufgabe auswählt und sich unter Umständen durch ein solches wiederholtes Verhalten negative Lerneinstellungen (etwa Unsicherheiten und Ängste bei wiederholtem Leistungsversagen oder eine gewisse Bequemlichkeit und fehlende Anstrengungsbereitschaft bei ständiger Unterforderung und Selbstunterforderung) entwickeln, sollte die Lehrkraft lernbegleitend einwirken, Beratungsgespräche führen, eventuell selbst Aufgaben oder Lernmittel oder eine kooperative Lernform vorschlagen.

6. These: „Gute Schulen schaffen Transparenz in Bewertungskriterien und sehen Leistungsrückmeldung im Dienste der Lern- und Entwicklungsförderung"

Erläuterung der These: Eigene Stärken, Kompetenzen und Selbstwirksamkeit im Lernen erleben Schüler vor allem dann, wenn sie ihr Lernen an bereits Bekanntes, an eigene Strukturen anknüpfen können, diese weiterentwickeln und vernetzen. Eine Rückmeldung über diese vollzogenen Prozesse unterstützt Lernende in ihrer Entwicklung und stärkt sie sowohl emotional als auch motivational. Die Berücksichtigung dieser Erkenntnis sollte sich im Besonderen in Bewertungen und Leistungsrückmeldungen einer Schule widerspiegeln, die Diversität leben will.

> Formative Leistungsrückmeldung, die den Lernprozess in den Mittelpunkt stellt und dem Schüler bzw. der Schülerin und seinen bzw. ihren Eltern nicht bloß eine Note, sondern vielmehr differenzierte und lernprozessbezogene Informationen zur Verfügung stellt, die das Weiterlernen positiv beeinflussen, gehört zu den wirksamsten Interventionen in Lernprozesse.
>
> (Sliwka 2012, S. 175)

Eine solche Perspektive wird mit den kanadischen Leitsatz „Assessment is for learning" (Alberta Assessment Consortium) pointiert ausgedrückt. Er verdeutlicht einen Paradigmenwechsel von einem bisher stark auf Selektion ausgerichtetes deutsches Bildungssystem zu einem kompetenzorientierten inklusiven Lernen (vgl. Sliwka 2014b). Auf die hierbei relevante Wechselwirkung von Persönlichkeits- und Umweltfaktoren im Lernprozess weist unter anderem Fischer hin:

> In Bezug auf die Individuelle Förderung ist es daher wichtig, die persönlichen Lernpotenziale mit der Ausprägung der Leistungsmotivation, den Kompetenzen zur Selbststeuerung und der

Qualität der Lernstrategien zu identifizieren und im Rahmen adäquater Lernumgebungen mit adaptiven Lehrstrategien, effektiver Lernberatung und intensivem Lerntraining zu fokussieren.

(Fischer 2014, S. 37)

Schulpädagogische Konkretisierung: Leistungsrückmeldungen sollten generell der Stärkung der Lernmotivation, aber auch der individuellen Orientierung dienen und sich damit in den Dienst des individuellen Schulerfolgs stellen. Ansätze einer demgemäßen Praxis werden zum Beispiel in den individuellen Lernstandsanalysen (ILeA) deutlich (vgl. Kroner u. a. 2012a). Hierbei sollten Bewertungen zum Zweck der Selektion aus einem förder- und ressourcenorientierten Blickwinkel vermieden werden (vgl. Eberwein/Knauer 2003; Mand/Veber 2008). In Abhängigkeit von der Persönlichkeit eines Schülers sind differenzierte Bezugsnormen anzuwenden, die seine Persönlichkeit und individuelle Lernbiografie stärken. So könnte zum Beispiel für Schüler, die ihre Lernmotivation im Wettbewerb mit anderen stärken, ein sozialer Bezug und somit ein Vergleich innerhalb der Gruppe rückmeldend hergestellt werden. Leistungsschwächeren Schülern sollten vielmehr durch eine individuelle Bezugsnorm ihr persönlicher Lernweg und ihre erreichten Erfolge bewusst gemacht werden. Außerdem können durch kriteriale Bezugsnormen, wie sie in Kompetenzstandards und -rastern verwirklicht werden, individuelle Entwicklungsstände einzelner Schüler in Relation zum Erwartungshorizont gesetzt und beurteilt werden. Der Schüler bzw. seine Eltern erhalten damit nicht nur ein Bild über den bisherigen individuellen Lernweg und Lernstand, sondern auch eine Perspektive für zukünftige Ziele und Schwerpunkte (Sliwka 2014, S. 175).

Langfristig kann (nur) die Beschreibung einer individuellen Lernentwicklung die Grundlage einer inklusiven Leistungsbewertung sein. Ein in diesem Sinne arbeitendes System setzt auf ein breites Spektrum an Rückmeldungen und vermeidet eine alleinige Bewertung über Noten. Mündliche und schriftliche individuelle Feedbacks zur Lernentwicklung, zur Einsatzbereitschaft und zu Erfolgen etwa bieten die Möglichkeit, sich auf sehr individueller Basis mit Schülern über Erwartungskriterien und Leistungsbewertungen auszutauschen. Selbsteinschätzung und Peer-Feedback, die gemeinsam eingeübt und gefestigt werden, sind ein unbedingter Bestandteil dieser Lern- und Entwicklungsförderung. Schüler können hierdurch auch lernen, Verantwortung für sich und ihr Lernen zu übernehmen. Ein zusätzlicher elaborierter Ansatz ist die Arbeit mit Förderplänen (vgl. Lütje-Klose/Rödiger 2014; Veber/Rott 2011; sowie Kap. 5), die jedoch potenzialorientiert gestaltet sein sollten.

Umsetzung im Mathematikunterricht: In Bezug auf Bewertungen und Leistungsrückmeldungen im Mathematikunterricht sollten insbesondere drei Aspekte umgesetzt werden:

▸ kompetenz- und nicht defizitorientierte Leistungs- und Lernverhaltensbewertungen,

▸ für Schüler und die Eltern transparente Rückmeldungen, die sich sowohl auf die Entwicklungen mathematischer Kompetenzen als auch auf die Reifung der kindlichen Gesamtpersönlichkeit beziehen,

▸ eine aktive Einbeziehung von Kindern in den stetigen Prozess von Reflexion, Analyse, Einschätzung und hierauf basierender individueller Zielvereinbarungen – im Sinne der Förderung selbstgesteuerten Lernens (vgl. Kap. 5).

Eine kompetenzorientierte Leistungsbewertung bedeutet zum Beispiel konkret: Wenn ein Schüler gelernt hat, gleiche Summanden mehrmals hintereinander zu addieren, dann kann ihm attestiert werden, dass er bereits einen ersten Schritt zum Verständnis der Multiplikation geleistet hat. Eine solche Rückmeldung im Mathematikunterricht kann eine Verortungsmöglichkeit in einem übergreifenden Lernprozess, Selbstwirksamkeitserfahrung und damit letztlich Motivation für weitere Anstrengung schaffen. Die Leistungsrückmeldung lässt zugleich einen konstruktiven Umgang mit (vermeintlichen) Schülerfehlern erkennen. „Unsicherheiten, Fehler, Engpässe, vergebliche Versuche gehören wesentlich zum Prozess des Mathematiktreibens" (Wittmann 1995, S. 17). In diesem Sinne sollen auch Kinder den Wert eines Fehlers als Lern- und Entwicklungsmöglichkeit erkennen und einen Bezug zu bisherigen individuellen Kompetenzen und aufgebauten Strukturen über die Bearbeitung des Fehlers herstellen. Als wichtige Analysehilfe können Lehrkräfte hierfür Übersichten zu typischen Fehlermustern im mündlichen und schriftlichen Rechnen in den vier Grundrechenarten nutzen.

Schülerfehler
Übersichten zu typischen Schülerfehlern im mündlichen und schriftlichen Rechnen für alle vier Grundrechenarten findet man zum Beispiel in Gerster (1982) oder Lorenz (2003, S. 59 – 69).

Eine transparente Bewertung von Lernleistungen, von Einstellungen, Anstrengungsbereitschaft, Selbstständigkeit und Sozialverhalten im Mathematikunterricht bedingt, dass Kinder zum einen diesbezügliche Einschätzungskriterien kennen (wofür Stuhl- und Gesprächskreise oder individuelle Beratungsgespräche genutzt werden können) und dass ihnen zum anderen Leistungs- und Verhaltensentwicklungen an konkreten Beispielen erläutert werden. Eine solche Transparenz schafft zugleich grundlegende Voraussetzungen für ein diesbezügliches selbstgesteuertes Lernen der Kinder (vgl. hierzu Kap. 5).

7. These: „Gute Schulen schaffen horizontale Vernetzungen zwischen Wissensgebieten und zur Lebenswelt"
Erläuterung der These: Wirksames und nachhaltiges Lernen vollzieht sich in der Anknüpfung und der Vernetzung mit dem das Individuum umgebenden System

(„subjektive Erfahrungsbereiche"; vgl. Bauersfeld 1993). Wirksame Lernumgebungen setzen hier an, knüpfen zum einen an bisher erworbene Sachkompetenzen an und öffnen sich zum anderen dem Umfeld und entwickeln in und mit diesem Umfeld kommunale Bildungslandschaften.

> Ideen und Menschen kommen von außen in die Schule hinein, wenn dies dem Lernen dient. Lernende lassen die Schule real oder virtuell hinter sich, um die Lebenswelt zu erkunden und die vielfältigen Phänomene unserer Lebenswelt fast im Wortsinn zu begreifen und zu erfahren.
>
> (Sliwka 2012b, S. 176)

Das bedeutet, Komplexität zuzulassen und Diversität zu erleben – und stellt eine Abkehr von der klassischen (didaktischen) Reduktion in der Schulwirklichkeit dar.

Schulpädagogische Konkretisierung: Komplexität und Diversität rufen dabei häufig auch Unsicherheit, Überforderung oder gar Ängste hervor: Was ist relevant? Worauf achtet Schule? Was kann wie reduziert und erfassbar gemacht werden? Was ist zu vernachlässigen? Was ist wie, wann und wo zu vermitteln?

In einer Schule der Diversität wird deutlich, dass sich dies nur einerseits durch individuelle Vernetzung bisheriger Wissensstrukturen mit neuen Erkenntnissen und andererseits durch Kommunikation, Reflexion und Diskurs in unterschiedlichsten Team- und Lernstrukturen realisiert werden kann. Schule öffnet sich somit der Wirklichkeit, der Komplexität und damit auch der Kontingenz. Vermeintliche Wahrheiten werden infrage gestellt, Wirklichkeiten konstruiert, rekonstruiert und auch dekonstruiert.

> So viel Konstruktion wie möglich zulassen. Sie sind die Basis einer eigenen Weltanschauung: Sie zeigen uns als Erfinder unserer Wirklichkeit und lassen in allen Momenten von Erfindung unsere Verantwortung gegenüber den Folgen solcher Erfindungen als unsere Aufgabe erscheinen.
>
> (Reich 2010, S. 133)

Umsetzung im Mathematikunterricht: Die Kinder sollen von Anfang an sinnvolle Zusammenhänge zwischen ihrem Alltagsleben und dem mathematischen Lernstoff sowie Querverbindungen zwischen verschiedenen mathematischen Themen und Lernfeldern anderer Fächer erkennen, verstehen und in vielfältiger Weise anwenden. Das Lernen in sinnvollen Zusammenhängen ist notwendig, um vom ersten Schultag an einsichtiges Lernen zu ermöglichen und auf diese Weise stabile Sach- und Methodenkompetenzen zu entwickeln. Hierfür eignen sich insbesondere Projekte, wie zum Beispiel zu „Mathematik und Kunst", zu „Zahlen und Formen in Märchen" oder zu „Brücken und Türmen im Heimatkreis" (vgl. auch Kap. 6.3), die zugleich den unterschiedlichen Interessen der Kinder Rechnung tragen.

Im Sinne einer individuell verankerten Vernetzung mathematischer Sachverhalte mit der Lebenswelt der Kinder ist es zudem empfehlenswert, dass sich Kinder subjektiv bedeutsame Vergegenständlichungen bzw. Visualisierungen von Begriffen (zum Beispiel „Ball" als repräsentatives Beispiel für eine Kugel oder „Treppe" als Visualisierung für aufeinanderfolgende natürliche Zahlen) und von mathematischen Zusammenhängen (zum Beispiel eine Zu- und Wegnahme der gleichen Anzahl von Plättchen von einer Plättchenmenge als Repräsentation einer Umkehrbeziehung zwischen Addition und Subtraktion) bewusst machen und einprägen.

Darüber hinaus erfordert ein individuell geprägtes aktiv-konstruktives Lernen, in regelmäßigen Abständen neu Erlerntes mit dem bisherigen Wissensbestand verbindend zu strukturieren und auf diese Weise stetig erweiterte Wissensnetze zu bilden. Hierfür sollten im Mathematikunterricht zumindest zum Abschluss der Behandlung eines Stoffkomplexes Zusammenfassungen und Systematisierungen durchgeführt werden. Als Lerntechniken zur Unterstützung von Wissensvernetzungen bieten sich Begriffsnetzwerke, Mind-Maps und Concept-Maps an (vgl. Käpnick 2014, S. 100–104).

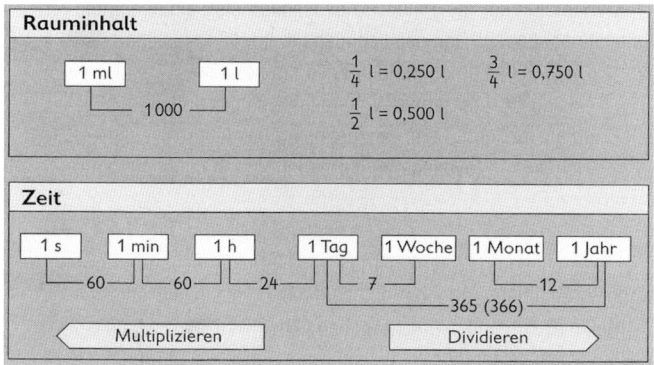

Abb. 23: Beispiele für Begriffsnetzwerke zu den Einheiten des Rauminhalts und der Zeit (aus: Käding u. a. 2005, S. 145)

Systemische Anregungen zur Umsetzung der Thesen in die schulische Praxis:
Ein Hexagon inklusiver Lernkultur

Jede auch noch so kleine Veränderung in einem System löst immer eine Bewegung des ganzen Systems aus. Mit dem Bild eines Mobiles gesprochen, zieht die Bewegung eines Elements Verschiebungen und Bewegungen des ganzen Mobiles nach sich. Nichts anderes geschieht, wenn einzelne Aspekte der sieben Thesen neu in eine bestehende Unterrichtswirklichkeit eingebracht werden. Lehrkräfte sind mit solchen Störungen – systemtheoretisch gesprochen: mit diesen Perturbationen – in ihrer täglichen Unterrichtsarbeit konfrontiert und stellen sich diesen Herausforderungen. Nichtsdestotrotz zeigt ein systemischer Blick auf die konkrete Schulwirklichkeit auch, dass der initiierte Aufbruch hin zu einer inklusiven Schulkultur bestehende Werte, Haltungen und Kompetenzen von Lehrpersonen mehr oder weniger infrage stellt. Veränderungen werden dabei nicht immer nur positiv wahrgenommen (vgl. hierzu Kap. 3.2). Jede Veränderung löst die Notwendigkeit der Reaktion auf diese aus. Altbewährtes wird möglicherweise verworfen, neue Aspekte werden in den Mittelpunkt gestellt. Die bisherige individuelle, aber auch institutionelle Erwartungshaltung an das System Schule wird nicht mehr erfüllt. Aus dem Gefühl der Unberechenbarkeit und Kontingenz entstehen Unsicherheiten, Ängste und Widerstand gegen die Veränderung. Aufzulösen sind diese allein durch Kommunikation und Austausch, durch die Schaffung einer neuen, gemeinsamen Wirklichkeit.

> Wenn wir wissen, dass unsere Welt notwendigerweise eine Welt ist, die wir zusammen mit anderen hervorbringen, dann können wir im Falle eines Konflikts mit einem anderen menschlichen Wesen, mit dem wir weiterhin koexistieren wollen, nicht auf dem beharren, was für uns gewiss ist (auf einer absoluten Wahrheit), weil das die andere Person negieren würde.
>
> (Maturana/Varela 1990, S. 264)

Wie lassen sich die oben diskutierten Thesen nun in eine schulische Praxis implementieren? Wie können aus den Thesen generierte Ideen systematisch in Unterrichtspraxis übersetzt werden? Mit dem hier vorgestellten Hexagon wird eine Methode aus der Systemtheorie herangezogen, deren Stärke im Blick auf die Vernetzungen und Wechselwirkungen im jeweiligen System liegt. Die eigentliche Wirkrichtung des von K. Faller entwickelten „Hexagons konstruktiver Konfliktbewältigung" (Faller/Eis 1998, S. 77) liegt in der Aufdeckung und Darstellung bestehender systemischer Konfliktpotenziale im System und deren präventiver Aufarbeitung in Richtung eines funktionierenden Systems. Umgedeutet auf die hier erarbeiteten Thesen steht mit dem Hexagon inklusiver Lernkultur die Aufdeckung und Darstellung inklusiver Lernpotenziale sowie ihrer Vernetzungen und Wechselwirkungen im Zentrum des Interesses:

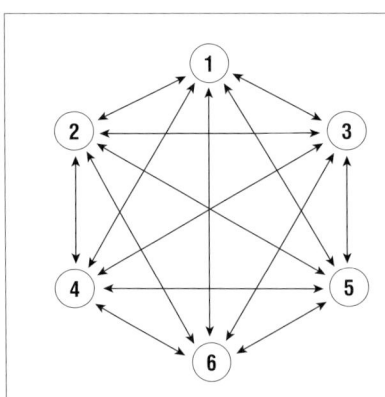

1. (Lern-)Biografie
2. Aktivierung des Lernenden
3. Motivation und Emotion
4. Herausforderung/nächste Zone der Entwicklung
5. Sozialer Prozess/Vernetzung
6. Bewertung/Rückmeldung/Evaluation

Abb. 24: Hexagon konstruktiver Konfliktbewältigung

Die sechs Potenziale sind in ihrer Wirkung stark voneinander abhängig, sie sind miteinander vernetzt und bedingen sich wechselseitig:

1 Der Punkt „(Lern-)Biografie" nimmt einen diagnostischen Blick auf den Lernenden in seiner individuellen Lernentwicklung. Wo steht der Schüler? Wie sieht der bisherige Lernweg aus? Was sind die persönlichen Stärken? Wo sind persönliche Ressourcen?

2 Der Punkt „Aktivierung des Lernenden" schaut auf der Grundlage der Lernbiografie, der nächsten Zone der Entwicklung und der Beachtung von Motivation auf die Initiierung aktiver, individueller Lernprozesse. Wie aktiviere ich die Schüler für ihren individuellen Lernprozess? Wie initiiere ich als Lehrperson Lernumgebungen, die zu individueller Auseinandersetzung und lernender Aktivität anregen?

3 „Motivation und Emotion" fragt nach einem Aufbau positiv besetzter Lernumgebungen mit der Möglichkeit der Erfahrung von Selbstwirksamkeit und Erfolg bei den Schülern. Wie lassen sich Erfolg und Selbstwirksamkeit im Unterricht erleben? Diese Frage hängt eng zusammen mit einer Analyse der (Lern-)Biografie der Schüler sowie der Beachtung ihrer jeweiligen nächsten Zone der Entwicklung.

4 Im Punkt „Herausforderung/nächste Zone der Entwicklung" geht es um eine Passung des Lernarrangements an die individuellen Lernstände der Schüler im Sinne einer angemessenen Herausforderung, die weder über- noch unterfordert. Dies wird in engem Zusammenhang mit der (Lern-)Biografie, der Motivation und Emotion des Einzelnen gesehen.

5 Dass Lernen nur im Austausch und in der Vernetzung mit der Umwelt und dem Gegenüber geschieht, macht der Punkt „Sozialer Prozess/Vernetzung" deutlich. Wie kann Lernen im sozialen System geschehen? Wie kann ein soziales System den Lernprozess des einzelnen unterstützen? Was kann der einzelne zum lernenden System beitragen?

6 Der Punkt „Bewertung/Rückmeldung/Evaluation" nimmt den Lernprozess im Sinne eines Feedbacks in den Blick. Wie kann dem Lernenden eine Rückmeldung über seinen Lernprozess, seinen Lernweg in Bezug auf gestellte Herausforderungen im Sinne von weiterführender Motivation gegeben werden?

Das Methodentool „Hexagon inklusiver Lernkultur" eignet sich sowohl zur Analyse und Verbesserung bestehender Lernumgebungen als auch zur Entwicklung und zum Aufbau neuer Lern- und Unterrichtskulturen. In der Anwendung auf der schulpraktischen Ebene schafft es einen Blick auf das konkrete Lern-System vor Ort und bietet den Schulakteuren eine Möglichkeit, ihre Praxis auf der Metaebene zu betrachten. Die Stärke liegt dabei sicher in der Schaffung einer neuen, gemeinsamen Lernwirklichkeit im Klassen-, Stufen- und Schulteam. Ein solches Instrument macht in seiner systemischen Ausrichtung Wechselwirkungen und Abhängigkeiten sichtbar und hat damit die Chance, systemverändernd in Richtung einer inklusiven Praxis zu wirken.

FRAGEN ZUM VERTIEFENDEN NACHDENKEN

▸ Welche Deutungen in Bezug auf Lernbesonderheiten der Kinder können Sie den Eigenproduktionen zum Thema „Meine Lieblingszahl" (Abb. 22) entnehmen?

▸ Welche andersartigen subjektiven Zahlauffassungen von Kindern sind Ihnen bekannt? Wie gehen Sie damit in Ihrem Mathematikunterricht um?

▸ Reflektieren Sie darüber, ob Sie in Ihrem Unterricht den Kindern vor allem Aufgaben in der Zone ihrer aktuellen oder tendenziell in der Zone der nächsten Entwicklung stellen?

5 Prozessbegleitende Diagnostik als Basis für die individuelle Förderung jedes Kindes

Friedhelm Käpnick

Um jedes Kind entsprechend seinen individuellen Bedürfnissen fördern zu können, bedarf es zweifelsohne einer vorherigen gründlichen Diagnose seiner jeweiligen Lernausgangssituation. Denn: Erst eine möglichst genaue Kenntnis des bis dato erreichten Entwicklungsstandes eines Kindes erlaubt die Planung und Durchführung effektiver Fördermaßnahmen. Wie die Fallbeispiele in Kapitel 2 verdeutlichen, sollte sich eine solche Diagnostik aber nicht nur auf die erworbenen mathematischen Kompetenzen und speziellen Lernbedürfnisse beschränken, sondern die gesamte Persönlichkeitsentwicklung einschließlich der jeweiligen inter- und intrapersonalen Einflussfaktoren berücksichtigen. Hinzu kommt, dass die mathematischen Leistungen, ebenso Motivationen, Interessen oder Selbstkonzepte eines Kindes wie auch die Rahmenbedingungen für jegliches Lernen ständigen Veränderungen unterliegen (was die Fallbeispiele in Kapitel 2 ebenso belegen). Hieraus erwächst der Anspruch, Diagnostik generell als einen sehr komplexen und stetigen Prozess zu verstehen.

Auf der Basis der in den vorangehenden Kapiteln entwickelten konzeptionellen Eckpfeiler inklusiven Mathematikunterrichts lassen sich als allgemeine Grundsätze inklusiver (Prozess-)Diagnostik hervorheben:

▸ die Akzeptanz von und Bereitschaft zu einer ganzheitlichen prozessorientierten Diagnostik der individuellen Lernpotenziale, der Lernfortschritte sowie Lernbedürfnisse eines Kindes (die inklusive Diagnostik beruht auf dem Prinzip „Jedes Kind ist auf seiner Stufe kompetent", das dazu beiträgt, dass stets die bisher erreichte individuelle Lernausgangslage sichtbar werden kann; vgl. Prengel 2015, S. 6)[13],
▸ eine enge kollegiale Zusammenarbeit zwischen Fachlehrkräften, Spezialisten für Minder- wie auch Hochbegabung und Lerncoachs (vgl. Sliwka 2014c, S. 460),
▸ eine für Kinder (und Eltern) transparente Leistungsbewertung unter der Per-

---

13 Diese Grundeinstellung ist unter deutschen Lehrern heute leider noch nicht selbstverständlich – zum einen, weil im jahrzehntelang dominierenden dreigliedrigen Schulsystem (fälschlicherweise) eine große Homogenität unter den Schülern eines Schultyps angenommen wurde und die Diagnostik individueller Besonderheiten bzw. Unterschiede für wenig relevant angesehen wurde, und zum anderen, weil viele Lehrer in ihrer Ausbildung nur eine (aus heutiger Sicht) unzureichende diagnostische Kompetenz erwarben.

spektive eines mehrperspektivischen Leistungsbegriffs, der auf der Anerkennung der Menschenwürde und der individuellen Lernentwicklung jedes Kindes beruht und erst auf dieser Basis die Stärken und Schwächen, die beim Leistungsvergleich mit anderen sichtbar werden, in den Blick nimmt (vgl. Prengel 2015, S. 6 f.),

▸ das Verständnis von Kindern als aktive Mitgestalter und Mitverantwortliche ihres Lernens, was auch kontinuierliche Selbstreflexionen über individuell bedeutsame Zielfestlegungen der Kinder für das eigene Lernen und Verhalten einschließt.

Kompetenzorientierte Bewertung

Die kompetenzorientierte Bewertung wird auch durch aktuelle neuropsychologische Forschungen gestützt. So verweist der Hirnforscher Roth darauf, dass alle einschlägigen Untersuchungen zeigen, „dass Belohnung [bzw. Anerkennung; Anmerkung des Autors] das geeignetste Mittel zur Verhaltensänderung ist" (Roth 2007, S. 235). Dagegen wirken Bestrafungen, insbesondere inkonsequente Bestrafungen, und ein Verzicht auf Belohnungen bzw. Anerkennungen eher demotivierend und führen selten zu positiven Verhaltensänderungen (ebd., S. 229–242).

Weiterhin sei darauf hingewiesen, dass Feedbacks und andere Bewertungen zum Verhalten und zu Leistungen eines Kindes im wahrsten Sinne des Wortes stets „Kind-gerecht" sein sollten. Bezüglich dieser enorm anspruchsvollen Aufgabe ist zu beachten: Für Kinder ist Gerechtigkeit eine der wertvollsten Eigenschaften einer Lehrkraft. Dementsprechend sollte eine Lehrperson sich stets um eine möglichst objektive Bewertung bemühen – auch im Wissen, dass es keine absolut gerechte Beurteilung geben kann, denn es gibt stets drei gleichzeitig zu beachtende Bewertungsnormen:

▸ die *individuelle (auch personenbezogene) Bewertungsnorm*, bei der ein persönlicher Lernfortschritt des Kindes bewertet wird,

▸ die *sozialbezogene (auch rangplatzorientierte) Bewertungsnorm*, bei der die Leistung eines Kindes mit der von anderen Kindern verglichen und beurteilt wird,

▸ die *anforderungsorientierte (auch ziel- oder kriterienbezogene) Bewertungsnorm*, bei der die Leistung mit einem in der Sache liegenden Maßstab, einem Lehr-Lernziel verglichen wird (Selter/Sundermann 2006, S. 19 f.).

5.1 Prozessbezogene Diagnostik in Teamarbeit

Hinsichtlich der konkreten Umsetzung einer solch komplexen Diagnostik muss unbestritten berücksichtigt werden, dass der Schulalltag mit den ohnehin sehr vielfältigen Herausforderungen, die außerdem oft durch sich spontan ergebende zusätzliche und meist schnell zu lösende Probleme „angereichert" werden, einer Lehrkraft Grenzen setzt. Im Kontext einer inklusiven Förderung erscheint eine angemessene diagnostische Tätigkeit durch sie allein demgemäß kaum realisierbar. Die ungleich größere Diversität der Schüler und ihre individuellen Spezifika, wie etwa die Blindheit von Lara oder die Lese-Rechtschreibprobleme des mathematisch sehr begabten Sven (vgl. Fallbeispiele in Kap. 2.8 und Kap. 2.2), aus denen äußerst spezielle Lern- und Verhaltensstile der Kinder resultieren, können Lehrkräfte einerseits von vornherein entmutigen. In der Regel sind sie mit solchen, zum Teil extremen Besonderheiten auch nicht vertraut – weder theoretisch noch im praktischen Umgang hiermit. Andererseits bieten inklusive Schulsysteme mit einer professionellen Kooperation zwischen Fachlehrkräften und qualifizierten Experten für „special educational needs" sehr gute Voraussetzungen für eine differenzierte Diagnostik und Förderung verschiedener Kinder (Sliwka 2014, S. 460). Dementsprechend liegt – wie bereits im Kapitel 4.2 herausgestellt wurde – der „Schlüssel" für das Meistern einer inklusiven Diagnostik im Team-Teaching aller beteiligten Lehrkräfte, die hierbei ihre jeweilige spezielle Expertise einbringen.

Für den *Fachlehrer* empfiehlt es sich hierbei, sich zunächst gemäß seinen Hauptaufgaben im inklusiven Mathematikunterricht auf die prozessbezogene Diagnostik der fachlichen Leistungen, der Lern- und Verhaltensweisen und diesbezüglicher Lernfortschritte zu fokussieren. Hierzu gehören insbesondere kontinuierliche Analysen der Ergebnisse schriftlicher Lernstandserhebungen (Klassenarbeiten, Einsatz von VERA-Aufgaben und weiterer schulinterner wie schulübergreifender Vergleichsarbeiten), das Beobachten und Erfassen der fachlichen Leistungen, der Lernstile und des Lernverhaltens jedes Kindes beim Problembearbeiten, bei Gruppenaktivitäten u. Ä.

Der *Förderlehrer* (Sonderpädagoge) legt seinen Schwerpunkt dagegen darauf, die Leistungspotenziale und individuellen Lernbedürfnisse von Kindern mit besonderem Förderbedarf festzustellen und daraufhin spezielle Fördermaßnahmen und gegebenenfalls zieldifferenzierte Vereinbarungen zu entwickeln. Hierzu beobachtet er zielgerichtet diese Kinder beim Bearbeiten von Aufgaben, führt vertrauensvolle Einzelgespräche und setzt spezielle Tests für rechenschwache oder behinderte Kinder ein – wenn möglich und notwendig in Absprache und mit Unterstützung diesbezüglicher externer Spezialisten.

Der *Lerncoach* („Beratungslehrer") ist darauf fokussiert, vor allem soziale Prozesse im Unterricht zu beobachten und zu analysieren und wiederum hierauf basierend Konzepte für die Lösung sozialer Konflikte, zur Stärkung des Selbstkonzeptes von Kindern u. Ä. zu entwerfen sowie verschiedene Fördermaßnahmen in Absprache mit seinen Kollegen zu koordinieren.

Als Empfehlungen für die Planung, Durchführung und Auswertung von für alle beteiligten Lehrkräfte wichtigen *Beobachtungen* kann man hervorheben:

▸ Beim Beobachten sollte man prinzipiell achten auf
  – einen positiven und wertschätzenden Blick auf das Kind,
  – die Empathiefähigkeit des Beobachters,
  – das Wahrnehmen des Kindes als aktiven Gestalter der eigenen Entwicklung,
  – wertfreies Beobachten,
  – Selbstreflexionen und Reflexionen im Team.
▸ Beobachtungen sollten sowohl situativ (ungerichtet) als auch planmäßig und zielorientiert (gerichtet) durchgeführt werden.
▸ Auf der Basis von Beobachtungsbögen können in regelmäßigen Abständen konkrete (gerichtete) Beobachtungen und Einschätzungen für ein Kind vorgenommen werden.
▸ Die Beobachtungsbögen sollten prinzipiell nach einer Unterrichtsstunde ausgefüllt werden. Während des Beobachtens könnte sich die Lehrkraft höchstens einzelne Stichworte notieren.
▸ Auch ungerichtete Beobachtungen können im Nachhinein in den entsprechenden Beobachtungsbögen dokumentiert werden.
▸ Beobachtungsbögen sollten auch freie Plätze enthalten, in denen die Lehrkraft Kriterien ergänzt, die sie rückblickend auf die beobachtete Lernsituation als wichtig erachtet.
▸ Die Beobachtungsbögen für jedes Kind können in einer Mappe gesammelt und zum Abschluss des Halbjahres und des Schuljahres verglichen werden, um Lernfortschritte der Kinder, gegebenenfalls auch spezielle Probleme oder Problemphasen eines Kindes, zu erfassen.
▸ Die Beobachtungsergebnisse sollten ebenso mit den Ergebnissen der Kinder in schriftlichen Lernstandserhebungen sowie mit den Selbstreflexionen der Kinder verglichen und in Gesamtzusammenhängen eingeordnet werden (Käpnick u. a. 2011b, S. 182).

Als konkrete Hilfen für das Festhalten der Diagnoseergebnisse bieten sich *Beobachtungsraster* und *Checklisten* an (vgl. Abb. 25 und 27).

Eine ganzheitliche und prozessorientierte Diagnostik schließt stets ein, Zusammenhänge zwischen verschiedenen Leistungserhebungen, Beobachtungsergebnissen, auffälligen Verhaltensweisen usw. herzustellen und jeweilige Hauptursachen sowie Leistungs- und Verhaltenstendenzen zu bestimmen, um hierauf basierend den richtigen „Hebel" für eine wirkungsvolle individuelle Förderung anzusetzen. Dementsprechend sollte die Fachlehrkraft gemeinsam mit dem Klassenlehrer und gegebenenfalls mit Unterstützung der Experten für „special educational needs" auch fortlaufend eine Anamnese führen.

In Abhängigkeit von den jeweiligen Zielen und den konkreten Möglichkeiten könnte eine *Anamnese* Einschätzungen zu folgenden Bereichen umfassen:
▸ familiärer Hintergrund (Berufe der Eltern, Geschwister u. Ä.),
▸ Besonderheiten der körperlichen Konstellation (Händigkeit, gesundheitliche Einschränkungen, einschließlich von Einschränkungen der Sinneswahrneh-

**B 3   Beobachtungsdokumentation im Mathematikunterricht
Lernthema: geometrische Formen, Veränderungen, Muster**

Name des Kindes	Datum	Klasse	
Beobachtungskriterium	Kurzeinschätzung	Details, Bemerkungen	Förder- und Fordermaßnahmen
kann Lagebeziehungen am eigenen Körper erfassen			
kann die Lage von Objekten im Raum unter Verwendung von links, rechts, oben ... beschreiben			
kann die Lage von Objekten auf Bildern unter Verwendung von links, rechts, oben ... beschreiben			
kann die Lage von Objekten aus der Vorstellung unter Verwendung von links, rechts, oben ... beschreiben			

Abb. 25: Ausschnitt aus einem allgemeinen Beobachtungsraster für Kompetenzen im Umgang mit geometrischen Formen im ersten Schuljahr (Käpnick u. a. 2011b, S. 185)

mungen wie Hörprobleme, Kurz-, Weit-, Winkelfehlsichtigkeit, ADS, Hyper-
aktivität u. Ä.),

▸ körperliche, soziale und kognitive Entwicklung im Vorschulalter (Verhalten in
Kindertagesstätten, prägende familiäre Erlebnisse),

▸ allgemein-kognitive Entwicklung in der bisherigen Schulzeit (Leistungen in
verschiedenen Fächern, Niveau bezüglich kognitiver Grundkompetenzen
wie Gedächtnisfähigkeit, Fähigkeiten im Klassifizieren, Strukturieren, Ordnen, räumliches Vorstellungsvermögen, allgemeine Sprachkompetenzen,
Kreativität u. Ä.),

▸ allgemeine Persönlichkeitsentwicklung in der bisherigen Schulzeit (Lernmotivation, bevorzugter Lern- und Denkstil, Selbstkonzept, Anstrengungsbereitschaft, Konzentrations- und Ausdauerfähigkeit, emotionale Selbstregulation,
Sozialkompetenzen u. Ä.),

▸ besondere Interessen, Hobbys, Begabungen wie auch spezielle kognitive Defizite,

▸ spezielle mathematische Kompetenzen (Zahl- und Rechenkompetenzen,
bevorzugte Rechenstrategien, Umgang mit Rechenhilfsmitteln, räumliche

143

Wahrnehmungs- und Vorstellungskompetenzen, zeichnerische Fähigkeiten, Gebrauch mathematischer Fachbegriffe, Größenvorstellungen, Fähigkeiten im Schätzen, Messen, Vergleichen, Ordnen und Rechnen mit Größen, sachrechnerische Kompetenzen, Fähigkeiten im Erfassen, Darstellen und Interpretieren von Daten, Häufigkeiten und Wahrscheinlichkeiten, Kompetenzen im Begründen, Argumentieren, Problemlösen und Darstellen mathematischer Sachverhalte),

▸ bereits vorhandene Testergebnisse (Intelligenz-, Kreativitäts-, Wahrnehmungs-, Rechentests u. Ä.),

▸ Schlussfolgerungen für die individuelle Förderung eines Kindes.

Hinzu kommt, dass die jeweiligen Möglichkeiten „vor Ort" kreativ und flexibel genutzt werden sollten. So könnten Kooperationen mit weiteren Spezialisten und Institutionen wie sonderpädagogischen Beratungsstellen, Instituten zur Förderung rechenschwacher Kinder oder Begabungsforschern die Diagnostik und individuelle Förderung „spezieller Lerner" sehr wirkungsvoll unterstützen.

Literaturhinweise zum Thema „Diagnostik"

Zusätzliche Informationen zur Diagnostik mathematisch besonders begabter Kinder findet man unter: Käpnick (2001, S. 165 – 186), Käpnick/Fuchs (2009, S. 26 – 35) und Käpnick/Fritzlar/Rodeck (2006, S. 180 – 191).

Weitere Empfehlungen zur Diagnostik von Kindern mit Rechenschwäche sind zum Beispiel enthalten in: Lorenz/Radatz (1993, S. 36 – 80, 221 – 231) und Gaidoschik (2011).

Wenn es um Kinder mit besonderen Begabungen, ebenso aber mit einer ausgewiesenen Rechenschwäche oder einer markanten gesundheitlichen Einschränkung geht, sollten in eine Anamnese weitere spezielle Bereiche aufgenommen werden. Hierbei kann man im Sinne von Inklusion sehr vorteilhaft die Experten für „special educational needs" nutzen.

5.2 Selbstreflexionen von Kindern

Für die Realisierung der didaktischen Leitidee „Kinder als aktive Mitgestalter und Mitverantwortliche ihres Lernens" sollte daraufhin orientiert werden, vom ersten Schultag an alle Kinder an diese Eigenverantwortlichkeit heranzuführen. Hierfür bietet sich als ein pädagogisch sehr wertvolles Mittel – durchgängig vom 1. Schuljahr an – die Nutzung von Portfolios an. Unter Portfolios werden Selbstreflexionen der Kinder über ihr Lernen verstanden. Die Kinder sollen konkret angeregt werden, eigenverantwortlich geführte Sammlungen ihrer Lernaktivitäten anzufertigen, in denen sie ihre Anstrengungen, ihre Fortschritte und Leistungsresultate auf einem oder mehreren mathematischen Gebieten selbst dokumentieren. Dafür werden in den Handreichungen für Schulbuchreihen wie zum Beispiel für das Lehrwerk Rechenwege inhaltliche und methodische Empfehlungen gegeben, und zwar durch Vorgaben für die Anfertigung von kleinen Schülersammelbüchern (vgl. Abb. 26) und von „Checklisten" (vgl. Abb. 27). Die Vorgaben sind so konzipiert, dass die Kinder im 1. Schuljahr behutsam an die erhöhten Anforderungen bezüglich des Umgangs mit Portfolios herangeführt werden. Hierbei wird berücksichtigt, dass die Befähigung zur Selbstreflexion über das eigene Lernen für Kinder eine sehr anspruchsvolle Aufgabe ist, die sie im Allgemeinen erst im Ergebnis eines längeren kontinuierlichen Entwicklungsprozesses selbstständig meistern können. Eintragungen in den Sammelbüchern und Checklisten können die Kinder zugleich nutzen, um ihre selbstgestalteten Portfolios kontinuierlich zu erweitern. Generell sollten die Kinder jedoch selbst Ideen für ihr Portfolio entwickeln und umsetzen (Käpnick u. a. 2011, S. 190).

Abb. 26: Titelseite eines Schülersammelbuches (Käpnick u. a. 2011b, S. 195)

In den Handreichungen der Rechenwege des 1. Schuljahres werden zum Beispiel konkret kleine Schülersammelbücher mit folgenden Titeln vorgeschlagen:

S1 Mein Zahlenbuch   S5 Mein Geldbuch
S2 Mein Rechenbuch   S6 Mein Längenbuch
S3 Mein Figurenbuch   S7 Mein Zeitbuch
S4 Mein Musterbuch   S8 Mein Gewichtebuch

Im Lehrerband dazu werden „Rechenwege-Checklisten" in Form von Kopiervorlagen zu den Themenkomplexen „Zahlen und Rechnen", „Formen", „Größen", „Daten, Häufigkeiten, Zufälle" und „Beschreiben, Begründen, Probleme lösen ..." angeboten (vgl. Abb. 27).

Hinsichtlich der Nutzung von Checklisten wird empfohlen, dass jedes Kind von Anfang an – wie auch seine Lehrkräfte – seine (Selbst-)Einschätzungen aus einer kompetenzorientierten (und nicht defizitorientierten) Perspektive vorneh-

P 3 Rechenwege-Checkliste
Daten, Häufigkeiten und Zufälle

Name des Kindes   Datum   Klasse

Lernthema	Das kann ich schon!	Ich bin auf dem Weg
Strichlisten und Tabellen anlegen 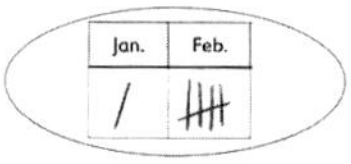		
Diagramme verstehen 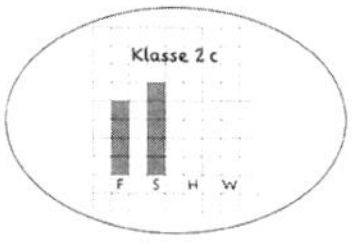		
Anzahlen von Mengen schätzen 		

Abb. 27: Ausschnitt einer Rechenwege-Checkliste zu „Daten, Häufigkeiten und Zufälle" (Käpnick u. a. 2011b, S. 205)

men sollte. Demgemäß werden in den Tabellen der Checklisten die beiden Bewertungsmuster „Das kann ich schon!" und „Ich bin auf dem Weg!" vorgeschlagen. Entsprechend der Befähigung zur Selbstkompetenz können die Kinder zudem in Abhängigkeit von ihren jeweiligen individuellen Entwicklungsständen selbst entscheiden, in welcher Form sie die Selbstreflexionen dokumentieren und ob sie in freien Spalten Lernthemen ergänzen, die sie für wichtig erachten. In einer freien Zeile unterhalb der Tabelle kann die Lehrkraft einen anerkennenden Kommentar ergänzen. Um Kontinuität zu gewährleisten, wird außerdem angeregt, dass die Kinder die Checklisten zumindest einmal pro Vierteljahr ausfüllen. Die Auswertung der Kindereinschätzungen sollte vor allem individuell erfolgen, die Lehrkraft könnte darüber hinaus der gesamten Lerngruppe allgemeine Trends, besonders gute Leistungen u. Ä. vorstellen.

Selbstreflexionen könnten Kinder ebenso in noch offeneren, von den Kindern individuell gestalteten Lerntagebüchern vornehmen. Hier könnten sie zum Beispiel entsprechend der Grundidee eines Tagebuches ihre selbstgesteckten Ziele einer Woche und entsprechende persönliche Fazite, tägliche Eindrücke, besonders positive wie auch negative Erlebnisse aus dem Mathematikunterricht, eintragen – verbal oder zeichnerisch. Es empfiehlt sich dann, dass ein Kind seine Eintragungen der „Lehrkraft des Vertrauens" in regelmäßigen zeitlichen Abständen, zum Beispiel einmal im Monat, zeigt und mit ihr darüber spricht.

Als weitere Instrumente einer prozessorientierten Diagnostik im Kontext selbstgesteuerten Lernens von Kindern eignen sich Mind- und Concept-Maps. Diese „Begriffslandkarten" können aus der Schülerperspektive sinnverstehendes Lernen sowie das Erkennen und Einprägen von Sinnzusammenhängen und somit die Kompetenzen der Kinder zum Strukturieren ihres Wissens fördern. Aus der Lehrerperspektive ermöglichen sie Einblicke in individuell geprägte Lernnetzwerke von Kindern und in ihre Kompetenzen zum Strukturieren.

Der Einsatz von Mind- und Concept-Maps kann inhaltlich und methodisch unterschiedlich gestaltet werden. Man kann zum Beispiel Kinder auffordern, zu einem vorgegebenen Schlüsselbegriff, wie etwa „Durchschnittsrechnung", weitere hierzu passende Begriffe und entsprechende Begriffsbeziehungen in einer Mind-Map zusammenzutragen (vgl. Abb. 28).

Alternativ könnten Kinder aufgefordert werden, vorgegebene Begriffe wie zum Beispiel „Zahl", „gerade Zahl", „ungerade Zahl", „0" und „3" mittels eines Pfeilbildes in einen sinnvollen Zusammenhang zu bringen. Durch die Vorgabe von Teilen, wie zum Beispiel eine sinnvolle „Grundstruktur" der Pfeilbild-

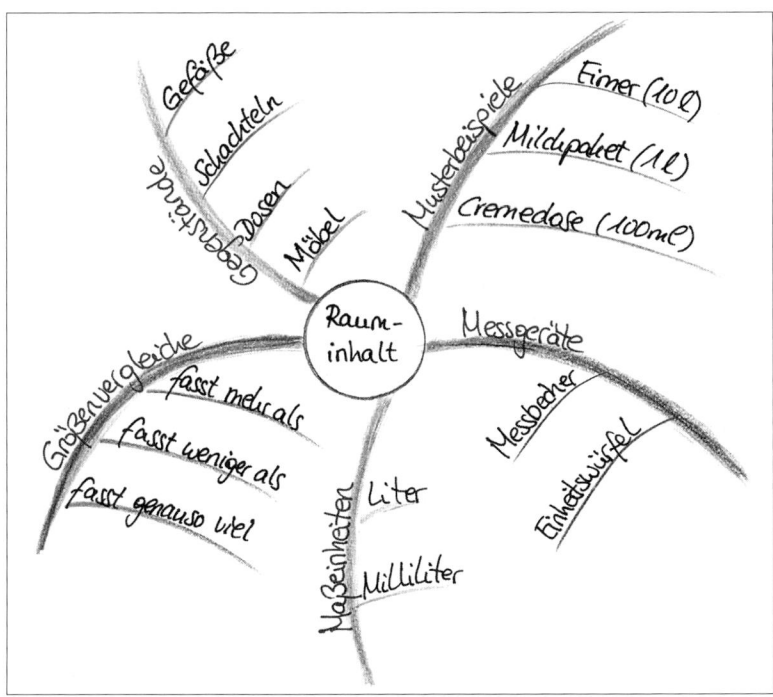

Abb. 28: Mind-Map eines Viertklässlers zum Schlüsselbegriff „Durchschnittsrechnung"

darstellung, kann man gegebenenfalls den Schwierigkeitsgrad verkleinern (vgl. Abb. 29), wobei der „Preis" dann zugleich darin bestünde, das freie Denken der Kinder einzuschränken.

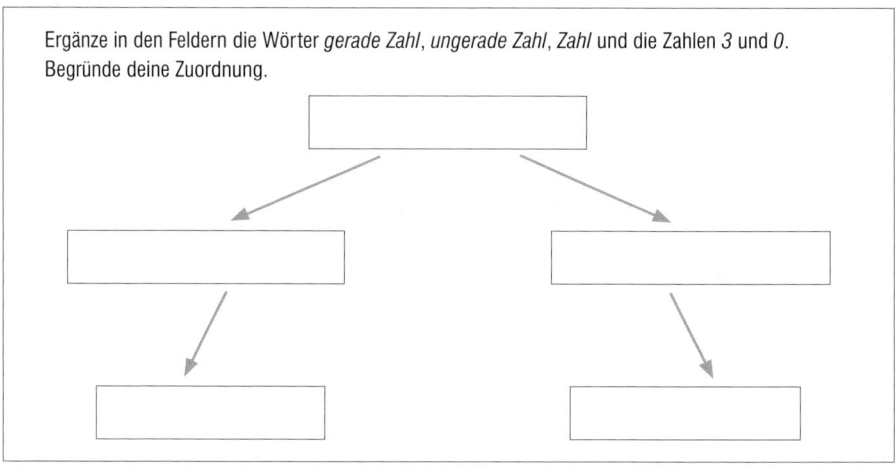

Ergänze in den Feldern die Wörter *gerade Zahl*, *ungerade Zahl*, *Zahl* und die Zahlen *3* und *0*. Begründe deine Zuordnung.

Abb. 29: Beispielaufgabe zum Erstellen einer Concept-Map

5.3 Schriftliche Lernstandserhebungen im inklusiven Unterricht

Gleichwohl die vorgestellten „informellen" Diagnosemethoden im Rahmen Inklusiver Bildung stark an Bedeutung gewinnen, bleiben auch Klassenarbeiten als Prototyp schriftlicher Lernstandserhebungen im Mathematikunterricht wichtig. Ihre „traditionelle" Hauptfunktion besteht darin, das erreichte Lernniveau aller Schüler bezüglich der Lehrplanfestlegungen bzw. Zielvereinbarungen zu eine größeren Themenkomplex zu erfassen. Demgemäß haben Klassenarbeiten in der schulischen Diagnostik sogar eine herausgehobene Stellung (vgl. Selter/ Sundermann 2006, S. 147). Um der angesprochenen Funktion gerecht werden zu können, ist es in der herkömmlichen Unterrichtspraxis üblich, dass alle Kinder einer Lerngruppe in einer Klassenarbeit die gleichen Aufgaben unter gleichen Rahmenbedingungen (einheitliche Inhalte und Präsentation der Aufgaben, gleiche Zeitdauer, Nutzung von Lernmitteln, einheitlicher Bewertungsmaßstab) bearbeiten. Diese Vorgehensweise ist jedoch angesichts der enormen Leistungsunterschiede gleichaltriger Kinder in einer „inklusiven Lerngruppe" und der hiermit verbundenen stärkeren Fokussierung auf die individuelle Förderung jedes Kindes kritisch zu beurteilen. Konsequenterweise schließt die Umsetzung Inklusiver Bildung auch eine den individuellen Lernniveaus der Kinder entsprechende Durchführung schriftlicher Leistungskontrollen ein. Es geht – insgesamt gesehen – also um einen Spagat zwischen objektiver Leistungserfassung gemäß den vorgegebenen Lehrplan- bzw. individuellen Zielfestlegungen auf der einen und gleichzeitiger Beachtung spezieller Lernbedürfnisse sowie den Aspekt der Lernstimulierung durch Leistungsnachweise auf der anderen Seite. Eine akzeptable Lösung des Problems kann nur in differenzierten schriftlichen Leistungskontrollen bestehen, die aber auch praktikabel sein müssen.

Allgemein könnte in schriftliche Lernstandserhebungen unter anderem differenziert werden nach:

▸ der Anzahl der (Teil-)Aufgaben,
▸ dem Schwierigkeitsgrad der Aufgabendaten (Zahlenraum, Rechenanforderungen usw.),
▸ der Komplexität der Aufgaben (Anzahl der Lösungsschritte, Abstraktionsgrad usw.),
▸ der Präsentationsform (Text, unterstützende Abbildungen, Existenz von Hilfsaufgaben oder Beispielen usw.),
▸ dem Grad der erforderlichen Transferleistungen,
▸ dem Anforderungsniveau beim Beschreiben oder Begründen.

Hierfür werden in der mathematikdidaktischen Literatur drei verschiedene Klassenarbeitsmodelle empfohlen (vgl. Selter/Sundermann 2006, S. 165–170).

Sternchenaufgaben-Modell (Fundamentum-Additum-Modell). Die Schüler bearbeiten hauptsächlich Aufgaben zu verschiedenen Inhalten oder in verschiedenen Kontexten (Aufgabenformaten) auf einem Mindest- oder Durchschnittsniveau und abschließend einzelne sehr schwierige oder komplexe Aufgaben als „Sternchenaufgaben" (die in der Regel dem Anforderungsbereich III der Bildungsstandards entsprechen könnten). In Übereinstimmung mit häufigen Schulbuchdarstellungen und ihrer Bezeichnung können die Sternchenaufgaben mit einem Stern-Symbol gekennzeichnet werden. Eine differenzierte Leistungsanforderung und Bewertung kann beispielsweise darin bestehen, dass einem Kind bei vollständiger richtiger Lösung aller Pflichtaufgaben eine befriedigende oder gute Leistung bescheinigt und erst bei zusätzlich richtiger Lösung der Sternchenaufgabe(n) eine sehr gute oder ausgezeichnete Leistung attestiert wird. Mit einem teilweisen oder vollständig richtigen Lösen einer Sternchenaufgabe könnten Kinder zugleich eventuelle Rechenfehler aus dem Pflichtteil „ausgleichen".

Im Vergleich zu den beiden nachfolgenden Modellen scheint das Sternchenaufgaben-Modell für Grundschulkinder relativ leicht verständlich und von ihnen gut nutzbar zu sein. Ebenso kann eine differenzierte Punkt- und gegebenenfalls Notenbewertung von der Lehrkraft vergleichsweise problemlos vorgenommen werden. Problematisch ist dagegen aus der Kinderperspektive, dass viele Kinder die Sternchenaufgaben (aufgrund von Unterrichtserfahrungen) von vornherein als zu schwer einschätzen und diese Aufgaben eventuell nur den leistungsstarken Kindern vorbehalten bleiben.

Spaltenmodell. Die Kinder können aus einem Parallelangebot von jeweils zwei Aufgaben zu gleichen Inhalten, aber mit zwei verschiedenen Schwierigkeitsgraden immer eine Aufgabe auswählen und somit selbst den Schwierigkeitsgrad bestimmen. Falls sie ausreichend Zeit haben (oder aus „taktischen" Gründen), könnten sie auch beide Parallelaufgaben lösen.

Sich beim Bearbeiten jeder Aufgabe neu zu entscheiden, ob sie eine relativ leichte oder schwere Aufgabe lösen wollen, ist aber ein hoher Anspruch an die Selbstständigkeit der Kinder und erfordert in den meisten Fällen einige Zeit für ein gründliches Durchdenken und Vergleichen der jeweiligen Lerntätigkeiten. Vergleichsweise problematisch ist beim Spaltenmodell außerdem die Bewertung und Benotung von Kinderlösungen. Eine Möglichkeit könnte darin bestehen, bei fehlerloser Bearbeitung der kompletten linken Spalte (Grundanforderungen) dem Schüler eine befriedigende Leistung bzw. die Note 3 zu bescheinigen und erst die größtenteils oder (fast) vollständig richtige Lösung aller Aufgaben aus der rechten Spalte als eine gute oder sehr gute Leistung anzuerkennen.

Ein Teil der angesprochenen Probleme lässt sich entschärfen. So könnten flexible Zeitvorgaben, zumindest bei den ersten Einsätzen des Modells, für viele Kinder hilfreich sein. Durch den Einsatz von Aufgabenformaten, -präsentationen und -anforderungen, die den Kindern aus dem Unterricht vertraut sind, könnte zudem der Leseaufwand und die Zeit für das Durchdenken einer Aufgabe reduziert werden. Bezüglich der Wahlproblematik könnte es für Kinder außerdem hilfreich sein, wenn ihnen vorab die Differenzierungskriterien allgemein erläutert werden.

Probleme des Spaltenmodells

Als „potenzielle Probleme" des Spaltenmodells werden häufig genannt:

▶ Manche Kinder überlegen bei der Aufgabenauswahl zu lange und verlieren dadurch Zeit für die Bearbeitung der Aufgaben.

▶ Kinder haben zu wenig Zutrauen in ihr Können und wählen daher die linke Spalte.

▶ Für die Kinder ergibt sich ein höherer Leseaufwand, der zusätzliche Probleme bei den Schülern erzeugen kann, die noch nicht flüssig lesen können.

▶ Einige Kinder entscheiden sich „willkürlich", weil ihnen unklar ist, worin die Schwierigkeitsunterschiede bestehen. Sie wählen dann prinzipiell Aufgaben aus einer Spalte oder springen zufällig zwischen beiden Spalten hin und her.

▶ Der Zeitaufwand eines Lehrers in der Vorbereitung ist sehr hoch. So ist es nicht einfach, jeweils zwei im Niveau unterschiedliche, zueinander passende Aufgaben zu finden und hier die Bepunktung aufeinander abzustimmen (vgl. Selter/Sundermann 2006, S. 168 f.).

Aufgaben-Wahl-Modell. Die Kinder können aus einem Pool unterschiedlich angelegter Aufgaben selbst auswählen, zum Beispiel 7 von 10 Aufgaben. Hierbei ist es möglich, dass für alle Aufgaben die gleichen Punktzahlen oder verschiedene Punktzahlen vergeben werden. Für die Kinder besteht ein Vorzug des Modells

darin, dass sie die Aufgaben gemäß ihren individuellen Stärken auswählen können. Für die Lehrkraft bietet diese Entscheidung wiederum wichtige Informationen zu bevorzugten wie auch weniger geschätzten Aufgabeninhalten einzelner
Kinder, eventuell auch über ihre jeweiligen „taktischen Strategien". Dennoch
stellt der Einsatz des Aufgaben-Wahl-Modells für die Kinder einen sehr hohen
Anspruch an ihre Selbstständigkeit. Für die Auswahl der Aufgaben sollte demgemäß den Kindern von vornherein zusätzlich Zeit eingeräumt werden. Problematisch könnte für viele Kinder auch sein, dass die Struktur des Aufgaben-Wahl-
Modells für sie zunächst ungewohnt ist. Aus der Perspektive der Lehrkräfte ist zu
beachten, dass das Ausarbeiten und ausgewogene Zusammenstellen der Aufgaben in der Regel sehr zeitaufwendig sein dürfte. Analoges gilt für die Bepunktung und gegebenenfalls Benotung der Schülerleistungen.

Unabhängig davon, welches der drei vorgestellten Modelle im Mathematikunterricht genutzt wird, notwendig ist prinzipiell, alle Kinder schrittweise und behutsam an diese Formen der Leistungserfassung heranzuführen. Hierfür können
in den ersten beiden Schuljahren (in der Regel ohne den zusätzlichen Leistungsdruck durch eine Benotung) im Unterricht verschiedene „Phasen des Auspro-
bierens und Vertrautmachens" organisiert werden. Selter/Sundermann (2006,
S. 150 f.) unterbreiten hierfür folgende Vorschläge:
▸ Einzelne Kinder können eine schriftliche Leistungskontrolle an unterschiedlichen Tagen schreiben. (Es könnten etwa zwei Termine angeboten werden
  und jedes Kind wählt selbst einen Termin.)
▸ Die Kinder dürfen das Schreiben einer Klassenarbeit (z. B. beim Nachlassen
  der Konzentration oder bei „schlechter Tagesform") unterbrechen und an einem mit dem Lehrer abgestimmten Termin weiterschreiben.
▸ Einzelne Kinder schreiben einen Teil einer schriftlichen Leistungskontrolle
  ein zweites Mal. Die erste Bearbeitung wird so korrigiert, dass auf das Vorhandensein von Fehlern bzw. auf Optimierungsmöglichkeiten hingewiesen
  wird. Nach der Überarbeitung erfolgt dann die Beurteilung der Leistung, in
  die auch der Umgang mit den Hinweisen zur ersten Version eingehen sollte.
▸ Einzelne Kinder dürfen ihre Leistungen in Klassenarbeiten durch zusätzliche
  (mündliche oder schriftliche) Leistungen teilweise kompensieren.
▸ Alle Kinder schreiben eine korrigierte, aber für die Bewertung nicht relevante
  Probearbeit, der eine von der inhaltlichen Struktur her und bezüglich der Bewertung analoge Hauptarbeit folgt.
▸ Die Kinder dürfen bei einer schriftlichen Leistungskontrolle wählen, ob sie
  nur diejenigen Aufgaben beantworten, die die Grundanforderungen abde-
  cken, oder auch solche, die den weiterführenden Anforderungen genügen.

5.4 Zieldifferenzierte Förderpläne

Darüber hinaus ist es in einem inklusiven Mathematikunterricht notwendig, insbesondere für Kinder mit den Förderschwerpunkten Lernen und geistige Entwicklung (vgl. Kap. 3.1) zieldifferenzierte Förderpläne zu bestimmen, die gemäß den tatsächlichen Lernvoraussetzungen dieser Kinder von den mehr oder weniger „üblichen" Leistungsnormen deutlich abweichen. Hierbei könnte der Förderlehrer (Sonderpädagoge) eine federführende Rolle spielen. Die Festlegung der prozessbezogenen Diagnosemaßnahmen und der hierauf basierenden Förderkonzepte sollten aber stets im gesamten Lehrerteam besprochen werden. Als Leitorientierung kann hierbei der sogenannte Kreislauf individueller Diagnostik und Förderung (in der Schulpraxis häufig als „Förderkreislauf" bezeichnet) dienen (vgl. Abb. 30).

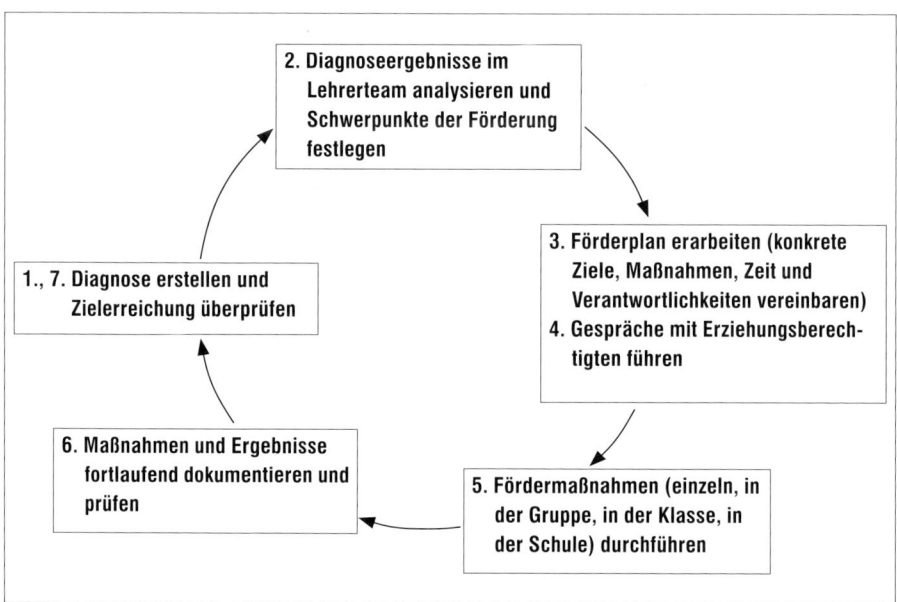

Abb. 30: Kreislauf individueller Diagnostik und Förderung im inklusiven Mathematikunterricht

Außerdem hat es sich in der Schulpraxis bewährt, die Förderpläne für Kinder mit besonderen Förderbedürfnissen im kognitiven Bereich auf zwei Förderschwerpunkte zu beschränken. So hat das Lehrerteam den hier exemplarisch angegebenen Förderplan für Anna (vgl. Kap. 2.4) auf die beiden Schwerpunkte „Mathematik" und „Deutsch" fokussiert (vgl. Abb. 31).

Förderplan

Datum	Ziele	Schulische Fördermaßnahmen	Außerschulische Fördermaßnahmen (Eltern, OGS, andere Dienste)	Ergebnis der Förderung
1. Halbjahr 2014/15	**Mathematik:** ▶ Operationsverständnis der Addition und Subtraktion enaktiv und ikonisch vertiefen ▶ Fingerbilder regelmäßig trainieren und automatisieren ▶ Addition und Subtraktion im Zahlenraum bis 10 mithilfe der Fingerklapptechnik sichern	▶ Fingerklapptechnik zum Lösen von Aufgaben bis 10 sichern ▶ Individuelle Lern- und Förderhefte: ▶ Addition bis 10 ▶ Subtraktion bis 10 ▶ Individuelle Unterstützung und positive Verstärkung durch die Lehrkraft und die Patin ▶ Nutzung des Gruppenfördertisches	**Therapeutisches Reiten:** Anna interessiert sich sehr für Pferde. Eine Teilnahme am therapeutischen Reiten zur Stärkung ihres Selbstwertgefühles wurde den Eltern dringend empfohlen. **Hausaufgaben:** Anna erhält im Rahmen der Hausaufgaben kurze Lese- und Rechenübungen. Sie erledigt zudem jede Woche eine lebenspraktische Aufgabe (z. B. Einkaufen, Kochen, Wege finden, Tasche mit vorgegebenen Materialien packen). Dies soll ihre Selbstständigkeit erhöhen.	Annas Verständnis der Addition und Subtraktion verbessert sich zunehmend. Sie hat verinnerlicht, dass bei der Addition etwas hinzugefügt oder vereinigt wird und bei der Subtraktion etwas weggenommen wird. Sie kann Additions- und Subtraktionsaufgaben mit den Fingern richtig darstellen und lösen. Anna erkennt Fingerbilder bis 5 simultan, die Fingerbilder zwischen 5 und 10 zählt sie weiterhin von 1 an ab. In der weiteren Förderung sollte daher das Zählen von der 5 an trainiert werden.
1. Halbjahr 2014/15	**Deutsch:** ▶ Lautgetreue Wörter richtig schreiben ▶ zunehmend längere Sätze erlesen ▶ eine Leserolle zu ihrem Lieblingsbuch schreiben	▶ Individuelle Lern- und Förderheft zu lautgetreuen Wörtern ▶ Lesetexte zu Pferden, denen sie zielgerichtet Informationen entnehmen muss ▶ Schriftliche, selbstgewählte Texte zu ihrem Lieblingsbuch verfassen (z. B. Zusammenfassung, Personenbeschreibung, Brief, Abschreiben, Meinung äußern) ▶ Individuelle Unterstützung und positive Verstärkung durch die Lehrkraft und die Patin ▶ Nutzung des Gruppenfördertisches		Anna schreibt Wörter zunehmend lautgetreu. Schwierigkeiten hat sie bei Buchstabenverbindungen (st, sp, pf, eu, ei). Diese sollten im Rahmen der weiteren Förderung trainiert werden. Anna arbeitet sehr motiviert an den Lesetexten und an ihrer Leserolle. Sie hat hier bereits gute Ergebnisse erzielt, wird jedoch auf eigenen Wunsch im nächsten Schulhalbjahr weiter in diesen Bereichen arbeiten.

Datum, Unterschrift der Klassenleitung

Abb. 31: Beispiel eines zieldifferenzierenden Förderplanes für ein Kind mit dem Förderschwerpunkt geistige Entwicklung

Das Beispiel von Annas zieldifferenziertem Förderplan zeigt außerdem, dass es sinnvoll ist, die Zielvorgaben für die individuelle Förderung eines Kindes für den Zeitraum von jeweils einem halben Jahr zu vereinbaren. Auf diese Weise können Zielfestlegungen flexibel den aktuellen Leistungs- und Persönlichkeitsentwicklungen eines Schülers angepasst werden.

Das abgebildete Beispiel eines zieldifferenzierten Förderplanes weist zudem darauf hin, die jeweiligen Festlegungen möglichst kurz und prägnant zu formulieren. Hierdurch wird nicht nur der Aufwand beim Fertigstellen eines Planes reduziert, sondern gleichzeitig ein effektives Arbeiten mit dem Plan in der täglichen Schulpraxis ermöglicht.

Ein wichtiger Punkt des „Förderkreislaufes" bezieht sich schließlich auf die Notwendigkeit von Absprachen der Lehrkräfte mit den Erziehungsberechtigten behinderter Kinder. Grundsätzlich ist es bei „lernbehinderten" Kindern unverzichtbar, zu den Erziehungsberechtigten vertrauensvolle Beziehungen aufzubauen. Dies schließt einen regelmäßigen Austausch über spezielle Lernbedarfe, über Entwicklungen im Sozialverhalten, in Bezug auf Lerneinstellungen, auf Lernfortschritte wie auch -rückschritte, aber auch ein gegenseitiges Verständnis für die jeweiligen besonderen Herausforderungen im schulischen Lernen und im Alltag der Familie ein. Auf der Basis eines gewachsenen Vertrauensverhältnisses zwischen Lehrkräften und Erziehungsberechtigten lassen sich dann sicher die (unter Umständen sogar gemeinsam vereinbarten) Ziele eindeutig leichter realisieren.

 FRAGEN ZUM VERTIEFENDEN NACHDENKEN

▸ Wie könnte ein Beobachtungsraster zum Erfassen von Problemlösekompetenzen gestaltet werden?

▸ Welche Inhalte sollten eine Checkliste zu prozessbezogenen Kompetenzen für einen 1.-Klässler enthalten?

▸ Wie könnte man konkret einem Kind helfen, das bei Selbstreflexionen die eigenen Kompetenzen meist überschätzt oder unkritisch gegenüber eigenen Lernergebnissen ist?

6 Organisationsformen für inklusives Lernen im Mathematikunterricht

Gemäß der Grundidee Inklusiver Bildung und der konzeptionellen Eckpfeiler eines inklusiven Mathematiklernens (vgl. Kap. 4) werden in diesem Kapitel vor allem Organisationsformen vorgestellt, die ein gemeinsames Lernen sehr verschiedener Kinder im Mathematikunterricht ermöglichen – und zwar derart, dass hierbei sowohl jedes Kind seine individuellen Stärken entfalten kann als auch die Schüler sich untereinander wechselseitig bereichern. Hierfür bietet die natürliche Differenzierung grundsätzlich einen sehr erfolgversprechenden Ansatz. Bei dieser Organisationsform erfolgt im Unterschied zu allen anderen bekannten Differenzierungsmaßnahmen (innere, äußere, quantitative Differenzierung, Compacting usw.; vgl. Käpnick 2014, S. 193–195) die Differenzierung im Prozess der Lerntätigkeit durch die Kinder selbst. Die natürliche Differenzierung ist demgemäß dadurch gekennzeichnet, dass jedes Kind beim Entdecken, Üben und Anwenden mathematischer Lernthemen eigenständig über die Tiefe des Eindringens in einen Inhalt wie auch über die Wahl von Lösungswegen, von Hilfsmitteln und die Lösungsdarstellung entscheidet. Auf diese Weise wird den Kindern Eigen- bzw. Mitverantwortung für ihr Lernen übertragen und sie können hierbei ihre individuell bevorzugten Denk- und Lernstile entwickeln. Die Chancen für ein differenzierendes Lernen entsprechend den jeweiligen Potenzialen eines Kindes sind somit bei der natürlichen Differenzierung weitaus größer als bei einer „Sondierung" durch die Lehrkraft (vgl. ebd., S. 195). Für solche offenen Lernumgebungen lassen sich anknüpfend an die Hauptmerkmale offenen Unterrichts zusammenfassend folgende didaktische Grundorientierungen nennen (siehe auch Edel/Popp 2008):

▸ Als zentral ist die Selbst- oder zumindest Mitbestimmung der Lernenden hinsichtlich der Wahl von Unterrichtsinhalten, Sozialformen, Arbeitsmitteln u. Ä. zu sehen.

▸ Die Rolle der Lehrkraft verändert sich hin zu einer eher zurückhaltenden und moderierenden Haltung, wobei insbesondere dem individuellen prozessorientierten Diagnostizieren und Fördern eine besondere Bedeutung zukommt.

▸ Die Lernangebote sollten Impulse zum aktiven und entdeckenden Lernen liefern.

▸ Die Arbeitsformen werden im Sinne der Selbstverantwortung der Lernenden gestaltet.

▸ Neben der durch die oben genannten Aspekte intendierten Öffnung des Unterrichts „nach innen" kann eine Öffnung „nach außen" stattfinden, das heißt beispielsweise zur Kooperation mit außerschulischen Lernpartnern oder in Bezug auf die Wahl von Lernorten.

Aus diesen Hauptmerkmalen ergeben sich in Übereinstimmung mit konstruktivistischen lerntheoretischen Ansätzen einige grundlegende Gestaltungsprinzipien (siehe ebd.):

▸ *Prinzip der Sinnhaftigkeit:* Die angebotenen Lernarrangement müssen für die Lernenden eine subjektive Bedeutung haben, zum Beispiel durch enge Bezüge zu den Lebenswelten der Kinder.

▸ *Prinzip des selbstständigen Kompetenzerwerbs:* Die Lernenden müssen die Möglichkeit haben, sich Wissen gemäß ihren individuellen Voraussetzungen und Bedürfnissen selbstständig und selbstreguliert zu erschließen.

▸ *Prinzip der Kooperation:* Die Lernenden müssen die Möglichkeit haben, frei über eine Kooperationen mit den Mitlernenden zu entscheiden, wobei die Organisation des Unterrichts ein Zusammenarbeiten grundsätzlich fördern sollte.

▸ *Prinzip der Differenzierung und Individualisierung:* Der Unterricht soll so angelegt werden, dass die Voraussetzungen und Bedürfnisse eines jeden Kindes berücksichtigt und Lernprozesse individuell unterstützt werden.

▸ *Prinzip der Selbstverantwortung:* Ausgehend von den zuvor genannten Prinzipien sollte den Lernenden die Verantwortung für die Gestaltung ihrer Lernprozesse soweit wie möglich und sinnvoll übertragen werden.

Diese Postulate stehen durchaus in Einklang mit einschlägig bekannten mathematikdidaktischen Prinzipien der Unterrichtsgestaltung, wie etwa mit dem „Prinzip der Realitätsnähe", dem „Prinzip des aktiven Lernens" bzw. dem „Prinzip des aktiv-entdeckenden Lernen" sowie dem „Prinzip der fortschreitenden Schematisierung" (vgl. z. B. Käpnick 2014, S. 45–62).

Nachfolgend werden zehn Organisationsformate vorgestellt, die den Anforderungen eines solchen inklusiven Mathematikunterrichts in besonderer Weise entsprechen. Hierbei ist zu beachten, dass die Formate in engen inhaltlichen Zusammenhängen stehen und dass sie sich in der praktischen Umsetzung häufig vermischen. Dies wird in den folgenden Unterkapiteln auch an vielen konkreten Beispielen thematisiert. Eine Unterscheidung erscheint dennoch sinnvoll, um die besonderen Lernpotenziale und die spezifischen didaktisch-methodischen Ansprüche einer Organisationsform herauszustellen. Dementsprechend erfolgt ihre Darstellung im Folgenden jeweils so, dass zunächst die allgemeine Grundstruktur, spezielle Vorzüge und wichtige didaktische Aspekte beim Einsatz einer Organisationsform beschrieben werden. Dann wird das Allgemeine an authentischen Unterrichtsbeispielen konkretisiert.

6.1 Offene substanzielle Aufgaben und Aufgabenfelder

Ralf Benölken, Nina Berlinger, Friedhelm Käpnick

6.1.1 Merkmale, Vorzüge und didaktische Aspekte der Organisationsform

Für die Realisierung eines aktiven und selbstbestimmten Lernens der Kinder gemäß ihren individuellen Potenzialen müssen im Mathematikunterricht die eingesetzten mathematischen Aufgaben besondere Anforderungen erfüllen. Diesbezüglich werden in der neueren mathematikdidaktischen Literatur relativ übereinstimmend folgende vier Kriterien genannt (Käpnick 2014, S. 125):

▸ Möglichst alle Kinder sollten die Chance haben, sich mit der Aufgabe erfolgreich auseinanderzusetzen.

▸ Der Aufgabeninhalt sollte für möglichst alle Kinder interessant und motivierend sein.

▸ Der Aufgabeninhalt soll eine gewisse fachliche Substanz, Vielfältigkeit und Offenheit aufweisen.

▸ Es sollte eine Offenheit bezüglich der Wahl von Lösungswegen, von Hilfsmitteln und der Lösungsdarstellung bestehen.

Entsprechend den Kriterien werden diese Aufgaben häufig als *offene, mathematisch substanzielle Aufgaben* oder *Aufgabenfelder* bezeichnet. Eine eindeutige inhaltliche Trennung zwischen beiden Begriffen erscheint nicht möglich. Die Komplexität eines Aufgabenfeldes (repräsentative Beispiele hierfür findet man im letzten Teil dieses Kapitels) ist aber in der Regel weitaus größer als die einer offenen Aufgabe, die zum Beispiel eine Fermi-Aufgabe oder eine Aufgabenfolge mit einem Rechenmuster sein kann. Vom Charakter her sind offene Aufgaben wie Aufgabenfelder tendenziell Problemaufgaben. Da das Problemlösen eine hochkomplexe und zugleich sehr individuell geprägte Lerntätigkeit ist, kann diese auch nur bedingt geplant werden. Für die Lehrkraft ist hierbei entscheidend, neben den genannten Aufgabenanforderungen allgemeine Grundorientierungen der Lernbegleitung zu erfüllen. Hierzu gehören insbesondere (vgl. ebd., S. 124 f.):

▸ Vertrauen in die Problemlösekompetenzen aller Kinder (auch von Kindern mit Rechenproblemen) zu haben,

▸ die „Kunst der pädagogischen Zurückhaltung" zu beherzigen,

▸ Kindern zuzubilligen, selbst über ihre Organisationsform, über die Nutzung von Arbeitsmaterialien, über ihren Lösungsweg, die Lösungsdarstellung usw. zu entscheiden,

▸ Kindern beim Entwickeln ihrer individuell bevorzugten Problemlösestile zu helfen,

▸ ausreichend Zeit für die Phase der Problembearbeitung sowie der Ergebnispräsentation und -diskussion einzuplanen.

Die aufgelisteten Anforderungen an eine Lehrkraft erscheinen sehr plausibel. In der Schulpraxis werden sie jedoch keinesfalls immer umgesetzt. So erleben wir in Hospitationen häufig, dass Lehrkräfte oder Lehramtsstudierende Kindern nicht genügend Zeit zum Finden einer Lösungsidee lassen, sogar vorschnell unnötige Hilfen geben und dass Lehrkräfte oft (viel zu) wenig Vertrauen in Problemlösekompetenzen von Kindern mit Rechenproblemen haben.

Darüber hinaus ist es wichtig, dass die Lehrkräfte idealtypische Abläufe von Problemlösephasen und individuelle Problemlösestile von Kindern kennen und dieses Wissen als Orientierungshilfe nutzen. Hinsichtlich der komplexen Prozessabläufe beim Problemlösen haben Psychologen und Mathematikdidaktiker folgende, nach wie vor weit verbreitete Modellierung entwickelt, die man als *„klassische" Unterscheidung von Problemlösephasen* bezeichnen kann (vgl. z. B. Lompscher 1988, S. 129):

▶ Bewusstmachen der Problemsituation,
▶ Problemanalyse und gegebenenfalls Bestimmung einer Problemfrage,
▶ Hypothesenbildung und Suche eines Lösungsweges,
▶ Finden einer oder mehrerer Lösungen,
▶ Kontrolle und Bewertung der Lösung(en).

In diesem Stufenmodell wird u. E. das zu lösende Problem in den Vordergrund gerückt. Dagegen wird die Perspektive des Problembearbeiters vernachlässigt, sodass man von einer „stoffdidaktisch orientierten Modellierung" (Fuchs 2006, S. 74) sprechen kann. Nach Fuchs wird der Eindruck erweckt, als ob Problemlöseprozesse eher gleichförmig, beinahe „algorithmisch" abliefen. Vor allem das nicht planbare, individuell geprägte und kreative Suchen nach Lösungsideen, die emotionale Auseinandersetzung mit dem eigenen Vorwissen, dem Zweifeln am Finden einer Lösung oder dem eigenen Anspruch an die Lösungsfindung, das „Ringen" um eine richtige Lösungsidee usw. werden zu wenig berücksichtigt. Diese Aspekte spiegelt dagegen ein Modell weitaus besser wider, das auf der Basis von Ergebnissen der emotionalen Intelligenzforschung entwickelt wurde und im Folgenden vorgestellt wird.

Phasen des Problemlösens (auf der Basis der emotionalen Intelligenzforschung)
1. Vorbereitung. Der Problemlöser vertieft sich in das Problem, sammelt und analysiert alle Informationen. Er ist hierbei offen im Denken, sammelt zum Beispiel möglichst unterschiedliche Daten, nimmt verschiedene Sichtweisen ein, entwickelt ungewöhnliche Verknüpfungen. Es stellen sich ebenso eine Selbstzensur („Die anderen werden denken, dass du verrückt bist", „Das ist viel zu einfach"), oft auch Frustration und unter Umständen Verzweiflung (Goleman/Kaufman 1999, S. 17–19) ein.

2. Inkubationsphase. Der Problembearbeiter „verdaut" alle bisherigen Analysen und Lösungsansätze. Viele Vorgänge entziehen sich in dieser Phase der bewussten Aktivität. Sie spielen sich in den unbewussten Bereichen des Geistes ab. Man schweift gedanklich ab, aber auch wenn das Problem von Zeit zu Zeit aus der „geistigen Dämmerzone in das helle Licht der Aufmerksamkeit" (ebd., S. 18f.) gerät, sucht das „Unbewusste" fortwährend nach einer Lösung. Diese Kraft des Unbewussten ist weit größer als die des bewussten Verstandes. Dabei bedient sich das Unbewusste vielfältiger Bildwelten, der Sprache und intensiver Empfindungen. Oft äußert sich eine Erkenntnis des Unbewussten als eine vage Empfindung bzw. Ahnung (Intuition).

Aus der Praxis: Zeit für die Inkubationsphase

Im Projekt „Mathe für kleine Asse" (vgl. Fuchs/Käpnick 2009) zeigt sich die Inkubationsphase bei vielen Kindern darin, dass sie nach etwa 15-minütiger angestrengter und bewusster Problemlösetätigkeit von sich aus plötzlich gedanklich abschweifen. Sie tauschen sich dann über belanglose Alltagserlebnisse aus, albern mitunter ein wenig herum, kehren nach weiteren ca. 10 Minuten aber ebenso abrupt zum konzentrierten Problembearbeiten zurück – meist mit einer erfolgversprechenden neuen Lösungsidee. Das intuitive Problemlösen der kleinen Matheasse stimmt übrigens mit der intuitiven Forschertätigkeit berühmter Wissenschaftler prinzipiell überein – auch wenn die Inkubationszeit der Forscher beim Entdecken neuer Erkenntnisse oft mehrere Jahre, beim Problemlösen der Kinder dagegen nur wenige Minuten oder sogar nur Sekunden dauert.

3. Zufallsgelenkte Tagträume. Bei Entspannungen oder nebensächlichen Aktivitäten (z. B. bei einem Spaziergang oder einem Gespräch über belanglose Alltagsthemen) erwächst plötzlich eine gute Idee zur Problemlösung.

4. Eingebung. Die Vertiefung von Tagträumen kann zur Eingebung führen, dem Augenblick, da sich die Antwort aus dem Nichts einzustellen scheint. Zum kreativen Akt gehört aber auch, die Erkenntnis ins Handeln zu überführen, die Idee in die Wirklichkeit zu „transportieren" (Goleman/Kaufman 1999, S. 17–23).

Als besondere Vorzüge des Unbewussten gegenüber dem Bewussten heben Goleman/Kaufman hervor:

- Im Unbewussten gibt es keine Selbstzensur, sodass sich die Ideen dort in bunter Mischung zu unbekannten Mustern und überraschenden Zusammenstellungen verbinden können. [...]
- Im Unbewussten wird alles gespeichert, was man weiß, auch das, was man nicht ohne weiteres aus dem Bewusstsein abrufen kann (Erinnerung ist unbewusst, bevor sie bewusst wird.) (Goleman/Kaufman 1999, S. 19f.).

Aktuelle Ergebnisse der Neurowissenschaften, Selbstreflektionen berühmter Forscher (vgl. z. B. Hadamard 1945; Binnig 1989;) sowie langjährige Analysen aus der Arbeit mit mathematisch begabten Kindern (Käpnick 1998, 2009) bestätigen, dass diese Modellierung recht gut den tatsächlichen Vorgehensweisen von Problembearbeitern entspricht. Insbesondere der Bedeutung von Unbewusstem bzw. von Intuition beim Problemlösen wird in Golemans Modell Rechnung getragen. Hiermit übereinstimmend stellt auch der Hirnforscher Roth heraus:

> Bewusstsein ist nicht die Krone menschlichen Wesens und nicht die entscheidende Grundlage unseres Handelns. Vernunft und Verstand sind eingebettet in die affektive und emotionale Natur des Menschen. Die weitgehend unbewusst arbeitenden Zentren des limbischen Systems bilden sich nicht nur früher aus als die bewusst arbeitenden corticalen Zentren, sondern sie geben auch den Rahmen vor, innerhalb dessen diese arbeiten. Das limbische System bewertet alles, was wir tun, nach gut oder lustvoll und damit erstrebenswert bzw. nach schlecht, schmerzhaft oder nachteilig und damit zu vermeiden und speichert die Ergebnisse dieser Bewertung im emotionalen Erfahrungsgedächtnis ab. Bewusstsein und Einsicht können nur mit „Zustimmung" des limbischen Systems in Handeln umgesetzt werden. (Roth 2001, S. 451 f.)

Wenngleich das Entstehen von Intuitionen wissenschaftlich erst wenig geklärt ist, gibt es einen erkennbaren breiten Konsens zur inhaltlichen Kennzeichnung und zur Bedeutung des Begriffs (vgl. Käpnick 2014, S. 116–119). Demgemäß kann man mit Bezug auf den Mathematikunterricht Intuitionen zusammengefasst

> als vielfach auftretende und wichtige phänomenologische Aspekte mathematischen Problemlösens kennzeichnen, die
> - nicht nur auf dem jeweiligen mathematischen Vorwissen, sondern auch auf allgemeinen kognitiven Kompetenzen (z. B. flexiblem und „flüssigem" Denken) der Kinder basieren,
> - zugleich durch ganzheitlich-komplexes, sinnlich-emotionales Erfassen eines mathematischen Sachverhalts geprägt sind,
> - nicht vordergründig an Sprache gebunden sind, sondern auch aus im Unbewussten subjektiv konstruierte komplexe „Bild- und Symbolwelten" bestehen,
> - in allen Problemlösephasen auftreten und den jeweiligen Stil wie auch die Lösungsqualität mitbestimmen können (Käpnick 2014, S. 118)

Problematisch, aber von großer praktischer Bedeutung, ist die Frage, wie man Intuitionen von Kindern erkennen kann. Da solche Ahnungen oder Geistesblitze flüchtig, spontan, diffus und individuell verschieden geprägt sind, können Außenstehende sie nicht leicht bemerken, und wenn ihnen das gelingt, ist es noch viel schwieriger, die fachliche Substanz zu verstehen und sie angemessen zu bewerten. Hinzu kommt, dass es nicht immer eindeutig feststellbar ist, ob eine Lösungsqualität „intuitiv" ist oder ob ein Kind aufgrund sprachlicher Defizite keine verständliche Erläuterung eines Lösungsgedankens angeben kann. Es kann zudem sein, dass sich beide Aspekte vermischen, wobei zu beachten ist, dass Intuition und sprachliche Kompetenzen sich nicht zwangsläufig wechselseitig bedingen (vgl. ebd.; Roth 2001, S. 217, 228). Die Analyse bisheriger Fallbeispiele erlaubt zumindest die Kennzeichnung von *Indizien für „Prototypen" mathematischer Intuitionen beim Problemlösen*. Solche Indizien können sein (Käpnick 2014, S. 118):

▸ plötzliche Ideen (hierfür typisches Statement eines Kindes: *„Ich kann es nicht erklären. Die Lösung war auf einem Mal da!"*),

▸ eine sprunghafte Gedankenführung (bei Beobachtungen oder in Videotranskripten erkennbar; seltener in schriftlichen Dokumenten feststellbar, eine chaotische Heftführung könnte jedoch auch ein Indiz sein),

▸ scheinbar zusammenhanglose Wortfetzen, die aber beim genauen Analysieren doch wichtig für einen Themenkomplex sind,

▸ symbolhafte Gesten, die Wesentliches „erahnend", mit Worten (noch) nicht fassbar ausdrücken,

▸ ein erkennbarer Widerspruch beim Problemlöser zwischen der Überzeugung, eine Lösung zu kennen oder zu ahnen (typische Statements: *„Ich ahne …",* *„Ich denke, dass es damit etwas zu tun haben müsste")* und dem Unvermögen, das intuitive Erkenntnisprodukt anderen und sich selbst verständlich und zusammenhängend zu erklären (*„Ich kann es nicht erklären, es ist aber so"*).

Im Zusammenhang mit intuitiven Problemlösungen von Kindern kann für eine Lehrkraft die Kenntnis über deren verschiedene *Problemlösestile* eine wichtige Orientierungshilfe sein.

Problemlösestile von Kindern

Unter dem Problemlösestil eines Kindes wird hier die Art und Weise verstanden, wie

▸ ein Kind ein gegebenes Problem erfasst (Informationsaufnahme und Analyse des Problems),

▸ ein Kind das Problem zu lösen versucht (Entwicklung von Lösungsansätzen und -strategien, bevorzugte Handlungsebenen beim Problemlösen, spezifischer Denk- und Arbeitsstil beim Problembearbeiten),

▸ ein Kind die Lösung der Problemaufgabe darstellt und wie es diese kontrolliert (Käpnick 1998, S. 250 und Fuchs 2006, S. 101).

Der Begriff „Problemlösestil" ist somit nicht, wie etwa „heuristische Strategien" oder „Problemlösestrategien", auf kognitive Fähigkeiten beschränkt, er berücksichtigt aus ganzheitlicher Perspektive auch allgemeine Persönlichkeitseigenschaften.

Im Ergebnis mehrjähriger Untersuchungen konnte Fuchs für mathematisch interessierte und begabte Dritt- und Viertklässler solche verschiedenen Vorgehensweisen beim Problemlösen identifizieren und klassifizieren. Nachfolgeuntersuchungen lassen vermuten, dass diese Klassifikation ebenso auf weniger begabte Kinder zutrifft. Ein bemerkenswertes Resultat der Studie von Fuchs besteht zugleich darin, dass das Problemlöseverhalten der getesteten Kinder weniger vom

Inhalt oder von der Präsentationsform einer Problemaufgabe abhängt, sondern hauptsächlich durch die individuelle Ausprägung des problembearbeitenden Kindes bestimmt wird (Fuchs 2006, S. 278). Die Untersuchung zeigte dementsprechend auf, dass sich individuell geprägten Vorgehensweisen der Kinder beim Problemlösen im Verlauf der Grundschulzeit tendenziell sogar verfestigen – freilich nur bzw. vor allem dann, wenn die Kinder im Mathematikunterricht Freiräume zum Entfalten ihrer individuellen Lernstile haben. Zusammengefasst lassen sich folgende Problemlösestile unterscheiden (vgl. hierzu auch Fuchs 2006, S. 279–284 oder Käpnick 2014, S. 119–124):

▶ *Hartnäckiges Probieren:* Die Kinder probieren sehr ausdauernd und hartnäckig, ohne dabei wesentliche inhaltliche Zusammenhänge zu erkennen und zu nutzen. Sie verfolgen meist „in eine Richtung denkend" ihre Lösungsstrategie, ohne Repräsentationsebenen zu wechseln oder Gedanken umzukehren. Die Ergebnisdarstellungen sind meist übersichtlich, eigenen Resultaten stehen die Kinder aber selbstkritisch gegenüber (weil sie sich vermutlich darüber bewusst sind, dass sie nicht alle wichtigen inhaltlichen Ideen durchdrungen haben). Hartnäckige Probierer arbeiten gern mit anderen Kindern zusammen, akzeptieren Ideen und Meinungen anderer. Dieser Typ kommt unter den begabten Kindern selten, unter den weniger begabten Kindern dagegen häufig vor.

▶ *Intuitives Erahnen einer Problemlösung, intuitives Herantasten an eine Lösung:* Die Kinder entwickeln spontan, oft sehr schnell und nicht selten originelle und überraschende Lösungsideen. Intuitive Problemlöser haben ein sehr ausgeprägtes Gefühl für Zahlen und für andere mathematische Sachverhalte. Ihre Lösungsdarstellungen sind häufig unvollständig und chaotisch, ihre sprunghaften Ideen können sie meist nicht erklären und sie zeigen ein geringes Interesse, ihre Lösungen zu prüfen. Auffällig ist weiterhin, dass die Kinder bevorzugt allein knobeln, dabei sehr temperament- und fantasievoll sind.

▶ *Abwechselndes Probieren und Überlegen:* Die Kinder können in der Regel selbstständig und schnell alle wesentlichen Aufgabenbedingungen erfassen und probieren hoch motiviert, eine Lösung zu ermitteln. Sie entwickeln dann flexibel verschiedene Ansätze und hoffen dabei, wichtige Zusammenhänge, eventuell sogar ein Lösungsmuster zu erkennen, wodurch der Lösungsprozess entscheidend abgekürzt werden kann. Die Kinder haben meist ein positives Selbstkonzept, das auch auf ihren ausgeprägten kognitiven und flexibel einsetzbaren, soliden mathematischen Kompetenzen beruht. Die Lösungsdarstellungen sind häufig übersichtlich und vollständig. Dieser Problemlösestil entspricht einem „natürlichen Vorgehen" und kommt daher sehr häufig vor.

▶ *Systemhaftes Vorgehen:* Die Kinder gehen sehr sachbetont an die Aufgabenlösung heran. Sie haben meist hohe mathematische Kompetenzen und vertrauen darauf, dass es ein Lösungsmuster („einen Trick") gibt, das sie mithilfe ihrer sehr flexibel einsetzbaren mathematischen Fähigkeiten erkennen können. Obwohl sie ruhig und eher zurückhaltend wirken, genießen sie den Moment der Entdeckung der Lösungsidee sehr ausgeprägt – freilich ihrem Temperament gemäß als tiefe innere Freude. „Systemhafte Problemlöser" arbeiten bevorzugt allein, wünschen sich dabei eine ruhige Lernatmosphäre und stellen ihre Lösungswege und Lösungen meist übersichtlich und vollständig, aber möglichst knapp dar. Die Lösungsqualität ist deshalb, aber auch aufgrund der meist erkannten allgemeinen Zusammenhänge in der Regel sehr hochwertig.

▶ *„Mischtyp":* Kinder dieses Typs wechseln zwischen verschiedenen Problemlösestilen. Sie können, oft in Abhängigkeit von der Aufgabenpräsentation oder anderen situativen Gegebenheiten, verschiedene sinnvolle Lösungsansätze entwickeln, arbeiten dabei auf unterschiedlichen Repräsentationsebenen, nutzen auch geschickt Anregungen anderer. Zum Teil setzen sich die Kinder unter Leistungsdruck, haben ein hohes Geltungsbedürfnis oder sind unausgeglichen im Verhalten. Die Lösungsdarstellungen sind meist übersichtlich und werden von den Kindern gründlich geprüft.

Neben der Klassifikation von Problemlösestilen sind tendenzielle *Unterschiede zwischen Mädchen und Jungen* beim Problembearbeiten zu berücksichtigen. Komprimiert ausgedrückt, bestehen diese Unterschiede nach Benölken (2011) darin, dass Mädchen

▶ sich einem neuen anspruchsvollen Problem vorsichtiger, oft auch umsichtiger als Jungen annähern,

▶ in der Phase der Problemlösung vergleichsweise kommunikativer sind, sich untereinander gern austauschen, wiederum behutsamer und oft besonnener als Jungen vorgehen,

▶ einen viel größeren Wert als Jungen auf eine übersichtliche, saubere und vollständige Lösungsdarstellung legen,

▶ stärker als Jungen dazu neigen, Lösungen verbal oder grafisch darzustellen.

Hieraus folgt, dass man beim Einsatz offener substanzieller Aufgaben im Unterricht zum Beispiel nicht einseitig und (vor-)schnell auf Jungen eingeht, die meist auf das Vorstellen einer Lösung drängen, die aber oft noch nicht gründlich durchdacht ist. Gleichzeitig sollte beachtet werden, dass den Mädchen (tendenziell) vergleichsweise mehr Zeit zum Vertrautmachen mit einer offenen Aufgabe, ebenso mehr Zeit zum Bearbeiten und Darstellen von Lösungen erhalten und dass ihre häufig ästhetisch schönen Lösungsdarstellungen demgemäß gewürdigt werden.

FRAGEN ZUM VERTIEFENDEN NACHDENKEN

▶ Welche konkreten Indizien bzw. Belege für ein kreatives mathematisches Tätigsein eines Kindes mit Rechenproblemen kennen Sie aus Ihren Unterrichtserfahrungen?

▶ Analysieren Sie authentische Beispiele für intuitive Problemlöseprozesse von Kindern aus Ihrem Mathematikunterricht hinsichtlich folgender Fragen:
  – Woran haben Sie die intuitiven Lösungen erkannt?
  – Welche Probleme hatten die intuitiven Problemlöser, ihre Lösungen sich und anderen zu erklären?
  – Wie verhielten Sie sich in diesen Situationen?

6.1.2 Ein Beispiel für ein Aufgabenfeld

Lernumgebungen

„Eine Lernumgebung ist im gewissen Sinne eine natürliche Erweiterung dessen, was man im Mathematikunterricht traditionell eine ‚gute Aufgabe' nennt. Eine Lernumgebung ist gewissermaßen eine flexible Aufgabe oder besser, eine flexible große Aufgabe. Sie besteht aus einem Netzwerk kleinerer Aufgaben, die durch bestimmte Leitgedanken zusammengebunden werden." (Wollring 2009, S. 13)

Zahlentreppen

Unter Zahlentreppen versteht man Summen mit Summanden konstanten Abstands. Jede Zahlentreppe ist durch drei Angaben bestimmt: den Abstand (die Differenz) zwischen den Summanden, die Anzahl der Summanden (die der Zahlentreppe ihren Namen gibt) und dem ersten Summanden, der sogenannten Startzahl. Die Summanden werden dabei „aufsteigend" geordnet. Ein Beispiel wird in Abb. 32 gezeigt.

4er-Treppe mit 2er-Stufen und der Startzahl 2:

$2 + 4 + 6 + 8 = 20$

Abb. 32: Beispiel für eine Zahlentreppe

Das Aufgabenfeld „Zahlentreppen" kann in allen Klassenstufen der Grundschule und darüber hinaus auch im Mathematikunterricht der Sekundarstufe I eingesetzt werden. Es eignet sich einerseits, um das Addieren im Hunderterraum (oder auch in anderen Zahlbereichen) zu üben und andererseits, um rechnerische Zusammenhänge zu entdecken, zu beschreiben und zu begründen. Das Aufgabenfeld verbindet somit die zentralen Leitideen des Mathematikunterrichts, aktiv-entdeckendes Lernen und beziehungsreiches Üben. Hinsichtlich der individuellen Förderung bietet es vielfältige Möglichkeiten für die natürliche Differenzierung, es kann aber auch im Sinne einer äußeren und inneren Differenzierung genutzt werden. Durch die Option der Aufgabenbearbeitung auf verschiedenen Darstellungsebenen (enaktiv, ikonisch, symbolisch) ist es Kindern mit sehr heterogenen Lernvoraussetzungen zudem möglich, am gleichen Thema zu arbeiten und gemäß ihren Lernpotenzialen mathematische Entdeckungen zu machen. Diese reichen von basalen bis hin zu hochkomplexen mathematischen Zusammenhängen.

Inhaltliche Schwerpunkte

Die folgenden Ideen orientieren sich an den Kompetenzerwartungen für das Ende der Schuleingangsphase, sie können aufgrund der großen Differenzierungsmöglichkeiten auch bereits eher oder deutlich später im Unterricht eingesetzt werden. Das Erkunden von Zahlentreppen kann sowohl zur Förderung prozess- als auch inhaltsbezogener Kompetenzen beitragen. Die Kinder können beim Bearbeiten von Problemen (vgl. Kopiervorlagen) vor allem rechnerische Zusammenhänge erkunden, indem sie beim Berechnen der Summen von selbst produzierten Zahlentreppen strukturelle Beziehungen zwischen den Summanden und Summen entdecken, beschreiben und begründen. Auf diese Weise können sie ihre Problemlösekompetenzen, ihre Fähigkeiten im Strukturieren, im Verbalisieren und im Darstellen mathematischer Zusammenhänge weiterentwickeln und das Addieren im Zahlenraum bis 100 (und gegebenenfalls auch darunter oder darüber) mit mehreren Summanden üben.

Die folgenden Ausführungen konzentrieren sich auf Zahlentreppen mit ungerader Stufenanzahl (insbesondere 3er- und 5er-Treppen) mit beliebiger Startzahl und beliebigem Stufenabstand, um zugleich eine Verknüpfen additiver und multiplikativer Strukturen anzuregen. Dies verdeutlicht die substanzielle Offenheit des Aufgabenfeldes, die auch leistungsstarken Kindern Möglichkeiten zu weiteren Erkundungsaktivitäten in der Zone ihrer nächsten Entwicklung bietet. Darüber hinaus können die Kinder die Zahlentreppen auch unter zahlreichen anderen Aspekten wie zum Beispiel durch das Lösen kombinatorischer Aufgaben erforschen.

Lernmittel
▶ Kopiervorlagen (KV) 1 bis 7, KV 1 und KV 5 als OHP-Folien und Folienstifte
▶ Steckwürfel

▸ Plakat „Bauregeln für Zahlentreppen", eventuell Tippkiste
▸ spezielle Lernmaterialien für Kinder mit Behinderungen

Empfehlungen zum Ablauf

Die Empfehlungen zum Ablauf beziehen sich auf eine Doppelstunde (90 Minuten). In Abhängigkeit von den konkreten Zielen bzw. Lernvoraussetzungen können die Inhalte auch in 3 oder mehr Schulstunden eingesetzt werden.

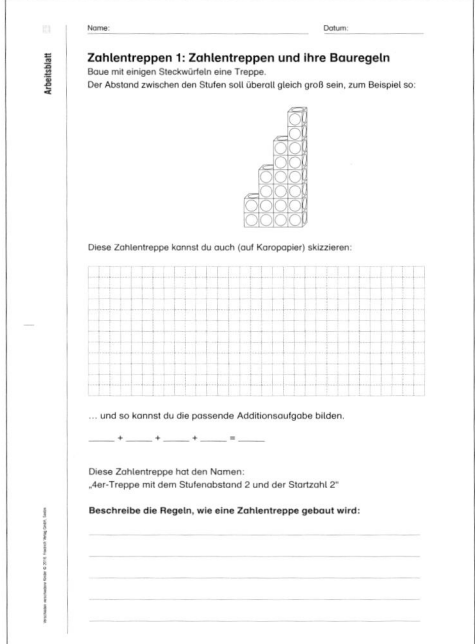

Abb. 33: Arbeitsblatt *Zahlentreppen 1*

Einstieg: Regeln zur Konstruktion von Zahlentreppen (ca. 10 Minuten). Zum Einstieg dient als stummer Impuls eine Zahlentreppe, die mit (Steck-)Würfeln gebaut oder an der Wandtafel skizziert werden kann. Zudem wird die entsprechende Additionsaufgabe vorgegeben. Für den Unterrichtseinstieg kann alternativ auch die KV 1 als OHP-Folie genutzt werden. Die Kinder werden dann aufgefordert, die Zahlentreppe zu beschreiben und eigenständig oder mit Hilfe der Lehrkraft die Konstruktionsregeln von Zahlentreppen zu formulieren und zu notieren (KV 1). Zudem kann gemeinsam ein Plakat mit den „Bauregeln" gestaltet werden, das zur Orientierung im Klassenzimmer aufgehängt wird. Als Basis für die weitere Arbeit sollte darüber hinaus eine Verständigung über bestimmte Begriffe (z. B. Stufenabstand, Startzahl) erfolgen. Je nach den Lernvoraussetzungen der Schüler kann zusätzlich eine Tippkiste gestaltet werden, wodurch sich einzelne Kinder detaillierte Anregungen zum Bauen von Zahlentreppen holen können.

Forscherphase I. Bauen, Skizzieren und Berechnen von selbst erstellten Zahlentreppen (ca. 25 Minuten). In der Forscherphase können die Kinder frei mit Zahlentreppen experimentieren, indem sie diese gemäß ihren individuellen Lernvoraussetzungen und -stilen mit Steckwürfeln bauen, auf Karopapier skizzieren, die Additionsaufgaben notieren und/oder berechnen (KV 2). Dabei können sie frei die Startzahl, den Stufenabstand und die Stufenanzahl auswählen. Eine etwas eingeschränkte bzw. vorstrukturierte Variante kann den Kindern mit der KV 3 empfohlen werden. Sie kann gegebenenfalls einzelnen Kindern, mit denen eine spezielle Zielvereinbarung getroffen wurde, angeboten werden.

Zwischenreflexion und Formulierung von Forscheraufträgen (ca. 10 Minuten). Die Kinder können ihre eigenständig konstruierten Zahlentreppen vorstellen. Hierzu bietet sich eine Zwischenreflexion im Theaterhalbkreis an, da so die Eigenproduktionen der anderen Kinder besser eingesehen werden können. In Abhängigkeit von ihrem individuell bevorzugten Lernstil können die Kinder die Zahlentreppen mithilfe von Steckwürfelbauten, Skizzen auf Karopapier oder von Additionsaufgaben (an der Tafel oder am OHP) erläutern. Zudem dient die Zwischenreflexion der Sicherung des Verständnisses des Aufgabenformats „Zahlentreppen" und der gemeinsamen Bestimmung weiterer Forscheraufträge. Sehr leistungsstarke Kinder können diese eigenständig entwickeln, während andere Kinder hierbei gegebenenfalls unterstützt werden sollten. Prinzipiell sollte es den Kindern auch möglich sein, alternative Lösungs- und weiterführende Aufgabenideen vorzustellen. Die in den Lösungsbeispielen beschriebenen Ideen thematisieren zum Beispiel kindliche Eigenproduktionen zu Zahlentreppen mit ungerader Stufenanzahl, insbesondere 3er- und 5er-Treppen mit beliebiger Startzahl und beliebigem Stufenabstand, weil diese Verknüpfungen additiver mit multiplikativen Strukturen aufzeigen können.

Forscherphase II. Erkundung von Zahlentreppen mit ungerader Stufenanzahl mit beliebiger Startzahl und beliebigem Stufenabstand (ca. 30 Minuten). Die Kinder können gemäß ihrer individuellen Potenziale selbstständig 3er- und 5er-Zahlentreppen mit beliebiger Startzahl erkunden und folgende Forscheraufträge bearbeiten (KV 4):
1. Erfinde 3er-Treppen und 5er-Treppen.
2. Schau dir die Ergebnisse an und markiere die Ergebnisse in der Hundertertafel (Ergebnisse einer 3er-Treppe rot; Ergebnisse einer 5er-Treppe blau).
3. Was fällt dir auf?
Die Kinder können die Zahlentreppen auf verschiedenen Handlungsebenen (enaktiv, ikonisch, symbolisch) darstellen. Die KV 7 enthält Karopapier zum Skizzieren der Zahlentreppen. Beim Erkunden können die Kinder das Addieren mit mehreren Summanden üben und dabei den Zusammenhang zwischen der Summandenanzahl (3 bzw. 5) und den Summen (Vielfache von 3 bzw. 5) entdecken. Das Eintragen der Ergebnisse in die Hundertertafel kann hierbei unterstützend

wirken. Während einzelne Kinder erfahrungsgemäß nur kleine Zahlentreppen mit Material bauen, können andere auf der symbolischen Ebene mit „komplexen" Zahlentreppen arbeiten und wiederum andere Kinder bereits ein geschicktes Berechnen von Zahlentreppen mit ungerader Stufenanzahl durch Multiplikationen entdecken.

Reflexionsphase. Präsentation und Diskussion der Ergebnisse (ca. 15 Minuten). Die Kinder präsentieren und diskutieren die Ergebnisse der Forscherphase. Dabei können die Ergebnisse der Arbeitsphase auch auf einer OHP-Folie mit einer Hundertertafel durch die Kinder zusammengetragen werden (KV 5). Mithilfe einer Visualisierung sollten die Kinder den Zusammenhang zwischen der Anzahl der Summanden und den Summen erkennen und verbalisieren bzw. die Möglichkeit erhalten, die Entdeckungen anderer Kinder nachzuvollziehen. Die KV 6 könnten alle oder einzelne Kinder für ein vertiefendes Üben (gegebenenfalls im Rahmen einer Hausaufgabe) nutzen.

Lösungen und Lösungshinweise

Kopiervorlage 1: Zahlentreppen und ihre Bauregeln. Die abgebildete Zahlentreppe aus Steckwürfeln kann zum Beispiel als Punktmuster auf Karopapier skizziert werden. Die zugehörige Additionsaufgabe lautet dann: $2 + 4 + 6 + 8 = 20$. Da es zahlreiche verschiedene Möglichkeiten gibt, Zahlentreppen sinnvoll zu skizzieren, können die Kinder sehr gut ihre eigenen Ideen verwirklichen, wie die Bei-

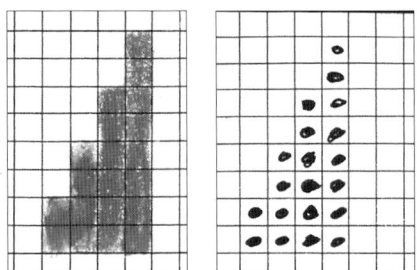

Abb. 34: Beispiellösungen für Zahlentreppen von Tim (7 Jahre) und Louisa (8 Jahre)

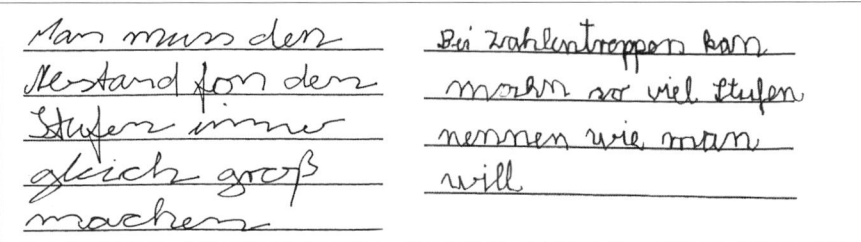

Abb. 35: Beispiellösungen für Bauregeln von Nele (7 Jahre) und Tobi (7 Jahre)

spiele in Abb. 34 zeigen. Das Beschreiben von „Bauregeln" gelingt erfahrungsgemäß vor allem mathematisch leistungsstärkeren Kindern (Abb. 35).

Kopiervorlage 2 und 3: Erfinden von Zahlentreppen/Verschiedene Zahlentreppen. Da die Kinder beim Erkunden von Zahlentreppen sowohl bezüglich des Schwierigkeitsgrads (unter anderem bestimmt durch Stufenanzahl, Startzahl und Stufenabstand) als auch bezüglich der Anzahl der gebildeten Zahlentreppen und der gewählten Darstellungsformen völlig frei entscheiden können, ist ein hohes Maß an individueller Entfaltung gegeben. Deshalb gab es bei der Erprobung auch keine „Musterlösung", sondern sehr verschiedene Eigenproduktionen von Kindern, die ihre heterogenen Lernvoraussetzungen widerspiegeln. Einige wenige Kinder, die sich offenbar (noch) bevorzugt auf der enaktiven Handlungsebene mit Zahlen beschäftigen, bauten zum Beispiel die Zahlentreppen ausschließlich mit Steckwürfeln.

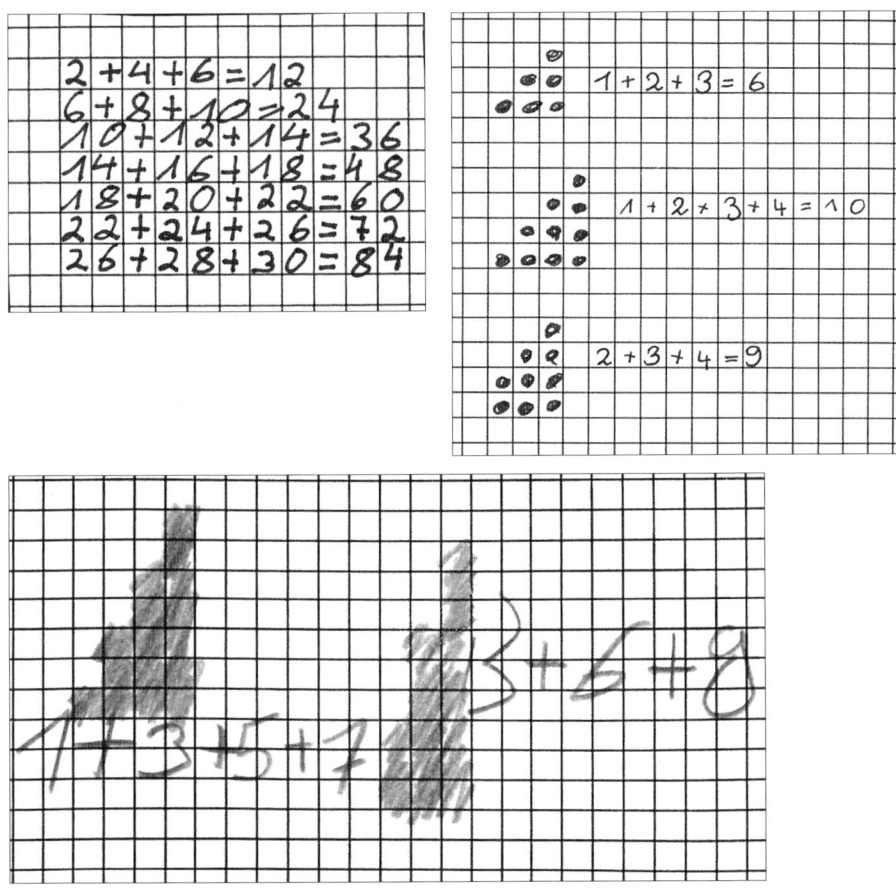

Abb. 36: Beispiellösungen von Tom (8 Jahre), Levi (8 Jahre) und Clara (7 Jahre)

Kopiervorlage 4: 3er-Treppen und 5er-Treppen. Diese Aufgabe bietet den Kindern wiederum die Möglichkeit, sehr unterschiedliche 3er- und 5er-Zahlentreppen erfinden (siehe Tab. 3). Die 1. Tabellenspalte zeigt Lösungen, die durch ein systematisches Vorgehen ermittelt wurden. Es gab aber ebenso Kinder, die Lösungen unsystematisch durch Ausprobieren verschiedener Treppen fanden, wie die 2. Spalte mit den 5er-Zahlentreppen verdeutlicht. Zudem zeigte sich, dass einige Kinder ausschließlich auf der symbolischen Ebene mit den Zahlentreppen arbeiteten. Andere wiederum bevorzugten das Bauen mit Steckwürfeln, sodass es sich als wichtig erwies, den Kindern neben der Kopiervorlage weiterhin dieses „Baumaterial" und Karopapier zum Skizzieren bereitzustellen.

3er-Zahlentreppen	5er-Zahlentreppen
1 + 2 + 3 = 6	2 + 4 + 6 + 8 + 10 = 30
2 + 3 + 4 = 9	1 + 2 + 3 + 4 + 5 = 15
3 + 4 + 5 = 12	7 + 10 + 13 + 16 + 19 = 65
4 + 5 + 6 = 15	11 + 15 + 19 + 23 + 27 = 95
5 + 6 + 7 = 18	2 + 3 + 4 + 5 + 6 = 20
6 + 7 + 8 = 21	10 + 20 + 30 + 40 + 50 = 150
7 + 8 + 9 = 24	1 + 3 + 5 + 7 + 9 = 25
8 + 9 + 10 = 27	5 + 10 + 15 + 20 + 25 = 75
9 + 10 + 11 = 30	1 + 7 + 13 + 19 + 25 = 65
10 + 11 + 12 = 33	11 + 12 + 13 + 14 + 15 = 65
11 + 12 + 13 = 36	10 + 12 + 14 + 16 + 18 = 70

Tab. 3: Lösungsbeispiele für 3er- und 5er-Zahlentreppen

Kopiervorlage 5: Hunderterfeld. Das Einfärben der Ergebnisse auf der Hundertertafel war natürlich abhängig von den Ergebnissen von KV 4, was sich in stark variierenden Anzahlen der gebildeten Zahlentreppen widerspiegelte. Entsprechend bearbeiteten die Kinder diese Aufgabe sehr verschieden. Kindern, die nur sehr wenige Ergebnisse in ihrem Hunderterfeld markieren konnten, fiel die Entdeckung, dass die Ergebnisse der 3er-Treppen Vielfache von 3 und die Ergebnisse der 5er-Treppen Vielfache von 5 sind, nachvollziehbar sehr schwer. Damit aber auch sie die Möglichkeit bekamen, mathematische Zusammenhänge zu erkunden, erwies es sich als hilfreich, die Ergebnisse in der anschließenden Reflexion gemeinsam zusammenzutragen. Hierbei könnte zum Beispiel jedes Kind zwei Ergebnisse auf dem Hunderterfeld (OHP-Folie, KV 5) gegen Ende der Forscherphase farbig markieren. So konnten sich alle Kinder unabhängig von ihren mathematischen Kompetenzen in die Reflexionsphase aktiv „einbringen". Den leistungsstärkeren Kindern gelang es häufig schon in der Forscherphase, die Verknüpfung additiver mit multiplikativen Strukturen zu entdecken (siehe Abb. 37).

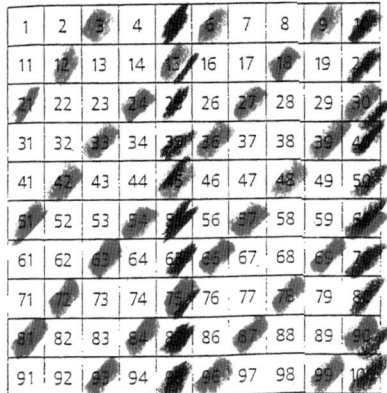

Abb. 37: Beispiellösung auf der Hundertertafel von Levi (8 Jahre)

Kopiervorlage 6: Zahlentreppen mit ungerader Stufenanzahl. Bei dieser Aufgabe sollen die Kinder Zahlentreppen mit ungerader Stufenanzahl möglichst geschickt berechnen. Durch die vorherige Bearbeitung der 3er- und 5er-Treppen konnte bei einigen Kindern das Verständnis für die Verschränkung additiver und multiplikativer Strukturen gut angebahnt werden. Die nachfolgende anschauungs- bzw. beispielgebundene Darstellung zeigt, dass Zahlentreppen mit ungerader Stufenanzahl durch den „Umbau" um die mittlere Zahl herum geschickt berechnet werden können und zwar in dem man die mittlere Zahl mit der Anzahl der Stufen multipliziert. Zum Beispiel kann die Additionsaufgabe „$1 + 2 + 3 + 4 + 5 = 15$" durch die Multiplikationsaufgabe „$3 \cdot 5 = 15$" ersetzt werden, wie in Levis Beispiellösung (Abb. 38).

Während die leistungsstärkeren Kinder diese Entdeckung meist eigenständig „beweisen", empfiehlt es sich, Kindern mit besonderem Förderbedarf im Bereich Lernen beim Erkennen und Verstehen des „Umbauens" von Zahlentreppen durch Impulse (zum Beispiel: „Kannst du Plättchen so umlegen, dass aus der Dreiecksanordnung eine Rechtecksanordnung entsteht?") zu helfen.

Es bietet sich außerdem an, Zahlentreppen im Anschluss oder zu einem späteren Zeitpunkt noch unter weiteren Aspekten zu erkunden, wie etwa:

▸ Wie kann man Zahlentreppen mit gerader Stufenanzahl geschickt berechnen?

▸ Wie viele verschiedene Zahlentreppen (mit einem Ergebnis kleiner als 20/mit dem gleichen Ergebnis) gibt es?

▸ Wie schaffe ich es, eine bestimmte Ergebniszahl zu treffen?

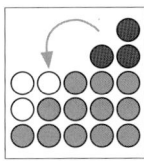

Abb. 38: Beispiellösung von Levi (8 Jahre)

171

Literaturhinweise zum Aufgabenfeld

Haering, G.: Forscherbuch Zahlentreppen. Erkunden mathematischer Zusammenhänge durch substantielle Problemfelder. Verfügbar unter: http://www.standardsicherung.schulministerium.nrw.de/sinus/upload/tagung20080315/workshop_zahlentreppe_neuss.pdf [Zugriff: 23.06.2014]

Schwätzer, U. (2001): Rechnen mit dem „mathe 2000"-Logo – Zahlentreppen vom ersten Schuljahr an. In: Mathematik lernen und gesunder Menschenverstand. Festschrift für Gerhard Norbert Müller. Leipzig u. a.: Ernst Klett Grundschulverlag, S. 150–161

Schwätzer, U. (2001): Zahlentreppen. Zweitklässler erkunden ein arithmetisch substantielles Aufgabenformat. In: Schipper, W./Selter, C. (Hrsg.): Die Grundschulzeitschrift. Sammelband: Offener Mathematikunterricht: Arithmetik II. Seelze: Friedrich

Selter, C./Spiegel, H. (1997): Wie Kinder rechnen., Leipzig: Klett, 1997, S. 87 f. und S. 140–143

6.2 Mathekonferenzen

Friedhelm Käpnick

6.2.1 Merkmale, Vorzüge und didaktische Aspekte der Organisationsform

Rechen- oder allgemeiner: Mathekonferenzen haben sich inzwischen als wichtige Organisationsform eines kindorientierten Lernens im Mathematikunterricht an den meisten Schulen etabliert. Sie werden vor allem als markante Lernform beim Erarbeiten neuer Themenkomplexe angesehen und dementsprechend genutzt. Im Groben kann man hierbei folgende Phasen unterscheiden:

▸ *Bestimmen eines Ausgangsproblems:* Hier werden repräsentative Hauptinhalte des zu erarbeitenden Themas in Form eines oder mehrerer Ausgangsprobleme präsentiert, die relativ offen sind und unter dieser Perspektive auch möglichst in der Zone der nächsten Entwicklung aller Kinder liegen.

▸ *„Ich-Phase" der Problembearbeitung:* Jedes Kind versucht, das oder die vorgegebenen Ausgangsprobleme möglichst selbstständig zu lösen. Hierbei entscheidet es selbst über Lösungswege, über die Nutzung von Lernmitteln und über die Darstellung von Lösungswegen und Lösungen.

▸ *„Du-Phase" der Problembearbeitung:* Die Kinder erklären sich gegenseitig zu zweit (oder zu dritt) ihre Entdeckungen. Die relativ intime Lernatmosphäre schafft die Voraussetzungen dafür, dass auch sprachgehemmte, unsichere oder leistungsschwache Kinder den Lernpartnern ihre Ideen wie auch Schwierigkeiten oder fehlerhafte Strategien offen vorstellen. Die Kinder können im kleinen Rahmen außerdem ihre Lösungswege und Lösungen miteinander vergleichen und gegebenenfalls Korrekturen vornehmen. Außerdem bereiten die Partner eine Lösungspräsentation für die „Wir-Phase" vor.

▸ *„Wir-Phase" der Problembearbeitung:* Im Plenum stellen verschiedene Partnerteams ihre Forscherergebnisse vor. Alle Kinder vergleichen reflektierend die Lösungsvorschläge, tauschen sich über Gemeinsamkeiten und Unterschiede aus, stellen dabei sowohl besondere Vorzüge als auch Probleme und Nachteile einzelner Lösungswege heraus und tauschen sich über mögliche Fehlerquellen, über Ideen für Anschlussprobleme sowie über ihr Sozialverhalten aus.

▸ *vertiefendes und vergleichendes Üben der erkannten und diskutierten Lösungswege:* Die Kinder üben nacheinander vertiefend die in der „Wir-Phase" präsentierten Hauptstrategien. Dabei reflektiert jedes Kind darüber, welchen Lösungsweg es präferiert. Alternativ kann in dieser Phase auch jedes Kind selbst entscheiden, welche Lösungsstrategie es individuell vertiefend üben möchte. Im Ergebnis sollte jeder Schüler eine erste Sicherheit im Anwenden von (zumindest) einem individuell bevorzugten Lösungsweg erreicht haben und vergleichend die Unterschiede zu alternativen Lösungsstrategien grob kennen.

Mathekonferenzen könnten aber prinzipiell ebenso in Phasen der vertiefenden Zusammenfassung erarbeiteter Lernthemen eines Stoffkomplexes eingesetzt werden. Der inhaltliche Schwerpunkt liegt dann auf dem Herausarbeiten von Querbezügen zwischen erlernten Themen oder von Gemeinsamkeiten und Unterschieden. zum Beispiel zwischen Rechenverfahren oder zwischen Lösungsstrategien beim Sachrechnen oder zwischen verschiedenen Darstellungen von Figuren. Für den Einsatz bietet sich ein vergleichbarer Ablauf wie der oben beschriebene an.

Charakteristisch für die Lerntätigkeiten bei einer Mathekonferenz ist, dass die Kinder zum einen substanzielle Aufgaben bearbeiten, die in der Zone ihrer nächsten Entwicklung liegen, und dass hierbei zum anderen ein stetiger Wechsel der Sozialformen (vom „Ich" über das „Du" zum „Wir" und dann wieder zum „Ich") stattfindet. Demgemäß kann man die Durchführung einer Mathekonferenz durchaus als eine spezielle Organisationsform der natürlichen Differenzierung ansehen, für die somit auch die bereits im Kapitel 6.1 genannten Vorzüge für ein inklusives Lernen aller Kinder gelten. Die besondere Struktur der Sozialformen kann zudem in hohem Maße zur Förderung eigenständigen und selbstbestimmten Lernens sowie zur Förderung sozialer Kompetenzen beitragen. Zum Letzteren zählen vor allem die Fähigkeit eines Kindes, in wechselnden sozialen Situationen Ziele erfolgreich im Einklang mit sich und anderen Schülern zu verfolgen, die Kompetenz, sich zunehmend in andere Kinder einzufühlen, auf Argumente einzugehen und Konflikte zu lösen, sowie die Fähigkeit, vereinbarte Regeln einzuhalten und Verantwortung für ein gemeinsames Vorhaben zu übernehmen.

Wie für alle komplexen und offenen Lernformate, so gilt auch für den Einsatz von Mathekonferenzen, dass die Kinder in einem längeren Prozess mit den Besonderheiten der Organisationsform vertraut gemacht werden und dass sie hierbei die Vorzüge für ihr eigenes Lernen wie auch für das gemeinsame Lernen in der Gruppe selbst erfahren und wertschätzen lernen müssen. Dieser Prozess kann wirksam durch das Vereinbaren von Lern- und Verhaltensregeln und deren konsequente Umsetzung unterstützt werden. Hierdurch können die Schüler eine wichtige Orientierungshilfe erhalten, die ihnen zugleich ausreichend Freiraum für selbstbestimmtes Lernen lässt. Für die konkrete unterrichtliche Umsetzung bietet sich das Vereinbaren von „Tipps" für die „Ich-", die „Du-" und die „Wir-Phase" an, die dann – für die Kinder transparent – auf einer Wandtafel, einer Pinnwand o. Ä. geschrieben stehen, wie zum Beispiel:

Tipps für Rechenkonferenzen

Ich-Phase:

▶ Nimm dir Zeit.

▶ Versuche alles Wichtige zur Aufgabe zu verstehen. Nutze dabei alles, was du schon gelernt hast und was dir hierzu einfällt.

- Denke über eine Lösungsidee nach und schreibe sie auf.
- Wenn du möchtest, dann nutze Material.
- Wenn du eine Lösung hast, prüfe sie.
- Versuche, auch andere Lösungswege zu finden.

Du-Phase (Partner- oder Gruppenarbeit):
- Bildet kleine Gruppen.
- Stellt euch untereinander eure Lösungswege vor und vergleicht sie.
- Hierfür könnt ihr auch Material, Zeichnungen, … nutzen.
- Sprecht über eure Probleme und über Fehler beim Lösen der Aufgabe.
- Hört anderen Kindern aufmerksam zu und versucht ihre Lösungswege zu verstehen.
- Stellt fest, worin sich eure Lösungswege unterscheiden.
- Überlegt, welche Lösungswege leicht (schwer, günstig) sind und warum das so ist.
- Einigt euch darauf, wer von euch welchen Lösungsweg vor der ganzen Klasse vorstellt.

Wir-Phase (Präsentation vor der ganzen Klasse):
- Stellt eure Lösungswege allen Kindern vor.
- Versucht so zu erklären, dass eure Mitschüler eure Ideen gut verstehen können.
- Sprecht gemeinsam über eure Probleme und über Fehler beim Lösen der Aufgabe.
- Hört anderen Kindern aufmerksam zu und versucht ihre Lösungswege zu verstehen.
- Stellt fest, worin sich eure Lösungswege gleichen und worin sie sich unterscheiden.
- Überlegt, welche Lösungswege leicht (schwer, günstig) sind und warum das so ist.

Im Folgenden wird am Beispiel von zwei verschiedenen Mathekonferenzen konkret aufgezeigt, wie ein inklusives Lernen in dieser Organisationsform realisiert werden kann.

 FRAGEN ZUM VERTIEFENDEN NACHDENKEN

- Warum sind die „Ich-Phase" und die „Du-Phase" beim Durchführen einer Mathekonferenz in einem inklusiven Mathematikunterricht sinnvoll bzw. notwendig?
- Welche besonderen Probleme können beim Durchführen einer Mathekonferenz in einem inklusiven Mathematikunterricht auftreten? Wie würden Sie diesen Problemen begegnen?
- Welche Problemaufgaben eignen sich als „Einstieg" in eine Mathekonferenz zum Thematisieren verschiedener Strategien für das Lösen von Gleichungen und Ungleichungen im 3. oder 4. Schuljahr?

6.2.2 Beispiele für Mathekonferenzen

1. Mathekonferenz zur Einführung ins mündlichen Addieren und Subtrahieren bis 1 000

Nach der Erarbeitung des Zahlenraumes bis 1 000 wird üblicherweise im 3. Schuljahr das mündliche Addieren und Subtrahieren in diesem Zahlenraum thematisiert. Da die Kinder hierbei an bereits bekannte Rechenstrategien im Zahlenraum bis 100 anknüpfen können, bietet sich ein selbstständiges Entdecken von Rechenwegen beim Rechnen bis 1 000 an.

Inhaltliche Schwerpunkte der Mathekonferenz
▶ mündliches Addieren im Zahlenraum bis 1 000
▶ Lösen von Additions- und Subtraktionsaufgaben unter Nutzung verschiedener Rechenwege und selbstbestimmter Anschauungsmaterialien
▶ Entdecken, Beschreiben, Vergleichen, Begründen und Anwenden verschiedener Lösungsstrategien beim Addieren und Subtrahieren bis 1 000

Lernmittel
▶ Legematerial (Hunderterfelder, Zehnerstreifen, Einerplättchen)
▶ Rechengeld
▶ spezielle Lernmaterialien und Lernmittel für Kinder mit Behinderungen

Empfehlungen zum Ablauf
Zum Einstieg können den Kindern verschiedene Beispielaufgaben mit unterschiedlichen Schwierigkeitsgraden vorgegeben werden. Hierfür könnten zum Beispiel Aufgaben wie in Abb. 39 genutzt werden.

Abb. 39: Beispiel für Mathekonferenz-Aufgaben aus dem Schulbuch *Rechenwege 3* (Käpnick u. a. 2012b, S. 42)

Die Aufgaben sind so zusammengestellt, dass je eine Aufgabe zum Addieren und Subtrahieren von 2 Hunderterzahlen, von zwei 3-stelligen Zehnerzahlen sowie von einer 3-stelligen Zahl, die keine Zehnerzahl ist, und je einer Hunderter-, einer 2-stelligen Zehner- und einer Einerzahl enthalten ist. Für sehr leistungsstarke Rechner könnten gegebenenfalls noch eine Additions- und eine Subtraktionsaufgabe mit zwei 3-stelligen Zahlen, die keine Zehnerzahl sind, oder ein Rechnen mit 3 oder mehr Zahlen ergänzt werden. Wenn eine Lehrkraft weiß, dass die abstrakten Aufgaben einzelnen Kindern fremdartig erscheinen und sie eher wenig motiviert sind, solche Aufgaben zu lösen, sollte man für diese Kinder die vorgegebenen Aufgaben zusätzlich in Sachkontexte einkleiden (Beispiel: Die Aufgabe „346 + 400" kann eingekleidet werden in den Alltagskontext: „Am Freitag besuchten 346 Gäste das Spaßbad. Am Sonntag waren es 400 Badegäste mehr als am Freitag. Wie viele Gäste kamen am Sonntag ins Spaßbad?").

Einleitend sollte gemeinsam mit den Kindern anhand der Tipps für Rechenkonferenzen (Kasten in Kap. 6.2.1) der Ablauf einer Mathekonferenz besprochen werden. Weiterhin kann die Lehrkraft als Impuls für das Finden von Rechenwegen auf Rechenstrategien hinweisen, die die Kinder bereits aus den ersten beiden Schuljahren kennen. Es empfiehlt sich, dass die Kinder ihre entdeckten Rechenwege auf Arbeitsblätter malen, aufkleben oder schreiben (vgl. Abb. 40). Beim ge-

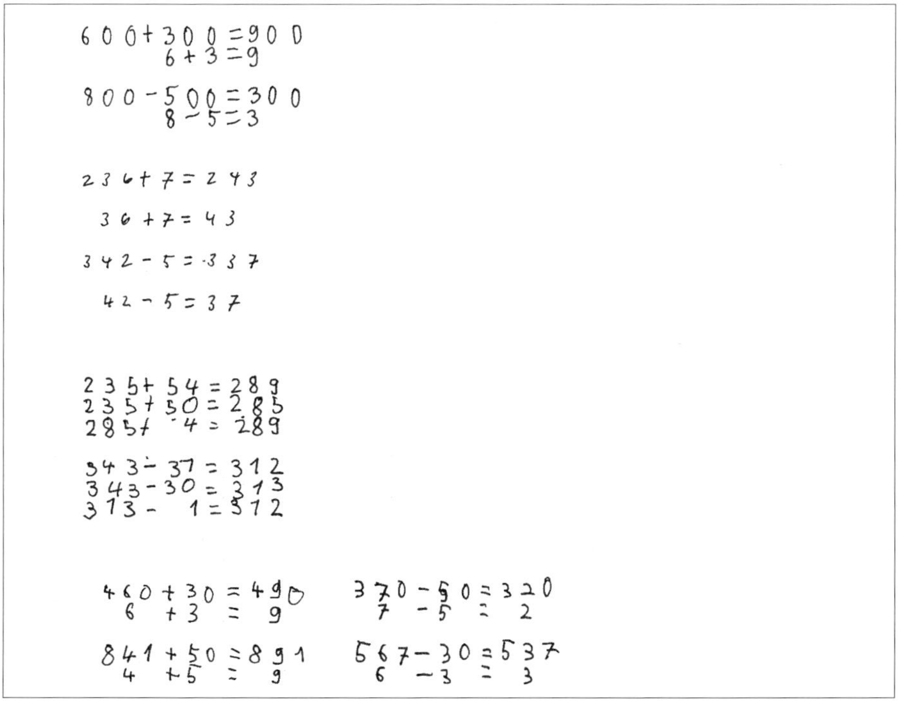

Abb. 40: Vergleich der gewählten Rechenwege zu den Mathekonferenz-Aufgaben (vgl. Käpnick u. a. 2012b, S. 42)

meinsamen Auswerten ("Wir-Phase") sollten die Kinder dann ihre Rechenwege vorstellen und diskutieren sowie ihre Ideen mit den Beispiellösungen (Abb. 40) vergleichen.

Die nachfolgenden Aufgaben aus dem Schulbuch (Abb. 41) dienen einem vertiefenden Ausprobieren und Üben verschiedener Rechenwege: dem Zurückführen auf ein Rechnen mit Grundaufgaben (Aufgabe 1), dem Malen von Zahlenbildern und dem Rechnen mithilfe dieser (Aufgabe 2) und dem Zerlegen einer Rechenzahl auf solche Weise, dass die Kinder schrittweise rechnen können (Aufgabe 3). Die Kinder könnten entweder alle Rechenwege nacheinander üben oder frei wählen, welche Strategien sie vor allem üben möchten. Dabei könnten sie sich an den jeweiligen Musterbeispielen der Aufgaben 1 bis 3 orientieren. Die Kinder sollten außerdem selbstreflektierend einschätzen, welche Rechenwege sie für vorteilhaft, für zweckmäßig oder aber für umständlich sowie für richtig oder falsch halten. Hierüber empfiehlt es sich außerdem, in einer gemeinsamen Auswertung mit allen Kindern zu sprechen.

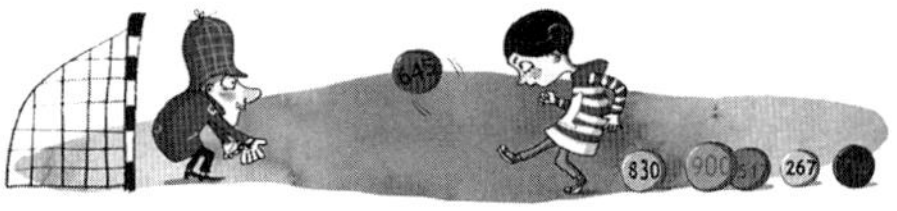

Abb. 41: Vertiefende Aufgaben zum Thema der Mathekonferenz aus dem Schulbuch *Rechenwege 3* (Käpnick u. a. 2012b, S. 43)

In anschließenden Übungen könnten die Kinder dann ihre individuell bevorzugten Rechenwege anwenden. Die Lehrkraft sollte diese Übungen zugleich zum Erfassen der individuell bevorzugten Rechenstrategien nutzen.

Lösungen und Lösungshinweise

In der Erprobung dieser Lernsequenz zeigte sich, dass die meisten Schüler, auch lernschwache Kinder, in der Lage waren, sich selbstständig Rechenwege für diese Aufgaben zu erschließen. Dabei erhielten sie die Ergebnisse vor allem durch

▸ Nutzen von Analogiebeziehungen zum Addieren und Subtrahieren im Zahlenraum bis 100 (vgl. z. B. die Lösungswege von Tom und Laura in Abb. 40),

▸ Zerlegen von Zahlen bzw. schrittweises Addieren und Subtrahieren (vgl. z. B. den Lösungsweg von Helen in Abb. 40) sowie

▸ stellengerechtes Addieren und Subtrahieren als Vorstufe der schriftlichen Verfahren (vgl. z. B. den Lösungsweg von Simon in Abb. 40).

Die Kinder stellten ihre Rechenwege häufig mittels verschiedener Legematerialien (Hunderterblätter, Zehnerstreifen, Einerplättchen, Rechengeld) oder am Zahlenstrich dar. Auch rechenschwache Kinder nutzten diese Materialien meist recht effektiv. Maria und Anna half es, die Aufgaben in Sachkontexte mit Preisangaben einzukleiden, was für alle anderen Schüler wiederum irrelevant war. Für zwei Schüler mit besonderem Förderbedarf im Bereich Lernen war es sinnvoll, anstelle des Rechnens mit 3-stelligen Zahlen nur Additions- und Subtraktionsaufgaben im Zahlenraum bis 100 zu lösen. Durch die prozessbegleitende Diagnostik schätzte das Lehrerteam vorab richtig ein, dass die Kinder noch keine grundlegenden Zahlvorstellungen für 3-stellige Zahlen entwickelt hatten und sie ebenso noch unsicher beim Anwenden des Bündelungs- und Stellenwertprinzips waren. Demgegenüber konnten mathematisch begabte Kinder äußerst flexibel mit den Zahlen rechnen, sie „mischten" hierbei geschickt Strategien des mündlichen, des halbschriftlichen und des schriftlichen Rechnens. So beschränkte sich zum Beispiel Finn beim Lösen der Aufgabe „235 + 54" darauf, wie beim schriftlichen Rechnen nur die jeweiligen Stellenzahlen „3 + 5" (Zehnerstelle) und „5 + 4" (Einerstelle) zu addieren.

Für die hörgeschädigte Paula war es dagegen sehr hilfreich, dass die Lehrkräfte bei der Verwendung von Fachbegriffen wie etwa „Tausch- oder Ausgleichsgesetz" diese durch passende visuelle Gesten demonstrierten. Außerdem war für Paula eine dauerhafte Kommunikation mit den Lehrkräften und den Mitschülern durch die Nutzung einer FM-Anlage mit Ansteckmikrofon gewährleistet. Diese Technik ermöglichte ein drahtloses Übertragen der Stimme einer Lehrkraft an Paulas Hörgerät bei gleichzeitigem Ausschalten störender Umgebungsgeräusche. In der gemeinsamen Auswertungsphase erwies es sich ebenso als sehr hilfreich für Paula, dass die jeweils vortragenden Schüler ein Handmikrofon nutzten (was alle Kinder im Übrigen sehr verantwortungsbewusst taten).

Im Ergebnis der „Wir-Phase" zeigte sich, dass die Kinder tatsächlich vor allem die vermuteten Hauptstrategien entdeckten und dass sie zugleich individuell verschiedene Strategien bevorzugten. Viele Kinder konnten sogar schon relativ sicher mit einer Rechenstrategie die Beispielaufgaben lösen. Sie hatten aber offenbar alternative Rechenwege noch nicht verstanden – auch, weil sie in der „Wir-Phase" nicht aufmerksam die Erklärungen ihrer Mitschüler hierzu verfolgten. Zudem hatten einige Schüler noch erhebliche Probleme mit dem korrekten Rechnen der jeweiligen Stellenwertzahlen. Dass zwei rechenschwache Kinder nur Aufgaben im Zahlenraum bis 100 bearbeiteten, stellte für kein Kind der Gruppe ein Problem dar. Dieses Zwischenfazit veranlasste die Lehrkräfte, anschließend die Hauptstrategien nacheinander zu üben – entsprechend den Aufgaben 1 bis 3 der Abb. 41. Dabei war wiederum eine große Heterogenität hinsichtlich der Nutzung von Anschauungsmitteln, des Lerntempos und der Sicherheit im Anwenden der verschiedenen Lösungsstrategien feststellbar. In der gemeinsamen Auswertung ergab sich dann, dass mehr als die Hälfte der Schüler einen der drei angewendeten Lösungswege eindeutig präferierte. Die anderen Kinder gaben an, dass sie bei weiteren Übungen in Abhängigkeit von den vorgegebenen Zahlen spontan einen Rechenweg nutzen würden, den sie „gefühlt" für sehr günstig halten würden.

2. Mathekonferenz zum Thema „Schnittpunkte von Kreisen"

Inhaltliche Schwerpunkte der Mathekonferenz
▶ Erkunden von Lagebeziehungen zwischen Kreisen (in der Ebene)
▶ sinnvolles Definieren (Festlegen von inhaltlichen Bedeutungen der Begriffe Schnittpunkt und Berührungspunkt von Kreisen sowie von konzentrischen Kreisen) und korrektes Einhalten der Definitionen
▶ Entdecken und Strukturieren von Zusammenhängen zwischen der Anzahl von Kreisen und der Anzahl ihrer möglichen Schnittpunkte
▶ Erkennen und Akzeptieren von nicht lösbaren Aufgaben

Lernmittel
▶ Bleistifte, Buntstifte
▶ Kreisschablonen, Zeichenlineal, Zirkel
▶ unterschiedlich große Kreisringe (z. B. Schlüsselringe oder kreisförmige Armreifen)
▶ spezielle Lernmaterialien für Kinder mit besonderen Förderbedarfen

Empfehlungen zum Ablauf
Das Thema „Schnittpunkte von Kreisen" ist, entsprechend den vorgegebenen inhaltlichen Schwerpunkten, ein relativ komplexes und offenes Problemfeld, das im Mathematikunterricht des 2. bis 4. Schuljahres eingesetzt werden kann. Voraussetzung hierfür ist, dass die Kinder Kreise frei Hand, mit einer Schablone oder einem Zirkel zeichnen können. Außerdem muss vorab ein spezielles Verständigungs- bzw. Definitionsproblem gemeinsam geklärt werden: Was ist ein Schnittpunkt von Kreisen?

Erfahrungsgemäß einigen sich die Kinder schnell darauf, dass sich überschneidende Kreislinien an der Schnittstelle einen Schnittpunkt haben (vgl. Abb. 42, linkes Beispiel mit 4 Kreisen). Problematisch ist es aber, wenn sich 2 Kreise nur in einem gemeinsamen Punkt berühren. Im Schulbuch Rechenwege (Abb. 42) wird empfohlen, in diesem Fall nicht von einem Schnittpunkt, sondern nur von einem gemeinsamen Berührungspunkt zu sprechen (was auch der ursprünglichen Wortbedeutung entspricht). Diese Definitionsfrage sollte mit allen Kindern an verschiedenen Lagebeziehungen von 2 Kreisen beispielhaft erörtert werden. Wichtig ist, dass sich die Kinder dann auf eine einheitliche Begriffsfestlegung verständigen und diese danach konsequent einhalten.

Im Rahmen der Mathekonferenz sollte den Kindern im Weiteren ein „Einstiegsproblem" gestellt werden, das sowohl eine ausreichende Komplexität und mathematische Substanz besitzt als auch eine Offenheit für ein differenzierendes Lernen aller Kinder entsprechend ihren jeweiligen individuellen Potenzialen erfüllt. Hierfür eignet sich die in Abb. 42 vorgegebene Erkundungsfrage aus Rechenwege. Sie könnte Kinder dazu anregen, einige oder alle verschiedenen Möglichkeiten für Lagebeziehungen von 4 Kreisen zu untersuchen und hierbei spontan, unstrukturiert oder systematisch zu probieren. Außerdem könnten sich Kinder zunächst Teilaufgaben, wie dem Prüfen von Schnittpunkten für 1 und 2 Kreise, zuwenden. Leistungsstarke Kinder könnten zudem alle möglichen Fälle für 1, 2, 3, 4 oder sogar für weitere Kreise systematisch untersuchen und dabei allgemeine Zusammenhänge erkennen.

Die Ich-, Du- und Wir-Phasen sollten, wie in Kap. 6.2.1 allgemein beschrieben, gestaltet werden. Hierbei könnten die Kinder selbst entscheiden, ob sie Kreislinien mit Kreisringen legen, mit Schablonen, mit einem Zirkel oder frei Hand zeichnen. Ebenso sollten sie freie Wahl bezüglich der inhaltlichen Fokussierung, der Lösungswege und der Darstellung von Lösungen haben. Die Abb. 42 enthält hierfür einige konkrete Anregungen. Als Orientierungshilfe könnten die Kinder wiederum die Tipps für die eigenständige Problembearbeitung (vgl. Kas-

Abb. 42: Anregung zum Erkunden von Schnittpunkten bei Kreisen aus dem Schulbuch Rechenwege 2 (Käpnick u. a. 2012a, S. 79)

ten in Kap. 6.2.1) nutzen. Beim gemeinsamen Auswerten in der Wir-Phase (vgl. Abb. 43) sollte herausgestellt werden, dass die Anzahl der Schnittpunkte von der jeweiligen Lage und Größe der Kreise abhängt.

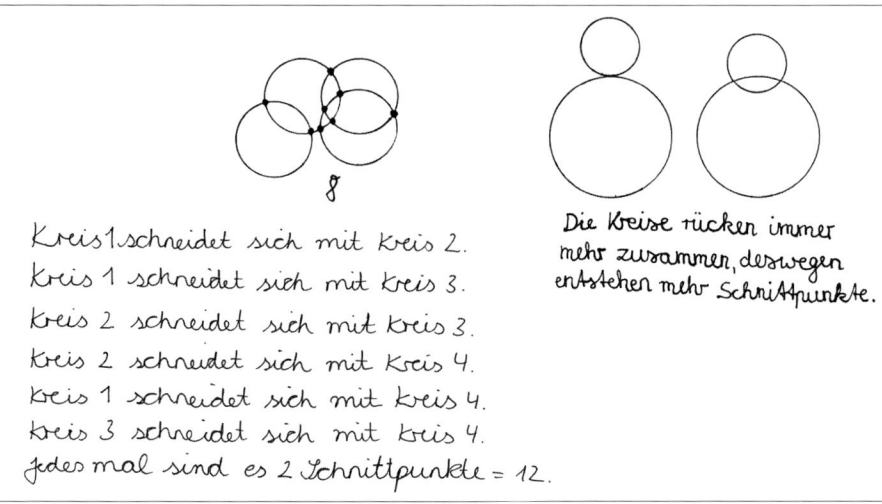

Kreis1 schneidet sich mit Kreis 2.
Kreis 1 schneidet sich mit Kreis 3.
Kreis 2 schneidet sich mit Kreis 3.
Kreis 2 schneidet sich mit Kreis 4.
Kreis 1 schneidet sich mit Kreis 4.
Kreis 3 schneidet sich mit Kreis 4.
Jedes mal sind es 2 Schnittpunkte = 12.

Die Kreise rücken immer mehr zusammen, deswegen entstehen mehr Schnittpunkte.

Abb. 43: Beispiellösungen für das Erkunden von Schnittpunkten bei Kreisen aus Rechenwege 2 (nach Käpnick u. a. 2012a, S. 79)

Eine effektive Lösungsstrategie für das Ermitteln der Maximalzahl von Schnittpunkten bei Kreisen könnte darin bestehen, dass Kinder als ein Superzeichen entdecken, dass ein Kreis mit einem anderen immer höchstens 2 Schnittpunkte haben kann. Die linke Eigenproduktion der Abb. 43 konkretisiert diese Erkenntnis für 4 Kreise.

Als Anwendung bzw. Vertiefung der in der Mathekonferenz erkundeten Zusammenhänge zwischen Schnittpunkten und Kreisen bietet sich die Aufgabe 3 der Abb. 44 an. Alternativ könnten die Kinder mit dem Zirkel oder einer Schablone auf einem Blatt Papier verschiedene Muster zeichnen und sie dann mit Straßenmalkreide auf den Schulhof übertragen. Außerdem könnten sie ein Plakat mit Kreismustern gestalten.

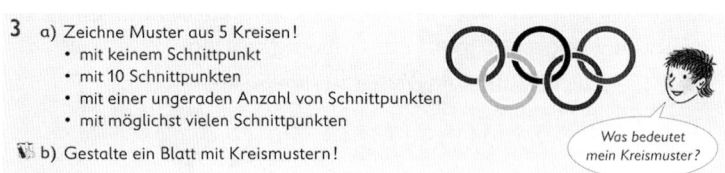

3 a) Zeichne Muster aus 5 Kreisen!
• mit keinem Schnittpunkt
• mit 10 Schnittpunkten
• mit einer ungeraden Anzahl von Schnittpunkten
• mit möglichst vielen Schnittpunkten

b) Gestalte ein Blatt mit Kreismustern!

Was bedeutet mein Kreismuster?

Abb. 44: Beispielaufgaben zum Anwenden des Themas „Schnittpunkte bei Kreisen" aus Rechenwege 2 (Käpnick u. a. 2012a, S. 79)

Lösungen und Lösungshinweise

In der Erprobung zeigte sich, dass die Kinder sehr unterschiedliche Problemlösestrategien anwendeten. Einige Kinder probierten relativ planlos, andere gingen sehr systematisch vor und legten sich, entsprechend dem Tipp der Abb. 42, eine Tabelle an. Weitere Kinder, wie Finn, probierten zunächst einige verschiedene Lagemöglichkeiten, setzten sich dabei auch noch einmal mit der Definition des Begriffs „Berührungspunkt von 2 Kreisen" auseinander – und erkannten dann wichtige Zusammenhänge, wie zum Beispiel:

▸ 0 Schnittpunkte sind immer möglich, egal wie viele Kreise es sind.

▸ Unabhängig von der Anzahl der Kreise ist es nicht möglich, genau 1 Schnittpunkt zu erhalten (weil dies nach der Definition des Begriffs „Berührungspunkt von 2 Kreisen" ausgeschlossen ist).

▸ Ein neu hinzukommender Kreis kann jeden schon vorhandenen Kreis entweder gar nicht schneiden oder so schneiden, dass 2 neue Schnittpunkte entstehen.

▸ Im „Maximalfall" kann somit jeder neu hinzukommende Kreis jeden schon vorhandenen Kreis 2-mal schneiden (sodass sich bei n Kreisen die Anzahl der Schnittpunkte aller Kreise allgemein jeweils um $2 \cdot (n - 1)$ erhöht).

Dass es genau 1 Schnittpunkt nicht geben kann, insbesondere bei 3 Kreisen, war für nicht wenige Schüler zunächst ein nicht akzeptierbares Ergebnis. Sie zweifelten aufgrund ihrer bisherigen Unterrichterfahrungen prinzipiell an, dass scheinbar eindeutig und leicht verständliche Aufgaben unlösbar wären. Nach einem oftmaligen hartnäckigen Probieren gaben sie ihre Zweifel dann aber doch auf und schätzten zwar immer noch irritiert ein: „Es gibt einfach keine Lösung mit einem Schnittpunkt." In diesem Erkenntnisprozess entstand bei einzelnen Kindern wiederholt die Idee, die Festlegung des Berührungspunktes als keinen Schnittpunkt zu verändern – was zu einigen lebhaften Kleingruppendiskussionen und Einzelgesprächen mit einer Lehrkraft über den Sinn des Definierens führte, einer für korrektes mathematisches Denken sehr wesentlichen Tätigkeit.

Hinsichtlich der Nutzung von Lernmitteln und der Darstellungsform gingen die Kinder erwartungsgemäß unterschiedlich vor. Sowohl sehr leistungsstarke als auch leistungsschwache Kinder skizzierten frei Hand Kreise, die einen, weil sie auf diese Weise sehr schnell und flexibel verschiedene Lagebeziehungen von Kreisen erzeugen konnten, die anderen, weil ihnen der Gebrauch von Zeichengeräten, speziell einem Zirkel, nicht leicht fiel. Eine Schablone oder einen Zirkel nutzten vor allem Kinder, die großen Wert auf Genauigkeit legten, aber ebenso Kinder, die ein relativ geringes räumliches Vorstellungsvermögen besaßen. Zwei Schüler mit Sehbehinderungen legten Kreise dagegen mit Kreisringen, weil sie auf diese Weise am besten die Formen und die Schnittpunkte fühlend erfassen konnten. Hierbei benötigten sie gelegentlich Hilfen, sie beschäftigten sich jedoch sehr konzentriert und ausdauernd mit dem Problemfeld. Als dies andere Kinder sahen, übernahmen sie die Strategie spontan und erkannten einen großen Vorteil des Legens von Kreisringen darin, dass sie auf diese Weise schnell, flexibel und eindeutig verschiedene Lagemöglichkeiten mehrerer Kreise erzeugen konnten.

Auch bezüglich der Tiefe des Eindringens in die Thematik war eine große Heterogenität unter den Kindern beobachtbar. So beschränkten sich zum Beispiel leistungsschwächere Schüler auf Teillösungen, wie das Ermitteln von 0, 2, 4 und 8 Schnittpunkten für 4 Kreise. Dabei erkannten sie verschiedene besondere Anordnungen der Kreise, wie zum Beispiel zwei spezielle Anordnungen von 4 Kreisen mit 0 Schnittpunkten, und zwar zum einen 4 unterschiedlich große Kreise mit dem gleichen Mittelpunkt („konzentrische Kreise", vgl. Abb. 45) und zum anderen 4 „getrennte" Kreise, die weder paarweise einen Berührungs- noch einen Schnittpunkt haben. Beachtlich war, dass die Kinder dann auch schnell verallgemeinerten: „0 Schnittpunkte gibt es immer, egal wie viele Kreise es sind!"

Auffällig war, dass bei einigen Kindern nach ca. 10 Minuten konzentrierten Erkundens die Konzentration und das Interesse am Thema spürbar nachließen, während sich die Mehrzahl der Kinder weiter der Thematik eifrig widmete. Paul alberte zunächst unauffällig herum, wurde dann jedoch immer lauter und zog Jonas in ein Wurfspiel mit Kreisscheiben hinein. In dieser Situation erwies sich die Anwesenheit eines Lerncoachs als sehr nützlich, denn die Fachlehrerin unterstützte gerade andere, intensiv arbeitende Kinder beim Ordnen und Sortieren verschiedener Lagebeziehungen von Kreisen und der Förderlehrer half den beiden sehbehinderten Kindern beim Legen von Kreisringen. Dem Lerncoach gelang es dann auch relativ schnell, dass Paul und Jonas sich wieder dem geometrischen Problemfeld zuwandten. Nach unseren einschlägigen Erfahrungen kann übrigens ein inklusives Lernen mit einem verhaltensauffälligen Kind in der Klasse relativ gut gemeistert werden. Mehr als ein extrem verhaltensgestörtes Kind in einer Sozialgruppe kann jedoch zu erheblichen Problemen in der Unterrichtsdurchführung führen.

Einige leistungsstarke Kinder arbeiteten beeindruckend konzentriert, ausdauernd und sehr selbstständig an dem Themenfeld. Sie gingen dabei meist systematisch vor und fanden zum Teil alle Möglichkeiten für die Anzahl von Schnittpunkten bei 1, 2, 3 oder 4 Kreisen. Dieses Vorgehen ermöglichte ihnen zudem, die oben angesprochenen allgemeinen Zusammenhänge zwischen den jeweiligen Anzahlen zu entdecken.

Max, der Problemaufgaben fast immer sehr systematisch löst, stellte in der Wir-Phase auf einer Folie dann stolz seine übersichtlich zusammengestellten Lagemöglichkeiten für 1 bis 4 Kreise vor (Abb. 45).

Anmerkung zu den „je 4 Schnittpunkten" bei 3 Kreisen in Max' Lösung: In der linken Abbildung erkennt man auf den ersten Blick nur 3 Schnittpunkte. Max beharrte aber darauf, dass es genau 4 Schnittpunkte seien, weil 2 verschiedene Schnittpunkte von jeweils 2 verschiedenen Kreisen direkt aufeinander liegen, was dann auch von den Mitschülern mehrheitlich akzeptiert wurde. Freilich könnte man die besondere Lage des mittleren Schnittpunktes auch so interpretieren, dass an dieser Stelle nicht 2, sondern nur 1 Schnittpunkt entstanden ist. Max blieb aber konsequent bei seiner Festlegung und wendete diese auch auf 4 Kreise an, was zu je einem zusätzlichen bzw. „doppelten" Schnittpunkt bei scheinbar insgesamt 3, 5, 7 oder 9 Schnittpunkten führte. – An diesem Beispiel konnten die Kinder somit konkret erfahren, wie wichtig ein sinnvolles und widerspruchsfreies Definieren für mathematisches Tun ist. Darüber hinaus erkannten sie, dass verschiedene sinnvolle Festlegungen auch zu unterschiedlichen Lösungen führen können – ebenfalls ein wesentliches Merkmal mathematisch-produktiven und korrekten Tuns.

Hiervon ausgehend entwickelten mehrere Kinder im Plenum gemeinsam eine Lösungstabelle, die alle Möglichkeiten für Schnittpunkte von 1, 2, 3 und 4 Kreisen enthält (Tab. 4). Die Lösungstabelle faszinierte die meisten Kinder. Im Zusammenhang mit der systematischen Zusammenstellung von Max' Lösung erkannten nun fast alle Schüler die oben genannten allgemeinen Zusammenhänge zwischen den Anzahlen der Kreise und der Schnittpunkte. Einige Kinder staunten über die enorme Vielzahl der Lagemöglichkeiten, die sie trotz intensiven Knobelns nicht finden konnten und lobten dementsprechend Max' Forscherergebnis. In der gemeinsamen Auswertung wurden außerdem besondere Lagen von Kreisen herausgestellt, wie die Anordnung von konzentrischen Kreisen. Hieraus erwuchs bei einigen Kindern spontan ein Interesse, schöne Kreismuster zu gestalten, was zu den Aufgaben der Abb. 44 überleitete. Die Schüler nutzten die inhaltlichen Freiräume der Aufgaben und kreierten sehr vielfältige Kreismuster (Abb. 46).

Anzahl der Kreise	Anzahl der Schnittpunkte												
	0	1	2	3	4	5	6	7	8	9	10	11	12
1	X	–	–	–	–	–	–	–	–	–	–	–	–
2	X	–	X	–	–	–	–	–	–	–	–	–	–
3	X	–	X	X	X	–	X	–	–	–	–	–	–
4	X	–	X	X	X	X	X	X	X	X	X	–	X

Tab. 4: Lösungstabelle zum Problemfeld „Schnittpunkte von Kreisen"

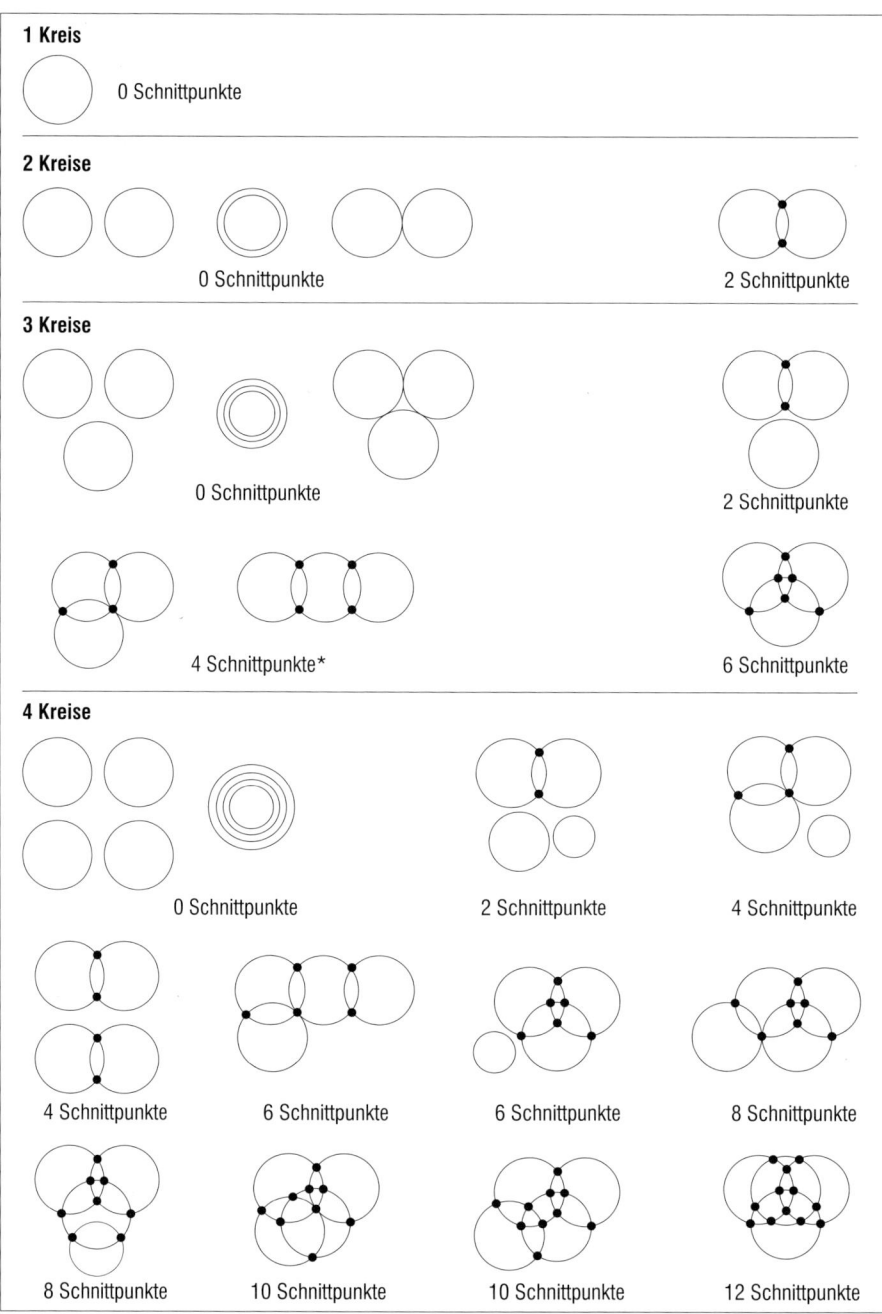

Abb. 45: Die nachgestellte Lösung von Max zum Aufgabenfeld „Schnittpunkte bei Kreisen" (* siehe Anmerkung im Text, S. 184 f.)

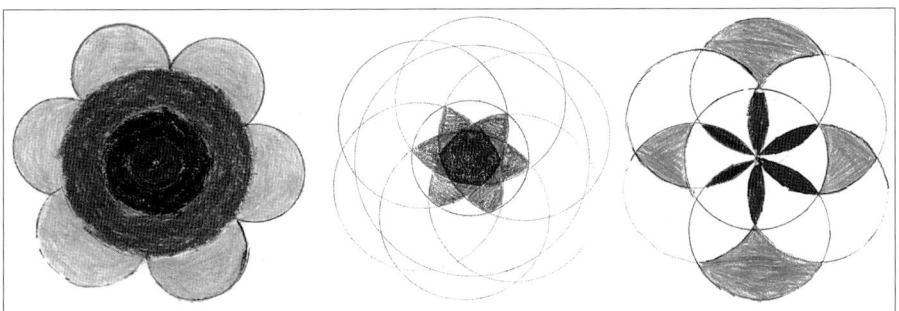

Abb. 46: Beispiele für Kreismuster

Literaturhinweise zum Aufgabenfeld
Fuchs, M./Käpnick, F. (Hrsg.) (2009): Mathe für kleine Asse (Empfehlungen zur Förderung mathematisch interessierter und begabter Dritt- und Viertklässler); Bd. 2. Berlin: Cornelsen. S. 50–54. (Hier wird ein vergleichbares Aufgabenfeld, und zwar „Schnittpunkte von Geraden", präsentiert.)

6.3 Stationenlernen

Ralf Benölken, Friedhelm Käpnick

6.3.1 Merkmale, Vorzüge und didaktische Aspekte der Organisationsform

Das Lernen an Stationen, in der Literatur auch als Stationenbetrieb, Lernzirkel oder Lerntheke bezeichnet, dient im Mathematikunterricht hauptsächlich einem intensiven und differenzierenden Üben. Die Kinder einer sozialen Gruppe können aus verschiedenen Themen eines Lernkomplexes selbstständig die für sie jeweils wichtigen Übungsinhalte auswählen. Dies stellt zugleich einen besonderen Vorzug dieses Organisationsformates dar – auch weil sich hieraus zusätzliche Möglichkeiten für ein vertiefendes Erkennen von Querverbindungen zwischen Themen (Analogien, Transfermöglichkeiten, ebenso das Herausstellen von Unterschieden usw.) ergeben. Auf diese Weise kann wiederum die Entwicklung vernetzter Wissenssysteme in sehr effektiver Weise gefördert werden. Auch das mehrfache Wechseln von Lernthemen und von Lernorten kommt den natürlichen Lerngewohnheiten von Kindern entgegen. Es sorgt für inhaltliche und methodische Abwechslungen, für unterschiedliche Motivationsanreize und löst die meist übliche relativ starre Sitzordnung im Unterricht auf.

Die verschiedenen Themen werden den Schülern üblicherweise an Tischen bzw. an Stationen in Form von Aufgabensets vorgegeben. Es hat sich bewährt, im Rahmen einer Unterrichtsstunde etwa 3 bis 5 Übungsstationen mit jeweils Pflicht- und Wahl- bzw. Zusatzaufgaben anzubieten. Eine wichtige Voraussetzung für ein effektives Üben an den Stationen besteht darin, dass die Kinder mit allen Übungsinhalten und Aufgabenformaten prinzipiell vertraut sind, sodass aufwendige Einweisungen „vor Ort" nicht notwendig sind. Prinzipiell bietet sich das Stationenlernen beim Üben aller Lernthemen an und die Erfahrungen zeigen, dass die Kinder meist sehr motiviert die Möglichkeiten zu einem individuellen und zugleich sehr intensiven Lernen nutzen.

Die Organisationsform erfordert von den Lehrkräften eine ausführliche vorherige Planung. Sie umfasst das Bestimmen bzw. Vereinbaren von differenzierenden Lernzielen der Kinder und der hierzu gehörenden jeweiligen inhaltlichen Schwerpunkte jeder Lernstation, das Zusammenstellen und didaktische Aufbereiten entsprechender Aufgabensets, die weitreichende Möglichkeiten einer natürlichen oder inneren Differenzierung (vgl. Kap. 6.6) bieten, weiterhin die Bereitstellung diverser Lernmittel gemäß den individuellen Lernbedürfnissen der Kinder und eine grobe Zeitplanung. Bezüglich der Zeitplanung ist zu beachten, dass beim Stationenlernen in der Regel folgende Phasen unterschieden werden können:

▸ ein Einstiegsgespräch zu den Zielen und Lernthemen der Stationen sowie zur Organisation und zu Verhaltensregeln beim selbstständigen Üben an den Stationen, gegebenenfalls auch ein kurzer „Stationenrundgang" mit Erläuterungen zu den Aufgabensets und den Lernmitteln an jedem Gruppentisch,

▶ das Lernen in Einzel- oder Kleingruppenarbeit an den Stationen, wobei die Aufgabensets so zusammengestellt werden sollten, dass die Kinder in jeweils 10 bis 15 Minuten alle Aufgaben erfolgreich lösen können,

▶ gemeinsame Auswertung des Stationenlernens, in der die Schüler über ihre Lernergebnisse in Bezug zu individuellen Förderplänen, über besondere Leistungen, gegebenenfalls über Fehler und noch weitere Übungsbedarfe sowie über ihr Sozialverhalten reflektieren.

Vor allem die Hauptphase, die eigentliche Arbeit an Stationen, bietet große Möglichkeiten für ein selbstbestimmtes und eigenverantwortliches Lernen jedes Kindes, denn an den Stationen kann es selbst Übungsinhalte aus dem Aufgabenset auswählen, es hat freie Wahl hinsichtlich der Nutzung von Lernmitteln, der Lösungswege, der Lösungsdarstellung und der Sozialform (Einzel-, Partner- oder Kleingruppenarbeit). Die Lehrkräfte sind in dieser Phase vor allem Begleiter bzw. Berater sowie Beobachter kindlicher Lernaktivitäten. Zudem sichern sie das Einhalten des vereinbarten Zeitregimes und der Regeln für das Sozialverhalten.

Mit diesen Grundorientierungen kann auch den häufig geäußerten Kritiken am Stationenlernen, dass eine Lehrkraft die verschiedenen Schülergruppen nicht gleichzeitig im Auge behalten kann und es dementsprechend oft dazu kommt, dass Kinder nur voneinander abschreiben, ohne selbst mitzudenken und die Lernthemen wirklich zu verstehen, entgegengewirkt werden.

Für den Einsatz des „Übens an Stationen" gibt es generell verschiedene Möglichkeiten (vgl. Käpnick 2014, S. 141):

▶ Die Aufgaben werden mit allen Kindern zunächst gemeinsam erläutert, dann wählt jedes Kind selbst aus dem Angebot aus und bearbeitet selbstständig die Aufgaben. Abschließend werden gemeinsam die Lernergebnisse ausgewertet.

▶ Die Kinder einer Klasse bzw. Gruppe werden entsprechend der Anzahl der Übungsstationen in Gruppen eingeteilt. Die Kinder einer Gruppe bearbeiten gemeinsam nacheinander die Aufgaben der Übungsstationen.

▶ Jedes Kind bearbeitet nacheinander die Aufgaben aller (bzw. von ausgewählten) Stationen als „Pflicht". Leistungsstarke Kinder ergänzen zu jeder Station selbstständig weitere Aufgaben und lösen sie.

Die Lehrkräfte sollten vorab in Abhängigkeit von den konkreten Zielen und Lernbedingungen vor Ort entscheiden, welche der drei Organisationsmöglichkeiten sie nutzen wollen. Bezüglich des mehrfachen Wechsels von Lernthemen und des Lernortes gibt es wiederum unterschiedliche Vorgehensweisen. So könnte Schülern oder einer Kleingruppe, die alle Aufgaben an einer Station schneller als geplant lösten, Zusatzaufgaben angeboten werden. Alternativ wäre es möglich, diesen Kindern eine Extrastation zur Verfügung zu stellen oder ihnen den Freiraum zu geben, selbstständig zu einer anderen Lernstation zu wechseln. Hierfür ist es stets vorteilhaft, wenn an den Stationen Möglichkeiten der Selbstkontrolle gegeben sind. Dies können Musterlösungen der Aufgaben, aber auch codierte Hinweise zu Lösungen sein. Im Sinne der Förderung selbstregulierten Lernens bietet es sich außerdem an, dass die Kinder in Lerntagebüchern oder Checklisten ihre Ergebnisse sowie Selbstreflexionen zu ihrem Lernverhalten eintragen. Auf diese Weise hätten sie zugleich eine sehr gute Orientierungshilfe für das gemeinsame Auswertungsgespräch.

 FRAGEN ZUM VERTIEFENDEN NACHDENKEN

▸ In welchen zeitlichen Abständen würden Sie das Üben an Stationen im Mathematikunterricht durchführen bzw. führen Sie es durch?
▸ Welche inhaltlichen Schwerpunkte würden Sie für ein Üben an 3 oder 4 Stationen zum Lernkomplex „Erarbeitung der Zahlen bis 1 000" im 3. Schuljahr einplanen?
▸ Welche Probleme bzw. Grenzen sind mit dem Stationenlernen im Hinblick auf ein inklusives Lernen verschieden verschiedener Kinder verbunden?

6.3.2 Aufgabenbeispiel für Stationenlernen

Im Folgenden wird mit den „Zahlenmauern" ein konkretes Unterrichtsbeispiel für die Organisationsform Stationenlernen vorgestellt, das sehr vielfältig bei der Behandlung arithmetischer Themen eingesetzt werden kann.

Zahlenmauern

Zahlenmauern eignen sich in einer einfachen Form für automatisierende Übungen zur Addition in verschiedenen Zahlbereichen ebenso wie für operative oder produktive Übungen, aber nicht zuletzt auch als Basis substanzieller Lernumgebungen (zu den Übungsformen siehe z. B. Käpnick 2014; Lorenz/Schipper 2007; Wittmann 1998). Damit bieten sie vielseitige Möglichkeiten sowohl für eine innere als auch für die natürliche Differenzierung. Die Grundidee der nachfolgend vorgestellten Lernumgebung besteht darin, diese beiden Differenzierungsformen zu verbinden und auf diese Weise innerhalb einer Organisationsstruktur ein möglichst breites inhaltliches Spektrum zwischen einem einfacheren bzw. elementaren Üben und einem mathematisch substanziellen Problemlösen anzubieten. Aufgrund des natürlich-differenzierenden Charakters bieten Zahlenmauern dennoch allen Kindern Möglichkeiten, entsprechend ihren jeweiligen Potenzialen zu lernen.

Inhaltliche Schwerpunkte

Die hier aufgeführten Anregungen zu Zahlenmauern orientieren sich an den Kompetenzerwartungen für das Ende der Schuleingangsphase. Hinsichtlich prozessbezogener Kompetenzen liegen die Schwerpunkte im Argumentieren sowie im Darstellen und Kommunizieren, denn in Zahlenmauern können verschiedene Zusammenhänge entdeckt und begründet werden, die außerdem zu vielfältigen Diskussionen anregen. In Bezug auf inhaltsbezogene Kompetenzen steht die Addition (und teilweise bei operativen Gestaltungen die Subtraktion) im Zahlenraum bis 100 in Zahlenmauern mit 3 Stockwerken im Vordergrund. Das Lösen von Zahlenmauern und insbesondere das Erkunden rechnerischer Zusammenhänge in der Zahlenfigur verlangt zudem ein geschicktes und flexibles Nutzen von Rechengesetzen und Lösungsstrategien, wie beispielsweise zur Zerlegung von Zahlen. Je nach Lerngruppe können neben den Aufgaben der Kopiervorlagen auch analoge Aufgaben mit größeren Zahlenmauern, mit anderen Zahlbereichen (zum Beispiel den ganzen Zahlen) oder mit anderen Operationen eingesetzt werden.

Lernmittel

▸ Kopiervorlagen (KV) 1 bis 5 mit Arbeitsblättern
▸ KV 6 als OHP-Folie (eventuell in mehrfacher Ausfertigung)
▸ gegebenenfalls Plättchen, die beschriftet werden können, zum Probieren
▸ spezielle Lernmaterialien für Kinder mit Behinderungen

Empfehlungen zum Ablauf einer 90-minütigen Einheit

Einstieg. Regeln zum Ausfüllen additiver Zahlenmauern (etwa 10 Minuten). Als Einstiegsimpuls dient eine Zahlenmauer mit 3 Stockwerken, um zu der Beschreibung von Aufbau und Bildungsregel von (additiven) Zahlenmauern hinzuführen. Hierfür kann KV 6 als OHP-Folie genutzt werden. Die Kinder können ihre Gedanken in der KV 1 notieren. Die Einstiegsphase endet mit der Vorstellung der von den Kindern formulierten Erkenntnisse und gegebenenfalls mit deren gemeinsamer Formulierung und Notation an der Wandtafel. Diese Vorgaben können als Basis für die weitere Arbeit dienen. Empfehlenswert ist es zudem, sich mit den Kindern auf gemeinsame Bezeichnungen für die Steine der Zahlenmauern zu einigen. Abschließend gibt eine Lehrkraft einen Ausblick auf die Hauptforscherphase, in der es um Erkundungen in Zahlenmauern an verschiedenen Stationen geht. Gegebenenfalls sollte explizit darauf hingewiesen werden, dass die Arbeit in additiven Zahlenmauern im Vordergrund steht.

Forscherphase. Erkundungen in additiven Zahlenmauern (etwa 60 Minuten). Es empfiehlt sich, einen Stationenlauf mit 3 Stationen (KV 2 bis 4) durchzuführen. KV 5 enthält Zahlenmauern zum Probieren für die Arbeit an allen drei Stationen.

Die Station 1 (KV 2) enthält einige automatisierende und operative Übungen zu Zahlenmauern. Die Station 2 (KV 3) regt die Arbeit in „Folgen von Zahlenmauern" und die Erkundung entsprechender Zusammenhänge an, womit erneut der Aspekt des operativen Übens akzentuiert und vertieft werden kann. Die Station 3 (KV 4) enthält zunächst je eine leichtere und eine anspruchsvollere Forscherfrage. In einem zweiten Teil wird die Formulierung (und Erkundung) weiterer Forscherfragen zu Zahlenmauern angeregt. An dieser Station sollte ein produktives Üben im Vordergrund stehen.

Die Kinder könnten die Stationen nach eigener Maßgabe durchlaufen, also beispielsweise die Reihenfolge und die Zeit, die sie für die Beschäftigung mit einer Station investieren, selbst festlegen. Erfahrungsgemäß schließen sich einige Kinder auch gerne zu kleinen Gruppen zusammen, die die Stationen dann gemeinsam durchlaufen. Besondere Möglichkeiten für eine natürliche Differenzierung ergeben sich durch die substanziell anspruchsvollen Angebote der Station 3, die von eher offensichtlichen Beobachtungen bis hin zu komplexen Begründungen ein breites Spektrum von Annäherungen bietet.

Präsentationsphase (etwa 20 Min.). Die Kinder präsentieren und diskutieren ihre Ergebnisse zu den einzelnen Stationen. Dazu empfiehlt sich wiederum die Vorbereitung der KV 6 als OHP-Folie, gegebenenfalls auch in mehrfacher Ausfertigung. Besonderes Augenmerk sollte je nach Station auf Strategien zum Lösen von Zahlenmauern sowie auf die Formulierung und die Begründung entdeckter Zusammenhänge gelegt werden.

Lösungen und Lösungshinweise

Kopiervorlage 1: Konstruktion und Bildungsregeln. Eine (additive) Zahlenmauer ist so aufgebaut, dass auf je zwei benachbarte Steine einer Schicht (das heißt eines Stockwerks) ein dritter Stein gesetzt wird, in dem die Summe der beiden unteren Zahlen einzutragen ist. Abb. 47 enthält eine schematische Darstellung, zum Beispiel für natürliche Zahlen a, b und c, sowie Vorschläge für Bezeichnungen der einzelnen Steine in einer Zahlenmauer mit 3 Stockwerken.

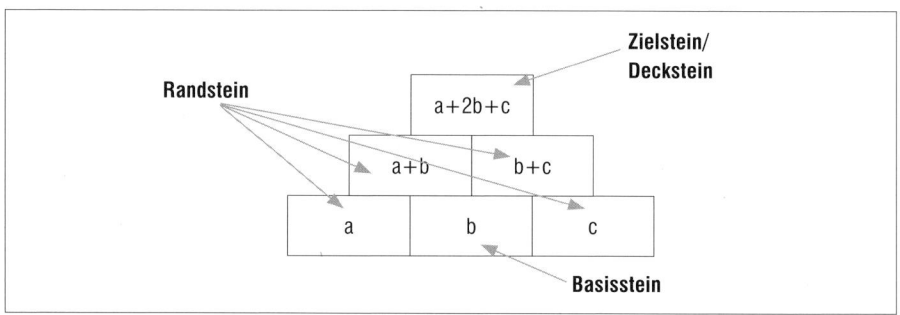

Abb. 47: Allgemeine Rechenstruktur bei Zahlenmauern

Die Formulierung der Bildungsregel gelingt den Kindern nach unseren Erfahrungen überwiegend recht gut, wenn auch auf unterschiedlichem Niveau hinsichtlich Präzision und Abstraktion (Abb. 48, 49 und 50). Vergleicht man die Lösungen von Jacqueline und Greta, werden enorme Unterschiede hinsichtlich der sprachlichen, aber auch inhaltlichen Qualität deutlich, die demgemäß auch für die prozessorientierte Diagnostik genutzt werden können. Jacquelines Leistung ist zwar relativ „schlicht" und dennoch bemerkenswert, weil sie zeigt, dass auch ein leistungsschwächeres Kind bereit und fähig ist, erkannte mathematische Strukturen (für sich) sinnvoll zu verbalisieren.

> Man rechnet erst von unten.
> Und man muss plus rechnen.

Abb. 48: Jacquelines Lösung (9 Jahre, Schülerin mit Förderschwerpunkt „Lernen" im gemeinsamen Unterricht)

> Die unteren Zahlen werden zusammen gerechnet. Von den Zahlen werden die drüber ligenden Zahlen gebildet.

Abb. 49: Marcs Lösung (8 Jahre)

> die Zahlenmauer besteht aus 3 unteren Steinen 2 mittleren Steinen 1 Summe die 3 unteren Steine sind die Niedrigsten aus den kommen die 2 oberen zusammen und aus den kommen die Summe zusammen.

Abb. 50: Gretas Lösung (9 Jahre, nach Einschätzung der Lehrkraft ein sehr leistungsstarkes Kind)

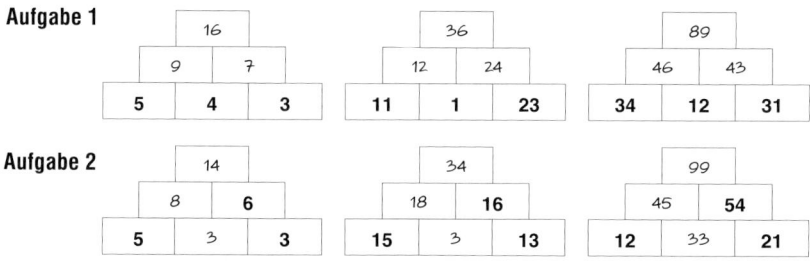

Abb. 51: Lösungen zu den Aufgaben 1 und 2 der Station „Zahlenmauern lösen"

Zusätzlich können mithilfe der KV 5 weitere Zahlenmauern vorgegeben werden, bei denen beispielsweise der Basisstein und ein mittlerer Randstein vorgegeben sind o. Ä.

Aufgabe 3: Die Aufgabe thematisiert exemplarisch das Teil-Teil-Ganzes-Konzept. Mithilfe der KV 5 können hier weitere Zahlenmauern zu den Decksteinen gebildet werden. Ein solches Beispiel für die Zerlegung der Decksteine ist:

193

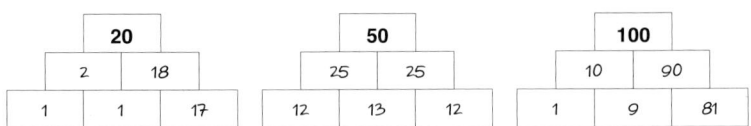

Abb. 52: Lösungen zur Aufgabe 3 der Station „Zahlenmauern lösen"

Aufgabe 4: Das Verbalisieren verwendeter Vorgehensweisen fiel in der Erprobung vielen Kindern eher schwer. Nichtdestotrotz regt die Aufgabe alle Kinder zum Nachdenken über ihr Vorgehen an und unabhängig von ihrem Leistungspotenzial ermöglicht sie ihnen Erfolgserlebnisse, wie das folgende Beispiel belegt:

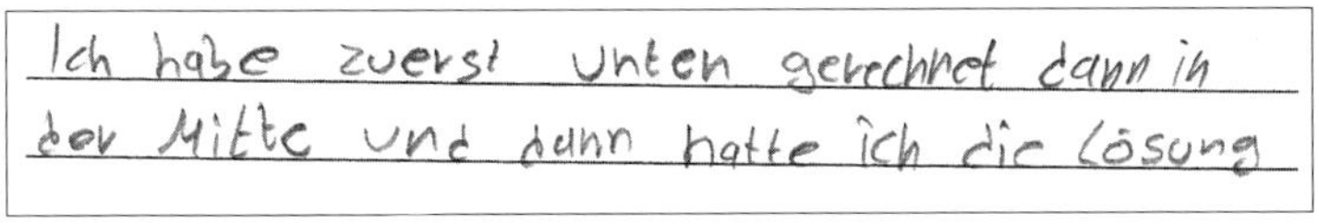

> Ich habe zuerst unten gerechnet dann in der Mitte und dann hatte ich die Lösung

Abb. 53 Maurices Lösung (9 Jahre, Schüler mit Förderschwerpunkt „Lernen" im gemeinsamen Unterricht)

Bezüglich der Vorgehensweisen war häufig zu beobachten, dass Kinder
▶ in der untersten Zeile beginnen und die Aufgaben systematisch nach oben bis zum Deckstein lösen,
▶ mit den Aufgaben beginnen, die die kleinsten Zahlen enthalten,
▶ die subjektiv als am einfachsten empfundenen Aufgaben zuerst lösen,
▶ Zahlzerlegungen oberer Zahlen (zum Beispiel der Decksteine in Aufgabe 4) in zwei gleich große Zahlen für das darunter liegende Stockwerk vornehmen oder
▶ Zahlen jeweils in die größte und die kleinste enthaltene Zahl zerlegen.

Kopiervorlage 3: Station „Folgen von Zahlenmauern".

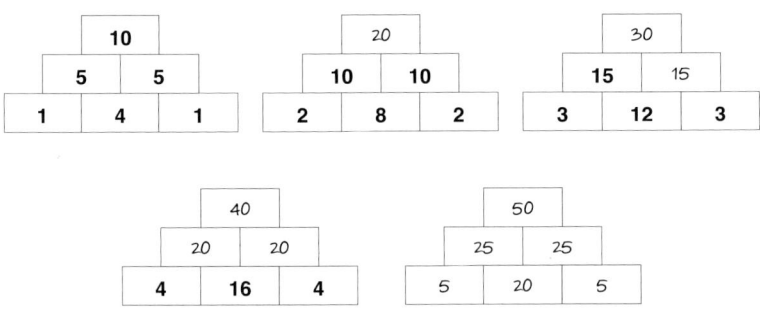

Abb. 54: Lösungen zur Aufgabe 1 der Station „Folgen von Zahlenmauern"

Aufgabe 1: Die Kinder entdeckten folgende Zusammenhänge zwischen den Zahlenmauern:

▸ Die Zahlen in den unteren Randsteinen bilden die Folge der natürlichen Zahlen.
▸ Die Zahlen in den Basissteinen bilden die 4er-Reihe.
▸ Die mittleren Randsteine enthalten die 5er-Reihe (zweifach).
▸ Die Zahlen in den Decksteinen bilden die 10er-Reihe.
▸ Die Zahl im Deckstein ist das 10-fache einer Zahl in einem unteren Randstein und das Doppelte einer Zahl in den Steinen des mittleren Stockwerks.
▸ Die Zahlen in den Steinen des mittleren Stockwerks sind das 5-fache einer Zahl in einem unteren Randstein.
▸ Die Zahl im Deckstein ist 2 1/2-mal so groß wie die Zahl im Basisstein.
▸ Die Summen der „Diagonalen" aus jeweils der Zahl eines unteren Randsteins, eines mittleren Randsteins und des Decksteins bilden die 16er-Reihe.
▸ Die Summen aller Zahlen einer Zahlenmauer bilden die 26er-Reihe.

Der natürlich differenzierende Charakter der Aufgabe bot für alle Kinder viele weitere Möglichkeiten, Zusammenhänge zu finden und zu formulieren, wie Pascals Lösungsbeispiel zeigt:

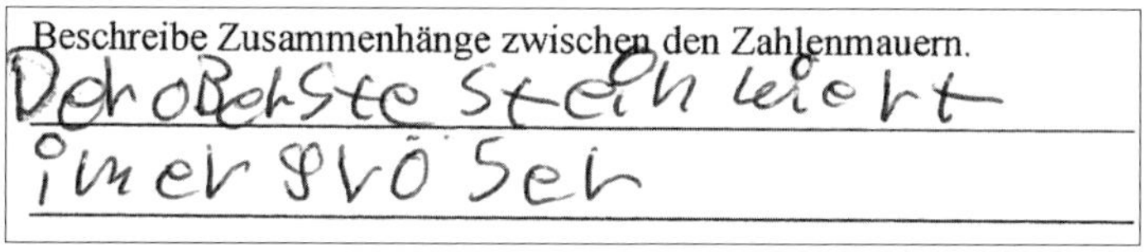

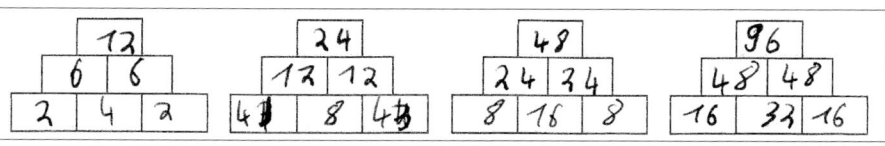

Abb. 55: Pascals Lösung (9 Jahre, Schüler mit Förderschwerpunkt „Lernen" im gemeinsamen Unterricht)

Aufgabe 2: Die Kinder waren im Anfertigen eigener Folgen von Zahlenmauern meist sehr kreativ. Häufig zu beobachtende Ansätze waren:
▸ Vorgeben von Zahlen im untersten Stockwerk der ersten Mauer und Erhöhung dieser Zahlen um jeweils 1 in den folgenden Mauern,
▸ Füllen der Steine des untersten Stockwerks mit 1, 1, 1, dann 2, 2, 2 ...,
▸ Bilden einer Zahlenfolge in den Decksteinen, Zerlegen dieser Zahlen in jeweils gleiche Zahlen in den Stockwerken darunter,
▸ Analogiebildungen zu der in Aufgabe 1 vorgegebenen Folge, wie zum Beispiel in Abb. 56.

Abb. 56: Kims Lösung (8 Jahre)

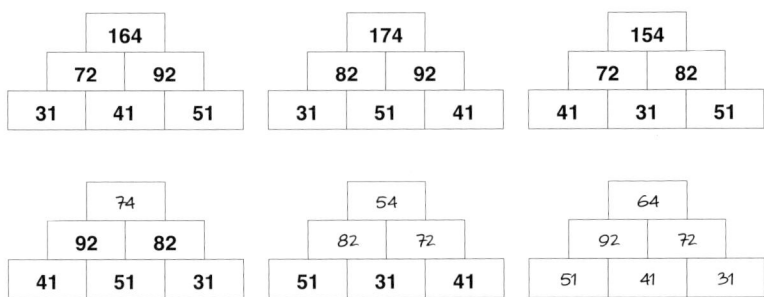

Abb. 57: Lösungen zur Aufgabe 3 der Station „Folgen von Zahlenmauern"

Aufgabe 3: In der untersten Reihe finden sich in den Zahlenmauern Permutationen der Zahlen 31, 41 und 51. Die vorgegebenen Zahlenmauern enthalten alle Permutationen bis auf die Folge 51, 41, 31. Die Kinder argumentierten meist analog, wie Tores Lösung (Abb. 58) belegen kann.

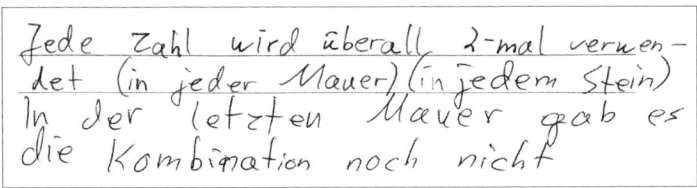

Abb. 58: Tores Lösung (9 Jahre)

Pascal (Abb. 59) hat einen besonderen Förderbedarf im Bereich „Lernen". Ihn motivierten die Aufgaben, die zum Finden und zum Erkunden von Zusammenhängen in Zahlenmauern anregen, in erstaunlichem Maße. Beim Bearbeiten aller Aufgaben gab er sich demgemäß große Mühe. Bei der Aufgabe 3 zu Folgen von Zahlenmauern fiel ihm auf, dass die Zahlen in den Decksteinen jeweils 2-mal auftauchen. Daher begann er mit dem Aufbau der fehlenden Mauer im Deckstein. Zwar ist die gefundene Zahlenmauer identisch mit der ersten Mauer, jedoch erreichte er hier ein substanzielles Ergebnis.

Kopiervorlage 4: Station „Erkundungen in Zahlenmauern". Aufgabe 1: Betrachtet man die allgemeine Struktur einer (additiven) Zahlenmauer, dann kann man erkennen, dass die Randsteine und der Basisstein je eine natürliche Zahl enthalten, die man allgemein mit a, b und c bezeichnen kann. Gemäß der Bildungsregel ergeben sich als Aufgaben, die a enthalten, um den Deckstein zu berechnen, „a + b" und „a + 2b + c" (siehe Abb. 60, links). Für „a + 1" erhält man somit mit Kommutativ- und Assoziativgesetz als Aufgaben, die a enthalten, „(a + 1) + b = (a + b) + 1" und „(a + 1) + 2b + c = (a + 2b + c) + 1". Da a, b und c beliebig, aber

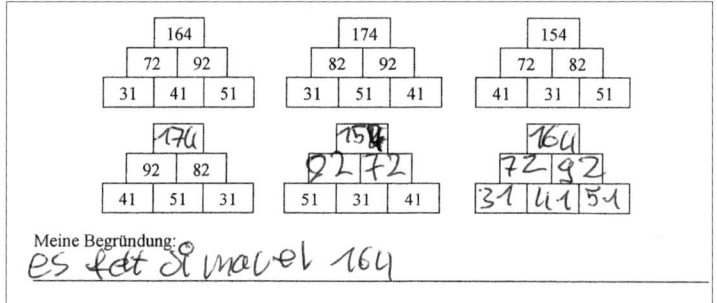

Abb. 59: Pascals Lösung zur Aufgabe 1 der Station „Folgen von Zahlenmauern"

fest gewählt sind, erhöht sich die Zahl im Deckstein somit stets auch um 1, wenn der linke Randstein um 1 erhöht wird (Abb. 60, untere Zahlenmauer).

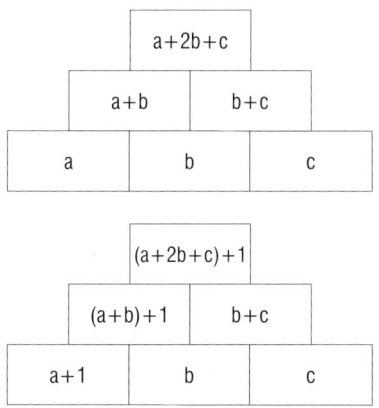

Abb. 60: Allgemeine Rechenstruktur zu Folgen von Zahlenmauern

Die meisten Kinder leiteten diesen Zusammenhang entweder beispielgebunden ab oder erschlossen ihn aus ihrem Gefühl für Zahlbeziehungen (Abb. 61, 62).

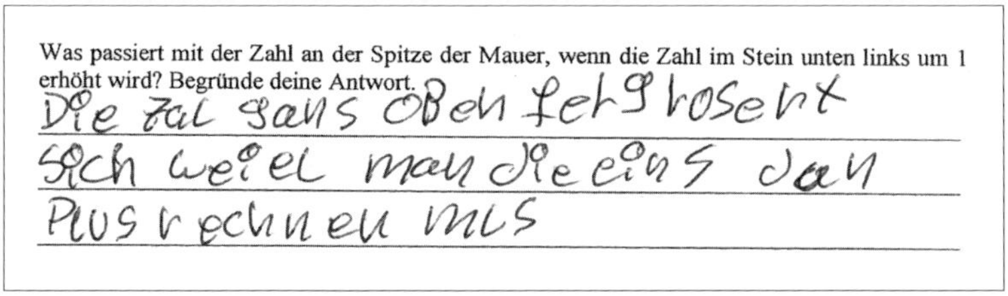

Was passiert mit der Zahl an der Spitze der Mauer, wenn die Zahl im Stein unten links um 1 erhöht wird? Begründe deine Antwort.

Die zal gans oben fehlt rosent sich weil man die eins dan plus rechnen mus

Abb. 61: Pascals Lösung (9 Jahre, Schüler mit Förderschwerpunkt „Lernen" im gemeinsamen Unterricht)

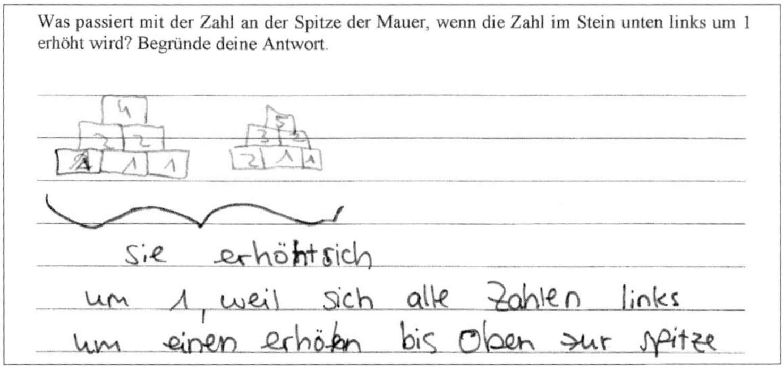

Was passiert mit der Zahl an der Spitze der Mauer, wenn die Zahl im Stein unten links um 1 erhöht wird? Begründe deine Antwort.

Sie erhöht sich um 1, weil sich alle Zahlen links um einen erhöhn bis oben zur spitze

Abb. 62: Tims Lösung (9 Jahre)

Als unmittelbares Anschlussproblem erforschten manche Kinder, ob sich für den rechten Randstein dieselbe Beobachtung machen lässt und welchen Einfluss eine Erhöhung des Basissteins um 1 hat (Abb. 63).

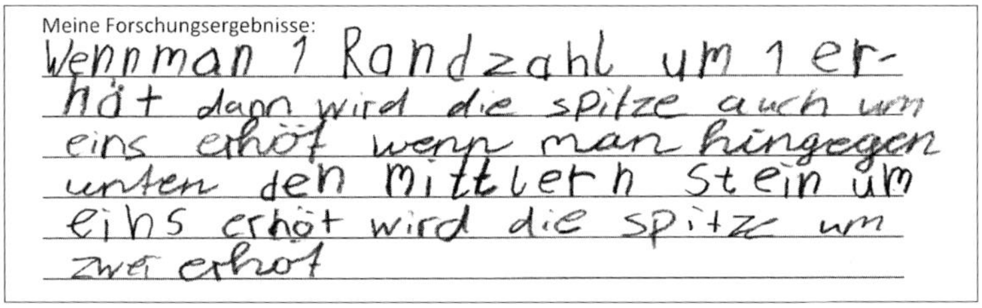

Meine Forschungsergebnisse:
Wenn man 1 Randzahl um 1 er- hät dann wird die spitze auch um eins erhöt wenn man hingegen unten den mitteLeh Stein um eihs erhöt wird die spitze um zwei erhot

Abb. 63: Ingos Lösung (9 Jahre nach Einschätzung der Lehrkraft ein sehr leistungsstarkes Kind)

Aufgabe 2: Erhöht man die Anzahl der Stockwerke und damit der Steine, so ergibt sich eine regelmäßige Zunahme von Additionsaufgaben (siehe Abb. 65 rechts). Die Anzahl der Steine s_n einer beliebigen Zahlenmauer mit n Stockwerken lässt sich rekursiv berechnen:

$$s_n = s_{n-1} + n - 1$$

Jule bildete schematisch sukzessive eine immer größer werdende Zahlmauer (siehe Abb. 65, links): Sie übermalte die Zahlenmauern der Kopiervorlage 5, um eine Skizze anzufertigen. Ein Strich in der Zeichnung repräsentiert einen Stein der Zahlenmauer. Sie begann mit einer kleinen Mauer von 3 Stockwerken und vergrößerte diese nach und nach zu einer Zahlenmauer mit 10 Stockwerken. Dann machte sie die folgende Entdeckung: Sie ordnete der ersten Zeile die letzte Zeile zu, der zweiten die vorletzte usw. Auf diese Weise erhielt sie Anzahlen von Steinen, die sich jeweils zur Summe 10 ergänzen, wobei die mittlere Zeile mit 5 Steinen übrigbleibt (Abb. 65, rechts). Durch den Rückgriff auf dieses geschickte Zählprinzip konnte sie die Anzahl der Additionsaufgaben bei einer Zahlenmau-

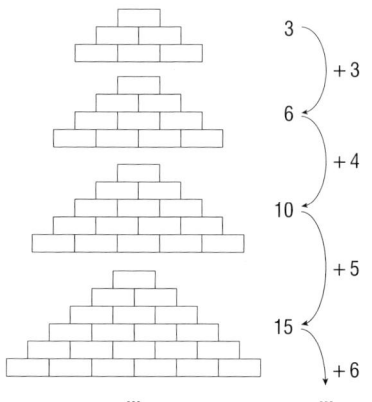

Abb. 64: Regelmäßige Zunahme von Additionsaufgaben in „Folgen von Zahlenmauern"

er mit 10 Stockwerken leicht bestimmen (4 · 10 + 5 = 45). Das Vorgehen „funktioniert" natürlich auch bei anderen Zahlenmauern, wobei jeweils bei gerader Stockwerkanzahl die mittlere Zeile übrigbleibt.

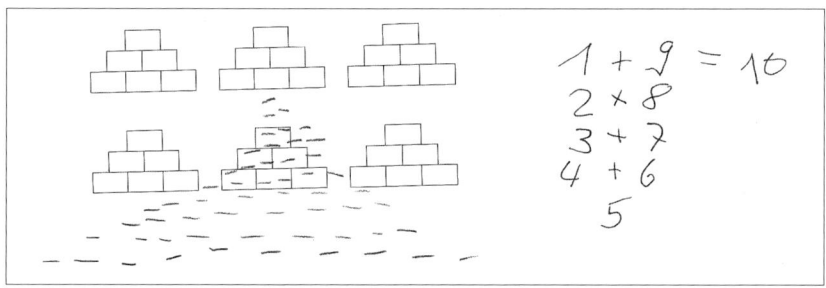

Abb. 65: Schülerlösungen zur Aufgabe 1 der Station „Folgen von Zahlenmauern"

In Jules Zählprinzip erkennt man bereits den „kleinen Gauß", denn die Anzahl der Aufgaben, die bei einer Zahlenmauer mit n Steinen im untersten Stockwerk zu berechnen sind, entspricht gerade der Summe der natürlichen Zahlen von 1 bis n (bei einer Mauer mit 3 Steinen im untersten Stockwerk sind 2 + 1 = 3 Aufgaben zu berechnen, bei einer Mauer mit 4 Steinen 3 + 2 + 1 = 6 Aufgaben usw.). Folglich gilt für die Anzahl der Steine in einer beliebigen Zahlenmauer mit n Stockwerken: $s_n = n \cdot (n - 1) \div 2$.

Ingo verfügt nach Einschätzung seiner Lehrkraft über ein hohes mathematisches Leistungsvermögen. Implizit ist die oben beschriebene geschlossene Form zur Berechnung der Anzahl der Steine einer beliebigen Zahlenmauer mit n Stockwerken seinem Lösungsansatz zu entnehmen: Er stellte seine Überlegungen in einer Tabelle dar und entdeckte das Muster der regelmäßigen Zunahme um jeweils eine weitere Aufgabe. Hiervon ausgehend erkannte er den jeweils um 0,5 zunehmenden Faktor, den er danach in der Tabelle in allen Zeilen ergänzte.

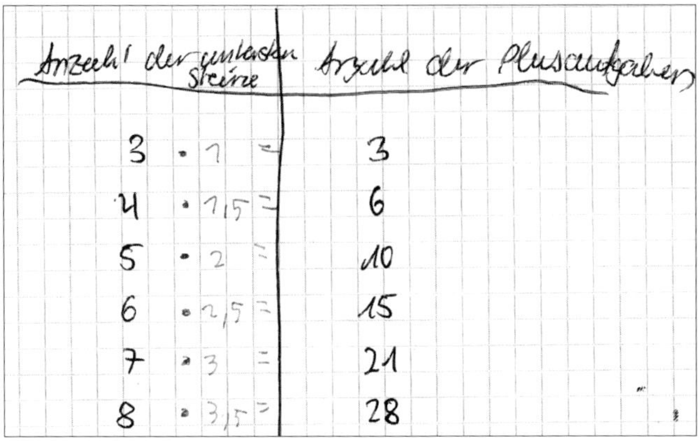

Anzahl der unteren Steine	Anzahl der Plusaufgaben
3 · 1 =	3
4 · 1,5 =	6
5 · 2 =	10
6 · 2,5 =	15
7 · 3 =	21
8 · 3,5 =	28

Abb. 66: Schülerlösungen zur Aufgabe 1 der Station „Folgen von Zahlenmauern"

Aufgabe 3: Beispiele für weitere Forscherfragen, die häufig von Kindern gestellt wurden:

- Was passiert, wenn eine Zahl in einem unteren Randstein um 2 (3, 4, 5, …) erhöht wird?
- Was passiert, wenn die Zahl im Basisstein um 1 (2, 3, 4, 5, …) erhöht wird?
- Was passiert, wenn man nicht addiert, sondern multipliziert und eine Zahl in einem unteren Randstein um 1 erhöht?

Darüber hinaus hatten manche Kinder Spaß daran, komplizierte Forscherfragen zu formulieren, deren Beantwortung nicht durch bloße Analogiebildung möglich ist (siehe Abb. 67, 68).

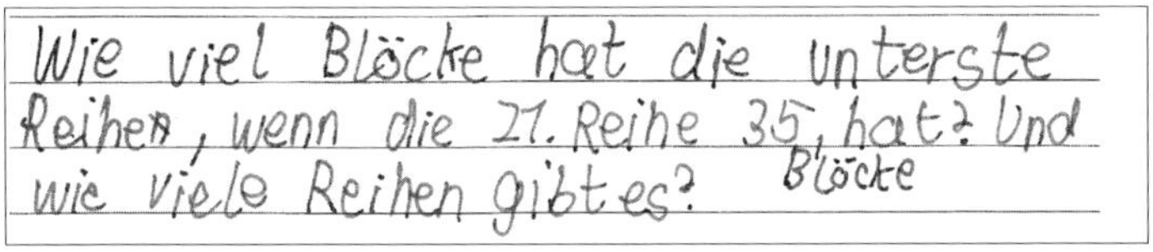

Wie viel Blöcke hat die unterste Reihen, wenn die 21. Reihe 35 Blöcke hat? Und wie viele Reihen gibt es?

Abb. 67: Simons Lösung (8 Jahre)

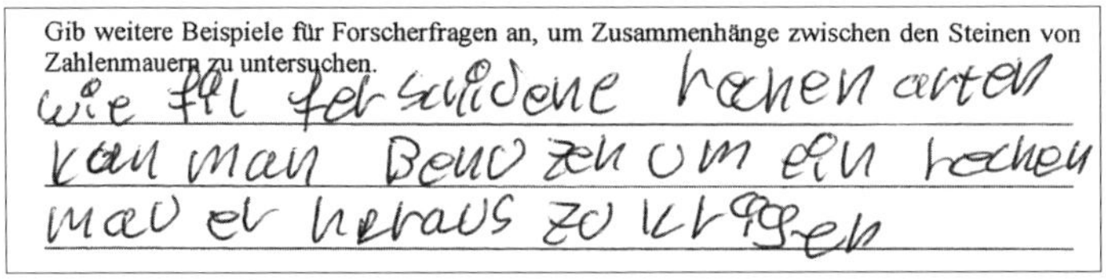

Gib weitere Beispiele für Forscherfragen an, um Zusammenhänge zwischen den Steinen von Zahlenmauern zu untersuchen.

wie fil fer schidene rechen arten kan man benuzen um ein rechen mauer heraus zu kriegen

Abb. 68: Pascals Lösung (9 Jahre, Schüler mit Förderschwerpunkt Lernen im gemeinsamen Unterricht)

Abschließende Bemerkungen

Die hier vorgestellte Planung wurde unterrichtspraktisch in einer Klasse mit „gemeinsamen Unterricht" erprobt, die von einigen Schülern mit einem Förderschwerpunkt im Bereich „Lernen" besucht wird. Die Grundidee, innerhalb einer Organisation ein möglichst breites Spektrum zwischen einfacheren, automatisierenden bzw. operativen Übungen und mathematisch substanziellen Inhalten anzubieten, die aufgrund ihres natürlich-differenzierenden Charakters trotzdem allen Kindern Möglichkeiten für Entdeckungen bieten, hat sich bewährt und ist gewiss auf viele weitere Inhaltsbereiche übertragbar. Besonders hervorzuheben sind in diesem Zusammenhang die folgenden Erfahrungen zum Umgang von Kindern mit den angebotenen Anregungen:

▸ Kinder mit besonderem Förderbedarf im Bereich Lernen beschäftigten sich in der Regel relativ lang mit der 1. Station. Werden sie in einem Team-Teaching unterrichtet, kann die betreuende Lehrperson hier weitere Zahlenmauern zusätzlich stellen und gegebenenfalls den fokussierten Zahlbereich dabei anpassen (zum Beispiel auf 10 beschränken). Der natürlich-differenzierende Charakter der 2. und der 3. Station beinhaltet ein beachtliches Potenzial, um jedem Kind Entdeckungen nach seinen individuellen Voraussetzungen und damit Erfolgserlebnisse zu ermöglichen.

▸ Kinder, die ein „normales" Leistungsniveau aufweisen, durchliefen in der Regel alle 3 Stationen. Oft eher schwer fielen ihnen konsistente Begründungen sowie das Finden weiterführender „Forscherfragen".

▸ Besonders leistungsstarke Kinder brauchten vergleichsweise wenig Zeit für die Arbeit an den ersten beiden Stationen. Häufig übersprangen sie diese auch und konzentrierten sich auf die 3. Station. Ihre Entdeckungen und Begründungen überraschten oft sowohl durch ihre mathematische Substanz als auch durch ihre sprachliche Darbietung, denn vielen dieser Kinder gelangen beispielsweise die Formulierung entdeckter Zusammenhänge und deren Begründung auf einem für ihr Alter vergleichsweise hohen Niveau.

6.4 Mathematische Spiele

Ralf Benölken, Janine Kelm

> Denn, um es endlich auf einmal herauszusagen, der Mensch spielt nur, wo er in voller Bedeutung des Worts Mensch ist, und er ist nur da ganz Mensch, wo er spielt. (F. Schiller 2000, S. 57)

Dem anthroposophischen Konzept des *homo ludens* zufolge entfaltet der Mensch seine Persönlichkeit vor allem auf der Basis von Spieltätigkeiten (vgl. Huizinga/ Flitner 2009). Mag es sich hierbei auch um ein sehr pointiertes Erklärungsmodell handeln – vergleichbar dem des *homo faber* als einem aktivem Erschließer seiner Umwelt –, so entsprechen Spiele für Kinder doch zweifelsfrei dem „natürlichen" Entfalten ihrer Persönlichkeiten und dem Erkunden und Aneignen ihrer Umwelt. Insofern beinhalten sie ein beachtliches konstruktivistisches Lernpotenzial. Außerdem eignen sie sich besonders als Organisationsform, an der alle Kinder einer Klasse unabhängig von ihren Lernvoraussetzungen teilnehmen können, das heißt, Spiele besitzen ein großes Potenzial für gemeinsames Lernen. Im Folgenden werden ausgehend von den Hauptmerkmalen von Spielen ihr produktiver Nutzen für den Mathematikunterricht, konkrete Lernchancen und Anforderungen sowie Klassifikationen von Spielen vorgestellt und durch Beispiele zur Auswahl von Spielen unter verschiedenen Perspektiven illustriert.

6.4.1 Merkmale, Vorzüge und didaktische Aspekte von Spielen

Eine formale Definition des Begriffs „Spiel" erscheint schon deshalb schwierig, weil eine solche dem inhaltlichen Charakter des Spiels eher widerspricht. Zumindest lassen sich jedoch einige Hauptmerkmale benennen[14]: Spiele verfolgen häufig einen *Selbstzweck*, das heißt, es handelt sich um eine Handlung um der Handlung willen. Spiele bieten außerdem einen in sich abgeschlossenen Handlungsrahmen und insofern einen *Wechsel des Realitätsbezugs*: Personen, Handlungen und Gegenstände können innerhalb eines Spiels andere Bedeutungen haben als in der Realität. Spiele zeichnen sich zudem in der Regel durch *Handlungswiederholungen und Rituale* aus, zum Beispiel fest vorgegebene Handlungsabläufe. Hinzu kommen affektive Merkmale, nämlich eine *intrinsische Motivation* zur Ausführung eines Spiels sowie *positive Emotionen*, die das Spielen begleiten. Der Spielbegriff bringt offenbar eine gewisse Unschärfe mit sich, die jedoch für die Implementierung von Spielen in den Mathematikunterricht konstruktiv nutzbar ist: Beispielsweise tritt das Merkmal der Zweckfreiheit im Übergang zu didaktisierenden Spielen in den Hintergrund (vgl. Warwitz/ Rudolf 2014). Zudem kann es subjektiv und situativ höchst unterschiedlich ausfallen, wann und ob eine Handlung von Kindern als Spiel gesehen wird. Radatz

---

14   Die folgende Zusammenstellung folgt Überlegungen von Oerter (1998) und Einsiedler (1999).

und Schipper (1983, S. 164) verweisen für den Mathematikunterricht darauf, dass Handlungen dann eher als Spiele wahrgenommen werden, (1) wenn sie Handlungsspielräume gewähren, die über das „Standardrepertoire des Unterrichts" hinausgehen, (2) wenn der „Spannungsbogen" nicht zu groß ist, das heißt viele kleine Erfolgserlebnisse ermöglicht werden, (3) wenn die Form dem jeweiligen kindlichen Entwicklungsstand entspricht und schließlich (4) wenn Kinder mit Spielen im Mathematikunterricht positive Vorerfahrungen verbinden.

Dass Spiele überhaupt in den Mathematikunterricht implementiert werden sollten, lässt sich übrigens aus zwei Perspektiven begründen: Einerseits bestehen vielfältige Verbindungen zwischen den oben genannten Merkmalen von Spielen und den Charakteristika mathematischen Tätigseins. So betonen Mathematiker immer wieder den spielerischen und ästhetischen Charakter ihrer Gedanken und Handlungen (vgl. Käpnick 2014, S. 176 f.). Andererseits entspricht das Spiel der Hauptaktivitätsform von Kindern in den ersten Lebensjahren, wobei es beispielsweise hinsichtlich körperlicher, sozialer, emotionaler oder intellektueller Kompetenzen wichtige Funktionen im Entwicklungsprozess von Kindern erfüllt (Pohl 2014, S. 40; siehe auch die Eingangsbemerkung zum Konzept des *homo ludens*). Mit dem Schulbeginn tritt als weitere wichtige Funktion der Ausgleich zur Lerntätigkeit hinzu und die Art des Spielens differenziert sich zusehends durch Bezüge zu unmittelbaren Lerngegenständen wie Zahlen, durch das Spielen in größeren Gruppen oder durch die Akzentuierung von Wettbewerbsgedanken (vgl. Kossakowski 1987). Vor dem Hintergrund der Notwendigkeit, Unterricht gemäß konstruktivistischen Lerntheorien zu gestalten, ergibt sich sodann ein großes Potenzial von Spielen für Lernprozesse im Mathematikunterricht, da Kinder auf diese Weise in ihren natürlichen Verhaltensparadigmen lernen können.

Klassifikationen von Spielformen
Eine eindeutige Klassifikation von Spielformen für den Mathematikunterricht erscheint aufgrund der großen Vielfalt und der sehr unterschiedlichen Inhalte von Spielen nur sehr schwer möglich (vgl. Käpnick 2014, S. 183). So werden sich Überlappungen in der Einteilung von Spielklassen zwar nicht vermeiden lassen, doch können solche Klassifikationen herangezogen werden, um etwa die didaktische Intention oder den stofflichen Inhaltsbereich einzuordnen, die mit der Auswahl einer Spielform für die Unterrichtsgestaltung jeweils verbunden sind. Eine konstruktive Orientierungsgrundlage bietet hier die Klassifikation von Käpnick (Tab. 5).

Zur Bedeutung von Spielen im inklusiven Mathematikunterricht und zu Lernchancen
Im Kontext eines erfolgreichen Umgangs mit Heterogenität im Mathematikunterricht und der Ermöglichung individueller Lernwege betonen Fachdidaktiker für alle Altersstufen immer wieder die Bedeutung von Spielen (z. B. Hußmann 2003; Krauthausen/Scherer 2007; Benz u. a. 2015), unter anderem mit dem Fokus auf ihre selbstdifferenzierende Funktion sowie ihre motivationale Bedeutung bei der

Klassifikationskriterium	Unterscheidung von Spielformen
Spiel-/Lerngegenstand	Zahlen-, Rechen-, Lege-, Formen-, Größen-, Schätz-, Begriffs(-rätsel)-Spiele
Art der Spiel-/Lerntätigkeit	Bewegungs-, Fühl- und Tast-, Lege-, Schreib-, Rechen-, Rollen-, Denkspiele
Art des Spiel-/Lernmittels	Lege-, Würfel-, (Zahlen-)Karten-, Brett-, Taschenrechner-, Computerspiele
Art der Sozialform	Einzel-, Partner-, Gruppenspiele
Berechenbarkeit des Spielausgangs	Glücks-, Strategiespiele

Tab. 5: Klassifikation von Spielformen nach Käpnick (2014, S. 183)

Erarbeitung neuer Lernthemen. Aus inklusiv-didaktischer Perspektive liegt die Bedeutung von Spielen darüber hinaus darin, dass sie nicht Unterschiede, sondern Gemeinsamkeiten zwischen Kindern betonen (vgl. Clausen 2014). Insgesamt scheint der besondere pädagogisch-didaktische Wert von Spielen aufgrund des postulierten selbstdifferenzierenden Charakters sowie der allgemeinen Charakteristik der Spieltätigkeit also gerade in einer authentischen Lerngelegenheit des Miteinanders für alle Kinder unabhängig von ihren Lernvoraussetzungen zu liegen. Bedürfnisse von Kindern mit besonderen Förderbedarfen können in diesem Kontext ergänzend zum Beispiel anhand differenzierter Schwierigkeitslevel, durch Möglichkeiten des Zusammenspiels mit einem oder mehreren Kindern sowie durch die Wertschätzung eines jeden Spielbeitrags berücksichtigt werden (vgl. ebd.). Daran anknüpfend besitzen Spiele im Mathematikunterricht die folgenden allgemeinen Lernchancen (vgl. Radatz/Schipper 1983):

Mit Spielen können
▶ inhaltsbezogene Kompetenzen geübt und gefestigt werden,
▶ erste Einsichten zu einem Geflecht von Wissen und Kenntnissen entwickelt werden,
▶ neue Inhalte eingeführt werden,
▶ prozessbezogene und soziale Kompetenzen gefördert werden,
▶ Differenzierungen und Individualisierungen vorgenommen und Kinder bei der Überwindung von Lernschwierigkeiten unterstützt werden.

Außerdem besitzen Spiele ein beachtliches diagnostisches Potenzial, denn einerseits agieren sie hier eher ungezwungen – eine gute Spielauswahl vorausgesetzt – und andererseits bieten Spiele Möglichkeiten, Kinder auf andere Weise kennenzulernen als dies in anderen Unterrichtssituationen der Fall sein mag. So kann eine Lehrkraft zum Beispiel beim Spielen besondere motorische oder Wahrnehmungskompetenzen von Kindern gezielt beobachten.

Anforderungen an Spiele im Mathematikunterricht

Bei der Auswahl geeigneter Spiele für den Mathematikunterricht sollten die Ermöglichung eines erfolgreichen Lernens aller Kinder sowie ein hoher motivationaler Charakter im Vordergrund stehen. Das bloße Angebot und die bloße Verwendung eines beliebigen Spiels im Unterricht erfüllen diese Grundorientierungen jedoch nicht per se. Für die Auswahl von Spielen erscheinen in Anlehnung an Käpnick (2014, S. 185) die folgenden Anforderungen sinnvoll, die zwar auch keinen sicheren Erfolg des Spieleinsatzes garantieren, jedoch erfahrungsgemäß konstruktive Ansatzpunkte liefern: Ein Spiel sollte

▸ in etwa gleiche Gewinnchancen für alle Kinder bieten und alle Kinder gleichberechtigt in den Spielverlauf einbeziehen,

▸ (sofern es sich um ein Wettbewerbsspiel handelt:) keine gravierenden Konsequenzen für Verlierer mit sich bringen,

▸ leicht verständlichen und eindeutig nachvollziehbaren Regeln folgen,

▸ Utensilien einsetzen, die leicht zu handhaben und zu beschaffen sind,

▸ häufig wiederholbar sein,

▸ flexible Veränderungen der Spiel- und Gewinnregeln zulassen,

▸ eine angemessene Spieldauer aufweisen.

FRAGEN ZUM VERTIEFENDEN NACHDENKEN

▸ Warum wird in der Unterrichtspraxis der Einsatz mathematischer Lernspiele häufig vernachlässigt?

▸ Welche derzeit einschlägig bekannten Computerspiele eignen sich Ihres Erachtens für ein inklusives Lernen im Mathematikunterricht?

▸ Wie könnte man Kinder aktiv in die Auswahl und organisatorisch-methodische Gestaltung des Einsatzes von Lernspielen im Mathematikunterricht einbeziehen?

6.4.2 Beispiele für Spielformen unter unterschiedlichen didaktischen Perspektiven

Im Folgenden werden anhand der oben benannten Klassifikationskriterien ausgehend von möglichen Einsatzszenarien konkrete didaktische Hinweise und praktisch bewährte Beispiele für die sinnvolle Auswahl von Spielen und ihre Implementierung in den Mathematikunterricht vorgestellt. Dabei werden zwar bestimmte Aspekte zu Lernchancen und Anforderungen an die Spielauswahl akzentuiert, doch sind sie insgesamt sicher nicht isoliert von den übrigen oben vorgestellten jeweiligen Gesichtspunkten zu betrachten. Außerdem besitzt die Zuordnung der nachfolgend präsentierten konkreten Beispiele eher normativen Charakter, denn einige der Spiele ließen sich gewiss unter einem anderem Fokus verwenden.

Auswahl nach Spiel-/Lerngegenstand

Mögliches Szenario: Eine Lehrkraft geht von einem Lerngegenstand (zum Beispiel einem mathematischen Inhalt) aus und sucht nach möglichen Einbindungen eines Spiels im Laufe des Lernprozesses der Schüler, zum Beispiel im Laufe einer Unterrichtsreihe. In Bezug auf besondere *Lernchancen* bieten Spiele hier eine konstruktive Möglichkeit, einerseits Inhalte einzuführen sowie andererseits Inhalte zu üben, zu festigen und diese in ein Begriffsnetzwerk einzuordnen. In allen Lernsituationen sollte das Potenzial von Spielen zur Individualisierung der Lernwege besonders berücksichtigt werden: Hinsichtlich der *Anforderungen* für die Auswahl in diesem Sinne geeigneter Spiele erscheint es besonders wichtig, (1) leicht verständliche Spielformen mit leicht handhabbaren Utensilien auszuwählen sowie (2) einen angemessenen Zeitrahmen einzuplanen, sodass die Lernenden tatsächlich in ihren Lernprozessen gegenüber dem fokussierten Inhalt unterstützt werden, nicht das Spiel selbst zum eigentlichen Lerngegenstand wird oder sein motivationaler Aufforderungscharakter verebbt.
Beispiele:
▶ Finde die größere Zahl!
▶ Formen-Domino

Auswahl nach Art der Spiel-/Lerntätigkeit

Mögliches Szenario: Eine Lehrkraft möchte eine bestimmte Spiel- oder Lerntätigkeit gezielt in ihrem Unterricht einsetzen. Jenseits stringent inhaltsbezogener Aktivitäten, bei denen etwa der Aspekt des Übens und Festigens im Vordergrund stehen könnte (zum Beispiel Umgang mit Größen), intendiert sie eine „Auflockerung" des Unterrichts und eine Fokussierung auf Aspekte der Bewegung und Wahrnehmung, um so die Motivation der Lernenden zu steigern, ihnen eine „Auszeit" mit Bezügen zu mathematischen Themen zu ermöglichen oder die Freude gegenüber der Beschäftigung mit Mathematik zu fördern. In Bezug auf *Lernchancen* ergeben sich in diesem Kontext insbesondere Möglichkeiten,

gezielt prozessbezogene und soziale Kompetenzen zu entwickeln. Gerade deshalb liegen die *Anforderungen* an eine angemessene Spielform vor allem darin, (1) alle Kinder gleichberechtigt in den Spielverlauf einzubeziehen und (2) leicht verständliche und eindeutige Regeln zu formulieren.
Beispiel: Gordischer Knoten

Auswahl nach Art des Spiel-/Lernmittels

Mögliches Szenario: Zur Einführung (oder Auffrischung) des Umgangs mit einem Arbeitsmaterial (zum Beispiel zum Legen und Parkettieren) möchte eine Lehrkraft ein Spiel einbinden. Sie sucht folglich gezielt nach einer Spielform, die sich auf das verwendete Material bezieht (hier also Legematerialien). Besondere *Lernchancen* von Spielen liegen hier demgemäß im Entwickeln sowie im Üben und Festigen von Inhalten oder Fertigkeiten gegenüber dem Umgang mit dem Material (im konkreten Beispiel zum Legen und Parkettieren kommen aus inhaltlicher Perspektive beispielsweise Fähigkeiten im räumlichen Orientieren und Wahrnehmen hinzu). Das Angebot sollte zudem so aufbereitet sein, dass alle Kinder unabhängig von ihren Lernvoraussetzungen das Spiel mit Freude spielen und frustrierende Erlebnisse vermieden werden. In Bezug auf die *Anforderungen* an das zu verwendende Material sind damit vor allem (1) seine leichte Handhabbarkeit und Verständlichkeit (und aus der Perspektive der Lehrkraft die einfache Beschaffbarkeit) sowie (2) die Notwendigkeit einer hohen Variabilität gegenüber Veränderungen der Spielregeln u. Ä. herauszustellen, damit tatsächlich jedes Kind Freude im Umgang mit dem gewählten Spiel empfindet.
Beispiel: Unregelmäßige Parkettierungen

Auswahl nach Art der Sozialform

Mögliches Szenario: Eine Lehrkraft möchte eine Spielform in den Lernprozess implementieren, in der gezielt beispielsweise Kooperationen gefördert oder zumindest ein Austausch aller Kinder einer Klasse initiiert werden. Hinsichtlich der Lernchancen steht damit das Potenzial zur Entfaltung sozialer Kompetenzen besonders im Vordergrund. Wichtige *Anforderungen* liegen vor allem darin, eine Spielform auszuwählen, (1) in der sich tatsächlich alle Kinder gleichberechtigt einbringen können und die (2) gegebenenfalls die Möglichkeit einer häufigen Wiederholbarkeit in unterschiedlichen Kontexten bietet, um beispielsweise eine ritualisierte Form des Austausches verfügbar zu machen.
Beispiel: Was bin ich?

Auswahl nach Berechenbarkeit des Spielausgangs

Mögliches Szenario: Eine Lehrkraft möchte eine spielerische Übungsform zur Vertiefung und Festigung von Grundrechenarten in ihren Unterricht einbringen, die einen hohen motivationalen Charakter besitzt – zum Beispiel durch eine Organisation als Glücks- oder Wettspiel, bei dem Preise zu gewinnen sind. In Bezug auf die *Lernchancen* sollten daher die Festigung vorhandener Kompetenzen, die

Individualisierung von Lernwegen und auch und gerade die Unterstützung lernschwächerer Kinder im Vordergrund stehen. Aufgrund der gewählten Spielform ergeben sich als *Anforderungen* besonders, dass (1) alle Kinder in etwa gleiche Gewinnchancen haben und (2) keine Konsequenzen für Verlierer entstehen sollten (beispielsweise sollten alle Kinder Anerkennung für ihre Leistungen erfahren und einen kleinen Preis erhalten).
Beispiel: Bingo

Beispiel 1: Finde die größere Zahl!

Didaktische Hauptintention: Inhalte einführen (hier große Zahlen mit dem Taschenrechner)
Spielform: Rechenspiel
Sozialform: Partnerspiel
Quelle: in Anlehnung an Verboom (2006)
Vergleichbare Spiele: Bingo (siehe Beispiel 6); diverse Vorschläge für Einsatzmöglichkeiten des Taschenrechners in spielerischen Übungen finden sich zum Beispiel bei Verboom (2006)

Grundablauf

Jedes Paar erhält einen Taschenrechner, zwei verschiedenfarbige Stifte und ein Spielfeld, auf dem Zahlen in Kästchen eingetragen sind (Beispiele in Abb. 69). Abwechselnd bestimmen die Kinder zwei benachbarte Zahlen auf dem Spielfeld (waagerecht, senkrecht oder diagonal) so, dass das Produkt beider Zahlen möglichst groß ist. Das Kind, das die größere Ergebniszahl erreicht, markiert die beiden benutzten Faktoren in seiner Farbe. Falls beide Partner das gleiche Ergebnis erreichen, kann jeder einen beliebigen der von ihm verwendeten Faktoren markieren. Zahlen, die markiert wurden, dürfen in der nächsten Spielrunde nicht wieder verwendet werden, wohl aber Zahlen, die verwendet wurden, aber – weil der Partner die Spielrunde gewonnen hat – nicht gekennzeichnet wurden. Das Ziel des Spiels besteht darin, möglichst viele Zahlen in der eigenen Farbe zu markieren, das heißt, es gewinnt derjenige, der am Ende die meisten Zahlen in seiner Farbe kennzeichnen konnte.

Variationsmöglichkeiten

Das Spiel kann nicht nur von Einzelspielern gespielt werden, die paarweise gegeneinander spielen, sondern auch von Paaren, die gegeneinander antreten und die sich bei der Wahl der Faktoren jeweils abstimmen. Grundsätzlich ist es auch denkbar, das Spiel in der gesamten Lerngruppe zu spielen, indem man diese in zwei Hälften aufteilt, die gegeneinander antreten und sich jeweils untereinander abstimmen.
Inhaltlich sind zudem diverse Variationen denkbar: So kann der fokussierte Zahlenraum verändert werden (siehe Abb. 69) oder spezielle Zahlen wie Primzahlen, Quadratzahlen oder Lieblingszahlen von Kindern eingetragen werden. Die

34	17	87	33	29	9
66	3	23	86	10	4
93	12	31	55	25	90
19	54	71	43	92	49
21	27	99	98	11	2
1	15	68	20	75	85

117	765	310	432	917	104
821	100	999	998	119	299
231	489	290	550	817	567
123	156	625	971	698	193
990	111	700	495	277	455
352	178	75	815	943	777

Abb. 69: Beispiele für Spielfelder mit Zahlen aus dem Zahlbereich bis 100 (links) und bis 1 000 (rechts)

Spielfelder können sehr gut auch von den Kindern selbst vorbereitet werden. In Bezug auf Differenzierungen im Schwierigkeitsgrad können zudem vonseiten der Lehrkraft unterschiedliche Spielfelder vorbereitet und je nach didaktischer Intention oder Spielpaar verteilt werden, beispielsweise hinsichtlich der Auswahl der Zahlen oder der Zahlbereiche. Ähnliche Effekte liefert eine leicht zu bewerkstelligende Variation der Spielfeldgröße.

Beispiel 2: Formen-Domino

Didaktische Hauptintentionen: Inhalte üben und festigen, in ein Begriffsnetzwerk einordnen
Spielform: Begriffsrätselspiel
Sozialform: Partnerspiel
Vergleichbare Spiele: MathTabu (vgl. Benölken 2013), Was bin ich? (siehe Beispiel 5)

Grundablauf

Je zwei Spielpartner erhalten ein Set aus vorbereiteten Dominokarten. Das Ziel besteht darin, gemeinsam einen durchgehenden „Weg" zu legen, indem die Formen und die passenden Beschreibungen jeweils nebeneinander zu liegen kommen.

Variationsmöglichkeiten

Begriffsrätsel-Dominos können natürlich zu sehr unterschiedlichen Themen durchgeführt werden. Grundsätzlich bietet es sich dabei an, die Kinder gemeinsam selbst Spielsteine herstellen zu lassen, also unter anderem die Begriffsbeschreibungen selbst vornehmen zu lassen. Gegebenenfalls erhält man auf diese Weise sukzessive eine größere Sammlung zu einem oder gar zu unterschiedlichen Themen, die weitere Vernetzungen erlauben oder einen weiterreichenden

Einsatz des Spiels ermöglichen, zum Beispiel als Wettspiel. Sowohl in der einfachen Grundform als auch in komplexeren Varianten können Einzelspieler, Paare oder kleinere Gruppen mit- oder gegeneinander spielen. Im Kontext des Formen-Dominos können schließlich ausgewählte Spielsteine auch verwendet werden, um Begriffsnetzwerke wie das „Haus der Vierecke" in ihrer Struktur nachzulegen.

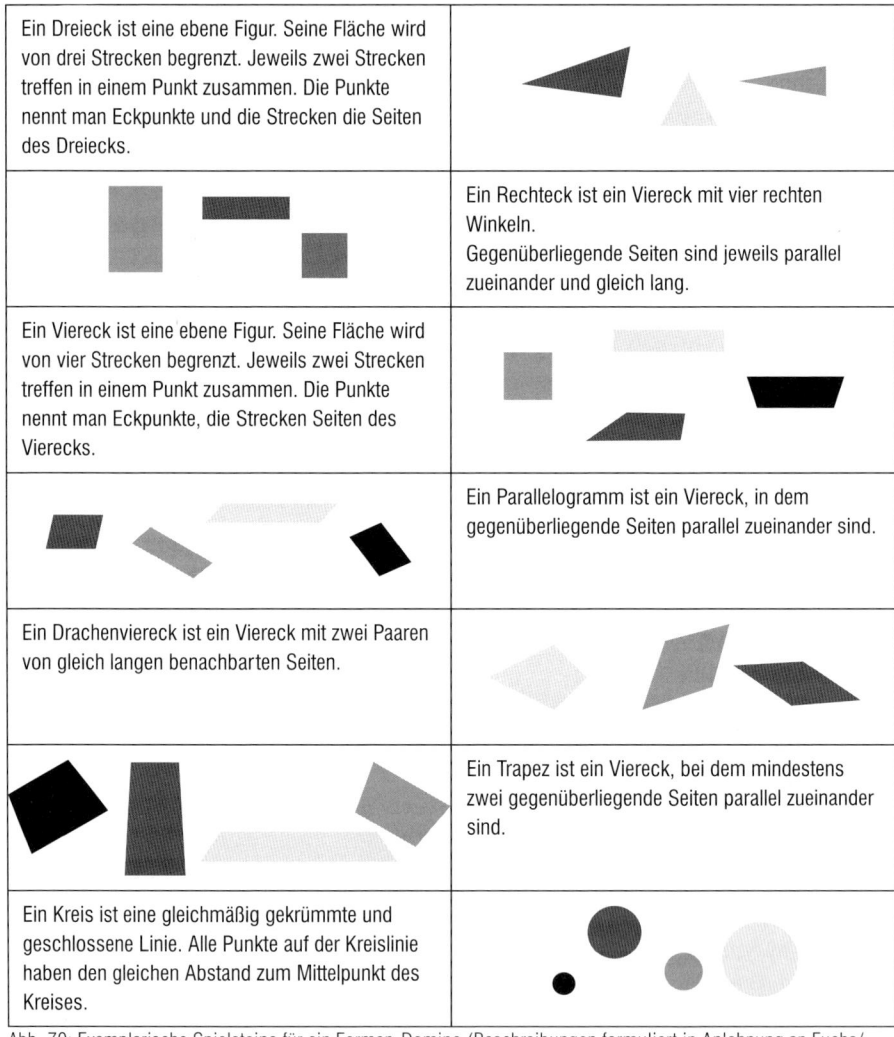

Ein Dreieck ist eine ebene Figur. Seine Fläche wird von drei Strecken begrenzt. Jeweils zwei Strecken treffen in einem Punkt zusammen. Die Punkte nennt man Eckpunkte und die Strecken die Seiten des Dreiecks.

Ein Rechteck ist ein Viereck mit vier rechten Winkeln.
Gegenüberliegende Seiten sind jeweils parallel zueinander und gleich lang.

Ein Viereck ist eine ebene Figur. Seine Fläche wird von vier Strecken begrenzt. Jeweils zwei Strecken treffen in einem Punkt zusammen. Die Punkte nennt man Eckpunkte, die Strecken Seiten des Vierecks.

Ein Parallelogramm ist ein Viereck, in dem gegenüberliegende Seiten parallel zueinander sind.

Ein Drachenviereck ist ein Viereck mit zwei Paaren von gleich langen benachbarten Seiten.

Ein Trapez ist ein Viereck, bei dem mindestens zwei gegenüberliegende Seiten parallel zueinander sind.

Ein Kreis ist eine gleichmäßig gekrümmte und geschlossene Linie. Alle Punkte auf der Kreislinie haben den gleichen Abstand zum Mittelpunkt des Kreises.

Abb. 70: Exemplarische Spielsteine für ein Formen-Domino (Beschreibungen formuliert in Anlehnung an Fuchs/Käpnick 2009)

Beispiel 3: Gordischer Knoten

Didaktische Hauptintentionen: Auflockerung des Unterrichts, Steigerung der Motivation, Förderung prozessbezogener und sozialer Kompetenzen
Spielform: Bewegungsspiel
Sozialform: Gruppenspiel
Vergleichbare Spiele: Übersichten weiterer mathematischer Bewegungsspiele (wie Stühle tauschen und Farbsudokus) finden sich zum Beispiel bei Benölken (2010) und Maak/Wemhöhner (2007)

Grundablauf

Ein bis zwei Kinder werden ausgewählt, um den „Gordischen Knoten" später zu entknoten. Sie sollten den Blick zunächst abwenden. Der Rest der Gruppe bildet einen Kreis und alle Kinder fassen einander an den Händen. Die Gruppe wird nun zu einem Gordischen Knoten, indem sich alle Kinder verdrehen, unter den Armen anderer durchlaufen und so weiter. Sobald die Gruppe mit den „Verknotungen" fertig ist, lösen die vorab ausgewählten Kinder den Knoten, indem sie die Kinder wieder voneinander trennen.

Variationsmöglichkeiten

Um die Entfaltung sozialer Kompetenzen noch stärker zu akzentuieren, sind beispielsweise die folgenden Zusatzregeln denkbar: Kinder, die den Knoten gemeinsam lösen sollen, dürfen untereinander nicht verbal kommunizieren und/oder den Knoten nur durch Anweisungen an die am Knoten beteiligten Kinder (also ohne Berührungen) lösen. Eine weitere Variationsmöglichkeit besteht darin, dass der Knoten nicht von zuvor ausgewählten Kindern, sondern von der ganzen Gruppe gemeinsam gelöst wird.

Die Bildung des Knotens kann leicht variiert werden, um schwierigere Knoten und damit schwierigere Auflösungen zu erreichen: Alle Kinder stellen sich mit geschlossenen Augen in einen Kreis und strecken ihre Arme aus. Jedes Kind ergreift nun die Hände von zwei verschiedenen anderen Kindern, wobei die Arme nicht verschränkt sein dürfen. Ein komplizierter Knoten entsteht, wenn dabei „kreuz und quer" Verbindungen geschaffen werden.

Beispiel 4: Unregelmäßige Parkettierungen

Didaktische Hauptintentionen: Üben und Festigen von Inhalten, zum Beispiel im Legen oder im räumlichen Orientieren
Spielform: Legespiel
Sozialform: Einzelspiel
Quelle: didaktisierte Variante des Gesellschaftsspiels Ubongo; vgl. Rejchtman (2005)
Vergleichbare Spiele: Computerspiel Tetris (in vielen Online-Versionen frei verfügbar); Tangram

Grundablauf

Die Kinder erhalten vorgefertigte Legesteine, die sie nach Bedarf unterschiedlich einfärben können (Abb. 71, links). Das Ziel des Spiels besteht darin, vorgegebene Rahmenformen mit den Legesteinen auszulegen, wobei nicht alle Legesteine für eine Rahmenform verwendet werden müssen (Beispiel in Abb. 71, rechts).

Variationsmöglichkeiten

Das Schwierigkeitsniveau ist durch die Vorgabe unterschiedlicher Rahmenformen stark veränderbar (Abb. 72, links). Eine Vereinfachung kann zudem dadurch erreicht werden, dass nur die zu den angebotenen Rahmenformen passenden Legesteine zur Verfügung gestellt werden.

Eine weitere Variation bietet das freie Legen von Formen mit den Legesteinen, wobei sich hier Beschreibungen und Begründungen hinsichtlich der gewählten Form, ihrer Ästhetik u. Ä. anbieten (Abb. 72, rechts). Die gelegten Formen kön-

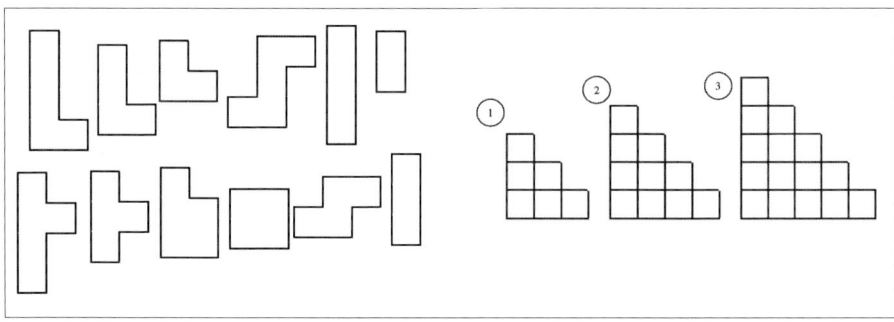

Abb. 71: Legesteine (links) und Treppen als Beispiel für auszulegende Rahmenformen (rechts)

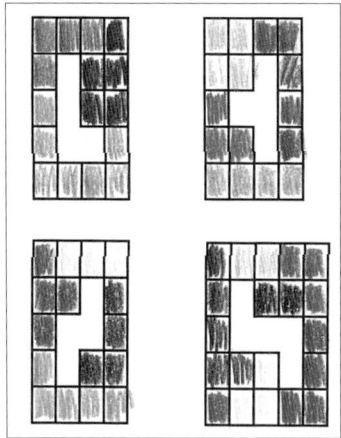

Abb. 72: Ausgemalte Lösungen zu verschiedenen vorgegebenen Rahmenformen (links) und ein „Hund" als Beispiel für das freie Legen von Formen (rechts; hier sind die Legesteine aus Mossgummi gefertigt)

nen nach Fertigstellung von den Kindern auf Papier mit einem Stift umrandet werden, sodass die Kinder Rahmenformen austauschen und wechselweise auslegen können. Hier ist außerdem die Herstellung eigener Legesteine denkbar.

Das Spiel kann auch als Mehrspielervariante aufbereitet werden: Beispielsweise erhalten zwei Kinder eine gleiche Anzahl an Legesteinen und legen diese abwechselnd in eine Rahmenform. Es gewinnt das Kind, das zuerst alle Legesteine abgelegt hat – hier ist unbedingt darauf zu achten, dass die Rahmenform tatsächlich mit den zur Verfügung gestellten Legesteinen auslegbar ist. Gegebenenfalls kann für das Legen eines jeden Steins eine Zeit vorgegeben werden, um dem Spiel einen noch stärkeren Wettbewerbscharakter zu verleihen.

Beispiel 5: Was bin ich?

Didaktische Hauptintentionen: Förderung sozialer Kompetenzen
Spiel- und Sozialform: Gruppenspiel
Vergleichbare Spiele: Formen-Domino (siehe Beispiel 2); MathTabu (Benölken 2013)

Grundablauf

Jedes Kind schreibt einen mathematischen Gegenstand (zum Beispiel eine Zahl, eine geometrische oder etwas, das es mit Mathematik verbindet) auf einen kleinen Zettel. Der Zettel wird nun einem anderen Kind auf die Stirn geklebt. Alle Kinder der Klasse laufen anschließend durcheinander und versuchen, den Begriff auf ihrer Stirn zu raten: Treffen sich zwei Kinder, können sie dazu gezielte Fragen stellen, die jedoch nur mit „Ja" oder „Nein" beantwortet werden dürfen. Bei „Ja" darf eine weitere Frage gestellt werden, bei „Nein" nicht. Haben beide Partner ein „Nein" erhalten, so gehen sie weiter und suchen einen neuen Partner.

Variationsmöglichkeiten

Die Kinder können auch in Ratetandems oder -teams agieren. Die Zettel mit den Begriffen können zudem vielfach untereinander getauscht, über einen längeren Zeitraum gesammelt und in immer größerer Variation verwendet werden, wenn das Spiel öfter eingesetzt wird. Anstatt die Wahl mathematischer Begriffe oder Assoziationen völlig frei zu stellen, können konkrete mathematische Themen fokussiert werden. Schließlich ist auch eine stärkere „Steuerung" von außen denkbar, indem die Lehrkraft Begriffe unterschiedlichen Schwierigkeitsgrades vorbereitet und selbst an die Kinder verteilt.

Beispiel 6: Bingo

Didaktische Hauptintentionen: Üben und Festigen
Spielform: Glücksspiel
Sozialform: Gruppenspiel
Vergleichbare Spiele: TicTacToe; im Grundsatz ähnelt Bingo zudem vielen anderen Kopfrechenspielen, zum Beispiel dem Eckenrechnen oder Kopfrechenfußball

29 − 5 =	12 + 4 =	28 − 2 =	4 + 7 =	13 + 5 =
2 + 7 =	8 + 15 =	30 − 0 =	18 + 11 =	7 + 7 =
21 − 6 =	5 + 5 =	12 − 4 =	1 + 1 =	13 − 9 =
21 + 7 =	1 + 6 =	17 + 10 =	18 + 7 =	2 + 3 =
6 + 6 =	5 + 8 =	9 + 5 =	12 + 5 =	19 + 2 =

9	13	4	23	8
1	17	21	19	10
6	11	29	14	27
0	30	15	3	16
24	22	28	5	26

Abb. 73: Vorbereitete Aufgaben (links), passende willkürlich verteilte Ergebniszahlen auf einem 5 × 5-Bingo-Spielfeld (rechts)

Grundablauf

Das Ziel des Spiels besteht darin, eine Zeile, eine Spalte oder eine Diagonale eines Bingo-Spielfeldes vollständig zu markieren. Die quadratischen Spielfelder können beliebig groß sein – aus Zeitgründen bieten sich 3 × 3- oder 5 × 5-Quadrate an. Vor Beginn des Spiels bereitet die Lehrkraft passend zur Anzahl der auszufüllenden Felder diverse Rechenaufgaben vor (Abb. 73, links) und notiert die Ergebnisse, die den Kindern anschließend vorgelesen werden. Die Kinder verteilen die genannten Zahlen individuell „kreuz und quer" in die kleinen Quadrate ihres Bingo-Spielfelds (Abb. 73, oben rechts). Die Lehrkraft nennt nun nacheinander die Aufgaben (oder schreibt sie an die Wandtafel) und die Kinder markieren die Ergebnisse auf ihren jeweiligen Spielfeldern. Hat ein Kind eine Zeile, Spalte oder Diagonale vollständig markiert, ruft es „Bingo" und hat gewonnen.

Variationsmöglichkeiten

Die Bearbeitungszeit der Aufgaben kann bei den Kindern interindividuell stark variieren – daher sollte der Zeitbedarf für jede Rechenaufgabe großzügig bemessen werden. Gegebenenfalls können hier auch Spielpaare gebildet werden, sodass leistungsschwächere und -stärkere Kinder in einem Tandem spielen.

Die Vorbereitung von Rechenaufgaben ist sehr variabel: Beispielsweise können verschiedene Zahlbereiche oder Rechenoperationen angeboten werden. Eine solche Variation ist auch als innere Differenzierung vorstellbar: Werden die Aufgaben nicht der gesamten Lerngruppe gemeinsam gestellt, so können Zettel mit Aufgaben unterschiedlicher Zahlbereiche, Operationen oder Schwierigkeitsgrade vorbereitet und individuell zugeteilt werden.

Einen vergleichsweise höheren Schwierigkeitsgrad bietet eine Variante, in der die Kinder nicht Zahlen zu vorgegebenen Rechenaufgaben auf dem Spielfeld markieren sollen, sondern Ergebnisse zu auf den Bingospielfeldern bereits enthaltenen Aufgaben vorgetragen werden (hier sollen also die jeweils passenden Aufgaben markiert werden). Der Schwierigkeitsgrad lässt sich weiter steigern, indem operative Aspekte einbezogen werden, die Aufgaben auf dem Bingospielfeld also nicht vollständig sind, sondern Platzhalter o. Ä. enthalten.

6.5 Aufgabenbriefe

Mandy Fuchs

6.5.1 Merkmale, Vorzüge und didaktische Aspekte der Organisationsform

Das Gestalten von abwechslungsreichen, motivierenden und vor allem den individuellen Bedürfnissen von Kindern entsprechenden Übungen kann Lernbegleiter bzw. Lehrpersonen vor enorme Herausforderungen stellen. Auch bei noch so gründlicher und differenzierter Auswahl von Übungsaufgaben ist meist festzustellen, dass einige Kinder doch überfordert sind, die „Leistungsspitze" die Aufgaben dagegen zu leicht findet und einige andere Kinder schon beim Aussprechen des Wortes „üben" eine gewisse Unlust verspüren. Wenn es also im Sinne einer inklusiven Pädagogik darum geht, auch gerade das Üben im Mathematikunterricht nach den jeweils individuellen Bedürfnissen der Kinder zu gestalten und ihnen hierbei ein größtmögliches Mitbestimmungsrecht bei der Wahl ihrer Übungsschwerpunkte und Aufgabeninhalte zu ermöglichen, dann bietet sich das Schreiben von Aufgabenbriefen als besonderes Format an. Die Grundidee besteht darin, dass sich Kinder gegenseitig adressatengebundene Briefe mit mathematischen Aufgaben schreiben, sie beantworten und auf diese Weise „mathematisch" miteinander korrespondieren. Diese für Kinder sehr motivierende Tätigkeit ermöglicht ein differenzierendes selbstbestimmtes Lernen und Üben. Es handelt sich hierbei zugleich um ein fächerverbindendes und komplexes Bearbeiten eines Themas. Zugleich können die Kinder mit selbstgestalteten Aufgabenbriefen „Eigenproduktionen" schaffen, sie kommunizieren auf sehr respektvolle Weise miteinander und die individuell gestalteten Briefe bereiten im Allgemeinen einander viel Freude.

Spezielle Vorzüge von Aufgabenbriefen

Das Schreiben und Beantworten von Aufgabenbriefen kann als eine Organisationsform der natürlichen Differenzierung angesehen werden und es ist dadurch gekennzeichnet, dass jedes Kind selbst über die Inhalte, die Darstellungsform und den Schwierigkeitsgrad von Aufgaben sowie über die Tiefe des Eindringens in einen Inhalt wie auch über die Wahl von Lösungswegen, von Hilfsmitteln und die Lösungsdarstellung entscheidet. Da die Kinder das Schreiben und Beantworten der Briefe demgemäß als einen eigenverantwortlichen Auftrag begreifen, sind sie in der Regel von Anfang an sehr motiviert und engagiert. Es ist ihnen sehr wichtig, mit einem ästhetisch gestalteten und inhaltlich ansprechenden Brief einem Mitschüler eine Freude zu bereiten. Dabei besteht ein erzieherisch sehr wertvolles Potenzial darin, dass die Kompetenz, sich zunehmend in andere Kinder hineinfühlen zu können, wirksam gefördert wird. Hinzu kommt, dass das Kind eine neue Rolle einnimmt: Es muss sich selbst Aufgaben ausdenken und dabei aus der Perspektive des Aufgabenlösers schauen, was manchen

Kindern auch neue Erfahrungen und Einsichten in mathematische Zusammenhänge ermöglicht. Darüber hinaus regt diese Form der Übungsgestaltung ein fächerverbindendes komplexes Bearbeiten des Themas „Briefe schreiben" an. Die Kinder können beispielhaft erfahren, dass erworbenes Wissen aus verschiedenen Fächern für eine erfolgreiche Bewältigung einer komplexen Aufgabe notwendig ist, wie insbesondere

▶ aus dem Fach Mathematik: die Verwendung verschiedener Aufgabentypen und Teilbereiche der Mathematik,

▶ aus dem Fach Deutsch: das Lesen und Schreiben kleiner Aufgabentexte, Schreiben eines Briefes mit Anrede und Grußformel,

▶ aus dem Kunstunterricht: die ästhetische Gestaltung von Briefen, Umschlägen u. Ä.,

▶ aus dem Werkunterricht: das Schneiden und Falten von Papier,

▶ aus dem Sachunterricht: das Sprechen über Kommunikationsmöglichkeiten von früher und heute (vgl. Fuchs 2001).

Außerdem werden mathematische Prozessziele, Denk- und Handlungsweisen – wie kreativ zu sein und Probleme zu lösen, miteinander zu kommunizieren, Muster zu nutzen – sowie allgemeine Kompetenzen – wie Eigenverantwortung zu übernehmen, Selbständigkeit zu zeigen und sozial kompetent zu reagieren – gefordert und zugleich gefördert.

Zusätzlich erlauben die Aktivitäten der Kinder beim Briefeschreiben dem jeweiligen Lernbegleiter Einsichten in verschiedene Interessen, in individuelle Denkstile und bevorzugte Aufgabentypen von Kindern.

Beispiele von Aufgabenbriefen aus dem 2. Schuljahr werden in Abb. 74 gezeigt.

Didaktische Aspekte beim Einsatz des Übungsformats

Wie für alle komplexen und offenen Lernformate, so gilt auch für das Schreiben von Aufgabenbriefen, dass sich die Kinder in einem längeren Prozess mit den Besonderheiten der Organisationsform vertraut machen und dass sie hierbei die Vorzüge für ihr eigenes Lernen wie auch für das gemeinsame Lernen in der Gruppe selbst erfahren und wertschätzen lernen.

Für diesen Prozess ist folgendes Vorgehen geeignet, das aber natürlich entsprechend den jeweiligen Bedingungen in der eigenen Lerngruppe und den Ideen der Kinder angepasst bzw. abgewandelt werden sollte:

▶ **Alle Kinder erhalten einen Aufgabenbrief des Lernbegleiters und beantworten ihn.** Diese Phase ist gerade bei der Einführung des Formates „Aufgabenbriefe" sinnvoll. Kinder lernen bekanntlich auch durch Nachahmung, und ein liebevoll gestalteter Brief des erwachsenen Lernbegleiters gibt ihnen neben einer enormen Motivation auch eine gewisse Orientierung für die spätere eigene Briefgestaltung. Wenn den Kindern das Schreiben der Briefe bekannt ist, kann diese Phase natürlich wegfallen. Sie könnte aber auch individuell,

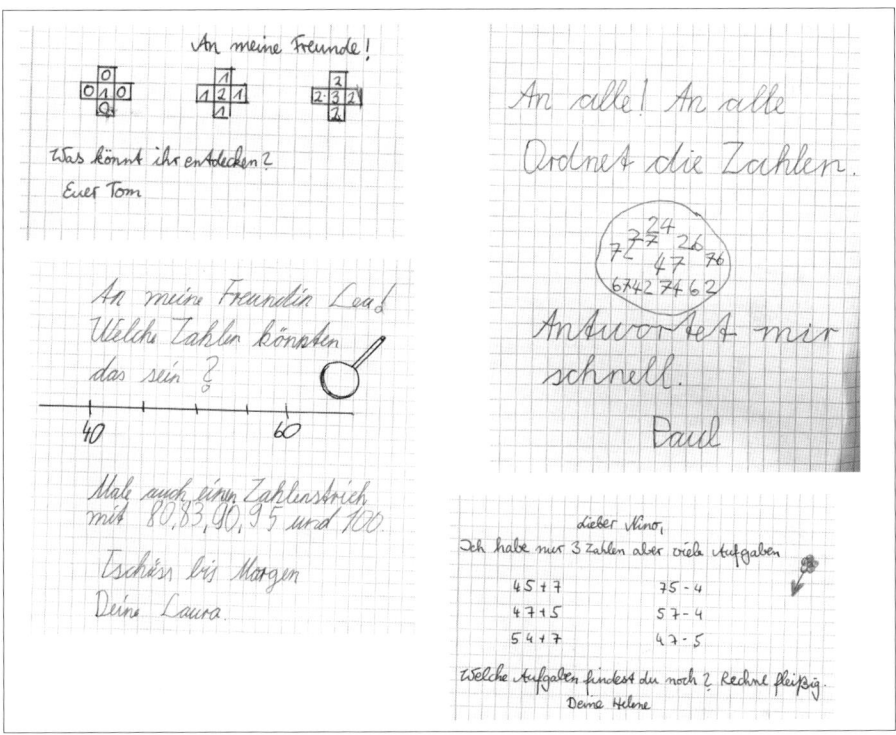

Abb. 74: Beispiele für Aufgabenbriefe (nach Käpnick u. a. 2012a, S. 98)

je nach den Bedarfen einzelner Kinder, immer wieder aufgegriffen werden, denn einigen Kindern bereitet es eine große Freude, nicht nur vom Lernbegleiter einen Brief zu bekommen und diesen zu beantworten, sondern diesem auch einen eigenen Brief mit verschiedenen Aufgaben zum Lösen zu schreiben.

▸ **Jedes Kind schreibt einem anderen einen Aufgabenbrief.** In dieser Phase können zum Beispiel alle Kinder herausgefordert werden, einem anderen Kind einen Brief zu schreiben, um dieses Übungsformat selbst kennenzulernen und für sich auszuprobieren. Dabei können sich die Kinder an den zuvor gemeinsam erarbeiteten Tipps und Reflexionsfragen (siehe unten) orientieren. Erfahrungsgemäß ist es in einer solchen „ersten Runde" wichtig, dass auch jedes Kind einen Brief erhält, den es beantworten kann (indem es die Aufgaben löst) und somit in geeigneter Weise seinem Briefpartner zurückschreibt (eventuell auch bereits mit neuen Aufgaben). Wie dies innerhalb der Lerngruppe realisiert wird, sollte mit den Kindern gemeinsam besprochen werden.

▸ **Die Kinder entwerfen und gestalten selbstbestimmt Aufgabenbriefe für andere Kinder und korrespondieren miteinander.** Diese Phase entspricht der eigentlich angestrebten Vorgehensweise beim individuellen und freibestimmten Schreiben von Aufgabenbriefen. Die Kinder entscheiden selbst, ob und wem sie einen Brief schreiben, welche Inhalte ihr Brief hat, wie sie ihn gestalten und vor allem auch wie lange der Briefwechsel mit dem oder den ausgewählten Briefpartner(n) andauern soll. In Abhängigkeit vom Interesse und der Ausdauer der Kinder gelangen die Kinder hierbei in einen ständigen Rollenwechsel: vom Briefschreiber, zum Briefbeantworter, zum Briefkorrigierer und Feedbackgeber. Jede dieser Rollen verlangt vom Kind sehr verschiedene Kompetenzen und stellt immer wieder neue Herausforderungen dar, die in geeigneter Weise gemeinsam reflektiert werden sollten. Hierbei sollten die Lehrkräfte eine moderierende Rolle einnehmen.

Der Prozess des Kennenlernens dieses Übungsformates kann wirksam durch das gemeinsame Zusammentragen von Tipps zum Schreiben von Aufgabenbriefen unterstützt werden. Hierdurch können die Kinder eine wichtige Orientierung erhalten, die ihnen zugleich einen ausreichenden Freiraum für ein selbstbestimmtes Lernen lässt. Die Tipps können im Rahmen eines Gesprächskreises durch folgende Impulsfragen des Lernbegleiters gemeinsam erarbeitet und danach an einer Pinnwand o. Ä. im Raum visualisiert werden:

Aufgabebriefe schreiben
▸ Über was für einen Brief würdest du dich sehr freuen? Warum?
▸ Was würde dir an einem Aufgabenbrief besonders gefallen?
▸ Worauf würdest du beim Schreiben von Aufgabenbriefen achten?
▸ Wie kannst du Ideen für deine Aufgaben finden?

Tipps zum Schreiben von Aufgabenbriefen:
▸ Denke an die Anrede.
▸ Schreibe sehr sauber. (Du kannst auch den Computer nutzen.)
▸ Überlege gut, ob dein Briefpartner die Aufgaben toll findet und lösen kann.
▸ Du kannst Ideen in deinen Büchern und Heften finden.
▸ Denke an den Briefschluss.
▸ Du kannst deinen Brief schön gestalten.

Wenn den Kindern das Schreiben von Aufgabenbriefen bekannt und geläufig ist, kann dieses Übungsformat innerhalb anderer offener Lernsettings – zum Beispiel in der Freiarbeit, innerhalb der Arbeit mit Wochenplänen, beim Lernen an Stationen oder in Werkstätten – eingesetzt werden. In der Regel reicht hier dann der Impuls: „Du kannst auch Aufgabenbriefe schreiben."

Im Folgenden wird an zwei konkreten Beispielen aufgezeigt, wie ein inklusives Lernen mit dieser Organisationsform realisiert werden kann.

6.5.2 Beispiele für das Schreiben von Aufgabenbriefen

Aufgabenbriefe zum Üben des Addierens und Subtrahierens in Klasse 1

Nach der Erarbeitung der Addition und der Subtraktion im Zahlenraum bis 20 im 1. Schuljahr schließen sich üblicherweise vielfältige Übungsphasen zum Rechnen an. Um diese individuell, differenziert und vor allem kindorientiert zu gestalten, bietet es sich an, den Kindern das Schreiben von Aufgabenbriefen bekannt zu machen. Hierfür kann der zu diesem Zeitpunkt im Klassenraum meist vorhandene Briefkasten günstug genutzt werden. In dem befinden sich oft Briefe von Mitschülern, die auf diese Weise abgeschriebene Texte, Rätsel oder ihre ersten kreativen Schreibversuche zu kleinen Geschichten vorstellen oder sich austauschen.

Inhaltliche Schwerpunkte der Aufgabenbriefe

▶ Addieren und Subtrahieren im Zahlenraum bis 20 und eventuell darüber hinaus
▶ Lösen von Additions- und Subtraktionsaufgaben unter Verwendung verschiedener und von den Kindern individuell bevorzugter Aufgabentypen (zum Beispiel Tabellen, Rechenmauern, Aufgabenfamilien, Aufgabentürme mit Rechenmustern)
▶ Anwenden verschiedener Lösungsstrategien beim Rechnen (zum Beispiel Nutzen von Verdopplungsaufgaben, Rechnen mit dem Zahlenstrich, Nutzen von Veranschaulichungsmaterialien)

Lernmittel

▶ geeignetes Papier (karierte Blätter, Briefpapier, Briefumschläge, Faltpapier u. Ä.)
▶ Scheren, Farbstifte, Sticker, Klebestifte
▶ Legematerial (Plättchen, Rechengeld)
▶ eventuell Kopiervorlagen mit leeren Rastern von Tabellen, Rechenmauern, usw. zum Ausschneiden und Aufkleben
▶ spezielle Lernmaterialien für Kinder mit besonderem Förderbedarf

Empfehlungen zum Ablauf

1. Übungssequenz: Alle Kinder erhalten einen Aufgabenbrief des Lernbegleiters und beantworten ihn. Jedes Kind erhält von den Lehrpersonen einen individuellen Brief mit besonderen Aufgaben, die vor allem an seine Interessen und besonderen Stärken anknüpfen. Hierbei ist das vorherige Beobachten des Kindes beim Aufgabenlösen ausschlaggebend: Welches sind die Lieblingsaufgaben oder die Lieblingszahlen des Kindes? Bei welchen Aufgabenformaten zeigte das Kind eine besondere Freude? Welcher mathematische Inhaltsbereich spricht das Kind besonders an? Zudem ist es sinnvoll, dass sich der Umfang und das Niveau des

Textes am aktuellen Entwicklungsstand der Lesekompetenz des Kindes orientiert. Durch die persönliche Anrede im Brief sind die Kinder besonders motiviert und wollen in der Regel zeigen, dass sie schon gut rechnen können. Die mit den Lösungen beschriebenen und zum Teil ausgemalten Aufgabenbriefe stecken die Kinder dann zurück in den Briefkasten.

2. Übungssequenz: Jedes Kind schreibt einem anderen einen Aufgabenbrief. Zunächst schauen sich die Kinder ihre von einem Lernbegleiter korrigierten Antwortbriefe an. Darin können auch individuelle Hinweise zum weiteren Üben für jedes Kind gegeben werden. In der Regel haben die Kinder nach dieser ersten Sequenz selbst die Idee, einander solche Aufgabenbriefe zu schreiben. Wenn nicht, kann der Lernbegleiter sie dazu anregen. Die Wahl der Briefpartner erfolgt erfahrungsgemäß in den meisten Lerngruppen problemlos. Die Kinder einigen sich in der Regel schnell darauf, wer wem einen Brief schreibt. Ihnen ist es selbst sehr wichtig, dass jeder einen Brief bekommt. Wenn die Kinder selbst keine Idee dafür haben, ist der Impuls, dem jeweiligen Sitznachbarn zu schreiben, hilfreich. Für das Entwerfen eines ersten eigenen Aufgabenbriefes kann es für manche Kinder unterstützend sein, vom Lernbegleiter vorbereitete Briefblätter zu nutzen. Einige Erstklässler benötigen mehr Orientierungshilfe für das selbstständige Anordnen von Aufgaben auf einem Blatt Papier als andere. Außerdem kann mit einer angemessenen, jedoch nicht zu einengenden Vorgabe gesichert werden, dass jedes Kind in der zur Verfügung stehenden Zeit einen gelungenen Brief an einen Mitschüler schreiben kann. Für diese sensible und äußerst individuelle Begleitung ist von den Lernbegleitern ein gewisses Fingerspitzengefühl bei der Beachtung der persönlichen Bedarfe der Kinder notwendig, und sie macht daher ihre pädagogische Professionalität deutlich.

In der Erprobung dieser Übungssequenz besprechen die Kinder gemeinsam, worauf man achten muss, wenn man einen Brief schreibt und sich dabei selbst Aufgaben ausdenkt. Tung sagte zum Beispiel: *„Man muss genau überlegen, welche Aufgaben man für einen anderen auswählt. Die Aufgaben dürfen nicht ganz leicht, aber auch nicht viel zu schwer sein"* – eine sehr wertvolle Erkenntnis eines Erstklässlers. Uli wies darauf hin, dass man nicht nur Plus-, sondern auch Minusaufgaben auswählen sollte. Franzi meinte: *„Ich möchte gern schon mit großen Zahlen rechnen. Das finde ich prima."*

Anschließend wurden die Tipps zum Schreiben von Aufgabenbriefen zusammengefasst und John wollte sie auf dem Computer aufschreiben. Dann entwarf jedes Kind seinen Aufgabenbrief. Alle gaben sich dabei große Mühe. Den Kindern war deutlich anzusehen, wie wichtig es ihnen war, ihrem Briefpartner einen gelungenen Brief zu schreiben. Ganz individuell und „adressatengebunden" wurden die Aufgaben zusammengestellt. Dabei entdeckten einige Kinder auch rechnerische Zusammenhänge. So bemerkte Jacques: *„Jetzt habe ich den Trick beim Rechenkreis raus. Ich muss mir die Aufgaben so ausdenken, dass ich wieder auf meine erste Zahl komme."* Die restliche Zeit der Übungssequenz nutzten die

Kinder für fächerverbindende Lernthemen. Einige Kinder spielten zur Auflockerung Stille Post, und andere Kinder hatten viel Spaß beim Sprechen des bekannten Zungenbrechers vom „Potsdamer Postkutscher".

Sichtlich aufgeregt öffneten die Kinder dann ihre Briefe. Sie freuten sich sehr über persönliche Formen der Anrede oder über liebevoll gestaltete Zeichnungen. Entsprechend motiviert begannen sie zügig mit dem Bearbeiten ihrer persönlichen Aufgaben. Gleichzeitig warteten sie als „Absender" schon gespannt auf die Rückantworten ihrer Briefpartner: Hat mein Partner alle Aufgaben richtig lösen können? Wie hat ihm meine kleine Zeichnung gefallen? Diese intensive und zugleich sehr sensible Kommunikation zwischen den Kindern war zu einem entscheidenden Faktor der Übungssequenz geworden.

3. Übungssequenz: Die Kinder entwerfen und gestalten selbstbestimmt Aufgabenbriefe für andere Kinder und korrespondieren miteinander. In den weiteren offenen Übungssequenzen übernahmen die Kinder immer selbstständiger und eigenverantwortlicher das Anfertigen und Gestalten der Briefe. Hierfür brachten sie selbst von zu Hause Briefpapier mit oder suchten Faltanleitungen, zum Beispiel für das Basteln eines „Sternbriefes" heraus. Bevor die Kinder ihre Briefe selbstständig entwarfen, schauten sie auf die von John auf Computer geschriebenen und an der Wand angebrachten Tipps zum Briefeschreiben. Die Kinder bastelten, malten, schrieben und klebten emsig. Jeder wollte seinen Brief individuell gestalten. Dabei hatten sie natürlich jegliche Freiheiten bezüglich der Auswahl mathematischer Aufgaben. Die meisten Kinder nutzen diese Freiheiten unbekümmert. Als Lernbegleiter kann man diese Phase sehr intensiv zum Beobachten und zum Analysieren individueller Denkstile und Vorgehensweisen von Kindern nutzen. Dabei kann zum Beispiel deutlich werden, welche Kinder welche Aufgabentypen bevorzugen und anwenden und wie sicher sie bereits mit dem Gelernten umgehen. Die Aufgabenbriefe erlauben somit gleichzeitig eine Analyse des individuellen Entwicklungsstandes der mathematischen Kompetenzen der Kinder. Innerhalb der Erprobung der Aufgabenbriefe wurde von der Lerngruppe ein spezieller „Mathe-Briefkasten" aus einem Schuhkarton hergestellt, und die Kinder bestimmten immer mehr mit, wie die Idee der Aufgabenbriefe sich weiterentwickeln kann. Nach einer Weile gab es im Klassenraum eine Pinnwand, an der der „Mathe-Briefkasten" angehängt und auf der tolle Aufgabenbriefe von Kindern vorgestellt wurden (vgl. z.B. Käpnick u.a. 2011a; S. 98).

Aufgabenbrief für einen mathematisch begabten Drittklässler mit autistischen Entwicklungsmerkmalen

In einem Projekt zur Förderung kleiner Matheasse im 3. Schuljahr wurden innerhalb der nachmittäglichen Förderstunden in der Regel komplexe offene Themenfelder zum eigenen und gemeinsamen Forschen und Entdecken mathematischer Zusammenhänge und Phänomene eingesetzt. Hier beobachtete die Lernbegleiterin wiederholt, dass Luca sich oft nicht angesprochen fühlte, wenn den Kindern neue Forscherfelder vorgestellt wurden. Luca befand sich gedanklich in seiner eigenen Welt, nahm nur selten zu den anderen Kindern Kontakt auf und hielt sich auch erwachsenen Lernbegleitern gegenüber immer sehr zurück. Dennoch fühlte er sich nach Angaben seiner Eltern sehr wohl in der Projektgruppe und kam gern zu den wöchentlichen Treffen. Er fand die mathematischen Knobeleien immer sehr interessant und spannend. Wenn er für sich dann (nach immer unbestimmter Zeit) in seiner individuellen Forscherphase angekommen war, entwickelte er nicht selten geniale Lösungsideen.

Die Lernbegleiterin überlegte, wie sie dem Jungen mit den deutlich erkennbaren autistischen Zügen den Einstieg ins Forschen und Entdecken erleichtern konnte. Sie beobachtete Folgendes: Immer wenn Luca in die Lernwerkstatt kam, schaute er zunächst an die im Eingangsbereich hängende Wandtafel und las sehr interessiert alle dort angebrachten Aushänge. Erst danach begab er sich auf seinen Platz. Diese Beobachtung nutzend, hatte die Lernbegleiterin die Idee, für Luca einen Aufgabenbrief mit dem für die Projektstunde geplanten Themenfeld zu schreiben und dort an die Wandtafel kurz vor der Projektstunde anzubringen. Der Plan ging auf. Als Luca in die Lernwerkstatt kam, begann er wie gewohnt alle Aushänge zu lesen und bemerkte sehr schnell einen an ihn adressierten Brief. Sehr interessiert und mit immer größer werdenden Augen las er konzentriert jede Zeile. Am Ende nahm er sogar kurz Augenkontakt zur Lernbegleiterin auf, was für ihn eine große persönliche Überwindung darstellte und schaute sie glücklich an. Als diese ihm zunickte, nahm er den Brief ab, ging sofort auf seinen Platz und begann mit dem Knobeln. Als er damit fertig und mit seinen Forscherergebnissen zufrieden war, reichte er der Lernbegleiterin mit einem scheuen Lächeln seine Blätter. Dieses Ritual wurde von hier an regelmäßiger eingesetzt und war eine genau für Luca passende Möglichkeit, mit ihm zu kommunizieren und sich auszutauschen. Später berichteten die Eltern, dass Luca zu Hause begeistert von „seinen Briefen" erzählte, und sie waren dankbar für diese neue und in ihren Augen sehr gelungene Form der Anerkennung und Wertschätzung ihres besonderen Kindes.

6.6 Binnendifferenzierendes Üben

Friedhelm Käpnick, Stefanie Jansing

6.6.1 Merkmale, Vorzüge und didaktische Aspekte der Organisationsform

Wie das Fallbeispiel von Lara (siehe Kap. 2.8) zeigt, benötigen und wünschen sich Kinder mit sehr unterschiedlichen Voraussetzungen sowohl Phasen des gemeinsamen Lernens als auch Situationen, in denen sie entsprechend ihren individuellen Bedürfnissen und Ansprüchen separat gefördert werden und dabei ein Lernen unter sozusagen „Gleichgesinnten" erleben können. Hierfür eignen sich einschlägig bekannte binnendifferenzierende Lernformen. Charakteristisch für die innere bzw. Binnendifferenzierung ist, dass für eine bestimmte Zeit, zum Beispiel für eine Unterrichtsstunde oder für eine ca. 20-minütige Übung, die gesamte Lerngruppe in meist 3, 4 oder 5 jeweils relativ leistungshomogene Teilgruppen aufgeteilt werden. Die Teilgruppen bzw. einzelne Kinder erhalten hierbei zu einem prinzipiell gleichen Thema unterschiedlich schwierige Aufgaben, die auf die individuellen Leistungsfähigkeiten und Motivationen der Schüler abgestimmt sind. So könnten beispielsweise sehr leistungsstarke oder mathematisch besonders begabte Kinder in einer Phase der Binnendifferenzierung äußerst anspruchsvolle und komplexe Problemaufgaben zum schriftlichen Multiplizieren lösen, während demgegenüber leistungsschwache Kinder Multiplikationsaufgaben auf niedrigerem Abstraktionsniveau, mit geringerer Komplexität, mit zusätzlichen Anschauungshilfen usw. und in geringerer Anzahl bearbeiten.

Weitere Differenzierungskriterien können die Interessen, das Lernverhalten, die Lernstile oder spezielle Kompetenzen von Kindern wie zum Beispiel Spezialwissen zu einem Sachgebiet, besondere Computerfertigkeiten oder Methodenkompetenzen sein, woraus sich zudem sinnvolle Möglichkeiten ergeben, auch leistungsheterogene Teilgruppen zu bilden. In der Regel wird binnendifferenzierendes Lernen durch die Lehrkräfte gründlich geplant. Es kann sich aber ebenso aus einer aktuellen Unterrichtssituation unvorhergesehen ergeben, dass für den Fortgang des Unterrichts ein differenzierendes Lernen sinnvoll ist. Bezüglich des binnendifferenzierenden Lernens kann man somit im regulären Mathematikunterricht grob folgende Formen unterscheiden (vgl. hierzu auch Köck/Ott 1997, S. 141–143):

▸ eine aus der Dynamik des Unterrichts sich spontan ergebende Differenzierung,

▸ eine geplante binnendifferenzierende Übung oder Unterrichtsstunde (zum Beispiel eine spezielle Förderstunde sowohl für leistungsschwache, für durchschnittlich als auch für überdurchschnittlich leistungsstarke Kinder), für die die Lehrkräfte den Kindern Übungsaufgaben mit unterschiedlichen Anforderungsniveaus anbieten und zugleich jeweilige Teilgruppen bilden und die Schüler diesen Gruppen zuordnen,

▸ eine geplante binnendifferenzierende Übung oder Unterrichtsstunde, bei der die Lehrkräfte bewusst leistungsheterogene Teilgruppen bilden, die entweder jeweils gleiche oder unterschiedliche Aufgaben bearbeiten und bei der die Heterogenität der Kinder soziale Lernformen (ein gegenseitiges Helfen, Lernpatenschaften) anregen und fördern sollen.

Außer in den angesprochenen unterrichtlichen Übungsphasen kann ein binnendifferenzierendes Lernen ebenso bei Hausaufgaben, beim Stationenlernen (vgl. Kap. 6.3), bei projektartigem Arbeiten (vgl. Kap. 6.7) oder bei schriftlichen Leistungserhebungen (vgl. Kap. 5) realisiert werden. In der Schulpraxis werden die verschiedenen Formen zudem oft miteinander verknüpft.

Besondere Vorzüge eines binnendifferenzierenden Übens bestehen knapp zusammengefasst darin, dass

▸ die Kinder weitaus besser als bei einem gemeinsamen oder alleinigen Bearbeiten gleicher Aufgaben entsprechend ihren individuellen Lernbedürfnissen gefördert werden können,
▸ den natürlichen Bedürfnissen der Schüler nach einem gemeinsamen Lernen unter Gleichgesinnten oder vergleichbar Leistungsfähigen Rechnung getragen wird (was die Kinder meist auch als sehr wohltuend empfinden),
▸ soziales Lernen und somit Sozialkompetenzen gefördert werden und
▸ die Organisation und Realisierung binnendifferenzierender Lernformen relativ leicht im regulären Mathematikunterricht umgesetzt werden kann.

Freilich muss angemerkt werden, dass den individuellen Bedürfnissen der Kinder auch bei einem Lernen in relativ homogenen Gruppen immer nur teilweise genügt werden kann, da unterschiedliche Denk- und Lernstile, ein unterschiedliches Lerntempo, differenzierende Motivationen und Interessen u. a. m. nur ansatzweise berücksichtigt werden. Außerdem besteht die Gefahr der Stigmatisierung hinsichtlich der Einschätzung von Leistungspotenzialen und der Zuordnung von Kindern in die jeweiligen Teilgruppen. Problematisch ist zudem, dass in der Regel die Lehrkräfte auf der Basis ihrer Einschätzungen die Zuordnungen der Kinder vornehmen und die Intentionen von Kindern, die durchaus von denen ihrer Lehrer abweichen können, dabei relativ wenig beachtet werden.

Um die angesprochenen Probleme möglichst gering zu halten, ist es unverzichtbar, dass die Lehrkräfte die Leistungspotenziale, die Lernstile, Verhaltensbesonderheiten, spezielle Lernbedürfnisse jedes Kindes vorher gründlich erfassen. Dies kann nur durch eine kontinuierliche prozessbegleitende Diagnostik (vgl. Kap. 5) erreicht werden. Wichtig ist hierbei, auch die Entwicklungen und besondere Potenziale der Kinder zu erkennen und zu beachten, um speziell der Gefahr der Stigmatisierung zu begegnen. Darüber hinaus sollte die (einseitige) Verantwortlichkeit von Lehrkräften für die Aufgabenauswahl und für die Zuordnung von Schülern zu leistungshomogenen Gruppen „aufgeweicht" werden.

Im Sinne des Inklusionsansatzes und der hiermit verbundenen Befähigung zur Mitbestimmung und Eigenverantwortlichkeit des Lernens sollten auch bei Maßnahmen der inneren Differenzierung – wie im Folgenden gezeigt wird – Kinder generell Möglichkeiten zur Mitentscheidung haben. Hierin besteht die größte Chance, der Gefahr wirkungsvoll entgegenzutreten, dass die von der Lehrkraft zugewiesenen Differenzierungsaufgaben weder dem tatsächlichen Lernbedarf noch den Lernwünschen von Kindern entsprechen.

6.6.2 Beispiel eines binnendifferenzierenden Übens

Im Folgenden wird eine Anregung für ein binnendifferenzierendes Üben im Mathematikunterricht vorgestellt, das exemplarisch zeigt, wie in aktuellen Schulbuchwerken diese Differenzierungsform üblicherweise angeboten wird.

Binnendifferenzierendes Üben im Multiplizieren und Dividieren bis 100

Für ein binnendifferenzierendes Üben wird in der Schulbuchreihe *Mathehaus* als Organisationsformat ein Lernen in zwei verschiedenen „Übungsräumen" empfohlen. Hierzu wird auf speziellen Doppelseiten eines Schulbuches oder Arbeitsheftes zu jedem Lernkomplex ein thematisches Parallelangebot unterbreitet, und zwar zum stabilisierenden Üben im „Übungsraum 1" und zum problemorientierten Üben im „Übungsraum 2". Das stabilisierende Üben ist vorrangig für Kinder mit zeitweiligen Lernproblemen gedacht, die auf diese Weise an ein notwendiges Grundniveau geführt werden sollen. Das problemorientierte Üben eignet sich dagegen insbesondere für leistungsstarke Kinder, die im „Übungsraum 2" sehr anspruchsvolle Problemaufgaben zum gleichen mathematischen Thema finden können. Die Nutzung der „Übungsräume" ist aber keineswegs „personengebunden", sondern sollte prinzipiell für alle Kinder offen sein und den jeweiligen Entwicklungsständen und Lernfortschritten der Kinder entsprechen. Beispielhaft wird nachfolgend ein binnendifferenzierendes Üben im 2. Schuljahr vorgestellt.

Inhaltliche Schwerpunkte der beiden Übungsräume
▶ Multiplizieren und Dividieren im Zahlenraum bis 100
▶ Erkennen, Analysieren und Korrigieren von Rechenfehlern
▶ Lösen von Gleichungen und Ungleichungen
▶ Fortsetzen und Beschreiben von Rechenmustern
▶ Lösen von Rechenrätseln unter Anwendung verschiedener Strategien

Lernmittel
▶ *Mathehaus* Schülerband Klasse 2 (S. 118f.)
▶ Legematerial (Wendeplättchen), Rechengeld
▶ Maltafel
▶ spezielle Lernmittel für Kinder mit Behinderungen

Empfehlungen zum Ablauf

Aus der Perspektive eines inklusiven Lernens empfiehlt es sich, dass die Lehrkräfte den Schülern einleitend einen Gesamtüberblick über die Aufgabenangebote in beiden Übungsräumen geben und die Kinder dann selbst entscheiden oder mitentscheiden können, welche Aufgaben sie bearbeiten wollen. Die Lehrkräfte könnten hierbei beratend wirken. Eine alternative Variante wäre, die Aufgaben des „Übungsraumes 1" als Pflichtstoff für alle Schüler festzulegen und die Aufgaben des „Übungsraumes 2" als Zusatzangebot für schnelle Rechner und gute Knobler zu deklarieren. Im Weiteren könnten die Kinder selbst bestimmen, welche Lernmittel sie beim selbstständigen Bearbeiten der Aufgaben nutzen, welche Lösungswege sie wählen und ob sie allein, zu zweit oder in Kleingruppen arbeiten wollen. Die Lehrkräfte stehen ihnen hierbei beratend zur Seite und können individuelle Hilfe zur Selbsthilfe geben.

Bezüglich der Anforderungsniveaus sind zwischen den Aufgaben beider Übungsräume deutliche Unterschiede zu beachten. So erfordern bzw. ermöglichen die Aufgaben im „Übungsraum 1" (vgl. Abb. 75)

▸ ein Legen und ein hierauf basierendes Rechnen einfacher Multiplikationsaufgaben – mit der zusätzlichen Gedankenstütze auf das für Kinder sehr leicht verständliche Grundmodell der Multiplikation „Mengenvereinigung" bzw. Addition gleicher Summanden,

▸ ein Legen und ein hierauf basierendes Rechnen einfacher Divisionsaufgaben, wofür den Kindern zur Unterstützung des selbstständigen Übens die Lösungszahlen vorgegeben sind,

▸ ein Partnerspiel zum Einüben des kleinen Einmaleins mithilfe der Maltafel,

▸ das Suchen und Korrigieren von Fehlern in Einmaleinsfolgen und in Grundaufgaben der Multiplikation und Division.

Im Unterschied hierzu wird von den Schülern beim Bearbeiten der Aufgaben im „Übungsraum 2" (vgl. Abb. 76) verlangt, dass sie

▸ Gleichungen und Ungleichungen sowie komplexe eingekleidete Gleichungssysteme (in Form von Rechenfenstern) mit Multiplikations- und Divisionsstrukturen lösen und hierbei auch Lösbarkeitsbetrachtungen (mehrere Lösungen einer Ungleichung, viele bzw. unendliche viele Lösungen einer Gleichung) vornehmen müssen,

▸ Rechenstrukturen in Aufgabenfolgen erkennen, diese beschreiben und die jeweiligen Folgen fortsetzen können,

▸ Rechenrätsel mit sehr unterschiedlichen und recht komplexen inhaltlichen Verknüpfungen von Multiplikationen und Divisionen lösen.

Nach der selbstständigen Bearbeitung der Übungsaufgaben empfiehlt sich eine gemeinsame Auswertung, die Selbstreflexionen der Kinder zu ihren Lernleistungen einschließen sollte.

Multiplizieren und Dividieren

 Lege und rechne.

a) 3 + 3 + 3   b) 8 · 2   c) 5 · 1
   5 + 5 + 5 + 5 + 5 + 5   9 · 3   10 · 7
   7 + 7 + 7 + 7   4 · 6   0 · 8

 Lege, teile und rechne.

a) 18 : 6   b) 12 : 4   c) 49 : 7   d) 0 : 5   e) 28 : 7
   20 : 2   36 : 6   4 : 1   7 : 7   42 : 6
   15 : 5   48 : 8   30 : 10   20 : 4   56 : 8

0 1 3 3 3 3 4
4 4 5 6 6 7 7
7 10

 Partnerübung

a) *Ein Kind nennt eine Malaufgabe (zum Beispiel 3 · 7). Das andere Kind zeigt das Ergebnis auf der Maltafel und nennt die Umkehraufgabe. Dann wird getauscht.*

b) *Ein Kind nennt ein Ergebnis (zum Beispiel 24). Das andere Kind nennt dazugehörige Malaufgaben (zum Beispiel 3 · 8, 4 · 6).*

·	0	1	2	3	4	5	6	7	8	9	10
0	0	0	0	0	0	0	0	0	0	0	0
1	0	1	2	3	4	5	6	7	8	9	10
2	0	2	4	6	8	10	12	14	16	18	20
3	0	3	6	9	12	15	18	21	24	27	30
4	0	4	8	12	16	20	24	28	32	36	40
5	0	5	10	15	20	25	30	35	40	45	50
6	0	6	12	18	24	30	36	42	48	54	60
7	0	7	14	21	28	35	42	49	56	63	70
8	0	8	16	24	32	40	48	56	64	72	80
9	0	9	18	27	36	45	54	63	72	81	90
10	0	10	20	30	40	50	60	70	80	90	100

4 a) Ole hat Malfolgen aufgeschrieben. Stimmt alles?

b) Maria hat 3 Fehler gemacht. Finde sie und berichtige.

a)

3	4	7	9
6	8	14	18
9	12	21	27
13	16	28	36
16	20	35	46
19	22	43	54
21	28	49	63
24	23	55	71
27	36	63	81
30	40	70	90

b)

3 · 9 = 27   4 · 10 = 40
1 · 8 = 8   5 · 9 = 45
6 · 6 = 36   0 · 6 = 6
8 · 6 = 48   7 · 7 = 49

12 : 2 = 6   1 : 1 = 1
50 : 5 = 10   0 : 7 = 0
8 : 8 = 8   32 : 4 = 9
54 : 6 = 9   36 : 6 = 6

118

Abb. 75: Übungsraum 1 aus dem *Mathehaus 2* (Fuchs u. a. 2004, S. 118)

Abb. 76: Übungsraum 2 aus dem *Mathehaus 2* (Fuchs u. a. 2004, S. 119)

Lösungen und Lösungshinweise zum Übungsraum 1

Aufgabe 1: Ergänzend zum Ergebnis einer Aufgabe könnten Kinder, die die Sinngebung der Multiplikation noch nicht verstanden haben, auch immer die zugehörige Multiplikations- bzw. Additionsaufgabe nennen oder schreiben (z. B.: $3 + 3 + 3 = 3 \cdot 3 = 9$ oder $8 \cdot 2 = 2 + 2 + 2 + 2 + 2 + 2 + 2 + 2 = 16$).

Aufgabe 2: Beim Lösen und Auswerten der Ergebnisse sollte darauf geachtet werden, dass Kinder jede Aufgabe sowohl als Verteil- als auch Aufteilaufgabe interpretieren können, woraus mitunter Verständigungsprobleme entstehen (Beispiel: $18 \div 6$ als Verteilaufgabe: 18 Plättchen werden an 6 Kinder gleichmäßig verteilt, jedes Kind erhält 3 Plättchen. $18 \div 6$ als Aufteilaufgabe: 18 Plättchen können in 3 Teilmengen mit jeweils 6 Plättchen aufgeteilt werden). Da solche Schwierigkeiten insbesondere bei Kindern mit einem noch unzureichenden inhaltlichen Verständnis zur Operation Division auftreten könnten, sollten die Lehrkräfte hierauf beim Beobachten der Lernaktivitäten von Kindern achten.

Aufgabe 3: Zusätzlich zur Umkehraufgabe könnten Kinder immer die Tauschaufgabe und deren Umkehraufgabe, also insgesamt eine „Aufgabenfamilie", nennen und in der Maltafel zeigen.

Eine vertiefende Übung im Erkennen von Rechenmustern in der Maltafel könnte zudem darin bestehen, dass die Kinder Aufgaben wie „In welcher Zeile und in welcher Spalte findet ihr die Malfolge der 4?" oder „Welche Zahlen stehen in der Diagonalen von links oben nach rechts unten?" (Antwort: Quadratzahlen) lösen.

Aufgabe 4: Beim gemeinsamen Auswerten sollten die Fehler und vermutliche Fehlerursachen mit allen Kindern gemeinsam analysiert werden. Hierbei könnten die Schüler auch über Fehler, die ihnen häufig unterlaufen, reflektieren.

Die Fehler von Ole und ihre wahrscheinlichen Ursachen sind:

▸ Folge von 3: 12 an Stelle von 13, 18 an Stelle von 19 (mögliche Ursache: um 1 verzählt oder verrechnet),

▸ Folge von 4: 24 an Stelle von 22, 32 an Stelle von 23 (mögliche Ursache: Rechenfehler, Zahlendreher),

▸ Folge von 7: 42 an Stelle von 43, 56 an Stelle von 55 (mögliche Ursache: um 1 verzählt oder verrechnet),

▸ Folge von 9: 45 an Stelle von 46, 72 an Stelle von 71 (mögliche Ursache: um 1 verzählt oder verrechnet).

Marias Fehler sind:

▸ $0 \cdot 6 = 0$, $8 \div 8 = 1$ (mögliche Ursache: Probleme beim Rechnen mit 0 und 1),

▸ $32 \div 4 = 8$ (mögliche Ursache: Verrechnen um 1).

Lösungen und Lösungshinweise zum Übungsraum 2

Aufgaben 1 und 2: Beim Auswerten sollte über die von den Kindern angewendeten Problemlösestrategien (Probieren, Zahlbeziehungen nutzen, Zahlen mit Plättchen legen oder entsprechende Punktmuster zeichnen) und über verschiedene Anzahlen von Lösungen gesprochen (Gleichung $1 = \boxed{} \div \boxed{}$ hat unendlich viele Lösungen, zum Beispiel $1 = 1: 1, 1 = 2 \div 2, 1 = 3 \div 3; 40 < \square \cdot 6 < 50$ hat die Lösungen 7 und 8, $51 < \square \cdot 7 < 64$ hat die Lösungen 8 und 9) werden.

Aufgabe 3: Die Kinder können folgende Rechenmuster erkennen:

Ⓜ

1

1 ·	2 =	2	(Von Aufgabe zu Aufgabe wird jeder Faktor um 1 größer.
2 ·	3 =	6	Die Produkte erhöhen sich von Aufgabe zu Aufgabe um 4, 6, 8, 10, …
3 ·	4 =	12	(Folge der geraden Zahlen))
4 ·	5 =	20	
5 ·	6 =	30	

2

6 ·	6 =	36	(Von Aufgabe zu Aufgabe wird der 1. Faktor um 1 größer und der 2.
7 ·	5 =	35	Faktor zugleich um 1 kleiner. Das Produkt verringert sich von Aufgabe
8 ·	4 =	32	zu Aufgabe um 1, 3, 5, 7, 9, 11 (Folge der ungeraden Zahlen))
9 ·	3 =	27	
10 ·	2 =	20	
11 ·	1 =	11	
12 ·	0 =	0	

3

40 ÷	8 =	5	(Der Dividend verringert sich von Aufgabe zu Aufgabe um jeweils 5,
35 ÷	7 =	5	der Divisor zu gleich um jeweils 1. Der Quotient bleibt immer gleich.)
30 ÷	6 =	5	
25 ÷	5 =	5	
20 ÷	4 =	5	
15 ÷	3 =	5	
10 ÷	2 =	5	
5 ÷	1 =	5	

4

2 ÷	1 =	2	(Der Dividend und der Divisor verdoppeln sich von Aufgabe zu Aufgabe.
4 ÷	2 =	2	Der Quotient bleibt immer gleich.)
8 ÷	4 =	2	
16 ÷	8 =	2	
32 ÷	16 =	2	

Aufgabe 4: Durch Probieren, inhaltliches Überlegen oder Legen mit Plättchen können die Kinder folgende Lösungen erhalten:

▶ Aufgabe von Maria: Die Zahlen 45, 90, 135, … sind Vielfache von 3, 5 und 9. (Eine effektive Lösungsstrategie besteht zum Beispiel darin, alle Vielfachen von 9 zu durchforsten.)

▶ Aufgabe von Ole: Die Zahlen 24, 48, 72, 96, … sind Vielfache von 2, 3, 4, 6 und 8. (Eine effektive Lösungsstrategie besteht zum Beispiel darin, alle Vielfachen von 8 zu durchforsten.)

▶ Aufgabe von Nele: Man kann (3 · 4 =) 12 verschiedene Tanzpaare bilden. (Die Kinder können die Situation nachgestalten, mit Plättchen legen oder Pfeilbilder zeichnen.)

▶ Aufgabe von Tom: Er kann 21 oder 56 oder (21 + 70 =) 91 oder (56 + 70 =) 126, … Kreise haben. (Durch inhaltliches Überlegen kann man erkennen, dass die gesuchten Lösungszahlen ein Vielfaches von 7 sind und zugleich beim Teilen durch 5 den Rest 1 lassen müssen.)

In einigen neueren Schulbuchwerken wird darüber hinaus ein binnendifferenzierendes Üben in Anlehnung an die 3 Anforderungsbereiche der Bildungsstandards empfohlen. So bietet ein spezielles „Differenzierungsmaterial" der Schulbuchreihe *Rechenwege* für alle wichtigen Inhalte des Mathematikunterrichts der Klassenstufen 1 bis 4 Übungsaufgaben auf 3 verschiedenen Niveaustufen an, und zwar auf einem Basis- oder Mindestniveau, auf einem durchschnittlichem und auf einem überdurchschnittlichen Anforderungsniveau, was in etwa den unterschiedlichen Levels der Bildungsstandards entspricht. Ohne dass hier auf konkrete Erfahrungen zum Einsatz derartiger binnendifferenzierenden Übungen in inklusiven Lerngruppen zurückgegriffen werden kann, ist offensichtlich, dass solche in Schulbüchern vorgegebenen Differenzierungsmaßnahmen nur sehr eingeschränkt den individuellen Lernbedürfnissen besonderer Kinder genügen können. Vor allem für Kinder mit besonderen Förderbedürfnissen müssten jeweils weitere Differenzierungsangebote oder zusätzliche Lernhilfen, wie etwa Tastmaterialien für sehbehinderte Kinder, bereitgestellt werden.

6.6.3 Teamwettbewerb als spezielle binnendifferenzierende Form

Eine sehr erfolgversprechende Form der Binnendifferenzierung stellt nach unseren Erfahrungen die Durchführung eines „mathematischen" Teamwettbewerbs mit leistungsheterogen zusammengesetzten Kleingruppen dar. Die Grundidee besteht darin, dass die Kinder in ihren Teams komplexere Aufgaben zu verschiedenen mathematischen Themen bearbeiten, die so konzipiert sind, dass sich die Kinder untereinander helfen und dass sie sich demgemäß auch gut organisieren müssen. Entsprechend dem üblichen Wettbewerbscharakter werden die Lösungen der Teams mit Punkten bewertet und auf dieser Basis dann abschließend eine Rangfolge bestimmt. Für die Sieger und für alle anderen Teams sollten kleine Preise zur Verfügung stehen, wodurch ein spielerischer Anreiz und zugleich eine Anerkennung der Leistungen aller Teams gegeben sind.

Als Hauptziele des Gruppenwettbewerbs lassen sich zusammenfassend anführen:

▶ Förderung von Spaß und Freude am gemeinsamen Knobeln und Bearbeiten anspruchsvoller mathematischer Aufgaben,
▶ Beitrag zur Weiterentwicklung von wichtigen prozessbezogenen Kompetenzen wie Fähigkeiten im Problemlösen oder im Modellieren sowie von Sozialkompetenzen,
▶ Beitrag zur Befähigung im flexiblen Anwenden verschiedener mathematischer Sach- und Methodenkompetenzen.

Hinsichtlich der Organisation hat es sich in unseren Erprobungen bewährt, in Abhängigkeit von der zur Verfügung stehenden Gesamtzeit 3 bis 5 Aufgabenkomplexe vorzubereiten, die die Kinderteams in Form von Stationen nacheinander durchlaufen. Um gleichzeitige Wechsel an den Stationen zu ermöglichen, sollten die Aufgabenkomplexe vergleichbare Anforderungen enthalten, die von einem Team in jeweils 10 bis 12 Minuten erfüllt werden können. Ein großer Vorteil des Stationsbetriebs besteht darin, dass der Materialaufwand relativ gering ist (weil die Aufgabenblätter mit entsprechenden Applikationen und Lernmitteln an den jeweiligen Tischen bleiben) und die Kinder beim Wechsel der Stationen eine kurze Pause erhalten und sich dabei bewegen können. An jeder Station sollte zudem ein „fester" Spielleiter sein, der jeweils eine kurze Einweisung in einen Aufgabenkomplex gibt, der den Kindern beim Bearbeiten der Aufgaben beratend zur Seite steht und auf die Einhaltung der Spielregeln (einheitliche Bearbeitungszeiten, einheitliche Möglichkeiten für die Nutzung von Hilfsmitteln, einheitliche Punktbewertungen) achtet. Mit einem Team aus drei Lehrern können somit drei Stationen gut betreut werden. Ansonsten könnten ausnahmsweise Eltern oder ausgewählte Kinder aushelfen.

Die Zusammenstellung der Dreier- oder Viererteams kann auf verschiedene Weise erfolgen. Die Kinder könnten zum Beispiel selbst Teams bilden, die Teams könnten per Losentscheid zusammengestellt werden oder die Kinder stellen mit Beratung der Lehrpersonen die Teams zusammen. Wichtig ist hierbei, die Teams so zu bilden, dass alle Mannschaften etwa gleich gute Gewinnchancen haben. Vorab sollten die Teams ebenso in die Regeln und die Organisationsform eingewiesen werden. Hierbei sollte ausdrücklich auf die Bedeutung des gegenseitigen Helfens hingewiesen werden. Erfahrungsgemäß ist es zudem vorteilhaft, wenn jedes Team einen Teamkapitän bestimmt. Dann sollte jedes Team eine Wettbewerbsmappe erhalten, in der es seine Aufgabenlösungen zu jeder Station legt. Hierfür könnte zum Beispiel der jeweilige Teamkapitän verantwortlich sein. Die Lösungen werden abschließend nach einem vorgegebenen Bewertungsschema ausgewertet. In einer gemeinsamen Auswertung sollten, wie schon angesprochen, neben der Siegerehrung besondere Leistungen einzelner Teams bzw. einzelner Kinder gewürdigt und gemeinsam über das kooperative Lernverhalten in den Teams gesprochen werden. Aus der Perspektive Inklusiver Bildung ist es in diesem Zusammenhang sehr wichtig, das gegenseitig bereichernde Lernen von Kindern hervorzuheben.

Von äußerst großer Bedeutung ist die Zusammenstellung der Aufgabenkomplexe an jeder Station. Außer dem bereits Gesagten sollten die Aufgaben folgende Ansprüche erfüllen:

▸ Die Aufgaben sollten so komplex sein, dass ein Kind die Aufgaben in der vorgegebenen Zeit nicht allein lösen kann.

▸ Die Aufgabenteile sollten in inhaltlichen Zusammenhängen stehen und wenn möglich gemeinsame Lernaktivitäten anregen, sodass Teamarbeit gefordert ist.

▸ Eine übersichtliche Struktur der Aufgabenteile erleichtert ein ruhiges und planvolles Vorgehen in den Teams.

▸ Die Aufgaben sollten leicht verständlich und eindeutig formuliert sein.

▸ Die Aufgaben können auf verschiedenen Niveaus und auf unterschiedliche Art und Weise gelöst werden, sodass auch eine Differenzierung der Leistungen erwartet werden kann.

▸ Die Bearbeitung der Aufgaben ermöglicht aktiv-entdeckendes Lernen bzw. ein Problemlösen, sodass die Kinder eines Teams zum Diskutieren und Abstimmen über ihre Vorgehensweisen und über ihre Ergebnisse angeregt werden (vgl. auch Röhr 1995, S. 23–30, 73–78).

Im Folgenden werden zwei konkrete Aufgabenkomplexe vorgestellt, die wir im Rahmen des Projektes „Mathe für kleine Asse" an der Universität mit Dritt- und Viertklässlern erfolgreich erprobten (vgl. Jansing 2009). Hierbei ist jedoch einschränkend zu beachten, dass die Kinder mathematisch interessiert und größtenteils besonders begabt waren und somit der Leistungsanspruch an die Aufgaben relativ hoch ist.

Wettbewerbsaufgabe: „Schatzeroberung"

Inhaltliche Schwerpunkte:

▸ inhaltliches Lösen kombinatorischer Aufgaben
▸ Lösen von Rechenrätseln und logischen Knobeleien

Lernmittel

▸ Kopiervorlage (KV) *Schatzsuche*
▸ Schatztruhe, Zahlenschloss

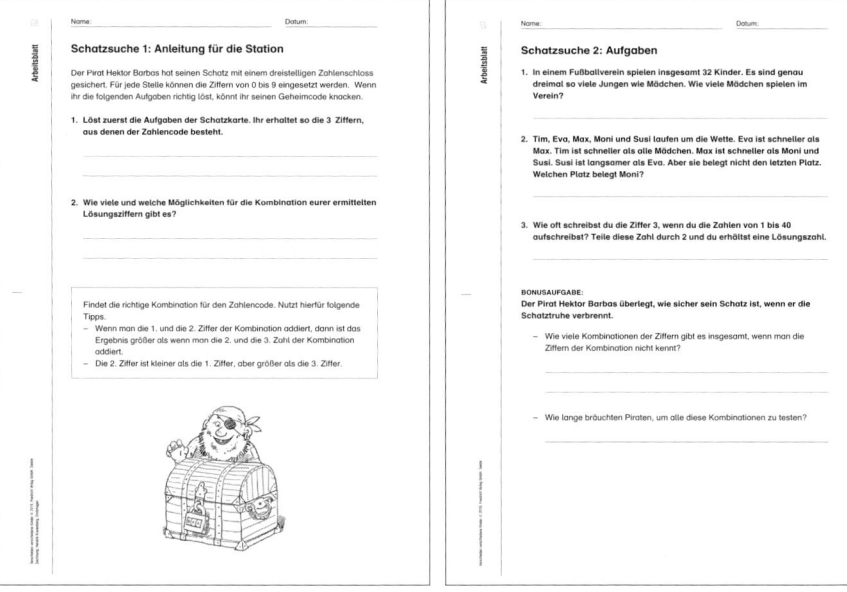

Abb. 77: Arbeitsblätter *Schatzsuche*

Hinweise zum Ablauf

Die Teilaufgaben und eine zugehörige Anleitung wurden den Kindern auf Arbeitsblättern angeboten. Der Stationsleiter hatte zudem eine kleine „Schatztruhe" und ein Zahlenschloss bereitgestellt. Die Kinder konnten ihre Lösung dann an der Schatztruhe testen und bei richtiger Lösung den „Schatz" erobern, was für die Kinder eine zusätzliche Motivation darstellte. Außerdem erwies es sich als nützlich, dass der Stationsleiter bei Verständnisfragen wie bei der Klärung des Begriffs „Ziffer" hilfreich zur Seite stand. Wenn ein Team frühzeitig alle Aufgaben löst, kann es mit dem Lösen einer Bonusaufgabe noch Zusatzpunkte erwerben.

Im Ergebnis der Erprobungen konnte zusammenfassend folgendes Fazit gezogen werden: Die Wettbewerbsaufgabe war unter den Kindern sehr beliebt. Von 10 möglichen Punkten auf der „Beliebtheitsskala" erhielt die Aufgabe 9,05 Punkte. Die Kinder fanden die Sachsituation sehr motivierend. Den Schwierigkeitsgrad der Aufgaben schätzen die Kinder dagegen sehr unterschiedlich ein. Während einige Schüler sie als „schwierig und knifflig" bewerteten, empfanden andere kleine Matheasse sie als leicht. Demgemäß waren die Ergebnisse der einzelnen Teams auch differenziert, jedoch tendenziell gut oder sehr gut. Im Durchschnitt erreichten die Teams 85 % der Gesamtpunktzahl. Fehlerhafte Lösungen gab es vor allem bei den logischen Knobeleien. Die kombinatorischen Aufgaben lösten dagegen alle Teams bis auf eines richtig. Bemerkenswert war zudem, dass „reine" Mädchenteams geringfügig bessere Ergebnisse erzielten als Teams, in denen nur Jungen mitwirkten. Eine Hauptursache hierfür bestand u. E. darin, dass die Mädchen besonnener und umsichtiger an das Bearbeiten der Aufgaben herangingen und sich im Team geschickter als viele Jungen organsierten. Auffällig war zum Beispiel, dass die Mädchen die Aufgaben recht clever untereinander aufteilten, dass sie sich gegenseitig halfen und dass sie gemeinsam ihre Ergebnisse überprüften. Hierüber reflektierten die Mädchen auch selbstbewusst in der gemeinsamen Auswertung und sie hoben dabei hervor, dass sie ansonsten (mathematische) Wettbewerbe nicht mögen, sie sich aber in diesem Teamwettbewerb wohlfühlten – und ihre kommunikativen „Stärken" zeigen und nutzen konnten (vgl. hierzu auch Jansing 2009, S. 100–105).

Für den Einsatz der Wettbewerbsaufgabe in einer leistungsheterogenen Drittklässlergruppe empfiehlt sich, die Grundstruktur beizubehalten, aber die drei Knobelaufgaben entsprechend den jeweiligen Kompetenzen der Kinder zu vereinfachen.

Wettbewerbsaufgabe: „Gigantische Fußballschuhe"

Inhaltliche Schwerpunkte
▸ Schätzen von Längen
▸ Überschlagsrechnen bei Größenangaben

Lernmittel
▸ Kopiervorlage (KV) *Gigantische Fußballschuhe*
▸ Maßband, Taschenrechner

Abb. 78: Arbeitsblatt *Gigantische Fußballschuhe*

Hinweise zum Ablauf

Die Teilaufgaben und eine zugehörige Anleitung wurden den Kindern auf Arbeitsblättern angeboten. Der Stationsleiter hatte zudem ein Maßband und Taschenrechner bereitgestellt, sodass die Kinder gegebenenfalls Fußlängen messen und Berechnungen mit großen Zahlen schnell und flexibel vornehmen konnten. Außerdem erwies es sich als hilfreich, dass der Stationsleiter den Kindern bei Verständnisfragen wie zum Beispiel bei der Klärung des Begriffs „Schuhgröße" zur Seite stand. Wenn ein Team frühzeitig alle Aufgaben löst, kann es mit dem Lösen einer Bonusaufgabe noch Zusatzpunkte erwerben.

Die Erprobungen erbrachten zusammenfassend folgende Ergebnisse: In der Beliebtheitsskala wurde die Wettbewerbsaufgabe mit einem Wert von 5,8 Punkten von den Kindern als die vergleichsweise am geringsten gemochte Aufgabe eingeschätzt. Dies lag vor allem daran, dass die Kinder im Umgang mit solchen offenen Schätzaufgaben relativ geringe Erfahrungen hatten. Die folgenden Kommentare der Kinder bestätigen diese Einschätzung: *„Die Aufgabe ist irgendwie komisch"*, *„Ich habe die Aufgabe nicht wirklich verstanden"*, *„Mir fehlte ein konkreter Maßstab"*, *„Ich schätze sowieso nicht gern"*.

Die zumeist geringe Erfahrungsbasis bewirkte, dass viele Kinder unsicher beim Entwickeln effektiver Schätzstrategien waren. Dies führte wiederum dazu, dass die meisten Teams Zeitprobleme hatten und ihre Überschlagsrechnungen nicht beenden oder dass sich die Kinder eines Teams nicht auf eine gemeinsame Lösung einigen konnten. Im Durchschnitt erreichten die Teams 58 % der Gesamtpunktzahl, die Ergebnisse differierten aber zwischen 30 % und 80 %. So variierten die Lösungen für die Schuhhöhe zwischen 3,50 m und 7 m und die Schätzergebnisse für die Schuhlänge zwischen 8 m und 13,50 m.

Die weitere Analyse zeigte dann auf, dass die Qualität der Zusammenarbeit unter den Kindern auch stark die Lösungsqualität beeinflusste. Beispielsweise erreichte eine „reine" Jungengruppe deshalb ein sehr gutes Schätzergebnis zur ersten Aufgabe, weil sich die drei Jungen sehr intensiv über ihre Schätzstrategien austauschten und im Ergebnis ihrer Diskussion ihre Ideen geschickt verknüpfen konnten. Konkret erkannte Paul, dass man die Körpergröße eines neben dem Schuh stehenden Mannes als Vergleichswert nutzen könne, während Alexander sich auf das Verhältnis zwischen der Länge und der Höhe bei Turnschuhen fokussierte und hierbei auf konkrete Alltagskenntnisse zurückgreifen konnte. Jan half ergänzend, indem er auf die Notwendigkeit eines Überschlagsrechnens hinwies.

Die Aufgabe 2 konnten je ein Mädchen- und ein Jungenteam am besten lösen. Beide Teams arbeiteten wiederum sehr geschickt zusammen und sie nutzten die gleiche, eine offensichtlich sehr effektive Strategie. Diese bestand darin, dass die Kinder zunächst anhand einer ihrer Schuhe die Schuhgröße und die zugehörige Schuhlänge ermittelten. Dann teilten sie die Länge des Fußballschuhes durch die Schuhlänge und multiplizierten die Schuhgröße ihres Schuhes mit diesem Faktor. Andererseits kamen Teams, die sich nicht auf eine sinnvolle Lösungsstrategie einigen konnten oder sich nicht untereinander halfen oder in denen jedes Kind sogar allein eine Lösung versuchte, zu schlechteren oder im Einzelfall auch zu gar keiner Lösung (vgl. hierzu auch Jansing 2009, S. 105–109).

Allgemein lässt sich ergänzend hinzufügen, dass solche offenen und komplexen Schätzaufgaben, die in der fachdidaktischen Literatur bekanntlich als „Fermi-Aufgaben" bezeichnet werden (vgl. z. B. Büchter u. a. 2004) durchaus und gerade ein großes Lernpotenzial für einen inklusiven Mathematikunterricht besitzen. Es ist aber wichtig, dass die Kinder kontinuierlich an den Umgang mit der Offenheit der Lösungswege, der (Schätz-)Ungenauigkeit von Ergebnissen und einer sinnvollen Zusammenarbeit in Kleingruppen herangeführt werden. Dann können auch nicht nur kleine Matheasse Fermi-Aufgaben erfolgreich lösen.

Lösungen und Lösungshinweise

Lösung zur Aufgabe 1: Die Fußballschuhe sind in Wirklichkeit ca. 14 m lang und 4,5 m hoch. Die Kinder könnten eine Näherungslösung erhalten, indem sie die Höhe der Schuhe in ein korrektes Verhältnis zur Größe eines der Menschen auf dem Bild setzen. Im günstigsten Fall wird entweder ein Mensch, der sehr nah an dem Schuh steht, oder eines der Kinder auf dem Schuh ausgewählt. Wenn man zum Beispiel einen direkt vor dem Schuh stehenden Erwachsenen wählt, kann man durch Schätzen bzw. Nutzen von Alltagswissen annehmen, dass dieser ca. 1,80 m groß ist. Dann würde der Schuh etwa 2,5-mal so hoch, also rund 4,50 m hoch sein.

Lösung zur Aufgabe 2: Vermisst man verschiedene Schuhe, kann man feststellen, dass das 1,5-fache der Schuhlänge (in Zentimeter) ungefähr der zugehörigen Schuhgröße entspricht. Zu beachten ist außerdem, dass die zu ermittelnde Schuhgröße in Abhängigkeit vom Ergebnis zur Aufgabe 1 variiert. Wenn man von der richtigen Schuhlänge (14 m) ausgeht, erhält man also die Schuhgröße: (1 400 cm · 1,5 =) 2 100.

Lösung der Bonusaufgabe: Für die Aufgabe gibt es keine eindeutige Lösung, da die Schuhgröße eines Menschen nicht immer proportional zu seiner Körpergröße ist. Eine mögliche akzeptable Näherungslösung kann man wie folgt ermitteln: Wenn man davon ausgeht, dass ein 1,80 m großer Mann im Durchschnitt die Schuhgröße 43 hat, dann ist der Schuh rund 29 cm und der Fuß des Mannes 28 cm lang. Der Mensch ist somit angenähert 6,5-mal so groß wie sein Fuß. Mit diesen auf Alltagswissen basierenden Überlegungen lässt sich schlussfolgern, dass bei einem 14 m langen Schuh der zugehörige Mensch etwa (14 m · 6,5 =) 91 m groß sein müsste.

6.7 Projektarbeit

Friedhelm Käpnick

6.7.1 Merkmale, Vorzüge und didaktische Aspekte der Organisationsform

Schulische Projektarbeit bedeutet schlagwortartig

▶ das Bestimmen und Lösen von komplexen Problemstellungen, die sich an den Interessen der Kinder orientieren und somit meist einen engen Bezug zu ihrer Lebenswelt haben,

▶ in hohem Maße selbstorganisiertes und selbstverantwortliches Lernen von Kindern,

▶ das Anwenden kooperativer Lernformen,

▶ ein fächerübergreifendes oder verbindendes Lernen,

▶ ein Aufbrechen der üblichen Unterrichtsorganisation,

▶ Produktorientiertheit, das heißt, dass im Ergebnis der Lernaktivitäten vorzeigbare Ergebnisse präsentiert werden können wie zum Beispiel grafische Darstellungen und Auswertungen zu statistischen Erhebungen, Dokumentationen zu geschichtlichen oder aktuellen Ereignissen und Schlussfolgerungen für sinnvolle Veränderungen von Problemsituationen oder für ein angemesseneres eigenes Verhalten.

Projektarbeit stellt somit einerseits hohe und zugleich vielfältige Ansprüche an die Lerntätigkeit der Kinder und bietet andererseits viele Chancen für ein individuelles und integratives Fördern. Demgemäß können bei dieser „überzeugendsten" Organisationsform für „umwelterschließendes Sachrechnen" (Winter 2003, S. 34) neben innermathematischen auch allgemeine Ziele realisiert werden wie insbesondere zur Entwicklung von Kompetenzen im Problemlösen, im Modellieren, im Darstellen und im Argumentieren beizutragen, ebenso Selbstständigkeit und Eigenverantwortlichkeit beim Lernen, Teamfähigkeit sowie Medien- und Methodenkompetenzen zu fördern – also Kompetenzen zu erwerben, die zugleich sehr relevant für Inklusive Bildung sind. Deshalb sollte projektorientiertes Lernen auch eine wichtige Organisationsform eines inklusiven Mathematikunterrichts sein.

Die Themenvielfalt für mathematikhaltige Projekte ist beinahe grenzenlos. Sie umfasst den schulischen Alltag (Schulessen, Schulhofgestaltung, Schul- und Klassenfeste), die Freizeit der Kinder (Hobbys, Gewohnheiten beim Fernsehen, im Umgang mit dem Computer, Sportangebote im Heimatort, Urlaubserlebnisse), Gesundheit (gesunde Ernährung, Schlafgewohnheiten, besondere Krankheiten), soziale Themen (Unterstützung hilfsbedürftiger Menschen, Heimat, ausländische Mitbürger), Natur (Tierrekorde, Haustiere, menschlicher Körper), regionale Besonderheiten (Heimatgeschichte, markante Gebäude, Brücken, Türme in unserer Umgebung, regionale Feste), globale ökologische Herausforderungen (Umgang mit Wasser, Verkehrsmittel, Luftverschmutzung, Klimaerwärmung), besondere Sachthemen (Kunst und Mathematik, Wirken der Rechenmeister, römische Zahlen, Zufälle im Alltag, Fensterornamente, moderne Kleidung) usw. (vgl. hierzu auch Franke 1995).

Für die Strukturierung dieser enormen Projektvielfalt gibt es verschiedene Möglichkeiten. Unter inhaltlicher Perspektive könnte man nach Bunk (1990, S. 13) unterscheiden zwischen

▸ Erkundungsprojekten (z. B. „Mathematische Stadtrallye"),
▸ Veränderungsprojekten (z. B. zum Thema „Wie ernähre ich mich gesund?") und
▸ Unterhaltungsprojekten (z. B. „Spielenachmittag in der Schule").

Hinsichtlich der sozialen Organisationsstruktur lassen sich Projekte in Anlehnung an Struck (1980, S. 22) untergliedern in

▸ Schulprojekte,
▸ Projekte mit mehreren Klassen (z. B. mit Klassen einer Jahrgangsstufe),
▸ Projekte einer Schulklasse oder einer kleineren Kindergruppe.

Bezüglich der Gesamtzeitdauer kann man grob unterscheiden zwischen

▸ projektorientierter Arbeit im Rahmen einer Unterrichtsstunde,
▸ einer Projektarbeit über einen Zeitraum von mehreren Unterrichtsstunden oder eines Vormittags und
▸ eine Projektwoche bzw. mehreren Projektwochen.

Im Hinblick auf die Verlaufsstruktur lässt sich die Durchführung eines Projektes im Idealfall grob in folgende Lernphasen untergliedern (vgl. auch Franke 1995, S. 15–18):

▸ Angebot einer herausfordernden Situation,
▸ Herausarbeiten einer oder mehrerer Problemstellungen,
▸ Entwickeln eines Projektplanes (einschließlich der Konkretisierung von Zielen, dem Organisieren und Beschaffen von Materialien, Daten u. Ä., der Verteilung von Aufgaben unter den Kindern oder dem Bilden kleinerer Arbeitsgruppen, der Aufstellung eines Zeitplanes),
▸ selbstständiges und eigenverantwortliches Bearbeiten von Aufgaben entsprechend dem Projektplan,
▸ gemeinsame Präsentation und Interpretation der Projektergebnisse, Reflexionen über das Lernverhalten, über gewonnene Erkenntnisse usw.

Während der Arbeit an einem Projekt sollten die Kinder dementsprechend folgende Haupttätigkeiten leisten:

▸ Analysieren von realen Sachsituationen,
▸ Bestimmen und Formulieren von (Problem-)Aufgaben,
▸ Finden von Lösungsansätzen, Aufstellen eines Lösungsplanes,

‣ Organisieren von Teamarbeiten,
‣ Beschaffen von Daten, Organisieren von Material,
‣ Lösen der formulierten Probleme (unter Nutzung von mathematischen Kompetenzen sowie von in anderen Fächern erworbenen Kompetenzen und allgemeinen Fähigkeiten),
‣ Darstellen von Lösungen (z. B. grafisches Darstellen von Zahlen- und Größenangaben, Herstellen von Modellen),
‣ Einschätzen der Ergebnisse, Herausstellen ihrer Bedeutung für eigenes Verhalten in realen Situationen, Entwickeln von Schlussfolgerungen für das eigene Tun bzw. für die Tätigkeit anderer Personen,
‣ selbstkritisches Reflektieren über das Lernverhalten, über angewendete Sach-, Methoden- und Medienkompetenzen.

Von den aufgezeigten unterschiedlichen Klassifikationsmöglichkeiten und den aufgelisteten Haupttätigkeiten der Kinder ausgehend, können im Kontext von Inklusion sehr verschiedenartige projektartige Aktivitäten geplant und durchgeführt werden. Diese hängen natürlich auch stets von den jeweiligen konkreten Intentionen und Bedingungen „vor Ort" ab. Reich unterscheidet hinsichtlich des wichtigen Aspektes der Eigenverantwortlichkeit folgende Formen projektartigen Arbeitens:

	Projekt	1. Reduktion	2. Reduktion	themenorientiertes Arbeiten
Thema/ Inhalt	Die Kinder bestimmen das Thema selbst.	Die Kinder und Lehrkräfte legen das Thema gemeinsam fest.	Die Kinder wählen ein Thema unter vorgegebenen Themen aus.	Die Lehrkräfte legen das Thema fest.
Lernziele	Die Kinder formulieren das Thema und ihre Ziele selbst.	Die Kinder und Lehrkräfte legen die Ziele gemeinsam fest.	Die Kinder wählen aus vorgegebenen Zielen aus.	Die Lehrkräfte legen die Ziele fest.
Materialien	Die Kinder suchen, sammeln, beschaffen das Material selbst.	Das Material wird gemeinsam beschafft.	Die Kinder wählen aus vorgegebenem Material aus.	Das Material ist vollständig aufbereitet vorhanden.
Rolle der Kinder	Die Kinder sind selbstbestimmt, selbstständig, eigenaktiv.	Die Kinder sind mitbestimmend, teilweise selbstständig aktiv.	Die Kinder sind mitbestimmend, es gibt aktive und passive Arbeitsphasen.	Die Kinder sind Rezipienten.

	Projekt	1. Reduktion	2. Reduktion	themenorientier-tes Arbeiten
Rolle der Lehrkräfte	Die Lehrkräfte sind präsent, wirken aber eher im Hintergrund, sind auf Wunsch der Kinder beratend tätig.	Die Lehrkräfte sind zurückhaltend, sie koordinieren, geben Vorschläge und Hinweise.	Die Lehrkräfte strukturieren stark und geben verbindliche Empfehlungen.	Die Lehrkräfte sind dominant, sie steuern stark.
Themen-bezug	komplex, alle Lernbereiche sind integriert	themenübergrei-fend unter Beteiligung aller Sinne (Kopf, Herz und Hand)	themenspezifisch mit Ausblick in andere Bereiche	fächerspezifische Instruktion

Tab. 6: Unterscheidung von Formen projektorientierten Arbeitens nach Reich (2010, S. 284)

Die Unterscheidung von Projektformen nach Reich erscheint auch als Groborientierung für die Projektarbeit in einem inklusiven Mathematikunterricht sinnvoll.

 FRAGEN ZUM VERTIEFENDEN NACHDENKEN

▸ Reflektieren Sie anhand der Tab. 6, welchen Stellenwert die verschiedenen Formen projektorientierten Arbeitens in Ihrem Unterricht besitzen. Wie bewerten Sie Ihr Reflexionsergebnis?
▸ Entwickeln Sie ein flexibles, offenes und praktikables Planungsraster für eine kindorientierte Durchführung von Projekten.
▸ Entwickeln Sie konkrete Ideen für die Erstellung eines „Leitfadens" für Kinder zu einer immer eigenständigeren Durchführung von Projektaktivitäten.

6.7.2 Beispiele für Projektthemen

Unter inhaltlicher Sicht bieten sich prinzipiell alle am Anfang dieses Kapitels 6.7 genannten Themen für projektartige Lernaktivitäten mit verschieden verschiedenen Kindern an. Wenn man zudem die Verschiedenartigkeit von Kindern bzw. allgemeiner von Menschen in den Fokus setzen möchte, könnten folgende Themen von besonderer Relevanz sein:
▸ Staunen darüber, was mein Körper alles kann,
▸ vielfältige Möglichkeiten für den Behindertensport,
▸ Besonderheiten besonderer Menschen.

Für die aufgelisteten Themen werden im Folgenden konkrete Fakten und Beispiele angegeben, die als Basisideen für ein projektartiges Lernen in einem inklusiven Mathematikunterricht dienen können. Dabei könnten in Abhängigkeit von den jeweiligen Intentionen einer Lehrkraft bzw. den schulischen Bedingungen grundsätzlich alle oben genannten Projektformen realisiert werden. Für das Erkunden der erstaunlichen Leistungen des menschlichen Körpers bieten sich im Besonderen Experimente an, wie z. B. zur erstaunlichen Leistung des menschlichen Herzens ein vergleichbares Schöpfen von 70 Becher Wasser pro Minute von einer Schüssel in eine andere oder ein Experiment zum Untersuchen, wie viel Gramm ein Haar halten kann (vgl. hierzu Käpnick u. a. 2012c, S. 138 f.). Es ist aber ebenso empfehlenswert, Poster oder eine Sammelmappe mit grafischen Darstellungen zu erstaunlichen Leistungen des menschlichen Körpers zusammenzustellen und hierzu interessante Vergleichsrechnungen durchzuführen.

Fakten zu erstaunlichen Leistungen des menschlichen Körpers

Die folgenden Fakten zum menschlichen Körper stammen aus Flindt (2000).

▶ In ruhendem Zustand werden mit jedem Herzschlag ≈ 100 ml Blut in die Adern eines Menschen gepumpt. Bei einem Erwachsenen geschieht dies zwischen 60- und 90-mal pro Minute.

▶ Welche enorme Leistung ein menschliches Herz, das ca. 15 cm lang und rund 300 g schwer ist, Minute für Minute, Stunde für Stunde, Tag für Tag und Jahr für Jahr leistet, wird deutlich wenn man seine Leistung auf zum Beispiel 70 Jahre „hochrechnet": Es fördert in dieser Zeit etwa 250 000 000 Liter Blut und schlägt dabei 3 000 000 000 Mal.

▶ Mit einer Geschwindigkeit von etwa 1 Meter pro Sekunde fließen in jeder Minute ≈ 15 Liter Blut durch das Gehirn eines erwachsenen Menschen.

▶ Einen groben Anhaltspunkt für die allgemeine Gesundheit eines Menschen gibt die Pulszahl. Die durchschnittliche Pulszahl eines Menschen hängt von der jeweiligen Tätigkeit sowie von seinem Alter ab, wie Tab. 7 exemplarisch zeigt.

Alter	1 Tag	1 Jahr	3 Jahre	10 Jahre
Pulszahl pro Minute	130 bis 140	110 bis 120	90 bis 100	80 bis 90

Tab. 7: Durchschnittliche Pulszahl eines ruhenden Menschen in Abhängigkeit vom Alter

▶ Unter der Vitalkapazität des Menschen versteht man das Luftvolumen, das bei maximaler Ein- und Ausatmung bei einem Atemzug bewegt wird. Sie ist ebenfalls vom Alter, aber auch vom Geschlecht abhängig (s. Tab. 8).

Anmerkung: Um ein Staunen bei den Kindern zu erzeugen, bietet es sich an, dass die Kinder aufgefordert werden, sich die Größenangaben in den Tabellen

Alter in Jahren	durchschnittliche Vitalkapazität in cm³ bei Mädchen bzw. Frauen	durchschnittliche Vitalkapazität in cm³ bei Jungen bzw. Männern
4	717	855
5	959	1 001
8	1 513	1 585
10	1 806	2 022
12	2 217	2 357
14 bis 19	3 330	4 030
20 bis 29	3 600	5 440
30 bis 39	3 460	5 030
40 bis 49	3 680	4 530
50 bis 59	3 250	4 650
60 bis 64	3 140	3 860

Tab. 8: Durchschnittliche Vitalkapazität eines Menschen in Abhängigkeit vom Alter und Geschlecht (nach Flindt 2000, S. 214)

vorzustellen. Der Rauminhalt von 1 000 Litern Luft würde beispielsweise dem Volumen von insgesamt 100 10-Liter-Wassereimern entsprechen. Hierzu könnten auch Diagramme oder Schaubilder erstellt werden.

▶ Das regelmäßige Atmen ist für Menschen bekanntlich lebensnotwendig. Ihr Luftverbrauch ist erstaunlich, wie Tab. 9 zeigt.

Tätigkeit	durchschnittlicher Luftverbrauch in Litern pro Stunde
schlafen	280
liegen	400
stehen	450
gehen	1 000
Radfahren	1 400
Schwimmen	2 600
Bergsteigen	3 100
Rudern	3 600

Tab. 9: Durchschnittlicher Luftverbrauch pro h eines Erwachsenen für verschiedene Tätigkeiten (nach Flindt 2000, S. 215)

▶ Ein gesundes Kopfhaar eines erwachsenen Menschen ist durchschnittlich 0,07 mm dick und man kann an ein Haar ein Gewicht von 40 g bis 70 g hängen, ohne das es reißt (was man in einem Experiment natürlich auch mit Kinderhaaren prüfen könnte). Weitere interessante Fakten zu Haaren sowie zu Finger- und Zehennägeln enthalten die Tab. 10 und 11.

Haarfarbe	Anzahl der Kopfhaare
blond	≈ 150 000
braun	≈ 110 000
schwarz	≈ 100 000
rot	≈ 90 000

Tab. 10: Durchschnittliche Anzahl der Kopfhaare von Menschen in Abhängigkeit von der Haarfarbe (nach Flindt 2000, S. 203)

Körperteil	Wachstumsgeschwindigkeit
Kopfhaare	≈ 1,05 cm pro Monat
Augenbrauen	≈ 0,48 cm pro Monat
Fingernägel	≈ 0,26 cm pro Monat
Daumennägel	≈ 0,29 cm pro Monat
Zehennägel	≈ 0,12 cm pro Monat
Nagel, große Zehe	≈ 0,18 cm pro Monat

Tab. 11: Durchschnittliche Wachstumsgeschwindigkeit von Haaren und Nägeln eines Menschen (nach Flindt 2000, S. 205)

▶ Das Gehirn eines erwachsenen Menschen ist etwa 1,5 kg schwer. In diesem „Wunderwerk" des Menschen gibt es ca. 14 000 000 000 Nervenzellen und 7 000 000 000 000 Verknüpfungen der Nervenzellen (Synapsen). Die Gesamtlänge der Nervenfasern im Großhirn beträgt ca. 500 000 km und die der Nervenfasern außerhalb des Gehirns etwa 480 000 km (vgl. Flindt 2000, S. 230).

Vielfältige Möglichkeiten für den Behindertensport

Projektartige Aktivitäten zu diesem Thema sollten weniger auf spektakuläre Leistungen von Behindertensportlern fokussiert sein, sondern die verschiedenartigen Angebote für Sportmöglichkeiten von (körperlich) behinderten Kindern in den Mittelpunkt rücken. Dabei könnten Kinder mit Behinderungen auch von eigenen Sportaktivitäten und den Spaß, den sie hierbei haben, berichten, denn: Ein Grundproblem des Behindertensports besteht darin, dass es einerseits durchaus sehr vielfältige Sportangebote für behinderte Menschen gibt, aber andererseits Menschen mit Behinderung (oder chronisch Kranke) zu einer ausgeprägten körperlichen Inaktivität neigen, was mit einer Vielzahl negativer Folgen verbunden sein kann (vgl. http://de.wikipedia.org/wiki/Behindertensport, Zugriff am 08.05.2015).

Deshalb empfiehlt es sich, im Rahmen der Projektarbeit auf die vielfältigen Sportangebote des Deutschen Behinderten-Sportverbandes (DBS), des Deutschen Rollstuhlsportverbandes (DRS) und anderer Organisationen einzugehen. Die Bandbreite der sportlichen Aktivitäten reicht vom Rehabilitations- über Breiten- bis hin zum Wettbewerbs- und Leistungssport. Die beeindruckende Vielfalt des Behindertensportes kann folgende (unvollständige) Auflistung von Sportarten für Menschen mit Handicaps verdeutlichen:

Sportarten für Menschen mit Handicaps
Sledge-Eishockey, Amputierten-Fußball, Behindertengolf, Behindertenjudo (Paralympic Judo), Behindertenradsport (Paracycling), Behindertenreitsport, Behindertenschwimmsport, Billard (für alle „Behinderungen" geeignet), Pool-Billard, Snooker, Karambol, Blindenbaseball, Blindenfußball, Boccia, Bogenschießen, Boßeln, Elektrorollstuhlsport (E-Hockey), Goalball, Handbike-Fahren, Krückenskifahren, Monoskibob, Paracanoekajak, Rollstuhlbadminton, Rollstuhlbasketball, Rollstuhlcurling, Rollstuhlfechten, Rollstuhlkarate, Rollstuhlleichtathletik, Rollstuhltanz, Rollstuhltennis (Behindertentischtennis, Rollstuhltischtennis, Tischtennis der stehend behinderten Spieler, Gehörlosentischtennis), Rollstuhlrugby, Skibob, Rollstuhl Pool Billard, Sitzball, Sitzfußball, Sitzvolleyball, Schlitten-Eishockey, Sportschießen, Standvolleyball, Tauchen, Torball. (Vgl. ebd.)

Außerdem finden Menschen mit Handicap – ganz im Sinne Inklusiver Bildung – auch in herkömmlichen Sportvereinen zunehmend attraktive Sportangebote. Darüber hinaus können Menschen mit gesundheitlichen Beeinträchtigungen vielfach Möglichkeiten außerhalb von Sportvereinen für körperliche Aktivitäten nutzen, zum Beispiel in Form von Skikursen, Sportfreizeiten, Sportfesten oder Handbikerennserien. Hierbei steht der integrative Charakter im Vordergrund, der durch ein gemeinsames freudbetontes Sporttreiben behinderter Menschen mit (körperlich gesunden) Freunden oder Familienmitgliedern geprägt ist.

Zu beachten ist natürlich, dass bei der Auswahl einer geeigneten Sportart für ein „behindertes" Kind ein Arzt konsultiert werden muss. Er kann die Funktionseinschränkungen unter körperlicher Belastung und das „Belastungsprofil" der jeweiligen Sportart einschätzen und hiervon ausgehend in einem Beratungsgespräch Empfehlungen für förderliche Sportaktivitäten geben.

Ein spezieller Schwerpunkt einer Projektaktivität zum Behindertensport könnte das *Erkunden und gemeinsame Ausüben einer konkreten Behindertensportart* darstellen. Beispielhaft wird hier der Blindenfußball näher vorgestellt. Diese Sportart wird im Bereich des Blindensports seit Sommer 2006 in Deutschland praktiziert. Beim Blindenfußball treten 2 Teams mit je 5 Spielern gegeneinander an. Ziel ist es, wie beim Fußball üblich, den Ball ins gegnerische Tor zu schießen. Die Spieler auf dem Feld sind im Sinne des höchsten Schweregrades blind. Mit Augenklappenbinden und Augenpflaster können eventuelle Unterschiede in der Sehschädigung unter den Spielern ausgeglichen werden. Als einzige Spieler dürfen die Torhüter eine normale Sehfähigkeit besitzen. Sie und die mannschaftseigenen „Guides", die jeweils hinter dem gegnerischen Tor positioniert sind, sowie die Trainer an den Banden dirigieren mit Zurufen ihre Spieler. Der Ball ist im Inneren mit Rasseln versehen und seine Bewegungen können auf diese Weise von den Spielern hörbar verfolgt werden. Das Spiel blinder Spieler erfordert entsprechend ein sehr gutes Gehör, einen ausgeprägten Orientierungssinn und große Körperbeherrschung. Die Torhüter, Trainer und der Guide können den Spielern mit Zurufen die Orientierung erleichtern. Im Fall eines Strafstoßes, der im Blindenfußball vom Sechs-Meter-Punkt ausgeführt wird, klopft der Torhüter vor dem Stoß mit einem Stock links und rechts an die Pfosten, um die Orientierung des Schützen zu erleichtern. Die Spieler der Spitzenteams im Blindenfußball haben übrigens durch ein jahrelanges Training die Fähigkeit erworben, den Ball über längere Strecken zu führen, Gegner auszudribbeln, zuverlässige Pässe zu spielen und Torschüsse zu platzieren (vgl. ebd.).

Laut Regelwerk wird Blindenfußball auf einem etwa 20 × 40 Meter großen rechteckigen Feld gespielt. Die Längsseiten werden von stabilen Seitenbanden begrenzt, und eine glatte Vorderfront dieser Banden ohne ins Feld ragende Füße ermöglicht, dass die Spieler über Bande spielen und sich während des Spiels an ihr entlangtasten können.

Die Dachorganisation für Blindensport in Europa, die International Blind Sports Federation (IBSA), hat in Anlehnung an das Regelwerk der FIFA für offizielle Wettkämpfe sogar verbindliche Spielregeln für den Blindenfußball vereinbart, wie folgende Festlegungen (vgl. ebd.):

▸ Das Feld ist 38 bis 42 m lang und 18 bis 22 m breit. In der Mitte der Spielfläche befindet sich ein Kreis von 6 Metern Durchmesser. Eine mittig durch den Kreis gezogene Linie teilt das Feld in zwei Hälften. Das Tor ist 3 Meter breit und 2 Meter hoch, der Torraum um das Tor herum beträgt 5 × 2 Meter. Strafstöße werden von einem 6 Meter vom Zentrum des Tors entfernten Punkt ausgeführt.

▸ In 8 Meter Entfernung vom Zentrum des Tores befindet sich ein weiterer Punkt auf dem Feld, von dem aus Freistöße geschossen werden. Das ist ein Unterschied zum Fußball sehender Spieler, die ihre Freistöße von jedem Punkt innerhalb des Spielfeldes ausführen.

▸ Die Spieldauer beträgt 50 Minuten (also 2 Halbzeiten mit je 25 Minuten).

▸ Der Ball besteht aus Leder oder Synthetik, hat einen Umfang von 62 cm und ein Gewicht von 510–540 Gramm. Er ist damit kleiner, aber etwas schwerer als der FIFA-Fußball.

▸ In der Nähe des Zeitnehmers ist eine Beschallungsanlage notwendig, um „Time-outs" mitzuteilen (oder um das Publikum um Ruhe zu bitten).

▶ Im Blindenfußball gibt es keine Abseitsregel.
Anmerkung: Um ein Verständnis für die besonderen Leistungen von Blinden-
fußballern wenigstens zu erahnen, könnten im Rahmen eines Projektes Kinder
zum Beispiel mit verbundenen Augen versuchen, beim Gehen oder Laufen sich
nur an Geräuschen zu orientieren oder einen Ball von 6 Meter Entfernung auf
ein Tor zu schießen.

Besonderheiten besonderer Menschen

Hierzu bieten sich Projekte zum Erforschen von Biografien zu Menschen mit speziellen Eigenarten, einschließlich von Behinderungen, an. Ein markantes Beispiel hierfür ist zweifellos *Stephen Hawking*. Der weltberühmte Physiker liefer-
te bedeutende Arbeiten zur Kosmologie und zur Allgemeinen Relativitätstheorie.
Seine Entdeckungen zu Schwarzen Löchern im Weltall, die er in populärwissen-
schaftlichen Büchern erklärte, machten ihm auch einem breiten Publikum außerhalb der Fachwelt bekannt. Bei Hawkins wurde 1963 eine degenerative Erkran-
kung des motorischen Nervensystems diagnostiziert. Mediziner prophezeiten
ihm, nur noch wenige Jahre zu leben. Allerdings hat der Physiker vermutlich
eine chronische Krankheit mit einem extrem langen Krankheitsverlauf. Hawkins
sitzt seit 1968 in einen Rollstuhl, und er verlor zudem 1985 aufgrund einer zusätzlichen, sehr schweren Lungenentzündung die Fähigkeit zu sprechen. Für die
verbale Kommunikation nutzt er seitdem einen Sprachcomputer, den er durch
eine einzige Bewegung seines Wangenmuskels und seiner Augen steuert. Da
Hawkins' Forschungsarbeiten für Kinder aber vergleichsweise schwer verständlich sind, empfiehlt es sich, (zumindest) für projektartige Aktivitäten im Grundschulbereich alternativ das Leben anderer besonderer Menschen zu erkunden.

Eine konkrete Alternative ist zum Beispiel die Erforschung der Biografie von
Daniel Tamnet, wofür hier nachfolgend wichtige und interessante Fakten aus seinem Buch *Elf ist freundlich und Fünf ist laut* (Tamnet 2007) vorgestellt werden.

Autismus

Autismus ist ein psychisch und organisch bedingtes Handicap, das es Betroffenen erschwert, Informationen aus der Umwelt adäquat zu verarbeiten. Zum Teil können alle Sin-
nesorgane hiervon betroffen sein. Bei leichteren Formen haben die Autisten aber die Möglichkeit, ein weitgehend selbstständiges Leben zu führen. Für Nichtbetroffene ist der Kontakt
eines Autisten mit der Umwelt kaum zu durchschauen. Autisten haben einerseits meist ext-
reme Probleme dabei, soziale Beziehungen aufzubauen, und sind dadurch isoliert. Andererseits weisen sie oft besondere Begabungen in ihren engen Interessensbereichen auf. Autisten können zum Beispiel besondere Stärken im räumlich-visuellen Denken oder im Rechnen
haben, was Außenstehende immer wieder verwundert.   (Vgl. Dinges/Worm 2007, Klappentext)

Fakten zu Daniel Tamnet:

▶ Tamnet wurde 1979 in London geboren.

▶ Er arbeitete nach seiner Schulzeit zunächst als ehrenamtlicher Englischlehrer in Litauen. In enger Zusammenarbeit mit Wissenschaftlern versuchte er, seine autistische Krankheit selbst zu erforschen – um auf diese Weise seine eigenen Besonderheiten besser verstehen zu können.

▶ Im Alter von 4 Jahren hatte Tamnet zudem den ersten von mehreren epileptischen Anfällen, bei dem er von Krämpfen geschüttelt das Bewusstsein verlor (ebd., S. 45 f.). Glücklicherweise wiederholten sich diese später nicht mehr.

▶ Der Rechen- und Sprachkünstler lebt heute in Kent und leitet ein Online-Unternehmen, das Sprachkurse anbietet.

▶ Berühmt wurde Tamnet, als er einen britischen und europäischen Rekord im fehlerfreien Aufzählen der Kommastellen der Kreiszahl π aufstellte. Hierbei gelang es ihm, in einer Zeit von 5 Stunden und 9 Minuten insgesamt 22 514 Ziffern fehlerfrei hintereinander zu nennen. Diese Leistung erscheint für „normale" Menschen unglaublich, da das menschliche Kurzzeit- bzw. Arbeitsgedächtnis im Allgemeinen (nur) so ausgestattet ist, dass es sich 7 bis 9 Einzelinformationen merken kann und die Ziffern von π nicht nach einem leicht zu merkenden Zahlrhythmus angeordnet sind.

▶ Auf die Frage, warum er eine Zahl wie π bis auf so viele Dezimalstellen auswendig lerne, antwortet Tamnet immer wieder: π sei für ihn etwas ungeheuer Schönes und absolut Einmaliges – wie die Mona Lisa oder eine Mozart-Symphonie (vgl. ebd. 2007, S. 205).

▶ Tamnets phänomenale Zahlbegabung zeigt sich auch darin, dass er Aufgaben wie die Berechnung der 4. Potenz von 37 blitzschnell im Kopf löst. Das Ergebnis der Aufgabe „$13 \div 97$" gibt er auf Wunsch mit einer Lösungszahl mit mehr als 100 Stellen nach dem Komma an (vgl. ebd., S. 9).
Anmerkung: Die Rechenkünste von Tamnet könnten ein Anlass sein, um in der Klasse oder Schule einen spielerischen Kopfrechenwettbewerb zu organisieren.

▶ Die besondere Zahlbegabung steht in einem unmittelbaren Zusammenhang mit einer seltenen „Krankheit", dem sogenannten Savant-Syndrom, das weltweit durch den Oscar-prämierten Film *Rain Man* bekannt wurde. In diesem Film verkörperte der Schauspieler Dustin Hoffman einen Mann, der, wie Tamnet, ein „fast zwanghaftes Bedürfnis nach Ordnung und Routine" hat (ebd., S. 15). Für Tamnet ist es zum Beispiel enorm wichtig, jeden Morgen zum Frühstück genau 45 g Porridge zu essen. Diese Menge wiegt er mit einer elektronischen Waage penibel ab – um ganz sicher zu sein. Dann zählt er die Anzahl der Kleidungsstücke, die er trägt, bevor er das Haus verlässt. Außerdem wird der Rechenkünstler unruhig, wenn er nicht jeden Tag um die gleiche Zeit seinen Tee trinkt (vgl. ebd.).

▶ Tammets herausragende Gedächtnisleistungen ermöglichten ihm nicht nur ein fast unglaubliches Einprägen von riesigen Zahlenanordnungen, sondern auch ein ebenso beeindruckend schnelles Erlernen von Fremdsprachen. So beherrscht er neben seiner Muttersprache „Englisch" auch 10 andere Sprachen, und zwar Französisch, Finnisch, Estnisch, Spanisch, Deutsch, Litauisch, Esperanto, Rumänisch, Walisisch und Isländisch. Außerdem hat er eine Sprache mit dem Namen „Mänti" erfunden, deren Grammatik dem Finnischen und Estnischen ähnelt. Der Name „Mänti" stammt vom finnischen Wort mänty, was „Kiefer" bedeutet. Weil Kiefern immer zusammen vorkommen, assoziiert Tammet mit den Bäumen eine Gemeinschaft (vgl. ebd., S. 179–191).

▸ Wenn Tamnet in einen Stresszustand gerät (s. u.), hilft es ihm immer sehr, die Augen zu schließen und zu zählen. Zahlen sind „seine Freunde" und sie sind ständig um ihn. Jede Zahl hat für Tamnet eine „ganz eigene Persönlichkeit" (ebd. S. 16):

> Elf ist freundlich und Fünf ist laut, während Vier still und schüchtern ist – sie ist meine Lieblingszahl, vielleicht weil sie mich an mich selbst erinnert. Einige Zahlen sind groß, wie 23, 667, 1 179, andere klein, wie 6, 13, 581. Einige sind schön, wie 333, und einige hässlich, wie 289.
>
> (ebd., S. 16)

▸ Tamnets besondere emotionale Zahlbeziehungen gehen sogar über das bisher Genannte hinaus. Sie sind synästhetisch geprägt, das heißt, dass der Rechenkünstler eine eher seltene neurologische Vermischung der Sinne wahrnimmt, indem er Zahlen als Formen, Farben, Stoffe oder Bewegungen wahrnimmt (vgl. ebd.). Für Tamnet ist die Zahl Eins zum Beispiel „ein strahlend helles Weiß, als ob mir jemand mit einer Taschenlampe direkt in die Augen leuchten würde. Fünf ist ein Donnerschlag oder der Klang von Wellen, die gegen Felsen branden. Siebenunddreißig ist klumpig wie Porridge, während Neunundachtzig an fallenden Schnee erinnert" (ebd.).
Anmerkung: Die synästhetischen Assoziationen der Kinder einer Klasse, einschließlich ihrer Lieblings- und Pechzahlen (vgl. hierzu auch Kap. 2.3 sowie S. 108 f.), könnten in Verbindung mit Tamnets Zahlemotionen gegebenenfalls Thema eines speziellen Mini-Projektes im Mathematikunterricht sein.

▸ Während der Schulzeit fiel Tamnet das Lernen im Unterricht nicht leicht. Wie alle Autisten hatte er große Mühe, sich zu konzentrieren, „wenn die anderen Kinder miteinander redeten oder wenn draußen auf den Fluren Leute herumliefen" (ebd., S. 65). Selbstreflektierend schätzt er ein: „Ich finde es schwer, äußere Geräusche auszublenden und stecke mir normalerweise die Finger in die Ohren, damit ich mich besser konzentrieren kann." (ebd.) Aus diesem Grund bereitete ihm auch der Sportunterricht häufig einen besonderen Stress und das jährliche Schulsportfest war für ihn „gleichbedeutend mit Horden von johlenden Zuschauern" (ebd., S. 84), sodass er seine Eltern bat, hieran nicht teilnehmen zu müssen. Die im Schulalltag oft erlebte „Mischung aus vielen Menschen und Lärm" überforderte Tamnet derart, dass er „ganz rot im Gesicht wurde" und sich dann „so heftig an den Kopf schlug, bis er weh tat" (ebd.).

▶ Tammets besonderes Persönlichkeitsprofil bedingte, dass er ein Außenseiter in seiner Klasse war, der sich zugleich nach einem Freund sehnte (vgl. ebd., S. 90f.). So reflektierte er, dass es für ihn zum einen unverständlich war, dass andere Kinder nicht vergleichbare Interessen und Eigenarten wie er hatten. Zum anderen fiel es ihm sehr schwer, mit seinen Mitschülern zu interagieren:

> Ich sah fast immer zu Boden, wenn ich sprach, und kam gar nicht auf die Idee, Blickkontakt herzustellen. Wenn ich doch einmal hochsah, schaute ich der anderen Person auf den Mund und beobachtete ihre Lippenbewegungen. Manchmal forderte mich ein Lehrer auf, ihn anzusehen, wenn er sprach. Dann hob ich den Kopf und schaute ihn an, aber es kostete mich ungeheure Willenskraft und fühlte sich komisch und unbehaglich an. Meine Form der Unterhaltung bestand meistens darin, dass ich einen langen Strom von Worten herausließ. Der Gedanke, dass man eine Pause machen oder bei einem Gespräch abwechselnd reden könnte, kam mir einfach nicht in den Sinn. (ebd., S. 91f.)

6.8 Lernpatenschaften und Lernteams

Stefanie Jansing

6.8.1 Merkmale, Vorzüge und didaktische Aspekte der Organisationsformen

Wie mehrfach angesprochen, sollte ein Grundprinzip des inklusiven Mathematikunterrichts darin bestehen, stets eine sinnvolle Balance zwischen individuellem und gemeinsamem Lernen zu halten. Dies ist jedoch alles andere als leicht zu realisieren, denn zum Beispiel birgt die Fokussierung auf die individuelle Förderung aller Kinder entsprechend ihren jeweiligen Lernvoraussetzungen auch permanent die Gefahr einer „Überindividualisierung" in sich. Wenn sich eine Lehrkraft aus gut nachvollziehbaren Gründen sehr stark auf die individuelle Förderung eines faszinierenden Kindes, beispielsweise des kleinen Matheasses Sven mit Lese-Rechtschreibproblemen oder der blinden, aber beeindruckend entschlossen lernenden Lara (vgl. Fallbeispiele in Kap. 2.2, 2.8), konzentriert, dann fehlen ihr oft die nötige Aufmerksamkeit, Zeit und (Arbeits-)Kraft für das „Management" eines gemeinsamen Lernens von Kindern. Um dieser Gefahr zu begegnen, bieten sich als sehr effektive Organisationsformen für ein integratives Arbeiten Lernpatenschaften und Lernteams an. Diese kooperative Lernform hat darüber hinaus sogar ein weiteres, nicht zu unterschätzendes Potenzial: Sie kann den Arbeitsaufwand für Lehrpersonen spürbar reduzieren.

Bei der Organisation von Lernpatenschaften und Lernteams werden für bestimmte Bereiche, etwa für ein Unterrichtsfach oder einen Lernkomplex, Kindergruppen zusammengestellt, die hauptsächlich in dieser Zusammensetzung miteinander lernen und sich dabei gegenseitig unterstützen. Die Zeitdauer einer solchen Lernkooperation kann entsprechend dem jeweiligen Bereich stark variieren. Sie kann sich auf eine Unterrichtsstunde beschränken, aber ebenso den Zeitraum von einer Woche oder einem Monat und sogar von einem oder mehreren Schuljahren umfassen. Zeitlich beschränkte Lernpatenschaften und Lernteams können effektiv und flexibel genutzt werden, wenn zum Beispiel bestimmte mathematische Themen geübt oder in Form von Projekten angewendet werden. Will man die meist sehr unterschiedlichen individuellen Voraussetzungen von Kindern „strategisch-konstruktiv" für ein inklusives (und jahrgangsübergreifendes) Lernen von Kindern nutzen, bieten sich zudem längerfristige Lernpatenschaften an. Im Folgenden werden zunächst solche längerfristigen Lernpatenschaften mit besonderem Blick auf die Schuleingangsphase und einen inklusiven Mathematikunterricht thematisiert. Danach werden verschiedene Umsetzungsmöglichkeiten temporärer Lernpatenschaften erörtert und abschließend eigene Erfahrungen mit verschiedenen Formen von Lernpatenschaften im Grundschulunterricht vorgestellt und diskutiert.

Zusammenfassend lässt sich feststellen, dass alle nachfolgend beschriebenen Möglichkeiten zur Umsetzung von Lernpatenschaften große Vorteile bieten, aber auch Risiken in sich bergen. Welches Modell in der eigenen Klasse jeweils umgesetzt und wie intensiv die Patenschaftsarbeit realisiert wird, muss die Lehrkraft stets in Abhängigkeit von den konkreten schulischen Voraussetzungen entscheiden. Grundsätzlich kann davon ausgegangen werden, dass Schüler sich meist sehr motiviert und mit erstaunlichen Sach- und Sozialkompetenzen sowie sehr verantwortungsvoll in Lernpatenschaften engagieren – auch an Schulen mit „schwieriger" Schülerschaft oder in sozialen Brennpunkten. Dies soll abschließend mit einem authentischen Erfahrungsbericht zur Arbeit mit Lernpatenschaften in einem jahrgangsübergreifenden wie auch in einem jahrgangsreinen inklusiven Mathematikunterricht an einer Grundschule belegt werden.

6.8.2 Formen der Lernpatenschaft

Längerfristige (Fächer übergreifende) Lernpatenschaften

Die Grundintention dieser Kooperationsform besteht darin, dass ein leistungsstärkeres oder ein in der Entwicklung weiter vorangeschrittenes Kind die „feste" Patenschaft über ein Kind mit Lernerfahrungs- oder Leistungsdefiziten übernimmt. In jahrgangsübergreifenden Lerngruppen bietet es sich an, dass ein Kind der älteren Klassenstufe Pate für ein jüngeres Kind wird. Wenn die älteren Kinder dann nach 1 oder 2 Schuljahren die Klasse verlassen, wechseln die Kinder, die bis dahin von einem Paten begleitet wurden, die Rolle und übernehmen die Patenschaft für zum Beispiel die neuen Erstklässler und können dafür ihre in der Lernpatenschaft erworbenen Erfahrungen vorteilhaft nutzen. Für Kinder mit sonderpädagogischem Förderbedarf empfiehlt sich, dass diese je nach Förderschwerpunkt in einer altersgemischten Lerngruppe nach dem 1. Schuljahr selbst die Lernpatenschaft für einen jüngeren Mitschüler übernehmen und ihn in sozialer, organisatorischer und gegebenenfalls in fachlicher Hinsicht unterstützen. Solche Patenschaften können für Kinder mit sonderpädagogischem Förderbedarf sehr motivierend sein und ihr Selbstwertgefühl enorm stärken, da sie auf diese Weise nicht nur wertvolle soziale und fachliche Kompetenzen erwerben oder erweitern, sondern auch erleben dürfen, selbst anderen Kindern zu helfen. Denkbar ist außerdem, dass ein Kind mit sonderpädagogischem Förderbedarf gemeinsam mit einem anderen Kind die Patenschaft für ein jüngeres oder leistungsschwaches Kind übernimmt.

Im inklusiven Mathematikunterricht mit gleichaltrigen Schülern bilden dagegen – wie oben bereits genannt – in der Regel ein leistungsstarkes und ein Kind mit Lernerfahrungs- oder Leistungsdefiziten „feste" Lernpaare. Diese Patenschaften können je nach Bedarf auch nach einer kürzeren Zeit als einem Schuljahr aufgelöst werden, sie können ebenso bei nachweisbaren Erfolgen über einen längeren Zeitraum, sogar über die gesamte Schulzeit fortbestehen.

Die Patenteams sollten stets am Anfang eines Schuljahres festgelegt werden. Hierbei können die Lehrer entscheiden, ob sie die Teams bestimmen oder ob die

Kinder ihre Paten selbst wählen. Bezüglich dieser Entscheidung sind folgende Zusammenhänge zu beachten: Wählen Lehrpersonen die Patenteams aus, können sie aus pädagogischer Sicht sinnvolle Gruppierungen bilden und vermeiden, dass sich zwei Kinder zu einem Team zusammenschließen, die beispielsweise beide sozial auffällig sind oder/und die sich vermutlich in ihrer Arbeit eher behindern als unterstützen. Für die Bestimmung der Patenschaften durch die Kinder spricht dagegen, dass die Schüler auf diese Weise von Anfang an die Eigenverantwortung für ihr Patenteam übernehmen. Nach unseren Erfahrungen identifizieren sich die Kinder in der Regel dann aber auch weitaus stärker mit dem Paten und der verantwortungsvollen Aufgabe der Patenarbeit. Zudem ist zu beachten, dass die Patenteams während der Schulzeit sehr viel Zeit miteinander verbringen und es daher sinnvoll erscheint, Kinder mit einem Partner zusammenarbeiten zu lassen, den sie akzeptieren und sogar mögen. Aber egal, wie ein Patenteam gebildet wird, die Gefahr, dass später Konflikte zwischen beiden Partnern entstehen, die das Lernen der Partner eher behindern als fördern, kann nicht gänzlich ausgeschlossen werden. In einem solchen Fall, der nach unseren Erfahrungen aber selten vorkommt, sollte natürlich die Lehrkraft im Nachhinein „regulierend" eingreifen.

Nach der Zusammenstellung der Lernpatenschaften empfehlen wir, auf folgende organisatorische Aspekte zu achten:

▸ Die beiden Lernpartner sollten im Unterricht nebeneinander sitzen, damit sie intensiv zusammenarbeiten und sich gegenseitig unterstützen können. (Dies muss die Lehrkraft von Anfang an bei der Organisation der Sitzordnung berücksichtigen.) Das Nebeneinandersitzen der Kinder eines Patenteams ermöglicht ein effektives gegenseitiges Helfen bei jeglichen Lernsituationen. So können sich die Kinder zum Beispiel beim Heraussuchen von Büchern, Heften und Stiften, beim Abheften, beim Finden einer passenden Buch- oder Heftseite, beim Anspitzen von Bleistiften u. Ä. unterstützen. Zudem können sie sich beim Einhalten von Verhaltensregeln gegenseitig wirksam helfen, was insbesondere bei Kindern mit emotionalen und sozialen Problemen wichtig sein könnte.

▸ Es bietet sich ebenso an, den Kindern ihre Ablagen und Fächer sowie ihre Kleiderhaken, Schuhablagen usw. nebeneinander einzurichten. Das erleichtert es den Paten, ihren Patenkindern auch bei allen weiteren Anforderungen des Schulalltags zu helfen und somit das Vertrauensverhältnis zwischen beiden Kindern zu vertiefen.

▸ Vor allem am Schulanfang können Lernpaten eine große Erleichterung für die neuen Schulkinder und besonders für Kinder mit sonderpädagogischem Förderbedarf darstellen. Sie können ihre Patenkinder bei der Eingewöhnung in die neue Umgebung und den vielfältigen Anforderungen des Schulalltags helfen, zum Beispiel ihnen Wege in der Schule zeigen, sie bei Toilettengängen begleiten oder ihnen beim An- und Ausziehen helfen. Auch in den Pausen könnten sie in der Eingewöhnungszeit ihren Paten hilfreich zur Seite stehen, ihnen Sicherheit bieten und Vertrautheit ermöglichen. Dies schließt ein, sich als verlässliche Spielpartner anzubieten oder die Paten eventuell vor verbalen oder körperlichen Angriffen anderer Kinder zu schützen.

▸ Bei Kindern mit den Förderschwerpunkten Sehen und Hören kann die Begleitung in der Pause und im Schulgebäude eine besonders wichtige Hilfe sein, unter Umständen durch die gesamte Schulzeit hindurch.

▸ Wenn ein Kind sich zu Beginn nur schwer von seinen Eltern lösen kann, bietet es sich an, dass der Pate es am Schuleingang vertrauensvoll in Empfang nimmt, in die Klasse begleitet und vielleicht ablenkt.

Erfahrungsgemäß ist einzukalkulieren, dass die Lehrkräfte zu Beginn der Lernpatenschaftsarbeit die Teams noch relativ stark unterstützen müssen, der Aufwand dann aber meist schnell deutlich geringer wird. Als langfristiges Ziel sollte angestrebt werden, dass die Kinder in Lernpatenschaften selbstständig zusammenarbeiten und Eigenverantwortlichkeit für ihr Lernen übernehmen. Dies schließt andererseits natürlich nicht aus, dass die Lehrkräfte die Teamarbeit kontinuierlich begleiten, nach Bedarf ihre Unterstützung anbieten und gemeinsam mit den Kindern Entwicklungsfortschritte wie auch Problemsituationen auswerten und in regelmäßigen Abständen gemeinsam mit den Patenkindern konkrete Zielvereinbarungen treffen. Insofern bleibt die Hauptverantwortung für das „Funktionieren" von Lernpatenschaften in den Händen professioneller Lehrkräfte.

Hinsichtlich der fachlichen Förderung sind folgende generelle Empfehlungen für längerfristige Patenschaften zu beachten:

▸ Die Hauptverantwortung für die fachliche Förderung eines Kindes tragen auch in Patenschaften stets die Lehrkräfte mit ihren professionellen fachwissenschaftlichen und fachdidaktischen Kompetenzen.

▸ Ein Pate kann ein jüngeres Kind oder ein Kind mit sonderpädagogischem Förderbedarf dennoch in fachlicher Hinsicht in relevanter Weise unterstützen. Fachliche Unterstützung sollte dabei jedoch nicht (professionelle) fachliche und individuelle Förderung bedeuten, sondern sich vor allem auf kleinere Hilfen beim Verstehen mathematischer Sachverhalte und beim Bearbeiten von Übungs- und Anwendungsaufgaben beziehen.

▸ Bezüglich der fachlichen Unterstützung von Paten in Lernteams ist zu unterscheiden zwischen der Unterstützung von zieldifferent unterrichteten Kindern (zum Beispiel von jüngeren Schülern oder von Schülern mit dem Förderschwerpunkt Lernen bzw. geistige Entwicklung) sowie der Unterstützung von Kindern, die zielgleich unterrichtet werden (zum Beispiel Schüler mit den Förderschwerpunkten Sehen, Hören und Kommunikation, Sprache, soziale und emotionale Entwicklung oder körperliche Entwicklung).

▸ Eine fachliche Unterstützung zieldifferent unterrichteter Kinder kann beispielsweise darin bestehen, dass dem Kind die Aufgabenstellung von seinem Paten vorgelesen oder kurz erklärt wird. Dies ist vor allem bei Erstklässlern, aber auch bei Kindern mit sonderpädagogischem Förderbedarf, die nicht selbst lesen können, eine sehr wertvolle Hilfe. Der Pate kann ebenso gemeinsam mit dem Kind eine Aufgabe lösen oder bei Fehlern Korrekturhilfen geben. Solche Hilfen haben sich erfahrungsgemäß sehr bewährt, weil sich die Kinder ohnehin untereinander sehr gut verstehen und sich demgemäß meist auch leicht Verständnisbrücken für mathematische Zusammenhänge bauen. Für das Patenkind ergibt sich durch das Erklären von fachlichen Sachverhalten zudem die Chance, einen Lerninhalt flexibel wie auch vertiefend zu wiederholen. Dennoch sollten sich diese Hilfen auf kurze Hinweise und Zeiträume beschränken, da das Patenkind vorrangig seine eigenen Aufgaben bearbeiten soll. Bei notwendiger weiterreichender Unterstützung müssen dementsprechend die Lehrkräfte als Ansprechpartner dienen. Dies gilt insbesondere dann, wenn ein Pate beim Erklären eines Fachbegriffes, eines Lösungsweges oder eines Rechenfehlers überfordert ist.

▸ Bei zielgleich unterrichteten Kindern mit sonderpädagogischem Förderbedarf sollte es zumeist weniger darum gehen, dass ein Pate einem anderen Kind einen Lerninhalt erklärt, sondern vielmehr spezifische Hilfestellungen gibt. Eine solche wirksame Unterstützung kann beispielsweise für ein Kind mit eingeschränkter Sehkraft das Vorlesen eines Textes oder das Notieren von Ergebnissen durch den Partner sein. Einem Kind mit dem Förderschwerpunkt Sprache kann dagegen sehr geholfen werden, wenn ihm unbekannte Wörter (zum Beispiel auf Bildern oder in Texten) vorgelesen und bei Bedarf erklärt werden. Besonders bei Lautübungen im 1. Schuljahr haben sprachschwache Kinder vielfach Schwierigkeiten, da sie entweder einen abgebildeten Gegenstand durch ihren eingeschränkten Wortschatz nicht kennen oder durch ihre eingeschränkte Lautbildung nur unzureichend lautieren können. Diesen Kindern ist meist bereits mit einem kurzen Benennen des Gegenstandes schon geholfen. In höheren Schuljahren kann für solche Kinder außerdem eine gemeinsame Schreibkonferenz mit dem Paten hilfreich sein, bei der die Schüler beispielsweise syntaktisch fehlende Wörter in selbst verfassten Texten ergänzen.

▸ Bei zielgleich unterrichteten Kindern können zudem anregungsreiche Lernpatenschaften dadurch entstehen, dass ein leistungsschwächeres Kind mit einem leistungsstärkeren Kind mit sonderpädagogischem Förderbedarf gemeinsam arbeitet. In einer solchen Patenschaft unterstützt das leistungsschwächere Kind das Kind mit sonderpädagogischem Förderbedarf bei den Arbeitsabläufen, gleichzeitig hilft Letzteres dem leistungsschwächeren Kind beim Erlernen eines neuen mathematischen Stoffes.

Darüber hinaus ist unter einer ganzheitlichen Sicht auf die kindliche Persönlichkeitsentwicklung hervorzuheben, dass Lernpatenschaften sich zumeist sehr positiv auf das psychische Wohlbefinden der Kinder in der Schule auswirken. So entstehen durch die Patenschaften häufig feste und vertrauensvolle Bindungen, oft sogar enge Freundschaften zwischen den Patenkindern. Daher können Paten für andere Kinder neben den Lehrkräften äußerst wichtige Bezugspersonen darstellen, die ihnen in der Schule Sicherheit und Halt geben. Vor allem in schwierigen Konfliktsituationen erfahren Kinder solche Patenschaften meist als wertvolle und unersetzliche Hilfen. Somit können sich Lernpatenschaften förderlich auf die gesamte Psyche des Kindes und seine emotionale Einstellung zur Schule auswirken. Diesbezüglich zeigen unsere Erfahrungen, dass Kinder dann zum Beispiel auch viel stärker motiviert und bereit sind, in der Schule Verantwortung für andere zu übernehmen. Darüber hinaus helfen sich befreundete Patenkinder nicht nur in der Schule, sondern häufig ebenso in freizeitlichen oder häuslichen Bereichen.

Die angesprochenen sehr positiven Effekte stellen sich insbesondere bei festen und längerfristigen Lernpatenschaften ein. Solche Kooperationsformen sind jedoch nicht in allen Klassen organisatorisch umsetzbar, und außerdem ist ein derartig komplexer, den gesamten Schulalltag umfassender Unterstützungsbedarf nicht immer notwendig. Für einen auf einzelne Bereiche fokussierten Unterstützungsbedarf bieten sich fachlich oder zeitlich beschränkte Lernpatenschaften als effektive Organisationsform an.

Fachlich beschränkte Lernpatenschaften

Die Organisation einer fachlich beschränkten Lernpatenschaft empfiehlt sich, wenn ein Kind in einem einzelnen Lernbereich (zum Beispiel im sprachlichen, im körperlichen oder im mathematischen Bereich) einen Unterstützungsbedarf hat. Dieser Bedarf kann vielfältig bedingt sein, etwa durch eine Lese-Rechtschreibschwäche, durch eine körperliche Behinderung oder durch eine Teilleistungsschwäche in der visuellen Wahrnehmung oder im Zahlverständnis. In allen Fällen stellt es für das förderbedürftige Kind wiederum eine wichtige Unterstützung dar, wenn es in der Klasse für den entsprechenden Lernbereich oder für das jeweilige Fach einen festen Ansprechpartner hat. Auf diese Weise sind die Paten für den jeweiligen fachlichen Bereich wichtige Ansprechpartner und sie können – wie in längerfristigen generellen Lernpatenschaften – neben der fachlichen Förderung zur psychischen Entlastung und darüber hinaus zu einer positiveren Einstellung ihrer „Patenkinder" gegenüber dem „Problemfach" beitragen.

In fachlich beschränkten Patenschaften können die Lernpaten je nach Förderbedarf vor allem konkrete praktische Hilfestellungen geben wie das Vorlesen eines Textes, das Begleiten beim Zurücklegen eines Weges, die Unterstützung beim Umziehen oder das Erklären eines Lösungsweges für eine Rechenaufgabe. Die Paten sind jedoch natürlich im Allgemeinen überfordert, schwerwiegende Leistungsdefizite wie eine Wahrnehmungs- oder eine Rechenschwäche wirksam zu mindern oder gar zu beheben. Hierfür bedarf es der professionellen Arbeit von Spezialisten. Hinsichtlich der Zeitdauer bietet es sich an, dass auch fachlich beschränkte Lernpatenschaften längerfristig bestehen bleiben sollten, weil sich auf diese Weise feste soziale Beziehungen und effektive Formen der Zusammenarbeit zwischen den Kindern einer Patenschaft entwickeln können.

Zeitlich beschränkte Lernpatenschaften

In nahezu allen Unterrichtssituationen ergibt sich aufgrund der großen Heterogenität der Schüler die Konstellation, dass einzelne Kinder über überdurchschnittliche oder spezielle Kenntnisse und Fähigkeiten in einem bestimmten Bereich verfügen, während andere Kinder in diesem Bereich (vorübergehende) Schwierigkeiten haben. Eine Möglichkeit, Kinder mit ausgewiesenen Spezialkenntnissen, begabte Kinder und gleichzeitig Kinder mit Lernschwächen im betreffenden Bereich individuell zu fördern, bieten zeitlich begrenzte Lernpatenschaften zwischen solch unterschiedlichen Kindern. Bei dieser Kooperationsform könnten also ein sehr leistungsstarkes oder besonders begabtes Kind und ein Schüler mit Lernproblemen für einen kürzeren Zeitraum ein Lernteam bilden. Der Zeitraum kann eine Unterrichtsstunde umfassen, er kann jedoch auch auf 5 Minuten in jeder Fachstunde oder auf die Bearbeitung eines bestimmten Themas beschränkt sein. Das Angebot zu helfen sollte in der Regel vom leistungsstarken oder begabten Kind ausgehen. Im mathematischen Bereich könnte zum Beispiel ein kleines Matheass einem anderen Kind das Angebot unterbreiten, ihm ein bestimmtes Rechenverfahren noch einmal zu erklären oder es mit ihm zu üben. Die Lehrkräfte könnten eine solche zeitlich beschränkte Patenschaftsarbeit für die gesamte Klasse ebenso zu Beginn einer Unterrichtsstunde für ca. 10 Minuten anregen. Effektiv können ebenso spontan gebildete und flexibel – je nach Bedarf arbeitende – Patenschaften sein. Grundvoraussetzung hierfür ist eine von gegenseitiger Achtung und Hilfsbereitschaft geprägte Lernatmosphäre in einer Klasse. Auch wenn derartige Kooperationen zeitlich und inhaltlich beschränkt sind, ermöglichen sie vergleichbare Effekte wie längerfristige Lernpatenschaften bezüglich des Erwerbs oder der Vertiefung eines Grundverständnisses zu einem Lernthema, für die Förderung sozialer Kompetenzen wie auch der jeweiligen Selbstkonzepte der Kinder.

 FRAGEN ZUM VERTIEFENDEN NACHDENKEN

▸ Welche Erfahrungen in der Organisation von und dem täglichen Lernen in Patenschaften verschiedener Kinder haben Sie bisher gesammelt?

▸ Schätzen Sie ein, inwiefern die von Ihnen organisierten und begleiteten Lernpatenschaften unter Kindern zur Entlastung Ihrer Unterrichtstätigkeit beitrugen?

▸ Inwiefern könnten Lernpatenschaften unter Kindern auch für die Organisation und die Gestaltung von Lernspielen oder für die Projektarbeit sinnvoll genutzt werden?

6.8.3 Ein Praxisbericht: Authentische Erfahrungen mit Lernpatenschaften

Die nachfolgend dargestellten Erfahrungen basieren auf der Tätigkeit der Autorin an zwei verschiedenen Grundschulen in Nordrhein-Westfalen:

Meine Erfahrungen mit Lernpatenschaften in der Grundschule waren sowohl im jahrgangsübergreifenden als auch im inklusiven Unterricht äußerst positiv. Beeindruckend war für mich vor allem zu erleben, welche engen und vertrauensvollen Beziehungen sich zwischen den jeweiligen Paten entwickelten und wie hierdurch die sozialen Kompetenzen der Kinder enorm gefördert wurden. In der Regel übernahmen die Paten ihre Aufgaben sehr verantwortungsvoll und unterstützten ihre „Patenkinder" gern und verlässlich. Auf diese Weise wurde vor allem den Schulanfängern die Eingewöhnung in der Schule erleichtert und zudem konnte ich als Lehrkraft im organisatorischen Schulalltag immer wieder entlastet werden. Aber ebenso waren die fachlichen Unterstützungen sehr wirkungsvoll. Die Paten konnten mit ihren meist erstaunlich geschickten Hilfestellungen den Patenkindern das Lernen sehr erleichtern und diese waren wiederum froh, dass sie nicht bei jedem Problem zur Lehrkraft gehen mussten. Hierdurch erhielt ich als Lehrkraft unerwartete Freiräume, die ich für eine Zuwendung zu Kindern mit besonderem Unterstützungsbedarf nutzen konnte. Meine anfänglichen Bedenken dahingehend, dass das eigene Lernen der Paten vernachlässigt werden könnte, waren weitgehend unbegründet. Denn dadurch, dass sich die Hilfe der Paten zumeist auf kurze Zeiträume beschränkte, waren sie in ihrem eigenen Lernen keineswegs eingeschränkt. Außerdem profitierten sie von den Hilfen, weil sie den Lernstoff sehr motiviert und zugleich sehr intensiv (worüber sie meist gar nicht bewusst reflektierten) wiederholten und oft vertieften. So wiederholte eine Zweitklässlerin beispielsweise gemeinsam mit einem Erstklässler das schrittweise Rechnen über den Zehner. Das hierbei vertiefte Wissen zu rechnerischen Zusammenhängen konnte es dann beim eigenen Bearbeiten von Aufgaben im Hunderterraum wiederum gut nutzen.

Im Hinblick auf das kooperative Verhalten der Kinder kann ich einschätzen, dass die Kinder unabhängig von der Organisationsform der Patenschaft im Allgemeinen sehr gern die Rolle eines Paten übernahmen und es sie mit Stolz erfüllte, die Verantwortung für ein anderes Kind zu übernehmen. Entsprechend engagiert übernahmen sie ihre Aufgaben in den Lernpatenschaften und entwickelten dabei nicht nur ihre sozialen und empathischen Fähigkeiten enorm weiter, sondern lernten auch ein verantwortungsbewusstes Verhalten in einer Gemeinschaft. Damit wurde in besonderem Maße den Forderungen der Grundschullehrpläne entsprochen, in denen auf die Förderung von Selbstständigkeit, der Entfaltung der eigenen Persönlichkeit, von Entscheidungsfähigkeit sowie von Verantwortungsbewusstsein der Kinder innerhalb der Gesellschaft orientiert wird. Dadurch, dass die Paten ihren Patenkindern immer wieder unterstützend zur Seite standen und neben ihnen saßen, entstanden oft feste Bindungen und Freundschaften zwischen den Kindern. Darüber wirkten sich die Erfahrungen im rücksichtsvollen und gegenseitig unterstützenden Lernen im Rahmen der Patenschaften sehr positiv auf das gesamte Klassenklima aus. Die Kinder erlebten einen echten Zusammenhalt wie auch funktionierende Teamarbeit und lernten, diese generell wertzuschätzen. Leistungs- und Verhaltensunterschiede der Kinder spielten in unseren inklusiven Lerngruppen demgemäß nur noch eine geringe Rolle und eine Ausgrenzung von Kindern gab es ebenso nicht. Vielmehr identifizierten sich die Schüler gerade sehr stark mit Kindern mit besonderen Förderbedürfnissen. Die erkannte und verinnerlichte Akzeptanz der Verschiedenartigkeit half den Kindern ebenso, eigene individuelle Stärken und Schwächen zu erkennen und anzunehmen. Je längerfristiger und umfassender dabei die Patenteams zusammenarbeiteten, desto positiver waren die Auswirkungen auf Entwicklung derartiger Kompetenzen der Kinder.

Trotz der positiven Erfahrungen mit Patensystemen gab es im Schulalltag auch einige Stolpersteine. So neigten manche Kinder dazu, ihren Paten möglichst viele Aufgaben abzunehmen und unterstützten sie aus guter Absicht über ein notwendiges und sinnvolles Maß hinaus. Diesbezüglich galt es immer wieder als Lehrkraft regulierend einzugreifen. Bewährt hat sich dabei, mit den Kindern über ihr Verhalten zu reflektieren und mit ihnen gemeinsam zu erörtern, in welchen Bereichen Hilfe notwendig ist, welche Aufgaben das Patenkind jedoch besser allein erledigen kann und soll. Ein weiteres Problem kann sich aus einer ungünstigen Gruppenzusammenstellung ergeben. Wenn Kinder sich zum Beispiel selbst für eine Patenschaft auswählen, aber später feststellen, dass sie aufgrund ihrer individuellen Persönlichkeitsprägung sich eher behindern als helfen (zum Beispiel, weil sie sich durch ihr Verhalten gegenseitig ablenken und mehr stören als unterstützen). In solchen Fällen sollte nach meiner Erfahrung die Lehrkraft mit den Kindern ebenfalls reflektierende Gespräche führen und gemeinsam mit ihnen Wege zur Überwindung der Probleme zu entwickeln. Sollten diese Versuche aber scheitern, muss über einen Wechsel der Kinder in Patenschaftsteams nachgedacht werden. Dies sollte jedoch nur in Einzelfällen und nicht vorschnell durchgeführt werden, um zu verhindern, dass die Kinder schon bei kleineren Konflikten versuchen aufzugeben und somit eigenen (notwendigen Auseinandersetzungen) aus dem Wege zu gehen. In diesem Zusammenhang hat es sich bewährt, zu Beginn des Schuljahres eine 2-wöchige Probezeit für die Paten einzuführen. Nach dieser Zeit wird dann gemeinsam ausgewertet, ob die gewählten Teams für das Schuljahr behalten werden bzw. an welchen Stellen Änderungen sinnvoll erscheinen.

Bei der Umsetzung des Konzepts der Lernpatenschaften hat es sich außerdem als sinnvoll erwiesen, im Rahmen einer wöchentlichen Klassenratssitzung Themen wie Gemeinschaft, Hilfe und Verschiedenartigkeit zu thematisieren und diesbezüglich jeweilige konkrete Bezüge zu Erfahrungen in den Patenteams personenungebunden herzustellen. Auf diese Weise kann den Kindern aber auch unabhängig von der Klassensituation, etwa anhand von Bildern und Geschichten, deutlich gemacht werden, worauf es innerhalb einer Gemeinschaft ankommt, was Hilfe bedeutet, welche Auswirkungen jedoch ein Zuviel an Hilfe haben kann.

6.9 Wochenpläne und Forscherhefte

Stefanie Jansing, Britta Sjuts, Friedhelm Käpnick

6.9.1 Merkmale, Vorzüge und didaktische Aspekte der Organisationsformen

Wochenpläne und Forscherhefte sind zwei weitere Organisationsformen, die im Kontext Inklusiver Bildung vor allem der Förderung selbstbestimmten und eigenverantwortlichen Lernens dienen. Die gemeinsame Grundidee beider Formate besteht darin, dass jedes Kind für seine Lernaktivitäten über einen bestimmten Zeitraum persönliche Ziele und/oder wichtige Lernergebnisse dokumentiert und hierüber rückblickend reflektiert. Die Lehrkräfte stehen dabei wiederum als vertrauensvolle Lernbegleiter zur Seite. Auf diese Weise kann zugleich den individuell unterschiedlichen Lernbedürfnissen und -ansprüchen der Kinder entsprochen als auch eine Entlastung des Arbeitsspektrums der Lehrkräfte erreicht werden.

Hinsichtlich der konkreten Umsetzung beider Organisationsformate gibt es in der Praxis jeweils verschiedene Variationen. Im Folgenden werden zunächst allgemeine konzeptionelle Besonderheiten einer „Standardvariante" eines Wochenplanes und dann ein entsprechendes konkretes Unterrichtsbeispiel vorgestellt. In analoger Weise wird anschließend das Format der Forscherhefte dargestellt.

Konzeption einer Wochenplanarbeit

Eine übliche Form der Wochenplanarbeit besteht darin, dass die Lehrkräfte sogenannte Pflichtaufgaben als Basislernprogramm für den Zeitraum einer Woche vorgeben. Diese zumeist dem Üben und Anwenden dienende Aufgaben können für alle Kinder einheitlich sein. Angesichts der hohen Heterogenität der Kinder sollten aber schon diese Aufgaben in der Regel unterschiedliche Niveaus aufweisen. Dies könnten in Anlehnung an die vorgestellten Beispiele zur Binnendifferenzierung (vgl. Kap. 6.6) etwa Pflichtaufgaben auf drei verschiedenen Anforderungsbereichen sein. Ergänzend zu den Pflichtaufgaben bestimmt dann jedes Kind selbst weitere Aufgaben, die auch als „Wahlpflichtaufgaben" an einer Lerntheke o. Ä. von den Lehrpersonen vorgegeben werden können. Die Kinder könnten ebenso prinzipiell offene substanzielle Aufgaben bzw. Aufgabenfelder oder projektorientierte Aufgaben auswählen. Wesentlich ist, dass die selbstbestimmten Aufgaben den jeweiligen Lernvoraussetzungen, den Ideen, den Neigungen und den Interessen eines Kindes entsprechen (vgl. Claussen 2005, S. 55 f.). Hinsichtlich der Lerninhalte ist es möglich, sich einerseits auf mathematikspezifische Themen zu konzentrieren, andererseits aber ebenso Aufgaben zu fächerübergreifenden Themen einzusetzen (vgl. ebd., S. 55).

Das Verhältnis von Pflicht- und Wahlpflichtaufgaben kann in Abhängigkeit von den konkreten schulischen Bedingungen und von den Intentionen der Lernenden wie auch von ihren Lernbegleitern flexibel variieren. Für die Umsetzung und die Einschätzung des Erreichten nach Abschluss der Wochenarbeit ist jedes Kind selbst verantwortlich. Dies schließt insbesondere die Dokumentation der Lerntätigkeit in einem Wochenplan ein, die jedes Kind individuell gestalten kann. Diese Dokumentation schafft zugleich eine Transparenz sowohl für jedes Kind als auch für einen Lernbegleiter. Es empfiehlt sich, dass die Wochenpläne für jeden Schüler einer Lerngruppe eine prinzipiell gleiche Grundstruktur haben. Diese sollte formale Angaben (Datum, Name usw.), einen Zeitplan mit den jeweiligen vorgesehenen Lerntätigkeiten und Platz für persönliche Einschätzungen enthalten. Für Letzteres könnten vereinbarte Symbole für die (individuelle) Einschätzung des Schwierigkeitsgrades, für den Bearbeitungsstatus der Aufgaben und für Selbsteinschätzungen durch die Lernenden verwendet werden. Empfehlenswert ist außerdem, im Wochenplan eine Spalte zu ergänzen, in der eine Lehrperson oder die Eltern das erfolgreiche Bearbeiten einer Aufgabe vermerken (vgl. Peschel 2006, S. 14).

Eine wichtige Rolle bei der Wochenplanarbeit spielen zudem die Raum- und Materialorganisation. Die Schüler sollten die Möglichkeit haben, in Gruppen arbeiten oder sich zurückziehen zu können. Letzteres ist vor allem für Kinder wichtig, die eher die Stillarbeit bevorzugen oder Ruhe beim Lernen benötigen. Demgemäß sollten sowohl Gruppentische als auch ein „Rückzugsraum" für die selbstständige Übungszeit zur Verfügung stehen. Weiterhin müssen Ordner mit Aufgaben- und Lösungsmaterialien, die die Kinder für Selbstkontrollen nutzen können, bereitstehen (vgl. z.B. Herzog 2005, S. 36). Darüber hinaus sollte die Wochenplanarbeit vergleichbare Bedingungen differenzierenden Lernens bieten wie beim Bearbeiten substanzieller Aufgaben und Aufgabenfelder (vgl. Kap. 6.1), beim Stationenlernen (vgl. Kap. 6.3) oder bei Formen der Binnendifferenzierung (vgl. Kap. 6.6), zumal die Wochenplanarbeit in vielfältiger Weise mit diesen Organisationsformen verknüpft ist. So sollten die Kinder beim Bearbeiten der Pflicht- oder Wahlpflichtaufgaben bzw. der selbstbestimmten Aufgaben selbst entscheiden, welche Lernmittel sie nutzen wollen, ob sie lieber allein, zu zweit oder in Kleingruppen arbeiten, welche Lösungswege sie anwenden und wie sie ihre Ergebnisse darstellen wollen. Auch bezüglich des Lerntempos können die Kinder entsprechend ihrer individuellen Gewohnheiten vorgehen und in einer für sie optimalen Geschwindigkeit die verschiedenen Aufgaben in frei gewählter Reihenfolge bearbeiten. Gemäß der Grundidee Inklusiver Bildung bietet die Wochenplanarbeit außerdem günstige Chancen für besondere Formen sozialen Lernens. So kann die im Kapitel 6.8 vorgestellte Form der Lernpatenschaften sehr sinnvoll genutzt werden, indem beispielsweise ein Kind einen Mitschüler um Hilfe bittet, der „Experte" für ein aktuelles Lernthema ist (vgl. z.B. Böddener 2005, S. 28). Somit lässt die Wochenplanarbeit in vielerlei Hinsicht einen relativ großen Spielraum für ein flexibles Lernen.

Zusammengefasst können folgende Vorzüge der Wochenplanarbeit herausgestellt werden:

▶ Sie fordert und fördert zugleich selbstständiges und eigenverantwortliches Lernen jedes Kindes. Die Selbstständigkeit kann durch das Integrieren eines sogenannten „Helfersystems" wie oben beschrieben sogar noch verstärkt gefördert werden (vgl. z. B. Böddener 2005, S. 28).

▶ Die „Balance" zwischen Lenkung bzw. Unterstützung durch die Lehrkräfte und dem selbstbestimmten Lernen jedes Kindes kann flexibel an die jeweiligen Bedingungen angepasst werden, sodass sich sowohl eine Überforderung als auch eine Unterforderung der Kinder im Umgang mit der Offenheit der Lernorganisation vermeiden lässt.

▶ Die Wochenplanarbeit kann leicht in die sonstige Unterrichtsgestaltung integriert werden, sie kann sehr gut mit anderen Organisationsformen inklusiven Lernens, wie Stuhl- und Gesprächskreise, Stationenlernen oder binnendifferenzierende Formen, verknüpft werden.

▶ Durch das Helfersystem unter den Lernenden können soziales Lernen und die Sozialkompetenzen der Kinder gefördert werden (vgl. Haas-Hausmann/ Schütz 2000, S. 7).

▶ Während der Wochenplanarbeit sind die Lernenden häufiger in Bewegung, beispielsweise beim Beschaffen von neuem Arbeitsmaterial oder wenn sie Hilfe von einem Mitschüler benötigen (vgl. Haas-Hausmann/Schütz 2000, S. 7.) Dies kommt vor allem denjenigen Schülern entgegen, denen es schwerfällt, lange stillzusitzen und über einen längeren Zeitraum konzentriert zu arbeiten.

▶ Die Dokumentation der Lerntätigkeiten durch jedes Kind ermöglicht eine transparente Einschätzung der Lernaktivitäten für den Schüler und für die Lehrkräfte, die die Aufzeichnungen und gemeinsamen Gespräche hierzu mit einem Kind effektiv für ihre prozessorientierte Diagnostik nutzen können.

▶ Wochenplanarbeit kann Lehrpersonen spürbar entlasten. Sie sind in Phasen der selbstständigen Bearbeitung von Pflicht-, von Wahlpflichtaufgaben oder selbstbestimmten Aufgaben der Kinder nicht mehr in der Verantwortung, das Unterrichtsgeschehen zu leiten und zu lenken. Vielmehr können sie die Rolle von Moderatoren, Beobachtern und Beratern einnehmen und auf diese Weise individuelle Lernprozesse von Schülern unterstützen.

Neben diesen Vorzügen sind aber ebenso besondere Probleme und Gefahren der Wochenplanarbeit zu beachten. So ist erfahrungsgemäß einzukalkulieren, dass die Planung der differenzierenden Aufgabenangebote sowie die Raum- und Materialvorbereitung häufig sehr umfangreich und zeitaufwendig sein wird (vgl. Böddener 2005, S. 30). Hiermit im Zusammenhang steht das Problem, dass die vorbereiteten Pflichtaufgaben nicht genügend ausdifferenziert sein können. Außerdem wird aus der Schulpraxis gelegentlich berichtet, dass einige Kinder mit der Selbstbestimmung von Aufgaben überfordert seien und dass einzelne Schüler in Freiarbeitsphasen öfter unkonzentriert seien und sich auch gegenseitig ablenken. Schließlich wird in Praxisberichten mitunter ein nachlässiges Bearbeiten der Aufgaben durch Kinder bemängelt, was wiederum auch auf eine unzureichende Begleit- und Kontrolltätigkeit seitens der Lehrkräfte zurückgeführt wird (vgl. Herzog 2005, S. 32 f.).

Um die angesprochenen Vorzüge zur Geltung bringen und zugleich den Problemen und Gefahren begegnen zu können, sollte Wochenplanarbeit vom 1. Schuljahr als eine wichtige Organisationsform eingeführt und dann kontinuierlich im Mathematikunterricht angewendet werden. Hierfür sollten für die Kinder leicht verständliche Regeln und Dokumentationsformen erstellt werden (vgl. hierzu das nachfolgende Beispiel). Mit einer Personalausstattung von mindestens 2 Lehrkräften bzw. Lernbegleitern können eine flexible „Balance" zwischen Lenkung bzw. Unterstützung durch die Lehrkräfte und dem selbstbestimmten Lernen jedes Kindes gewährleistet und die genannten Gefahren bezüglich eines unkonzentrierten Arbeitens einzelner Kinder minimiert werden. Wichtig ist außerdem, dass die Kinder Nutzeffekte ihres selbstbestimmten und eigenverantwortlichen Lernens für sich selbst erkennen und wertschätzen. Hierüber sollte in Einzelgesprächen wie auch in gemeinsamen Auswertungen mit den Kindern wiederholt reflektiert werden.

6.9.2 Beispiel einer Wochenplanarbeit

In Abb. 79 (S. 264) wird ein konkretes Beispiel für die Dokumentation einer Wochenplanarbeit zum schriftlichen Rechnen im 4. Schuljahr vorgestellt. Das erste Arbeitsblatt enthält Anregungen für Vorgaben von allgemeinen Tipps zur Wochenplanarbeit der Kinder und von Symbolen, die das Dokumentieren für die Schüler erleichtern sollen. Das zweite Arbeitsblatt gibt differenzierte Pflichtaufgaben für einzelne Kinder und Wahlpflichtangebote für das selbstbestimmte Lernen aller Schüler sowie Symbole für einschätzende Rückmeldungen zur Wochenplanarbeit vor.

6.9.3 Beispiel für die Nutzung von Forscherheften

Forscherhefte sind – entsprechend ihrem Namen – eigenverantwortlich geführte und individuell gestaltete Dokumentationen forschenden Lernens von Kindern im inklusiven Mathematikunterricht. Sie sind somit sehr eng mit dem Bearbeiten von offenen Aufgaben und Aufgabenfeldern (vgl. Kap. 6.1), mit Mathekonferenzen (vgl. Kap. 6.4), mit Stationenlernen (vgl. Kap. 6.3) oder mit einem projektartigen Arbeiten (vgl. Kap. 6.7) verknüpft. Die Forscherhefte[14] können dabei grundsätzlich in jahrgangsreinen, aber auch in jahrgangsübergreifenden Lerngruppen eingesetzt werden. Ihre Hauptfunktion besteht darin, von den Kindern entdeckte meist allgemeinere mathematische Erkenntnisse, Strukturen und Zu-

---

14 Die hier vorgestellten Empfehlungen zur Nutzung von Forscherheften basieren auf Unterrichtserfahrungen von Stefanie Jansing.

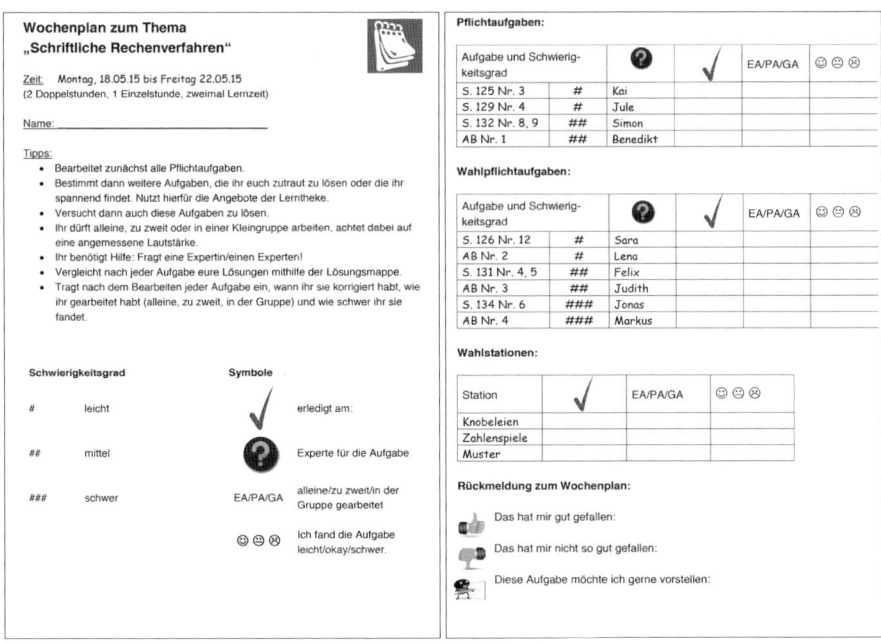

Abb. 79: Beispiel für einen Wochenplan

sammenhänge zu allen wichtigen Themenbereichen festzuhalten und diese für nachfolgende gemeinsame Auswertungen sowie fortlaufend für weitere Lerntätigkeiten zu nutzen. Somit werden mit den Eigenproduktionen (vgl. Selter 1993) in den Forscherheften auf sinnvolle Weise individuelles und kooperatives Lernen verbunden. Die Kinder sind dabei gefordert, den Gebrauch der Forscherhefte weitgehend selbstständig zu organisieren. Als wichtige Orientierungshilfe kann hierbei eine vorgegebene allgemeine Struktur dienen. Diesbezüglich hat sich bewährt, dass ein Forscherheft eine bestimmte Anzahl von Forscheraufträgen, beispielsweise von drei Aufträgen, und eine übergeordnete Forscherfrage beinhaltet. Die einzelnen Forscheraufträge könnten sich dabei zum Beispiel in zwei Teilbereiche gliedern:

▶ *Aufgaben lösen:* Die Kinder lösen in Einzelarbeit die Aufgaben des Forscherheftes. Hierzu kann auch ein Arbeiten an Stationen organisiert werden. Wenn ein Kind alle Stationen durchlaufen hat, kann es sich auf einem Plakat zu einer Mathematikkonferenz oder einer vergleichbaren gemeinsamen Lösungsdiskussion anmelden.

▶ *Mathematikkonferenz/gemeinsame Lösungsdiskussion:* Entsprechend den Empfehlungen für die Durchführung einer Mathekonferenz (vgl. Kap. 6.2) führen je 2 bis maximal 5 Kinder eine dezentrale kleine Konferenz durch, in der sie sich gegenseitig ihre Lösungen und Lösungsstrategien vorstellen, diese miteinander vergleichen und hierüber reflektieren. Dabei orientieren sie sich an einen vorstrukturierten Konferenzplan. Die Antworten zur Leitfrage halten die Kinder dann auf einem Plakat fest.

Um Transparenz bezüglich der individuellen Lernfortschritte der Kinder zu gewährleisten, kann das Anmelden auf den Plakaten so durchgeführt werden, dass die Kinder jeweils mit einer Wäscheklammer ihren aktuellen Bearbeitungsstand markieren. Dies kann für die Lehrkräfte zugleich eine wichtige Hilfe sein, um die Gruppen für die Mathematikkonferenzen flexibel festzulegen. Hierfür empfiehlt es sich, leistungsheterogene Konferenzteams zu bilden. Wenn Kinder mit der Bearbeitung der Forscheraufträge sehr schnell fertig sein sollten und noch keine Partner für eine Mathematikkonferenz zur Verfügung stehen sollten, könnten sie Zusatzaufgaben lösen und diese mit den Ergebnissen auf den letzten freien Seiten ihrer Forscherhefte eintragen. Die Zusatzaufgaben können somit als binnendifferenzierende Form für leistungsstarke Schüler genutzt werden, was zum Beispiel mit Aufgaben des Anforderungsbereichs III der Bildungsstandards realisiert werden kann. Während der Bearbeitung der Forscheraufträge bietet es sich an, dass die Lehrkräfte die Lernprozesse beobachtend und unterstützend begleiten. Sie sollten hierbei auch wiederholt mit einzelnen Kindern kurze Reflexionsphasen durchführen, in denen die Kinder ihre Entdeckungen präsentieren und hierüber reflektieren. Auf diese Weise können die Lehrkräfte individuelle Lernprozesse, einschließlich Lernprobleme und Lernstile der Kinder, erfassen und das Vertrauensverhältnis zu den Kindern vertiefen.

Beim gemeinsamen Vorstellen und Diskutieren der Entdeckungen zu den Forscheraufträgen kann jedes Kind individuell seine Heftaufzeichnungen nutzen und gegebenenfalls diese ergänzen. Außerdem ist es ratsam, dass Kinder in der gemeinsamen Diskussion abschließend besondere Erkenntnisse, zum Beispiel ihre Lieblingsentdeckungen, originelle Lösungsideen oder fehlerhafte Lösungsstrategien, vorstellen und diese untereinander vergleichen. Je nach subjektiver Bedeutsamkeit könnte dann jedes Kind einen solchen Inhalt in einer besonderen Rubrik seines Forscherheftes eintragen. Auf diese Weise erhalten die Forscherhefte eine stark individuelle Prägung, die über das bloße Darstellen von Lösungswegen und Lösungen weit hinausgeht und gleichzeitig Kompetenzen der Kinder im Verbalisieren und Darstellen von Erkenntnissen erfordert und fördert. Die Qualität und der Umfang der schriftlichen Darstellungen werden natürlich entsprechend den sprachlichen Entwicklungsniveaus sehr unterschiedlich ausfallen.

Für die Arbeit an den Aufträgen eines Forscherheftes sollten ca. 2 Unterrichtswochen eingeplant werden. Die fertiggestellten Forscherhefte können die Kinder, wie bereits angesprochen, für weitere Erkundungsaufträge nutzen. Für die Lehrkräfte bleiben sie wichtige „Puzzleteile" der prozessorientierten Diagnostik. Anzumerken bleibt schließlich, dass es nicht zum Forschen, sondern auch zum individuellen Üben vergleichbare Dokumentationshefte geben könnte. An dieser Stelle wurden bewusst Forscherhefte thematisiert, weil entdeckendes Lernen dem prägenden Charakter des produktiven Tuns sowohl in der Mathematik als auch in der Lerntätigkeit von Kindern sehr gut entspricht.

Im Folgenden wird ein konkretes Unterrichtsbeispiel für das Lernen mit einem Forscherheft zu einem Sachthema mit kombinatorischen Aufgabenstellungen vorgestellt. Dabei sind die Forscheraufträge in zwei Schwierigkeitsstufen (* und **) formuliert. Die Niveauunterschiede können je nach Lernbedarf, zum Beispiel durch eine Ausweitung oder Einschränkung des Zahlenraumes oder der Lösungsanzahlen, weiter ausdifferenziert werden. Außerdem konnten die Kinder nach dem erfolgreichen Bearbeiten der Forscheraufträge entsprechend beiden Niveaustufen jeweils einige Zusatzaufgaben lösen.

Forscheraufträge mit kombinatorischen Aufgaben zum Thema „Fußballweltmeisterschaft"
Hauptinhalte der Forscheraufträge: Die Kinder sollen problemstrukturierte kombinatorische Aufgaben zum Sachthema „Fußballweltmeisterschaft" lösen, gemäß ihren individuellen Kompetenzen kreative und systematische Lösungs- und Strukturierungsstrategien entwickeln und diese auf verschiedene Aufgaben anwenden. In den Mathekonferenzen sollen die Kinder ihre Strukturierungsstrategien vergleichen, diese anderen Kindern sinnvoll darstellen und mithilfe der Strategien erläutern können, warum und wie sie alle Lösungen ermittelt haben.

Konkrete Inhalte der einzelnen Forscheraufträge: In *Forscherauftrag 1* (Spielkleidung für die Nationalmannschaft erstellen) ermitteln die Schüler, wie viele Kombinationsmöglichkeiten es für die Fußballerkleidung der Nationalmannschaft gibt, wenn Trikots, Hosen und Stutzen in jeweils einer der Farben der deutschen Flagge gehalten sein sollen. In *Forscherauftrag 2* (Menüs für die Nationalspieler erstellen) ermitteln sie die Anzahl an Kombinationsmöglichkeiten von Hauptgerichten mit Nachspeisen. In *Forscherauftrag 3* (Eisessen im Fußballstadion) geht es darum, wie viele verschiedene Eistüten möglich sind, wenn 2 Eiskugeln aus mehreren Sorten gewählt werden können. Die *Forscherfrage* fragt nach dem Lieblingstrick zum Lösen kombinatorischer Aufgaben.

Da die Kinder die Mathematikkonferenzen prinzipiell allein durchführen, erhalten sie als Orientierungshilfe stets einen Konferenzplan, der den Ablauf und die Schritte der Mathematikkonferenz vorgibt und den Kindern zugleich zum selbstreflektierenden Lernen anregt. Für die Konferenzen zur „Fußballweltmeisterschaft" wurden den Kindern die in Abb. 81 gezeigten Pläne vorgegeben.

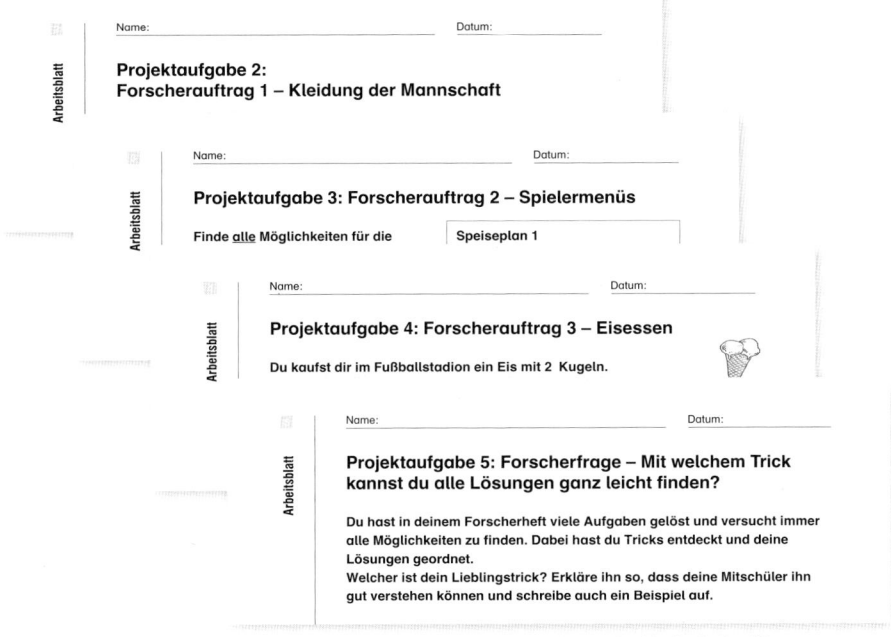

Abb. 80: Arbeitsblätter mit Forscheraufträgen und -frage (Kopiervorlagen Mathe-Projekt 2–5, 7–10)

Abb. 81: Arbeitsblätter zu den Mathekonferenzen (Kopiervorlagen Mathe-Projekt 13–15)

Aufgabe	Forscherheft *	Forscherheft **
Forscherauftrag 1	Erstelle neue Kleidungen für die deutsche Nationalmannschaft. Stelle dafür Trikots, Hosen und Stutzen in den Farben der deutschen Flagge zusammen. Du darfst jede Farbe nur einmal benutzen.	
Forscherauftrag 2	Finde alle Möglichkeiten für die Spielermenüs. Die Nationalspieler können zwischen 3 Hauptgerichten und 3 Nachtischen wählen.	Finde alle Möglichkeiten für die Spielermenüs. Die Nationalspieler können zwischen 4 Hauptgerichten und 3 Nachtischen wählen.
Forscherauftrag 3	Du kaufst dir im Fußballstadion ein Eis mit 2 Kugeln. Am Eisstand gibt es 3 verschiedene Sorten: Vanille-, Schokoladen- und Erdbeereis. Finde alle möglichen Eistüten.	Du kaufst dir im Fußballstadion ein Eis mit 2 Kugeln. Am Eisstand gibt es 4 verschiedene Sorten: Vanille-, Schokoladen-, Erdbeer- und Waldmeistereis.
Forscherfrage	Du hast in deinem Forscherheft viele Aufgaben gelöst und versucht immer alle Möglichkeiten zu finden. Dabei hast du Tricks entdeckt und deine Lösungen geordnet. Welcher ist dein Lieblingstrick? Erkläre ihn so, dass deine Mitschüler ihn gut verstehen können und schreibe auch ein Beispiel auf.	
Zusatzaufgaben	Du kaufst ein Eis mit 3 Kugeln. Sorten: Vanille, Schoko. Finde verschiedene Möglichkeiten.	Du kaufst ein Eis mit 3 Kugeln. Sorten: Vanille, Schoko, Erdbeere. Finde alle Möglichkeiten.
	Erfinde einen Speiseplan für die Spieler.	Während der Fußball-WM ist die ganze Schule im Fußball-Fieber. Du organisierst für deine Schule ein eigenes Fußballturnier. Bei dem Turnier soll jede Mannschaft genau einmal gegen jede andere Mannschaft spielen. Erstelle den Spielplan für das Turnier.
	Schreibe oder male verschiedene Möglichkeiten für Menüs auf.	

Tab. 12: Forscheraufträge und Aufgaben der Arbeitsblätter (Kopiervorlagen Mathe-Projekt 1 – 12)

Die unterrichtliche Relevanz der Forscheraufträge kann durch folgende Lehrplanbezüge (exemplarisch am Lehrplan Nordrhein-Westfalens) belegt werden:

Inhaltsbezogene Kompetenzen:

▸ Daten, Häufigkeiten und Wahrscheinlichkeiten (Grundschullehrplan NRW, S. 66):

  – Wahrscheinlichkeiten: Die Schüler bestimmen die Anzahl der Möglichkeiten bei verschiedenen kombinatorischen Aufgabenstellungen und entdecken dabei zentrale Strukturen, Zusammenhänge und Lösungsstrategien.

Prozessbezogene Kompetenzen:

▸ Problemlösen/kreativ sein (Grundschullehrplan NRW, S. 59):

  – Die Schüler entnehmen der Problemstellung, verschiedene/alle Möglichkeiten zu finden, die für die Lösung relevanten Informationen.

  – Die Schüler probieren zunehmend systematisch und zielorientiert und nutzen die Einsicht in Zusammenhänge zum Auffinden aller Möglichkeiten.

  – Die Schüler überprüfen ihre Ergebnisse, finden Fehler und bewerten ihre Lösungswege im Hinblick auf eine systematische Vorgehensweise zur Ermittlung aller Möglichkeiten.

▸ Modellieren (Grundschullehrplan NRW, S. 59):

  – Die Schüler entnehmen den verschiedenen Sachsituationen die für die Lösung relevanten Informationen.

▸ Argumentieren (Grundschullehrplan NRW, S. 60)

  – Die Schüler stellen Vermutungen über Zusammenhänge zwischen der Anzahl der Möglichkeiten bei unterschiedlicher Anzahl an Auswahlmöglichkeiten (S2, S3, S4) bzw. Elementen (S1) an.

  – Die Schüler bestätigen oder widerlegen ihre Vermutungen anhand von Beispielen und entwickeln ansatzweise allgemeine Überlegungen (Forscherfragen Drittklässler)

  – Die Schüler versuchen zunehmend die entdeckten Lösungsstrategien und Beziehungen adressatengerecht zu erklären und Begründungen anderer nachzuvollziehen.

▸ Darstellen/Kommunizieren (Grundschullehrplan NRW, S. 60):

  – Die Schüler stellen ihre Ergebnisse nachvollziehbar unter Nutzung des Präsentationsmediums „Plakat" dar.

  – Die Schüler bearbeiten kombinatorische Aufgabenstellungen gemeinsam, treffen dabei Verabredungen und setzen eigene Standpunkte und Positionen anderer in Beziehung.

  – Die Schüler wechseln beim Bearbeiten von Aufgaben Darstellungsebenen für mathematische Sachverhalte (zwischen der enaktiven, der ikonischen und der symbolischen Darstellungsebene).

Anforderungsbereiche der Bildungsstandards:

▸ *Reproduzieren (AB I):* Die Kinder finden unter Beachtung der zentralen Regeln mit oder ohne Nutzung von Material verschiedene/alle Möglichkeiten.

▶ *Zusammenhänge herstellen (AB II):* Die Kinder übertragen erworbene Fähigkeiten zur systematischen Erfassung aller Möglichkeiten auf neue Problemstellungen. Sie erkennen Zusammenhänge innerhalb der Aufgaben bei unterschiedlicher Anzahl an Elementen bzw. Auswahlmöglichkeiten.

▶ *Verallgemeinern und Reflektieren (AB III):* Die Kinder reflektieren und erklären die entdeckten Zusammenhänge und verallgemeinern sie für höhere Anzahlen an Elementen und Auswahlmöglichkeiten.

Differenzierung:

▶ Natürliche Differenzierung:
  – Die Kinder finden je nach Fähigkeiten und Fertigkeiten verschiedene/alle Möglichkeiten und entwickeln kreative und systematische Lösungsstrategien. Sie entdecken und erklären nach ihrem Könnensstand und Abstraktionsvermögen Zusammenhänge innerhalb und zwischen den Aufgaben bzw. vollziehen die Erklärungen ihrer Mitschüler nach.
  – Die Kinder organisieren ihren Arbeitsprozess weitgehend selbst. Sie entscheiden über die Verteilung der Aufgaben in den Gruppen. Innerhalb der Gruppenarbeit lernen die Schwächeren von den Stärkeren, indem sie sich Zusammenhänge erklären lassen. Für die Stärkeren entsteht die zusätzliche Herausforderung Strukturen nicht nur zu erkennen, sondern auch adressatengerecht zu verbalisieren.

▶ Personale Differenzierung:
  – Individuelle Hilfe durch die Lehrkraft
  – Unterstützung durch andere Gruppenmitglieder

▶ Qualitative und quantitative Differenzierung:
  – Die Zusatzaufgaben enthalten Problemaufgaben für besonders leistungsstarke Kinder, die Herausforderungen im Anforderungsbereich III der Bildungsstandards bieten.

Erfahrungen mit dem Forscherheft

Die Forscheraufträge wurden in Lerngruppen mit Erst- und Drittklässlern getestet. Das Sachthema „Fußballweltmeisterschaft" wirkte auf alle Kinder sehr motivierend und sie bearbeiteten demgemäß die Aufgaben fast ausnahmslos eifrig und mit großer Ausdauer. Hierbei ermittelten die meisten Schüler zunächst durch ein willkürliches Probieren erste Möglichkeiten, dann gingen einige nach und nach immer „strategischer" vor und fanden auf diese Weise bei den weiteren Forscheraufträgen mehr Möglichkeiten als zu Beginn. In den Teamkonferenzen diskutierten die Kinder unterschiedliche Ordnungsprinzipien, was wiederum vielen Schülern half, weitere oder alle Lösungen zu finden, hierbei systematisch vorzugehen und erkannte Strukturierungsmuster danach auch auf die weiteren Aufgaben anzuwenden. Diese Erkenntniszuwächse konnten wir bei den meisten Kindern beobachten – ganz gleich, ob sie sich mit der einfacheren oder der schwereren Variante der Forscheraufträge beschäftigten. Die folgenden exemplarischen Aufgabenlösungen von zwei Schülern mit verschiedenen sonderpädagogischen Unterstützungsbedürfnissen und von einem mathematisch begabten Kind können die sehr beachtlichen Lösungen der verschieden verschiedenen Kinder exemplarisch bestätigen:

Anna, eine Drittklässlerin mit dem Unterstützungsbedarf im kognitiven Bereich verstand die Aufgaben mit geringerem Schwierigkeitsniveau inhaltlich prinzipiell richtig – auch weil sie mit dem Sachthema „Fußball" gut vertraut war. Sie begriff relativ schnell, nach welchen Regeln sie die Spieler anmalen sollte und fand selbstständig zwei verschiedene Lösungen (vgl. Abb. 82).

Auffällig war, dass das Mädchen nicht nur einen Spieler in einer bestimmten Farbkombination anmalte, sondern mehrere. Für sie war nicht die „konstruierte" mathematische Problemstellung entscheidend – in diesem Sinne konnte sie offenbar auch nicht abstrahieren –, sondern die reale Situation eines Fußballspieles. Dementsprechend wollte sie konsequent nur zwei verschiedene Mannschaften „erstellen" und eigentlich sogar 11 Spieler pro „Lösung" anmalen, weil eine Fußballmannschaft üblicherweise aus 11 Spielern besteht. Sie versuchte also gar nicht, mehr als zwei Lösungen zu finden. In ihrem Denkschema der Realsituation behaftet, malte Anna dann nicht nur Trikot, Hose und Stutzen an, sondern auch die Haare, Haut und Schuhe der Spieler und schließlich ein passendes Spielfeld dazu. Antonia konnte ihre Lösungen nach dem Prinzip „Gleich angemalte Spieler bilden eine Mannschaft" sortieren. Sie konnte ihr Ergebnis jedoch nicht verbalisieren.

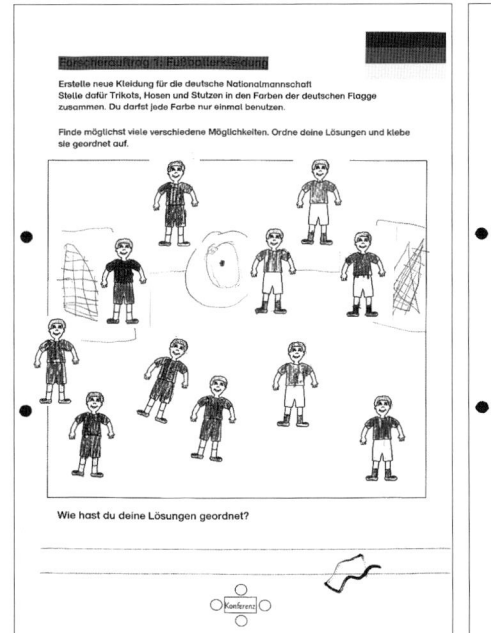 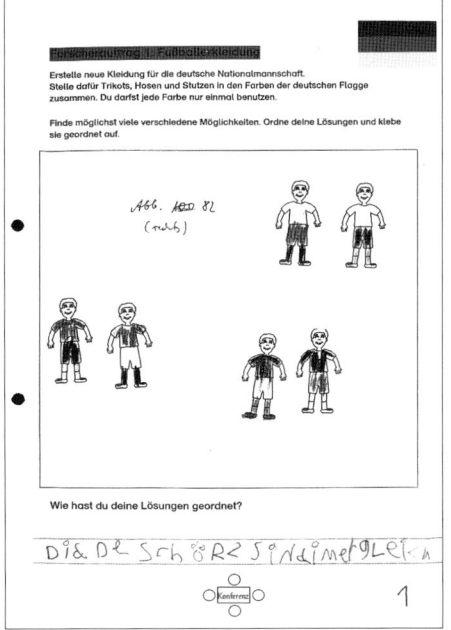

Abb. 82: links Annas Lösung (sonderpädagogischer Unterstützungsbedarf im kognitiven Bereich); rechts Erhans Lösung (Förderschwerpunkt „Lernen")

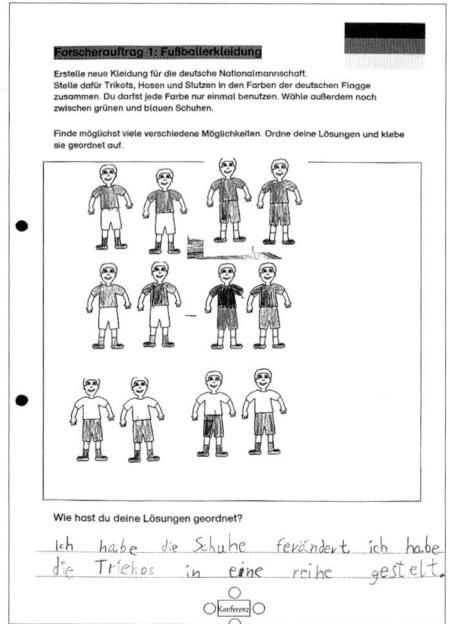

Abb. 83: Fabians Lösung (mathematisch sehr leistungsstark)

In der Gruppendiskussion akzeptierte Anna auch die Lösungen der anderen Kinder und verstand deren Vorgehensweise beim Erstellen der Lösungen. Dennoch schätzte sie vergleichend ein, dass ihre Lösung die sinnvollste wäre, weil ihre Mannschaften *„wenigstens Fußball spielen können – jedenfalls so, wie es in Fußballstadien üblich ist!"*.

Erhan geht ebenfalls in die 3. Klasse. Er hat einen sonderpädagogischen Unterstützungsbedarf im Bereich Lernen. Der Junge wählte die Aufgaben mit geringerem Schwierigkeitsniveau, die er inhaltlich korrekt verstand. Er ermittelte viele Lösungen und sortierte sie nach der Farbe der T-Shirts. Als seinen *„Sortier-Trick"* schrieb der Junge auf: „Die T-Shirts sind immer gleich", wobei das Schriftbild seine Lernentwicklungsverzögerung deutlich kennzeichnet (vgl. Abb. 82, rechts).

Seine letzte Lösung fand Erhan mithilfe eines Mitschülers. Obwohl er prinzipiell richtig sortiert hatte, erkannte er nicht, dass noch ein Spieler mit einem schwarzen Trikot fehlte.

Fabian, ebenfalls ein Drittklässler, wird von seiner Mathematiklehrerin als potenziell begabt eingeschätzt. Er entschied sich sofort, die Aufgaben mit höherem Schwierigkeitsniveau zu bearbeiten. Charakteristisch für Fabians Lösungsstrategie (Abb. 83) war, dass er systematisch vorging. Er malte zunächst 4 rote Trikots. Dann gestaltete er jeweils 2 gleiche Spieler und wechselte dann die Schuhfarbe. Auf analoge Weise ermittelte er die verschiedenen Möglichkeiten für schwarze und gelbe Trikots. Fabian hatte offenbar bereits Erfahrungen im Lösen vergleichbarer kombinatorischer Aufgaben gesammelt, woran er sich beim Durchlesen der Forscheraufträge sofort erinnerte. Dementsprechend souverän wendete er seine bekannte Lösungsstrategie an. Fabian war auch schon vor dem Lösen der Aufgabe klar, dass er 12 Lösungen finden würde.

Auf den Vorschlag eines Mitschülers, dass die Spieler noch Stirnbänder in verschiedenen Farben bekommen könnten, reagierte Fabian „gelassen". Der für andere Kinder eher entmutigende Aufwand zum Ausmalen aller Möglichkeiten für die Stirnbänder spielte für Fabian keine Rolle. Er war in der Lage, das kombinatorische Problem formal-abstrakt zu lösen, weil er das allgemeine kombinatorische Grundmuster durchschaut hatte: *„Wenn es 2 Farben gibt, wären es 24 Lösungen, bei 3 Farben 36 Lösungen usw. Man braucht einfach nur Malnehmen."*

Die beispielhaften Lösungen können das sehr unterschiedliche Leistungsniveau und die verschiedenen Herangehensweisen der Kinder u. E. gut verdeutlichen. Trotz dieser großen Heterogenität lösten alle Kinder die differenzierenden Aufgaben erfolgreich und waren mit ihren jeweiligen Leistungen und mit ihren Lösungen zufrieden. Die Teamdiskussionen empfanden sie – gerade wegen der unterschiedlichen Lösungsstrategien und der verschiedenen Lösungsqualitäten – als interessant und bereichernd. In der Lerngruppe waren offenbar sowohl die große Verschiedenartigkeit der Kinder als auch die Bereitschaft zum gegenseitigen Helfen und Respektieren unterschiedlicher Ideen längst zum „selbstverständlichen Alltag" geworden.

6.10 Stuhl- und Gesprächskreise

Stefanie Jansing

6.10.1 Merkmale, Vorzüge und didaktische Aspekte der Organisationsform

Stuhl- und Gesprächskreise sind seit Längerem an vielen Grundschulen zu einem festen Ritual der Unterrichtsgestaltung geworden. Die Grundintention dieses in verschiedenen Varianten gestalteten Organisationsformates besteht darin, den Kindern in einer vertrauten und vertrauensvollen Atmosphäre die Möglichkeit zu einem freien Gedankenaustausch und zur gemeinsamen Mitbestimmung über die Gestaltung ihres Gemeinschaftslebens und ihres Unterrichts zu geben. Ein solches Grundanliegen entspricht ausdrücklich den Kernideen Inklusiver Bildung, woraus sich der hohe Stellenwert von Stuhl- und Gesprächskreisen für einen inklusiven Mathematikunterricht ergibt.

Im Unterschied zu anderen Diskussionsrunden, wie etwa Mathekonferenzen (vgl. Kap. 6.2), bei denen es vor allem um einen Austausch über Lösungswege, Problemstrategien und Lösungsdarstellungen geht, werden in Stuhl- oder Gesprächskreisen wie schon angedeutet hauptsächlich allgemeine Verhaltens- und Lernregeln sowie prinzipielle Orientierungen für die Strukturierung und Gestaltung des Unterrichts thematisiert. Dabei lässt sich Allgemeines in dialektischer Weise sinnvoll mit Konkretem verknüpfen. So kann es sich zum Beispiel anbieten, bei einem Austausch über aktuelle Verhaltens- oder Lernprobleme in der Klasse auch positive Einzelbeispiele aufzuzeigen oder konkrete Regelverstöße gemeinsam zu analysieren oder aber über besondere Lernbedürfnisse eines behinderten Kindes oder eines hochbegabten Schülers zu sprechen. Grundvoraussetzung für gelingende Gruppengespräche ist natürlich ein respektvoller und vertrauensvoller Umgang aller Kinder untereinander. Um diese unbestritten wichtige wie auch sehr anspruchsvolle Bedingung erfüllen zu können, ist es wiederum notwendig und sinnvoll, Stuhl- und Gesprächskreise vom 1. Schuljahr an regelmäßig durchzuführen. Dabei sollte es zunächst hauptsächlich um ein gegenseitiges Kennenlernen gehen, was ein Kennen und Verstehen der Besonderheiten jedes Kindes einerseits und der Rahmenbedingungen und Möglichkeiten der Institution Schule wie auch der Klassengemeinschaft verschieden verschiedener Kinder andererseits einschließt. Hiervon ausgehend können die Kinder dann gemeinsam mit den Lehrkräften in einem kontinuierlichen Prozess Regeln für ein sinnvolles und vorteilhaftes „Miteinander" vereinbaren und prüfen, präzisieren oder erweitern, korrigieren oder erneuern usw. – jeweils entsprechend der dynamischen Entwicklung in der Klasse und sozialen Gruppe. Neben der Entwicklung eines positiv empfundenen Gemeinschaftsgefühls ist bedeutsam, dass die Kinder es als wertvoll erleben, wenn sie offen und ehrlich ihre Probleme, Meinungen, Vorschläge äußern können und dabei Wertschätzung erfahren. Auf diese Weise erwerben die Kinder zugleich allgemein-kommunikative Kompe-

tenzen wie vor einer Gruppe zu sprechen, anderen zuhören, sachlich argumentieren, Standpunkte einzelner wie auch von Mehrheiten akzeptieren und nicht
zuletzt Verhaltensregeln einhalten zu können. Somit besitzt die Organisationsform Stuhl- oder Gesprächskreis verschiedene wertvolle Potenziale für jegliches
und im Besonderen für ein inklusives Lernen.

Hinsichtlich der Organisation und Gestaltung von Stuhl- und Gesprächskreisen könnten folgende Grundorientierungen als Empfehlungen dienen:

▶ In der Schulpraxis hat es sich bewährt, einen Stuhl- oder Gesprächskreis als
festes Ritual einmal wöchentlich zu einer einheitlichen Zeit, zum Beispiel in
der ersten Stunde am Montag oder in der letzten Stunde am Freitag, durchzuführen. Die Zeitdauer kann dabei zwischen 15 und 30 Minuten variieren. In
Abhängigkeit von den Bedürfnissen oder Interessen der Kinder könnte eine
Diskussionsrunde gelegentlich auch länger als 30 Minuten dauern oder es
könnte eine weitere Sitzung zum gleichen Thema durchgeführt werden, da
erfahrungsgemäß die Konzentrationsfähigkeit und die Kompetenz, anderen
Kindern zuzuhören, bei jüngeren Schülern nach 30 Minuten stark nachlässt.

▶ Für die wöchentlichen Gesprächsrunden sollte ein flexibel handhabbares In-
haltskonzept erstellt werden, das einerseits regelmäßige Gespräche vorsieht
   – zu zentralen Themen (z. B.: Welche Stärken, welche Schwächen habe ich/ha-
     ben wir? Wie haben wir uns als Gruppe entwickelt? Wie verschieden, aber
     auch wie gleich sind wir? Wie gut/sinnvoll sind unsere gemeinsamen Ziele,
     Regeln, Unterrichtsformen? Wie fühle ich mich in der Klasse? Wie gehen wir
     mit Konflikten – mit Wut, mit einer Beleidigung usw. –, ebenso mit einem Er-
     folg – mit einer Anerkennung, mit einer Frage nach Hilfe usw. – um?)
   – und zu aktuell bedeutsamen Entwicklungen (z. B.: Warum verlief die letzte
     Mathekonferenz so erfolgreich/nicht erfolgreich? Welche Ideen für ein Ma-
     the-Projekt haben wir? Wie zufrieden sind wir mit unseren Lernpatenschaf-
     ten?).

▶ Bei der Themenvereinbarung sollten die Kinder grundsätzlich ein Vor-
schlags- und ein Mitspracherecht besitzen. Diesbezüglich hat es sich bewährt, die Gesprächsanlässe und Themen der Kinder bereits im Vorhinein zu
sammeln (z. B. in Themenboxen: Ideen, Erfreuliches, Kritik). Auf diese Weise
könnten auch spontane Interessenskonflikte über Gesprächsthemen zu Beginn einer Diskussionsrunde vermieden werden.

▶ Ein Gesprächskreis sollte grundsätzlich mit einem „positiven" Gedankenaustausch beginnen, in der die Kinder sich zum Beispiel darüber äußern, was
ihnen in der letzten Woche besonders gut gefallen hat. Dieser emotional positive Gesprächsauftakt kann thematisch und methodisch unterschiedlich gestaltet werden. Beispielsweise kann zu einem bestimmten Thema (z. B.: ein
einzelnes Kind, die vergangene Woche, das Gefühl in der Klasse u. Ä.) ein
Satzfragment (z. B.: „Ich mag dich, weil …", „Letzte Woche hat mir besonders
gut gefallen, dass …", „Ich fühle mich in unserer Klasse wohl, weil …", „Ich
freue mich darüber, dass …") vorgegeben werden. Vor allem in der Schul-

eingangsphase und für Kinder mit dem Förderschwerpunkt Sprache ist ein Satzfragment, mit dem alle Kinder starten, im Sinne einer Sprachförderung empfehlenswert.

▸ Ein wichtiger Vorteil eines Stuhlkreises liegt darin, dass die kreisförmige Anordnung der Sitzplätze ein „natürliches" Gemeinschaftsgefühl fördert und es allen Beteiligten zugleich ermöglicht, sich beim Sprechen wechselseitig in die Augen zu sehen und als Person wahrzunehmen. Hierdurch fällt es Kindern auch leichter, beispielsweise zu erkennen, ob jemand ausgeredet hat, ob ein anderer etwas sagen möchte, ob sich ein Kind eventuell durch Äußerungen verletzt fühlt u. Ä. Deshalb sollte beim Umstellen der Tische und Stühle darauf geachtet werden, dass auch beim zügigen Umbau eine Kreisanordnung „ohne toten Winkel" gesichert ist.

▸ Im Mittelpunkt des Stuhlkreises sollte stets das jeweilige Gesprächsthema und nicht ein einzelnes Kind stehen. Um dies zu gewährleisten, ist es eventuell notwendig, dass eine Lehrkraft moderierend „eingreift". Dies könnte auch der Fall sein, wenn Konfliktmomente entstehen oder wenn Kinder in einer Gesprächsrunde plötzlich „wild" durcheinander diskutieren oder vom eigentlichen Thema abschweifen. Die nachhaltigere und deshalb auch anzustrebende Alternative sollte aber generell darin bestehen, dass die Kinder es lernen, auch eigenverantwortlich zumindest einzelne Phasen der Gesprächsrunden zu „managen". Hierfür empfiehlt es sich, dass die Kinder im Stuhlkreis einen Gruppenverantwortlichen wählen. Dieser könnte zum Beispiel die Aufgabe übernehmen, darauf zu achten, dass ein respektvoller Umgang unter den Mitschülern gewahrt bleibt und dass sich die Kinder auch offen und ehrlich äußern. Die Lehrkräfte würden in diesen Fällen der Eigendynamik freien Raum geben und lediglich im „Notfall" regulierend eingreifen, denn: Wenn es den Kinder gelingt, ihre Probleme selbst zu erkennen und zu lösen und hierfür selbst gemeinsame Regeln und Ziele bestimmen, ist ihre Verantwortungsbewusstheit weitaus höher als im Falle einer „Fremdbestimmung" durch eine Lehrkraft.

▸ Es ist ratsam, dass im Verlaufe eines Schuljahres jedes Gruppenmitglied einmal die Position des Gruppenverantwortlichen innehat. Auf diese Weise erlebt und erfährt jedes Kind, dass es zum einen gleichberechtigt bedeutsam für die Gruppe ist und zum anderen, wie basisdemokratisches Handeln konkret realisiert werden kann. Darüber hinaus ist jedes Kind in der Funktion als Gruppenverantwortlicher natürlich auch bezüglich seiner kommunikativen, seiner sozialen und persönlichen Kompetenzen stark gefordert und wird somit auch gefördert. Hierbei müssen die Lehrkräfte wiederum darauf achten, dass jedes Kind die Aufgaben verantwortungsvoll wahrnimmt, dass es nicht überfordert ist und dass ihm notwendige Orientierungshilfen gegeben werden.

▸ Die wichtigsten gemeinsamen Vereinbarungen einer Stuhlkreisdiskussion sollten transparent festgehalten werden. Hierfür könnten eine Pinnwand im

Klassenraum oder ein Protokollbuch genutzt werden. Wichtig ist, dass die Umsetzung von Vereinbarungen auch mit konkreten Aufgaben- oder Zielstellungen für einzelne Kinder oder Kindergruppen oder für die gesamte Klasse verbunden wird, dass gemeinsam auf ein Einhalten von Vereinbarungen im täglichen Unterricht geachtet und dass in einem der nachfolgenden Stuhlkreise mit allen Kindern über erreichte Ergebnisse, gesammelte Erfahrungen, gelöste oder ungelöste Probleme gesprochen wird.

6.10.2 Beispiel eines Stuhlkreises

Nachfolgend wird beispielhaft die Durchführung eines Stuhlkreises zum Thema „Umgang mit Wut" im Rahmen eines inklusiven Unterrichts geschildert. Der Stuhlkreis wurde in einer jahrgangsübergreifenden inklusiven Lerngruppe 1/2 aufgrund eines aktuellen Anlasses durchgeführt: Eine Schülerin der Gruppe schrie in Folge einer erlebten traumatischen Situation immer wieder unkontrolliert im Klassenraum. Die Wutausbrüche dauerten mehr als 2 Wochen an. Das Ziel des Gesprächskreises bestand folglich darin, zum einen das Verständnis der Kinder für das auffällige Verhalten der Schülerin zu wecken und zum anderen dem Mädchen und allen Mitschülern ein angemessenes Handlungsrepertoire zum Umgang mit Wut aufzuzeigen. Um zu verhindern, dass die Schülerin und ihr konkretes „Wutproblem" in den Mittelpunkt des Gesprächskreises geraten könnten, moderierte die Lehrerin den Gesprächskreis. Es zeigte sich dann, dass das Thema unter den Kindern auf ein großes Interesse stieß und sie sich sehr vielfältig hierzu äußerten, was wiederum dazu führte, den Gesprächskreis auf 3 Sitzungen auszuweiten. Die Gesprächsphasen waren durch die nachfolgend dargestellten Aktivitäten geprägt.

Einführungsphase

Einstimmend äußerten die Kinder sich zunächst ritualisiert zu einem positiven Aspekt des Themas „Wut". Hierzu schlug die Lehrerin vor, dass sich die Kinder dazu äußern, was sie an Lena (der betroffenen Schülerin) besonders mögen. Auf diese Weise konnte eine positive Gesprächsatmosphäre geschaffen werden und Lena erhielt die Bestätigung, dass sie in der Lerngruppe wertgeschätzt und gemocht wird. Dies war natürlich für das Mädchen sehr wichtig, weil anschließend zu erwarten war, dass auch kritisch mit ihr und über sie gesprochen würde.

Einstimmung in das Thema

Zur allgemeinen Einstimmung in das Thema las die Lehrerin eine Kurzgeschichte über einen Drachen vor, der in der Schule immer wieder vor Wut fauchte und Feuer spuckte, dann aber Freunde fand, die es schafften, ihn in solchen Situationen zu beruhigen. Nach dem Vorlesen der Geschichte erzählten die Kinder zunächst die Situation des Drachens nach. Damit war zugleich der Gesprächsanlass für die anschließende Diskussionsphase gegeben.

Diskussionsphase 1

Die Lehrerin forderte die Kinder nun auf zu erzählen, in welchen Situationen sie schon einmal „richtig wütend" waren und so viel Wut hatten, dass sie am liebsten auch „Feuer gespuckt und geraucht" hätten. Hierzu gab sie das Satzfragment „Ich war so richtig wütend, als …" vor. Es zeigte sich dann, dass der Gesprächsanlass die Kinder emotional stark berührte. Jedes Kind kannte offenbar sehr gut Situationen, in denen es Wut verspürt hatte. So wollten sich fast alle Kinder spontan äußern. In ihren Statements sprachen sie je nach Erfahrungshintergrund sehr unterschiedliche Anlässe für das Aufkommen von Wut an, wie zum Beispiel Streit mit den Geschwistern, das Zerstören einer Sandburg, die man mit sehr viel Mühe gebaut hatte, Strafen wie Hausarrest, Schläge oder das Gefühl, ungerecht behandelt worden zu sein. Auch Lena äußerte sich zu dem Thema und schilderte mit ihren Worten, welches Problem sie so wütend gemacht hatte. Obwohl die Kinder sich zu den Problemen ihrer Mitschüler zu diesem Zeitpunkt nicht äußern sollten, war während Lenas Schilderung eine große Empathie der anderen Kinder spürbar.

Nachdem alle Kinder sich zu dem Thema geäußert hatten, sollten sie beschreiben, wie sie sich in derartigen Situationen verhalten hatten. Da die Kinder Gesprächskreise seit Schulbeginn gewohnt waren und über das Selbstverständnis und das Vertrauen verfügten, sich in den Gesprächskreisen ehrlich äußern zu können, beschrieben sie offen ihre jeweiligen Problemsituationen. So gab Tim zu, dass er aus Wut „den anderen zurückgetreten hatte", während Maria in einer vergleichbaren Situation „weinte" und Kim „einfach wegrannte".

Diskussionsphase 2

Nachdem die Kinder konkrete Beispiele für ihre Frustration und Wut geschildert hatten, erhielten sie einige Minuten Zeit, darüber nachzudenken, was ihnen in solchen Situationen hilft, um wieder zur Ruhe zu kommen. Nach der Nachdenk-

Abb. 84: Reaktionsmuster bei Wut

phase tauschten die Kinder ihre Erfahrungen aus und hielten gute Reaktionsmuster auf einem Plakat fest (vgl. Abb. 84). Jedes Kind suchte sich anschließend eine Strategie aus, die es in den nächsten „Wutsituationen" anwenden und testen sollte.

Diskussionsphase 3

Da das Thema „Wut" die Kinder emotional sehr ansprach und schon nach den ersten beiden Gesprächskreisen deutlich wurde, dass sich ihr Umgang mit Wut spürbar veränderte, ergänzte die Lehrerin noch eine kleine Lerneinheit zu dem Thema „Was passiert im Gehirn, wenn ein Mensch wütend ist?". In der ersten Phase dieser Einheit wurde auf kindgerechte Weise erläutert, aus welchen Teilen das menschliche Gehirn besteht, welche Teile die Vernunft steuern und warum auf diese Teile ein Mensch oft keinen bewussten Zugriff hat, wenn er wütend ist (vgl. Liebers u. a. 2013). Anschließend wurde im 2. Teil ein Versuch durchgeführt, bei dem die Kinder eine Minute lang tief ein- und ausatmeten. Sie beschrieben anschließend, welche Auswirkungen des tiefen Atmens sie in ihrem Körper spürten.

Fazit

Der Gesprächskreis kann als sehr erfolgreich eingeschätzt werden. Die Kinder wurden für eine aus ihrer Sicht wichtige menschliche Verhaltensreaktion sensibilisiert und sie konnten individuell „passende" Strategien kennenlernen, die ihnen einen angemessenen Umgang bei aufkommender Wut ermöglichten. Eine gewisse Nachhaltigkeit zeigte sich insofern, dass die Kinder von nun an bewusster und verständiger mit ihrer eigenen und der Wut anderer Personen umgehen konnten. In den Gesprächen hatten sie offenbar auch gelernt, dass es sehr unterschiedliche Ursachen für Wut geben kann. Ohne dass Lena und ihr „Wutproblem" während des Gesprächskreises explizit angesprochen wurde, hatten die Kinder verstanden, dass ihre Wut „schlimme Gründe" haben musste, und sie gingen nach den Gesprächskreisen deutlich verständnisvoller mit ihr um. Lena selbst hatte für sich erkannt, dass es ihr half, aus dem Klassenraum zu gehen, wenn sie die Wut zu „packen" drohte. Sie stampfte dann meist in einer Ecke mit den Füßen auf und atmete tief durch. Anschließend suchte sie häufig die Nähe der Lehrerin, die ihr Sicherheit, Wärme und Zuneigung vermitteln konnte. Unkontrollierte Wutausbrüche, wie ein Schreien in der Klasse, kamen nahezu nicht mehr vor.

Nachwort: Ein persönliches Zwischenfazit und ein allgemeiner Ausblick – Kann Inklusion im Mathematikunterricht gelingen?

Friedhelm Käpnick

Nach dem Fertigstellen des Manuskriptes hatte ich ein überwiegend gutes Gefühl. Die zu Beginn der Arbeit an dem Buch für mich nur diffus erkennbaren „Puzzlesteine" für ein inklusives Lernen im Mathematikunterricht konnte ich konkretisieren und die Einzelteile zu einem sinnvoll erscheinenden Gesamtkonzept zusammenfügen. Zugleich hatte ich in der zweijährigen Arbeit durch umfangreiche Literaturanalysen, zahllose Gespräche mit den Mitautoren, mit Kollegen und in Freundeskreisen unbestritten viel zur Inklusiven Bildung dazugelernt.

Nachdem ich mich mit Mitautoren über das Manuskript austauschte, erkannte ich jedoch: Ich bin bzw. wir sind zwar einen (für mich/uns persönlich) wichtigen und unverzichtbaren Schritt auf den Weg zu einer sinnvollen und gelingenden Inklusion im Mathematikunterricht vorangekommen, aber: Einerseits bin ich immer noch nicht gefeit davor, gelegentlich in „alte" Denk- und Sprachmuster zu verfallen, und andererseits fühle ich mich hin und wieder überfordert, die zwischenzeitlich weitergeführten wissenschaftlichen Diskussionen wie auch die zahlreichen Entwicklungen in der Schulpraxis fundiert zu verfolgen. Erschwerend kommt hinzu, dass meine Tätigkeit in der Lehramtsausbildung bisher nur wenige konkrete Bezüge zum Themenkomplex „Inklusive Bildung" aufweist.

Immerhin hoffe ich, dass es mir im letzten Korrekturgang gelang, begriffliche Ungenauigkeiten im Text zu beseitigen sowie in der Zwischenzeit neu entwickelte Positionen aufzunehmen. Das stetige „Weiterdenken" verdeutlicht mir zugleich, dass das in diesem Buch Dargestellte nur ein Zwischenergebnis sein kann. Dennoch: Insgesamt gesehen verstärkte die Arbeit am Buch maßgeblich meine Grundüberzeugung, dass Inklusive Bildung nicht nur aus humaner und pädagogischer Perspektive prinzipiell richtig ist, sondern dass sie auch erfolgreich in der täglichen Unterrichtspraxis gelingen kann. Hierin bestärkten mich auch die intensiven Gespräche mit allen Autoren sowie eine von Ralf Benölken und mir 2015 organisierte Tagung mit dem Titel „Individuelles Fördern im Kontext von Inklusion" an der Universität Münster. Dort herrschte unter den mehr als 130 Teilnehmern eine sehr wohltuende optimistische Grundhaltung. Sie basierte m. E. vor allem darauf, dass alle erkannten: Wenn Wissenschaftler, Lehrerbildner, Lehrkräfte, Spezialisten für pädagogisch-psychologische und soziale Arbeitsfelder und Eltern den Weg zu Inklusiver Bildung gemeinsam gehen (wollen) und wenn die notwendigen schulischen Rahmenbedingungen geschaffen werden, kann ein gemeinsames Lernen verschieden verschiedener Kinder im Mathematikunterricht erfolgreich und im Vergleich zum „herkömmlichen" Unterricht in vielfacher Hinsicht stark bereichernd sein – wenngleich dieser Weg steinig, auch mit Rückschlägen verbunden, und noch einen langen Zeitraum umfassen wird.

Anhang

Literaturverzeichnis

Ahrbeck, B. (2014): Inklusion. Eine Kritik (Brennpunkt Schule). Stuttgart: Kohlhammer

Amrhein, B. (2011): Lehrkräfte im Paradox zwischen Integration und Segregation – Konsequenzen für die zukünftige Aus- und Fortbildung von LehrerInnen für Inklusion. In: Ziemen, K. u. a. (Hrsg.), Inklusion – Herausforderungen, Chancen und Perspektiven. Hamburg: Kovac S. 125–138

Ausbildungsordnung sonderpädagogische Förderung – AO-SF des Bundeslandes Nordrhein-Westfalen (2014): https://www.schulministerium.nrw.de/docs/Recht/Schulrecht/APOen/SF/AO_SF.pdf (4.08.2015)

Baker, E. T./Wang, M. C./Walberg, H. J. (1994): The effects of inclusion on learning. In: Educational Leadership, 52. S. 33–35

Bauer, K.-O,/Kopka, A. (1996): „Wenn Individualisten kooperieren. Blicke in die Zukunft der Lehrerarbeit". In: Klemm, K./Pfeiffer, H./Rolff, H.-G./Bauer, K. O. (Hrsg.): Jahrbuch der Schulentwicklung (Bd. 9). Weinheim, München: Juventa

Bauersfeld, H. (1983): Subjektive Erfahrungsbereiche als Grundlage einer Interaktionstheorie des Mathematiklernens und -lehrens. In: Bauersfeld, H. u. a. (Hrsg.): Lernen und Lehren von Mathematik. Köln: Aulis. S. 1–56

Beckerman, T. M./Good, T. L. (1982): The classroom ratio of high- and low-aptitude students and its effect on achievement. In: American Educational Research Journal, 18. S. 317–327

Behrensen, B./Sauerhering, M./Solzbacher, C. (2014): „…, dass die Kinder sich wohlfühlen in der Schule" – Zum Zusammenhang von Beziehung, Motivation und Selbstkompetenz im Schulalltag. Schulpädagogik heute, 5 (9). http://www.schulpädagogik-heute.de/index.php/component/joomdoc/SH_9/Sh9_03 _Forschung_04_Behrensen%20et%20al_final.pdf/download (Zugriff: 05.03.2014)

Benölken, R. (2010): Anspruchsvolle mathematische Bewegungsspiele – auch und gerade für Mädchen. In: MNU Primar, 2. S. 95–98

Benölken, R. (2011): Mathematisch begabte Mädchen. Untersuchungen zu geschlechts- und begabungsspezifischen Besonderheiten im Grundschulalter. Münster: WTM

Benölken, R. (2013a): Begabung, Geschlecht und Motivation. Journal für Mathematik-Didaktik. DOI: 10.1007/s13138-013-0059-9

Benölken, R. (2013b): Begabte Mädchen finden und fördern. Erfahrungen aus dem Projekt „Mathe für kleine Asse". In: Grundschule, 11. S. 20–22

Benölken, R. (2014): Von der Begabungstheorie zur Rechenschwäche – Versuch eines Brückenschlages. In: Roth, J./Ames, J. (Hrsg.): Beiträge zum Mathematikunterricht 2014. S. 161–164

Benölken, R./Kelm, J. (2015): MaKosi – Ein Projekt zur Förderung von Kindern mit Rechenproblemen. In: Beiträge zum Mathematikunterricht 2015. Münster: WTM [im Druck].

Benz, C./Peter-Koop, A./Grüßing, M. (2015): Frühe mathematische Bildung. Mathematiklernen der Drei- bis Achtjährigen. Berlin, Heidelberg: Springer Spektrum

Berlinger, N./Käpnick, F. (2013): Besondere Visualisierungskompetenzen kleiner Matheasse. In: Greefrath, G./Käpnick, F./Stein, M. (Hrsg.): Beiträge zum Mathematikunterricht 2013. Vorträge auf der 47. Tagung für Didaktik der Mathematik. Jahrestagung der Gesellschaft für Didaktik der Mathematik vom 4.3.2013 bis 8.3.2013 in Münster: WTM, Band 1. S. 128–131

Binnig, G. K. (1989): Aus dem Nichts – Über die Kreativität von Natur und Mensch. München: Piper

BLLV-Ressort-Pressemeldung des Bayerischen Lehrer- und Lehrerinnenverbandes vom 3.12.2014

Boban, I./Hinz, A. (2008): Gewaltfreie Kommunikation und kooperatives Lernen in Gruppen – Schlüsselelemente inklusiver Pädagogik. In: mittendrin e.V. Köln (Hrsg.), Eine Schule für Alle. Warum macht Integration schlau? Norderstedt: Books on Demand. S. 53–75

Boban, I./Hinz, A. (2012a): Index für Inklusion – auf dem Weg zu einer Schule für alle. In: Lanfranchi, A./Steppacher, J. (Hrsg.), Schulische Integration gelingt: Gute Praxis wahrnehmen, Neues entwickeln. Bad Heilbrunn: Klinkhardt. S. 75–88

Boban, I./Hinz, A. (2012b): Kooperation (inklusiv)e. Wie sich inklusive Pädagogik und Kooperatives Gruppenlernen ergänzen. In: Grundschule, 44 (3). S. 16–18

Boban, I./Hinz, A. (2013): Der neue Index für Inklusion – eine Weiterentwicklung der deutschsprachigen Ausgabe. Zeitschrift für Inklusion (2). http://www.inklusion-online.net/index.php/inklusion-online/article/view/11/11 (Zugriff: 06.03.2014)

Boban, I., Kruschel, R./Wetzel, A. (2013): Doing Inclusion – radikal und „expansiv". In: Dorrance, C./Dannenbeck, C. (Hrsg.), Doing Inclusion. Inklusion in einer nicht inklusiven Gesellschaft. Bad Heilbrunn: Klinkhardt. S. 72–84

Böddener, M. (2005): Offene Lernsituationen – ein neuer Beginn. In: Claussen, C. u. a.: Wochenplan- und Freiarbeit. Braunschweig: Westermann. S. 23–31

Bohl, T. u. a.: (2012): Öffnung – Differenzierung – Individualisierung – Adaptivität. Charakteristika, didaktische Implikationen und Forschungsbefunde verwandter Unterrichtskonzepte zum Umgang mit Heterogenität. In: Bohl, T. u. a. (Hrsg.): Binnendifferenzierung Teil 1: Didaktische Grundlagen und Forschungsergebnisse zur Binnendifferenzierung im Unterricht. Immenhausen bei Kassel: PROLOG. S. 40–69

Bönsch, M. (2012): Strategien zur Lernprozessoptimierung – Innere Differenzierung. In: Bohl, T. u. a. (Hrsg.): Binnendifferenzierung Teil 1: Didaktische Grundlagen und Forschungsergebnisse zur Binnendifferenzierung im Unterricht. Immenhausen bei Kassel: PROLOG. S. 9–23

Brandl, S. Y. (2013): Beratung ist Beziehung. Psychodynamische Überlegungen zu einer fördernden Haltung. In: Journal für Begabtenförderung, 13 (1). S. 19–31

Braunsteiner, M.-L./Gebhart, I./Germany, S. (2008): Der Index für Inklusion – Ein Instrument zur Schulentwicklung und Netzwerkbildung. In: F. Eder/G. Hörl (Hrsg.), Gerechtigkeit und Effizienz im Bildungswesen. Unterricht, Schulentwicklung und LehrerInnenbildung als professionelle Handlungsfelder (Österreichische Beiträge zur Bildungsforschung. 6). Wien: Lit. S. 219–233

Brodkorb, M. (2013): Warum Inklusion unmöglich ist. Über schulische Paradoxien zwischen Liebe und Leistung. http://bildung-wissen.eu/wp-content/uploads/2013/05/brodkorb_warum_inklusion_unmoeglich-ist.pdf (Zugriff: 31.07.2013)

Brügelmann, H. (2014): Der „Verschiedenheit der Köpfe" gerecht werden – eine Aufgabe erst seit Einführung der Inklusion? In: Lehren und lernen, 40 (8–9). S. 62–65

Brüning, L./Saum, T. (2007): Mit Kooperativem Lernen erfolgreich unterrichten. In: Pädagogik, 4. S. 10–15

Buber, M. (1965): „Ich und Du." Das dialogische Prinzip. Heidelberg: Lambert Schneider

Bucay, J. (2010): Wie der Elefant die Freiheit fand. Frankfurt: Fischer KJB

Büchter, A./Herget, W./Leuders, T./Müller, J. (2004): Die Fermi-Box. Velber: Friedrich

Bunk, H.-D. (1990): Zehn Projekte zum Sachunterricht. Frankfurt a. M.: Skriptor

Burris, C. C./Heubert, J. P./Levin, H. M. (2006): Accelerating mathematics achievement using heterogeneous grouping. In: American Educational Research Journal, 43 (1). S. 103–134

Clausen, M. (2014): Inklusion spielerisch umsetzen. 7 x 7 Spiele für die Grundschule. Weinheim, Basel: Beltz

Claussen, C. (2005): Wochenplanunterricht in der Grundschule. In: Claussen, C. u. a.: Wochenplan- und Freiarbeit. Braunschweig: Westermann. S. 54–73

Dehaene, S. (1999): Der Zahlensinn oder warum wir rechnen können. Basel: Birkhäuser

Deppe-Wolfinger, H. u. a. (1991): Gemeinsame Förderung Behinderter und Nichtbehinderter in Kindergarten und Schule. Abschlussbericht der wiss. Begleitung. Zusammenfassung. Universität Frankfurt a. M.

Dinges, E./Worm, H. L. (2007): Autismus: Erscheinungsbild, Ursachen, Behandlungsmöglichkeiten. Hamburg: Persen

Dockrell, J./Lindsay, G. (2001): Children with specific speech and language difficulties: The teachers' perspectives. In: Oxford Review of Education, 27 (3). S. 369–394

Dockrell, J. E./Shield, B. M./Rigby, K. (2003): Acoustic guidelines and teacher strategies for optimising learning conditions in classrooms for children with hearing problems. In: Fabry, D./DeConde Johnson, C. (Hrsg.): Access: Achieving clear communication employing sound solutions. Chicago. https://www.phonakpro.com/content/dam/phonak/b2b/Events/conference_proceedings/1st_fm_conference_2003/2003proceedings_preliminary.pdf. S. 217–229

Dyson, A./Farrell, P./Polat, F./Hutcheson, G./Gallannaugh, F. (2004): Inclusion and pupil achievement (Research Report RR578). Department for Education and Skills

Eberwein, H./Knauer, S. (2003): Einführung und Problemstellung. In: Eberwein, H./Knauer, S. (Hrsg.), Lernprozesse verstehen. Wege einer neuen (sonder-)pädagogischen Diagnostik. Ein Handbuch (2. Aufl.). Weinheim: Beltz. S. 7–14

Edel. N./Popp, M. (2008): Offener Unterricht. In: Bovet, G./Huwendiek, V. (Hrsg.), Leitfaden Schulpraxis. Pädagogik und Psychologie für den Lehrberuf. Berlin: Cornelsen Scriptor. S. 110–139

Einsiedler, W. (1999): Das Spiel der Kinder. Zur Pädagogik und Psychologie des Kinderspiels (3. Aufl.). Bad Heilbronn: Julius Klinkhardt

Erbring, S. (2008): Die Entwicklung pädagogisch professioneller Kommunikation unter Supervision. In: Bildungsforschung, 5 (2). S. 1–15

Erbring, S. (2010): Der Nutzen von Supervision für innovativ arbeitende Lehrpersonen. In Köker, A./Romahn, S./Textor, A. (Hrsg.), Herausforderung Heterogenität. Bad Heilbrunn: Klinkhardt. S. 106–114

Erbring, S. (2014a): Inklusion ressourcenorientiert umsetzen (Spickzettel für Lehrer, Bd. 5, neue Ausg.). Heidelberg, Neckar: Carl Auer

Erbring, S. (2014b): Lehrer/innengesundheit und schulische Inklusion. In: C. Fischer/C. Fischer-Ontrup/Veber, M./R. Buschmann (Hrsg.), Umgang mit Heterogenität als Herausforderung für die Lehrerbildung. im Druck. Münster u. a.: Waxmann

Faller, K. (2007): Das Buddy-Prinzip. Soziales Lernen mit System. [Düsseldorf]: BuddY.

Faller, K./Eis, P. (1998): Mediation in der pädagogischen Arbeit. Ein Handbuch für Kindergarten, Schule und Jugendarbeit. Mülheim an der Ruhr: Verlag an der Ruhr

Fischer, C. (2014): Individuelle Förderung als schulische Herausforderung (Schriftenreihe des Netzwerks Bildung, Bd. 31). Berlin: Friedrich-Ebert-Stiftung

Fischer, C./Rott, D./Veber, M. (2014): Diversität von Schüler/-innen als mögliche Ressource für individuelles und wechselseitiges Lernen im Unterricht? In: Lehren und lernen, 40. S. 22–28

Fisher, D./Roach, V./Frey, N. (2002): Examining the general programmatic benefits of inclusive schools. In: International Journal of Inclusive Education, 6. S. 63–78

Flindt, R. (2000): Biologie in Zahlen (5. Aufl.). Heidelberg, Berlin: Spektrum Akademischer Verlag

Fox, S./Farrell, P./Davis, P. (2004): Factors associated with the effective inclusion of primary-aged pupils with Down's syndrome. In: British Journal of Special Education, 31. S. 184–190

Franke, M. (1995): Auch das ist Mathe! Vorschläge für projektorientiertes Unterrichten (Teil 1). Köln: Aulis

Freire, S./César, M. (2003): Inclusive ideals/inclusive practices: How far is dream from reality? Five comparative case studies. In: European Journal of Special Needs Education, 18 (3). S. 341–354

Fuchs, M. (2001): Aufgabenbriefe im Mathematikunterricht. In: Grundschulunterricht 4/2001. S. 19–23

Fuchs, M. (Hrsg.); Käpnick, F. (Hrsg.) u.a. (2004): Mathehaus 2. Berlin: Cornelsen

Fuchs, M. (2006): Vorgehensweisen mathematisch potentiell begabter Dritt- und Viertklässler beim Problemlösen. Empirische Untersuchungen zur Typisierung spezifischer Problembearbeitungsstile. Berlin: Lit

Fuchs, M./Käpnick, F. (2009): Mathe für kleine Asse. Empfehlungen zur Förderung mathematisch interessierter und begabter Kinder im 3. und 4. Schuljahr (Band 2). Berlin: Cornelsen

Fuchs, M./Käpnick, F. (2009): Grundwissen Mathematik. Klassen 1–4. Berlin: Volk und Wissen

Fuchs, M. (2015): Alle Kinder sind Matheforscher. Frühkindliche Begabungsförderung in heterogenen Gruppen. Seelze: Klett/Kallmeyer

Furman, B. (2008): Ich schaffs! (3. Aufl.). Heidelberg: Carl-Auer

Gagné, R. M. (2000): Understanding the Complex Choreography of Talent Development Through DMGT-Based Analysis. In: International Handbook of Giftedness and Talent. 2nd Edition (Hrsg. von K. A. Heller, F. J. Mönks, R. J. Sternberg, R. F. Subotnik. Oxford, New York: Pergamon Press. p. 67–79

Gaidoschik, M. (2011): Rechenschwäche – Dyskalkulie. Eine unterrichtspraktische Einführung für LehrerInnen und Eltern (6. Aufl.). Wien: Persen

Gamoran, A./Nystrand, M./Berends, M./LePore, P. C. (1995): An organizational analysis of the effects of ability grouping. In: American Educational Research Journal, 32. S. 687–713

Gardner, H. (1994): Abschied vom IQ. Die Rahmentheorie der vielfachen Intelligenz. Stuttgart: Klett-Cotta

Gasteiger-Klicpera, B./Klicpera, C. (2008): Förderung der sozialen Inklusion. In: Integration konkret. Begründung, didaktische Konzepte, inklusive Praxis (Hrsg. von Eberwein, H. Mandl). Bad Heilbrunn: Klinkhardt. S. 137–153

Gerster, H.-D. (1982): Schülerfehler bei schriftlichen Rechenverfahren. Freiburg i. Br.: Herder

Goleman, D./Kaufman, P./Ray, M. (1999): Kreativität entdecken. München: dtv

Gramelt, K. (2010): Der Anti-Bias-Ansatz. Zu Konzept und Praxis einer Pädagogik für den Umgang mit (kultureller) Vielfalt (SpringerLink: Bücher). Wiesbaden: VS Verlag für Sozialwissenschaften/GWV Fachverlage GmbH, Wiesbaden

Gräsel, C./Fussangel, K./Pröbstel, C. (2006): Die Anregung von Lehrkräften zur Kooperation – eine Aufgabe für Sisyphos? In: Zeitschrift für Pädagogik, 52. S. 205–219

Gravelaar, G. (2012): Lernentwicklungsberichte, eingebettet in das pädagogische Leistungskonzept der Wartburg-Grundschule. In: C. Fischer (Hrsg.), Diagnose und Förderung statt Notengebung? Problemfelder schulischer Leistungsbeurteilung (Münstersche Gespräche zur Pädagogik, Bd. 28). Münster: Waxmann. S. 107–113

Guay, F./Ratelle, C.F./Roy, A./Litalien, D. (2010): Academic self-concept, autonomous academic motivation, and academic achievement: Mediating and addictive effects. In: Learning and Invididual Differences, 20. S. 644–653

Haas, B. (2012): Dekonstruktion und Dekategorisierung: Perspektiven einer nonkategorialen (Sonder-)Pädagogik. In: Zeitschrift für Heilpädagogik, 63 (10). S. 404–413

Haas-Hausmann, S./Schütz, C. (2000): Wochenplan von Anfang an. Ein Leitfaden für das 1. und 2. Schuljahr. München: Oldenbourg

Hadamard, J. (1945): The psychology of invention in the mathematical field. Princeton: University press

Haering, G.: Forscherbuch Zahlentreppen. Erkunden mathematischer Zusammenhänge durch substantielle Problemfelder. http://www.standardsicherung.schulministerium.nrw. de/sinus/upload/tagung20080315/workshop_zahlentreppe.neuss.pdf [Zugriff: 23.06.2014]

Hahn, V. F. (2011): Geometrieunterricht. In: Lang, M./Hofer, U./Beyer, F. (Hrsg.), Didaktik des Unterrichts mit blinden und hochgradig sehbehinderten Schülerinnen und Schülern. Band 2: Fachdidaktiken. Stuttgart: Kohlhammer. S. 85–96

Hannover, B./Kessels, U. (2002): Challenge the science-stereotype! Der Einfluss von Technikfreizeitkursen auf das Naturwissenschaften-Stereotyp von Schülerinnen und Schülern. In: Zeitschrift für Pädagogik, 45 (Beiheft). S. 341–358

Hasemann, K. (2010): Anfangsunterricht Mathematik (2. Aufl.). Berlin, Heidelberg: Spektrum

Hattermann, M., Meckel, K./Schreiber, C. (2014): Inklusion im Mathematikunterricht – das geht! In: Amrhein, B./Dziak-Mahler, M. (Hrsg.), Fachdidaktik inklusiv. Auf der Suche nach didaktischen Leitlinien für den Umgang mit Vielfalt in der Schule (Bd. 3). Münster: Waxmann. S. 201–219

Hecht, P. (2014): Inklusionsbezogene Selbstwirksamkeitsüberzeugungen von Studierenden und Lehrpersonen im Berufseinstieg. In: Erziehung & Unterricht, 164 (3–4). S. 228–235

Hegarty, S. (1993): Reviewing the literature on integration. In: European Journal of Special Needs Education, 8. S. 194–200

Heimbach-Steins, M. (2013): Gerechte Bildungschancen für alle? Defizite, Kriterien, Ansätze. In: Fischer, C. (Hrsg.), Schule und Unterricht adaptiv gestalten. Fördermöglichkeiten für benachteiligte Kinder und Jugendliche (Münstersche Gespräche zur Pädagogik, Bd. 29). Münster: Waxmann. S. 35–60

Heinbokel, A. (2001): Überspringen von Klassen. Münster u. a.: Lit

Heinrich, M./Arndt, A.-K./Werning, R. (2014): Von „Fördertanten" und „Gymnasialempfehlungskindern". Professionelle Identitätsbehauptung von Sonderpädagog/innen in der inklusiven Schule. In: Zeitschrift für interpretative Schul- und Unterrichtsforschung, 3. S. 48–71

Hellmich, F. (2005): Interessen, Selbstkonzepte und Kompetenzen – Untersuchungen zum Lernen von Mathematik bei Grundschulkindern. Oldenburg: Didaktisches Zentrum

Helmke, A. (2013): Individualisierung: Hintergrund, Missverständnisse, Perspektiven. Pädagogik, 65 (2). S. 34–37

Herzog, H. (2005): Schöne heile WOPL-Welt. In: Claussen, C. u. a.: Wochenplan- und Freiarbeit. Braunschweig: Westermann. S. 31–40

Hinz, A. (2002): Von der Integration zur Inklusion – terminologisches Spiel oder konzeptionelle Weiterentwicklung? Zeitschrift für Heilpädagogik 53. S. 354-361

Hinz, A. (2008): Dekategorisierung in der Inklusion und Fallarbeit in der schulischen Erziehungshilfe – wie passt das zusammen? In: Behindertenpädagogik, 47 (1). S. 41–74

Hinz, A./Boban, I. (2013): Ganztagsschulentwicklung auf der Basis des Index für Inklusion – ein Forschungs- und Entwicklungsprojekt mit Schulen im Land Sachsen-Anhalt. Zeitschrift für Inklusion (2). http://www.inklusion-online.net/index.php/inklusion-online/article/view/10/10 (Zugriff: 06.03.2014)

Hoffmann, A. (2009): Rettet unsere Söhne. Wie den Jungs die Zukunft verbaut wird und was wir dagegen tun können. München u. a.: Pendo

Höhle, G. (Hrsg.) (2014): Was sind gute Lehrerinnen und Lehrer? Zu den professionsbezogenen Gelingensbedingungen von Unterricht. In: Theorie und Praxis der Schulpädagogik, Bd. 20). Immenhausen: Prolog-Verlag

Holz-Ebeling, F./Grätz-Tümmers, J./Schwarz C. (2000): Jungen als „Nutznießer" der Koedukation? Eine empirische Studie zur Bedeutung der Koedukation für Jungen. In: Zeitschrift für Entwicklungspsychologie und Pädagogische Psychologie 32. S. 94–107

Holz-Ebeling, F./Hansel, S. (1993): Gibt es Unterschiede zwischen Schülerinnen in Mädchenschulen und koedukativen Schulen? In: Psychologie in Erziehung und Unterricht 40. S. 21–33

Hopf, H. (2014): Die Psychoanalyse des Jungen. Stuttgart: Klett-Cotta

Huber, C. (2006): Soziale Integration in der Schule?! Eine empirische Untersuchung zur sozialen Integration von Schülern mit sonderpädagogischem Förderbedarf im gemeinsamen Unterricht. Marburg: Tectum

Huizinga, J./Flitner, A. (2009): Homo ludens. Vom Ursprung der Kultur im Spiel. Reinbek: rororo

Humbach, M./Kluwe, C./Kress, K./Schlechter, D./Schneider, J./Wensing, R. (2014): Inklusion in der Schule. Das Praxisbuch. Profi-Tipps und Materialien aus der Lehrerfortbildung. Donauwörth: Auer

Hunt, P./Soto, G./Maire, J./Doering, K. (2003): Collaborative teaming to support students at risk and students with severe disabilities in general education classrooms. In: Exceptional children, 69. S. 315–332

Hußmann, S. (2003). Mathematik entdecken und erforschen – Theorie und Praxis des Selbstlernens in der Sekundarstufe II. Cornelsen: Berlin

ISaR Projekt (Inclusive Services and Rehabilitation): Virtuelles Kompetenzzentrum zur Unterstützung von Schülerinnen und Schülern mit einer Sehschädigung. http://www.isar-projekt.de/informationen.html (Zugriff: 22.01.2014)

Jäger, M./Prenzel, M. (2005): Erfolgreiche Bildungssysteme nutzen wissenschaftliche Erkenntnisse – Überlegungen zur Verwertung pädagogischen Wissens. In: Heid, H./Harteis, C. (Hrsg.), Verwertbarkeit. Ein Qualitätskriterium (erziehungs-)wissenschaftlichen Wissens?. Wiesbaden: Verlag für Sozialwissenschaften. S. 163–182

Jahnke-Klein, S. (2001): Sinnstiftender Mathematikunterricht für Mädchen und Jungen. Baltmannsweiler: Schneider-Verlag Hohengehren

Jainski, J. (2013): Eigenständiges Arbeiten an Forschungsprojekten. Förderung besonders begabter Schüler/-innen im Chemieunterricht der 8. Klasse in Anlehnung an das Drehtürmodell. In: Praxis der Naturwissenschaften – Chemie in der Schule, 62 (1). S. 10–15

Jansing, S. (2009): Entwicklung eines Teamwettbewerbs für kleine Matheasse in der 3. und 4. Klasse. Münster: unveröffentl. Masterarbeit

Jerusalem, M. (1984): Selbstbezogene Kognitionen in schulischen Bezugsgruppen. Berlin: Free University Press

Jost, C./Schmidt, T./Veber, M. (2015): Inklusionsorientierte Einstellungen und Erfahrungen von angehenden Regelschullehrkräften – beispielhaft aufgezeigt am Standort Münster [i. V.]

Käding, K.-P./Käpnick, F./Schmidt, D./Senftleben, H.-G. (2005): Ich rechne mit! Klasse 4. Berlin: Cornelsen

Kahlert, J./Heimlich, U. (2012). Inklusionsdidaktische Netze – Konturen eines Unterrichts für alle (dargestellt am Beispiel des Sachunterrichts). In: Heimlich, U./Kahlert, J. (Hrsg.), Inklusion in Schule und Unterricht. Wege zur Bildung für alle (Praxis Heilpädagogik). Stuttgart: Kohlhammer. S. 153–190

Kalambouka, A./Farrell, P./Dyson, A./Kaplan, I. (2005): The impact of population inclusivity on student outcomes. London: http://eppi.ioe.ac.uk/cms/LinkClick.aspx?fileticket=xRK8efFm_jk%3D&tabid=288&mid=1740

Kalina, U. (2011a): Informationstechnologie. In: Lang, M./Hofer, U./Beyer, F. (Hrsg.), Didaktik des Unterrichts mit blinden und hochgradig sehbehinderten Schülerinnen und Schülern. Band 2: Fachdidaktiken. Stuttgart: Kohlhammer. S. 189–199

Kalina, U. (2011b): LaTeX als Mathematikschrift. In: Lang, M./Hofer, U./Beyer, F. (Hrsg.): Didaktik des Unterrichts mit blinden und hochgradig sehbehinderten Schülerinnen und Schülern. Band 2: Fachdidaktiken. Stuttgart: Kohlhammer. S. 96–102

Käpnick, F. (1998). Mathematisch begabte Kinder. Frankfurt a. M., Berlin, Bern, New York, Paris, Wien: Peter Lang

Käpnick, F. (2001): Mathe für kleine Asse. Berlin: Volk und Wissen

Käpnick, F. (2004): „Aber große Zahlen sind stark …" – Subjektive Zahlauffassungen von Kindern. In: Sache, Wort, Zahl, 4/2004. S. 12–18

Käpnick, F. (2008): „Mathe für kleine Asse" – Das Münsteraner Konzept zur Förderung mathematisch begabter Kinder. In: Mathematisch begabte Kinder – Eine Herausforderung für Schule und Wissenschaft (hrsg. von M. Fuchs und F. Käpnick). Münster: Lit. S. 138–150

Käpnick, F. (2009): Intuitionen – ein häufiges Phänomen beim Problemlösen mathematisch begabter Grundschulkinder. In: Kompetenzen mathematisch begabter Grundschulkinder erkunden und fördern (hrsg. von T. Fritzlar und F. Heinrich). Offenburg: Mildenberger. S. 77–93

Käpnick, F. (Hrsg.) (2011): Das Münsteraner Projekt „Mathe für kleine Asse" – Perspektiven von Kindern, Studierenden und Wissenschaftlern (Schriften zur mathematischen Begabungsforschung, hrsg. von F. Käpnick, Bd. 2). Münster: WTM

Käpnick, F. (2013a): Besondere visuelle Vorstellungskompetenzen – ein markantes Merkmal mathematischer Begabungen? In: Mathematische Begabungen – Denkansätze zu einem komplexen Themenfeld aus verschiedenen Perspektiven (Schriften zur mathematischen Begabungsforschung, hrsg. von F. Käpnick, Bd. 4). Münster: WTM. S. 131–152

Käpnick, F. (2013b): Theorieansätze zur Kennzeichnung des Konstruktes „Mathematische Begabung" im Wandel der Zeit. In: Fritzlar, T./Käpnick, F. (Hrsg.): Mathematische Begabungen. Denkansätze aus einem komplexen Themenfeld aus verschiedenen Perspektiven (Schriften zur mathematischen Begabungsforschung, hrsg. von F. Käpnick, Bd. 4). Münster: WTM, S. 9–41

Käpnick, F. (2014). Mathematiklernen in der Grundschule. Berlin u. a.: Springer

Käpnick, F. (Hrsg.)/Fritzlar, T./Rodeck, K. (2006): Mathe für kleine Asse (Handbuch für die Förderung mathematisch interessierter und begabter Fünft- und Sechstklässler). Berlin: Cornelsen

Käpnick, F. (Hrsg.)/Fuchs, M. (2009): Mathe für kleine Asse (Empfehlungen zur Förderung mathematisch interessierter und begabter Dritt- und Viertklässler). Bd. 2. Berlin: Cornelsen

Käpnick, F. (Hrsg.)/Fuchs, M./Grohmann, W./Mirwald, E./Münzel, Ch. (2011a): Rechenwege 1 (Ausgabe Nord und Süd). Berlin: Cornelsen

Käpnick, F. (Hrsg.)/Fuchs, M./Grohmann, W./Mirwald, E./Münzel, Ch. (2011b): Handreichungen zum Schulbuch „Rechenwege 1" (Ausgabe Nord und Süd). Berlin: Cornelsen

Käpnick, F. (Hrsg.)/Fuchs, M./Grohmann, W./Mirwald, E./Münzel, Ch. (2012a): Rechenwege 2 (Ausgabe Nord und Süd). Berlin: Cornelsen

Käpnick, F. (Hrsg.)/Fuchs, M./Grohmann, W./Mirwald, E./Münzel, Ch. (2012b): Rechenwege 3 (Ausgabe Nord und Süd). Berlin: Cornelsen

Käpnick, F. (Hrsg.)/Fuchs, M./Grohmann, W./Mirwald, E./Münzel, Ch. (2012c): Rechenwege 4 (Ausgabe Nord und Süd). Berlin: Cornelsen

Käpnick, F. (Hrsg.)/Fuchs, M./Grohmann, W./Mirwald, E. (2012d): Rechenwege 1 bis 4. Differenzierungsmaterial auf drei Niveaustufen. Berlin: Cornelsen

Käpnick, F./Nolte, M./Walter, G. (2005): Talente entdecken und unterstützen. Publikation des Programms SINUS-Transfer Grundschule: G5. http://www.sinus-an-grundschulen.de/fileadmin/uploads/Material_aus_STG/Mathe-Module/M5.pdf (Zugriff: 25.11.2014)

Katzenbach, D./Schnell, I. (2012): Strukturelle Voraussetzungen inklusiver Bildung. In: Moser, V. (Hrsg.), Die inklusive Schule. Standards für die Umsetzung (Schulpädagogik). Stuttgart: Kohlhammer. S. 21–39

Klemm, K. (2009): Sonderweg Förderschule: Hoher Einsatz, wenig Perspektiven. Eine Studie zu den Ausgaben und der Wirksamkeit von Förderschulen in Deutschland. Gütersloh: Verlag Bertelsmann Stiftung

Klemm, K./Preuss-Lausitz, U. (2011): Auf dem Weg zur schulischen Inklusion in Nordrhein-Westfalen. Empfehlungen zur Umsetzung der Behindertenrechtskonvention im Bereich der allgemeinen Schulen. Essen und Berlin: Ministerium für Schule und Weiterbildung des Landes Nordrhein-Westfalen

Klemm, K. (2013): Inklusion in Deutschland – eine bildungsstatistische Analyse (Hrsg. Bertelsmann Stiftung, 1. Aufl.). http://www.bertelsmann-stiftung.de/cps/rde/xbcr/SID-9C708551-971CAF39/bst/xcms_bst_dms_37485_37486_2.pdf (Zugriff: 29.12.2013)

Klix, F. (1987): Diskussionsbeitrag auf der 3. Plenartagung der Akademie der Pädagogischen Wissenschaften der DDR vom 2.12.1986. In: Information des Präsidiums der APW; 1987/1. S. 86–90

Kocaj, A./Kuhl, P./Kroth, A. J./Pant, H. A./Stanat, P. (2014): Wo lernen Kinder mit sonderpädagogischem Förderbedarf besser? Ein Vergleich schulischer Kompetenzen zwischen Regel- und Förderschulen in der Primarstufe. In: Kölner Zeitschrift für Soziologie und Sozialpsychologie (KZfSS), 66 (2). S. 165–191

Köck, P./Ott, H. (Hrsg.) (1997): Wörterbuch für Erziehung und Unterricht (6. überarb. Ausg.). Donauwörth: Auer

Kopp, B. (2009): Inklusive Überzeugungen und Selbstwirksamkeit im Umgang mit Heterogenität – Wie denken Studierende des Lehramts für Grundschulen? Empirische Sonderpädagogik, 1 (1), S. 5–25. http://www.psychologie-aktuell.com/fileadmin/download/esp/1-2009/kopp.pdf (Zugriff: 31.08.2015)

Kossakowski, A. (1987): Psychische Entwicklung der Persönlichkeit im Kindes- und Jugendalter. Volk und Wissen: Berlin

Krajewski, K. (2008): Vorhersage von Rechenschwäche in der Grundschule (2. Aufl.). Hamburg: Kovač

Krauthausen, G./Scherer, P. (2007): Einführung in die Mathematikdidaktik (3. Aufl.). Heidelberg: Spektrum

Krauthausen, G./Scherer, P. (2010): Umgang mit Heterogenität (neue Ausg). Kiel: IPN Leibniz-Institut für die Pädagogik der Naturwissenschaften an der Universität Kiel

Kroner, H./Liebers, K/Scherer, G./Neumann, Prengel, A./Ritter, C/Schnitzler, C. D.: (2012a). ILeA_I_Erprobungsfassung (Hrsg. Landesinstitut für Schule und Medien Berlin Brandenburg). http://bildungsserver.berlin-brandenburg.de/fileadmin/bbb/unterricht/lernstandsanalysen_vergleichsarbeiten/ilea/2012/ILeA_I_Erprobungsfassung.pdf (Zugriff: 25.11.2014)

Kroner, H./Liebers, K./Scherer, G./Neumann, Prengel, A./Ritter, C/Schnitzler, C. D. (2012b). ILeA_I_Erprobungsfassung (Hrsg. Landesinstitut für Schule und Medien Berlin Brandenburg). http://bildungsserver.berlin-brandenburg.de/fileadmin/bbb/unterricht/lernstandsanalysen_vergleichsarbeiten/ilea/2012/ILeA_I_ Erprobungsfassung.pdf (Zugriff: 25.11.2014)

Krummheuer, G. (1994): Der mathematische Anfangsunterricht. Weinheim: Deutscher Studienverlag

Kugelmass, J. W. (2001): Collaboration and compromise in creating and sustaining an inclusive school. In: International Journal of Inclusive Education, 5. S. 47–65

Kulik, J. A./Kulik, C. C. (1987): Mastery testing and student learning: A meta-analysis. In: Journal of educational Technology Systems, 15. S. 325–345

Kulik, J. A./Kulik, C. C. (1992): Meta-analytic findings on grouping programs. In: Gifted Child Quarterly, 36. S. 73–77

Kummer Wyss, A. (2009): Integration, Inklusion – Fusion? Zur Gestalt(ung) integrativer Schulkulturen. In: Integras (Hrsg.), Behinderung in der Schule. Zusammenarbeit zwischen Regel- und Sonderschule. Referate der Tagung Integras & VSLCH 2009. Zürich: Integras. S. 6–10

Künne, T./Sauerhering, M. (2012): Selbstkompetenz(-Förderung) in KiTa und Grundschule. Osnabrück: nifbe-Themenheft Nr. 4

Lang, M. (2011): Grundlagen der Mathematikdidaktik in den ersten Schuljahren. In: Lang, M./Hofer, U./Beyer, F. (Hrsg.), Didaktik des Unterrichts mit blinden und hochgradig sehbehinderten Schülerinnen und Schülern. Band 2: Fachdidaktiken. Stuttgart: Kohlhammer. S. 61–84

Leuders, T. (2011): Kompetenzorientierte Aufgaben im Unterricht. In: Blum, W./Drüke-Noe, C./Hartung, R./Köller, O. (Hrsg.), Bildungsstandards Mathematik: konkret. Sekundarstufe I: Aufgabenbeispiele, Unterrichtsanregungen, Fortbildungsideen (5. Aufl.). Berlin: Cornelsen Scriptor. S. 81–95

Leuders, J. (2012): Förderung der Zahlbegriffsentwicklung bei sehenden und blinden Kindern. Empirische Grundlagen und didaktische Konzepte. Wiesbaden: Springer

Leuzinger-Bohleber, M./Laezer, K. L./Neubert, V./Pfenning-Meerkötter, N./Fischmann, T. (2013): „Aufsuchende Psychoanalyse" in der Frühprävention. Klinische und extraklinisch-empirische Studien. Frühe Bildung, 2 (2), 72–83. http://dx.doi.org/10.1026/2191-9186/a000087

Liebers, A./Kubesch, S./Hansen, S. (2013): Ein Ritter in der Klasse (Die Drei aus Hirnschmalz). Heidelberg: Bildung Plus

Lindsay, G. (2007): Educational psychology and the effectiveness of inclusive education/ mainstreaming. In: British Journal of Educational Psychology, 77. S. 1–24

Lompscher, J. (1988): Persönlichkeitsentwicklung in der Lerntätigkeit. Berlin: Volk und Wissen

Lorenz, J.-H./Radatz, H. (1993): Handbuch des Förderns im Mathematikunterricht. Hannover: Schroedel

Lorenz, J.-H. (2003): Lernschwache Rechner fördern. Berlin: Cornelsen Scriptor

Lorenz, J.-H. (2007): Die Funktion von Veranschaulichungsmitteln – Hilfe zur Entwicklung von Zahlbeziehungen und arithmetischen Operationen. In: Lorenz, J.-H./Schipper, W. (Hrsg.), Impulse für den Mathematikunterricht. Hannover: Schroedel. S. 56–62

Lorenz, J.-H./Schipper, W. (Hrsg.) (2007): Impulse für den Mathematikunterricht. Hannover: Schroedel

Löser, J. M./Werning, R. (2013): Inklusion aus internationaler Perspektive – ein Forschungsüberblick. In: Zeitschrift für Grundschulforschung, 6 (1). S. 21–33

Lütje-Klose, B. (2011): Müssen Lehrkräfte ihr didaktisches Handwerk verändern? Inklusive Didaktik als Herausforderung für den Unterricht. Lernende Schule, 14 (55). S. 13–15

Lütje-Klose, B. (2014): Kooperation in multiprofessionellen Teams. Fördern als gemeinsame Aufgabe in inklusiven Schulen. Friedrich Jahresheft. S. 26–29

Lütje-Klose, B./Löser, J. M. (2013): Diversität aus der Perspektive einer inklusiven Pädagogik. In: K. Hauenschild, S. Robak/I. Sievers (Hrsg.), Diversity Education. Zugänge – Perspektiven – Beispiele (Wissen & Praxis, Bd. 171, 1. Aufl,). Frankfurt a. M.: Brandes & Apsel. S. 134–147

Lütje-Klose, B./Rödiger, M. (2014): Diagnostizieren und Fördern. Förderplanung als Grundlage pädagogischer Prozesse. Friedrich Jahresheft. S. 126–127

Lütje-Klose, B./Wild, E./Schwinger, M. (2014): Dritter Zwischenbericht: Befunde der Bielefelder Längsschnittstudie zum Lernen in inklusiven und exklusiven Förderarrangements (BiLieFF) der Universität Bielefeld. http://www.uni-bielefeld.de/inklusion/docs/BiLieF_Dritter_Zwischenbericht.pdf (Zugriff: 16.11.2014)

Lütje-Klose, B./Willenbring, M. (1999): „Kooperation fällt nicht vom Himmel". Möglichkeiten der Unterstützung kooperativer Prozesse in Teams von Regelschullehrerin und Sonderpädagogin aus systemischer Sicht. Behindertenpädagogik, 38 (1). S. 2–31. http://wordpress.nibis.de/stslgso/kooperation-fallt-nicht-vom-himmel/ (Zugriff: 31.08.2015)

Maak, A./Wemhöhner, K. (2007): Mathe mit dem ganzen Körper. 50 Bewegungsspiele zum Üben und Festigen. Mülheim an der Ruhr: Verlag an der Ruhr

Maier, P. H. (1999): Räumliches Vorstellungsvermögen. Ein theoretischer Abriß des Phänomens räumliches Vorstellungsvermögen. Donauwörth: Auer

Mand, J. (2006): Zur sozialen Integration von Schülern mit Verhaltensproblemen. Zwischenergebnisse einer Vergleichsstudie im Gemeinsamen Unterricht und in der Schule für Lernbehinderte/Förderschule. In: Platte, A./Seitz, S./Terfloth, K. (Hrsg.), Inklusive Bildungsprozesse. Was „bewegt" pädagogische Forschung? Bad Heilbrunn: Klinkhardt. S. 140–143

Mand, J./Veber, M. (2008): Diagnostik in integrativen Einrichtungen. In: Eberwein, H./Mand, J. (Hrsg.), Integration konkret. Begründung, didaktische Konzepte, inklusive Praxis. Bad Heilbrunn: Klinkhardt. S. 93–106

Manset, G./Semmel, M. I. (1997): Are inclusive programmes for students with mild disabilities effective? A comparative review of model programmes. In: Journal of Special Education, 31. S. 155–180

Marsh, H. W. (2005): Big-Fish-Little-Pond Effect on academic self-concept. In: Zeitschrift für Pädagogische Psychologie, 19. S. 119–127

Marsh, H. W./Craven, R. G. (2006): Reciprocal effects of self-concept and performance form a multidimensional perspective. In: Perspectives on Psychological Science, 1. S. 133–163

Marty, A. (2014): Zur Bedeutung der Autonomie und den unterschiedlichen Expertisen in der Kooperation zwischen Regle- und Sonderpädagogischen Lehrpersonen. In: Inklusion in Schule und Unterricht H. 10 (2014) 5. Jahrgang der Zeitschrift Schulpädagogik heute. Immenhausen bei Kassel: PROLOG

Maturana, H. R./Varela, F. J. (1990): Der Baum der Erkenntnis. Die biologischen Wurzeln des menschlichen Erkennens (Bd. 11460, 1. Aufl.). München: Goldmann

Meyer, H. (2004): Was ist guter Unterricht? Berlin: Cornelsen Scriptor

Miller, S. (2013): Die Sicht der Lehrkräfte auf Heterogenität. Ergebnisse einer quantitativen Erhebung in NRW. In: Jürgens, E./Miller, S. (Hrsg.), Ungleichheit in der Gesellschaft und

Ungleichheit in der Schule. Eine interdisziplinäre Sicht auf Inklusions- und Exklusionsprozesse. Weinheim: Beltz Juventa. S. 235–251

Ministerium für Schule und Weiterbildung des Landes Nordrhein-Westfalen (Hrsg.) (2008) Lehrplan Mathematik für die Grundschulen des Landes Nordrhein-Westfalen. Frechen: Ritterbach

Ministerium für Schule und Weiterbildung des Landes Nordrhein-Westfalen (2014): Bildungsportal des Landes Nordrhein-Westfalen: Das Schulsystem. http://www.schulministerium.nrw.de/docs/Schulsystem/Inklusion/FAQ/index.html (Zugriff: 31.08.2015)

Mißling, S./Ückert, O. (2014): Inklusive Bildung: Schulgesetze auf dem Prüfstand, Deutsches Institut für Menschenrechte. http://www.institut-fuer-menschenrechte.de (Zugriff: 04.11.2014)

Moschner, B./Dickhäuser, O. (2006): Selbstkonzept. In: Rost, D. H. (Hrsg.), Handwörterbuch Pädagogische Psychologie (4., überarbeitete und erweiterte Auflage). Weinheim u. a.: Beltz. S. 685–692

Müller-Oppliger, V. (2012): Individualisiertes Lernen in Selbstlernarchitekturen. Kongress Gemeinsam Unterricht entwickeln. Baden: http://www.schul-in.ch/kongress_downloads.cfm (04.08.2015)

Nationaler Aktionsplan Integration des Bundesministeriums für Bildung und Forschung (2011). Berlin: Bundesministerium für Bildung und Forschung. http://www.bmbf.de/pub/bilanz_nationaler_integrationsplan.pdf (04.08.2015)

Neuhoff, K. (2014): Recht auf inklusive Bildung. Sozialethische Überlegungen zum Umgang mit Heterogenität. In: Fischer, C./Fischer-Ontrup, C./Veber, M./Buschmann, R. (Hrsg.), Umgang mit Heterogenität als Herausforderung für die Lehrerbildung. Münster u. a.: Waxmann

Norwich, B./Kelly, N. (2005): Moderate learning difficulties and the future of inclusion. London: RoutledgeFalmer

Oerter, R. (1998): Kindheit. In: Oerter, R./Montada, L. (Hrsg.): Entwicklungspsychologie (4. Aufl.). Beltz: Weinheim. S. 249–309

Olbertz, F. (2009). Musikalische Hochbegabung. Frühe Erscheinungsformen und Einflussfaktoren anhand von drei Fallstudien. Münster: Lit

O'Mara, A. J./Marsh, H. W./Craven, R. G./Debus, R. (2006): Do self-concept interventions make a difference? A synergetic blend of construct validation and meta-analysis. In: Educational Psychologist, 41. S. 181–206

Palmowski, W./Heuwinkel, M. (2002): „Normal bin ich nicht behindert!". Wirklichkeitskonstruktionen bei Menschen, die behindert werden. Unterschiede, die Welten machen (2. Aufl.). Dortmund: Borgmann

Park, J. H. (2012): Inklusion und Design: Universal Design im Kontext der UN-Behindertenrechtskonvention, munavis. http://www.munavis.de/pdf/inklusion_und_design.pdf (Zugriff: 23.06.2014)

Peschel, F. (2006): Offener Unterricht. Idee, Realität, Perspektive und praxiserprobtes Konzept in der Evaluation (2. Auflage). Baltmannsweiler: Scheider Verlag Hohengehren

Plessner, H./Betsch, C./Betsch, T. (Hrsg.) (2008): Intuition in judgment and decision making. Mahwah, NJ: Lawrence Erlbaum

Pohl, G. (2014): Kindheit – aufs Spiel gesetzt. Vom Wert des Spielens für die Entwicklung des Kindes (4. Aufl.). Berlin, Heidelberg: Springer

Prengel, A. (2015): Inklusive Bildung in der Primarstufe. http://www.grundschulverband.de/fileadmin/bilder/publikationen/Mitgliederverbaende/Prengel-Kurzfassung.pdf

Prenzel, M./Krapp, A./Schiefele, H. (1986): Grundzüge einer pädagogischen Interessentheorie. In: Zeitschrift für Pädagogik, 32 (2). S. 163–173

Preuss-Lausitz, U. (1990): Die Eltern innerhalb der integrativen Schule. In: Heyer, P./Preuss-Lausitz, U./Zielke, G. (Hrsg.): Wohnortnahe Integration (Das Uckermark-Konzept und seine Erforschung). Weinheim. S. 169–190

Radatz, H./Schipper, W. (1983): Handbuch für den Mathematikunterricht an Grundschulen. Hannover: Schroedel

Reich, K. (Hrsg.) (2008): Methodenpool. Projektarbeit. http://methodenpool.uni-koeln.de (Zugriff: 06.01.2010)

Reich, K. (2010): Systemisch-konstruktivistische Pädagogik. Einführung in die Grundlagen einer interaktionistisch-konstruktivistischen Pädagogik (6., neu ausgestattete Aufl.). Weinheim u. a.: Beltz

Reich, K. (2012): Konstruktivistische Didaktik. Das Lehr- und Studienbuch mit Online-Methodenpool (Beltz Pädagogik, 5., erweiterte Aufl.). Weinheim: Beltz

Rejchtman, G. (2005): Ubongo. Stuttgart: Kosmos

Renzulli, J. S. (2004): Eine Erweiterung des Begabungsbegriffs unter Einbeziehung co-kognitiver Merkmale. In: Fischer, C/Mönks, F. J./Grindel, E. (Hrsg.), Curriculum und Didaktik der Begabtenförderung. Begabungen fördern, Lernen individualisieren (Begabungsforschung, Bd. 1). Münster: Lit. S. 54–82

Rittmeyer, C. (2005). Kompendium Förderdiagnostik. Prinzipien, Methoden und Einsatzbereiche (Bergedorfer Förderdiagnostik, 1. Aufl.). Horneburg/Niederelbe: Persen

Rittmeyer, C. (2012). Inklusive Didaktik und Diagnostik. Pädagogische Führung (1). http://www.paedagogische-fuehrung.de/public1/paef/home.nsf/url/0B0A250 E0E78CF52C1257 9AE002CD4D8?OpenDocument

Rogalla, M./Renzulli, J. S. (2007): Das Schulische Enrichment Modell: Chacengerechtigkeit in der Begabungsförderung. In: Popp, U./Tischler, K. (Hrsg.), Fördern und Fordern an Schulen. München u. a.: Profil. S. 133–154

Rohrmann, E. (2014): Inklusion? Inklusion! Kritische Anmerkungen zur aktuellen Inklusionsdebatte und zum Konzept einer „moderaten Inklusion" (Soziale Passagen, Bd. 6).Wiesbaden: Springer. S. 161–166

Rohrmann, S./Rohrmann, T. (2005): Hochbegabte Kinder und Jugendliche. Diagnostik – Förderung – Beratung. München u. a.: Ernst Reinhardt

Röhr, M. (1995): Kooperatives Lernen im Mathematikunterricht der Primarstufe: Entwicklung und Evaluation eines fachdidaktischen Konzepts zur Förderung der Kooperationsfähigkeit von Schülern. Wiesbaden: Deutscher Universitäts-Verlag

Rolff, H.-G. (2010): Schulentwicklung als Trias von Organisations-, Unterrichts- und Personalentwicklung. In: Bohl, T./Helsper, W./Holtappels, H. G./Schelle, C. (Hrsg.), Handbuch Schulentwicklung. Theorie – Forschungsbefunde – Entwicklungsprozesse – Methodenrepertoire (UTB, Bd. 8443). Bad Heilbrunn: Klinkhardt. S. 29–36

Roth, G. (2001): Fühlen, Denken, Handeln. Wie das Gehirn unser Verhalten steuert. Frankfurt a. M.: Suhrkamp

Roth, G. (2007): Persönlichkeit, Entscheidung und Verhalten. Stuttgart: Klett-Cotta

Ruf, U./Winter, F. (2012): Dialogisches Lernen: die gemeinsame Suche nach Qualitäten. Zeitschrift für Inklusion (1–2). http://www.inklusion-online.net/index.php/inklusion/article/view/146/138 (Zugriff: 12.08.2013)

Sasse, A./Schulzeck, U. (2013): Differenzierungsmatrizen als Modell der Planung und Reflexion inklusiven Unterrichts. zum Zwischenstand in einem Schulversuch. In: A. Jantowski (Hrsg.), Gemeinsam leben. Miteinander lernen (Bd. 58, 1. Aufl.). Bad Berka: Thüringer Inst. für Lehrerfortbildung, Lehrplanentwicklung und Medien (Thillm). S. 13–20

Scheidt, K. (2010): Kompetenzen von Lehrerinnen und Lehrern an inklusiven Schulen. In: Verband Sonderpädagogik e. V.: Inklusion braucht Professionalität. CD-ROM mit Beiträgen zum Sonderpädagogischen Kongress vom 22. bis 24. April 2010 in Weimar

Scherer, P./Moser Opitz, E. (2010): Fördern im Mathematikunterricht der Primarstufe. Heidelberg: Spektrum

Schiller, F. (2000): Über die ästhetische Erziehung des Menschen. Ditzingen: Reclam

Schinzilarz, C./Schläfli, K. (2012): Potenziale erkennen und erweitern. Mit dem Ressourcenheft Ziele erreichen; neue, erprobte Methode (1. Aufl.). Weinheim: Beltz

Schipper, W. (2005): Lernschwierigkeiten erkennen – verständnisvolles Lernen fördern. Kiel: SINUS-Transfer Grundschule Mathematik Modul G4. http://www.uni-bielefeld.de/idm/serv/sinus-modul4.pdf (Zugriff: 10.02.2014)

Schnell, I./Sander, A./Federolf, C. (Hrsg.) (2011): Zur Effizienz von Schulen für Lernbehinderte. Forschungsergebnisse aus vier Jahrzehnten. Bad Heilbrunn: Klinkhardt

Schröder, K. (2010): Integration schwacher Kinder in den Unterricht. In: Mathematik Differenziert, 4. S. 35–41

Schumann, M. (2009): Die „Behindertenrechtskonvention" in Kraft! – Ein Meilenstein auf dem Weg zur inklusiven Bildung in Deutschland?! In: Zeitschrift für Inklusion. http://www.inklusion-online.net/index.php/inklusion-online/article/view/158/158 (04.08.2015)

Schwab, S. (2014): Integration für alle? Die Einstellung von österreichischen Lehrerinnen zu integrativem Unterricht. In: Trumpa, S./Seifried, S./Franz, E./Klauß, T. (Hrsg.), Inklusive Bildung. Erkenntnisse und Konzepte aus Fachdidaktik und Sonderpädagogik. Weinheim u. a.: Beltz. S. 79–90

Schwab, S./Seifert, S. (2014): Einstellungen von Lehramtsstudierenden und Pädagogikstudierenden zur schulischen Inklusion – Ergebnisse einer quantitativen Untersuchung. In: Zeitschrift für Bildungsforschung 5 (1). S. 73–87

Schwager, M./Pilger, D. (2013): Der Index für Inklusion als Evaluationsinstrument Erfahrungen an der Gesamtschule Holweide. Zeitschrift für Inklusion (2). http://www.inklusion-online.net/index.php/inklusion-online/article/view/12/12 (Zugriff: 03.06.2013)

Schwätzer, U. (2001): Rechnen mit dem „mathe 2000"-Logo – Zahlentreppen vom ersten Schuljahr an. In: Mathematik lernen und gesunder Menschenverstand. Festschrift für Gerhard Norbert Müller. Leipzig u. a.: Ernst Klett Grundschulverlag. S. 150–161

Schwätzer, U. (2001): Zahlentreppen. Zweitklässler erkunden ein arithmetisch substantielles Aufgabenformat. In: Schipper, W./Selter, C. (Hrsg.): Die Grundschulzeitschrift. Sammelband: Offener Mathematikunterricht: Arithmetik II. Seelze: Friedrich

Seitz, S. (2011): Umgang mit unterschiedlichen Lerntypen. Individualisierung durch Förderpläne, Lerntagebuch, Lernportfolio. In: Schulmagazin 5 bis 10, 79 (5). S. 11–14

Seitz, S./Scheid, K. (2012): Die Gruppe ist der größte Schatz. Kooperative Lernformen im inklusiven Unterricht. Grundschule (3). S. 14 f.

Selter, C. (1993): Eigenproduktionen im Arithmetikunterricht der Primarstufe. Wiesbaden: Deutscher Universitätsverlag

Selter, C./Sundermann, B. (2006): Beurteilen und Fördern im Mathematikunterricht. Berlin: Cornelsen Scriptor

Senatsverwaltung für Bildung, Wissenschaft und Forschung (2010): Was ist ein Portfolio? Informationsbrief für die Grundschulen. https://www.berlin.de/imperia/md/content/sen-bildung/unterricht/individuelles-lernen/d14_portfolio.pdf?start&ts=1306332221&file=d14_portfolio.pdf (4.08.2015)

Shapka, J. D./Keating, D. P. (2003): Effects of a girls-only curriculum during adolescents: Performance, persistence, and engagement in mathematics and science. In: American Educational Research Journal, 40 (4). S. 929–960

Shavelson, R. J./Hubner, J. J./Stanton, G. C. (1976): Self-concept: Validation of construct interpretations. In: Review of Educational Research, 46 (3). S. 407–441

Simon, H./Grünke, M. (2010): Förderung bei Rechenschwäche (Fördern lernen, 3: Intervention). Stuttgart: Kohlhammer

Simon, T. (2014): Diagnostik als Kernelement inklusiver Didaktik? Inklusionspädagogische Ansprüche an die Schulpraxis am Beispiel Diagnostik und Didaktik. In: Schuppener, S./Hauser, M./Bernhardt, N./Poppe, F. (Hrsg.), Inklusion und Chancengleichheit. Diversity im Spiegel von Bildung und Didaktik. Bad Heilbrunn: Klinkhardt. S. 238–243

Slavin, R. E. (1987). Developmental and motivational perspectives on cooperative learning: A reconciliation. In: Child Development, 58. S. 1161–1167

Sliwka, A. (2010): From homogeneity to diverty in German education. In: OECD: Effective Teacher Education for Diversity Strategies and Challenges. Paris: OECD. S. 205–217

Sliwka, A. (2012): Diversität als Chance und als Ressource in der Gestaltung wirksamer Lernprozesse. In: Fereidooni, K. (Hrsg.), Das interkulturelle Lehrerzimmer. Perspektiven neuer deutscher Lehrkräfte auf den Bildungs- und Integrationsdiskurs (Research). Wiesbaden: Springer VS. S. 169–176

Sliwka, A. (2014a): Von „Heterogenität als Problem" zu „Diversität als Gewinn": Alberta/ Kanada als Vorbild für den Weg zu inklusiver Bildung und Didaktik. In: Schuppener, S./ Hauser, M./Bernhardt, N./Poppe, F. (Hrsg.), Inklusion und Chancengleichheit. Diversity im Spiegel von Bildung und Didaktik. Bad Heilbrunn: Klinkhardt. S. 168–184

Sliwka, A. (2014b): Schulentwicklung für Diversität und Inklusion: Organisationsstruktur und Lernkultur an Schulen in der kanadischen Provinz Alberta. In: Trumpa, S./Seifried, S./ Franz, E./Klauß, T. (Hrsg.), Inklusive Bildung. Erkenntnisse und Konzepte aus Fachdidaktik und Sonderpädagogik. Weinheim u.a.: Beltz. S. 334–351

Sliwka, A. (2014c): Die Bedeutung von Lehrkräften bei der Talentidentifikation und -förderung. In: Handbuch Talententwicklung. Theorien, Methoden und Praxis in Psychologie und Pädagogik (hrsg. von M. Stamm). Bern: Hans Huber. S. 453–462

Söbbeke, E./Steinbring, H. (2007): Anschauung und Sehvermögen – Grundschulkinder lernen im Konkreten das Abstrakte zu sehen und zu verstehen. In: Lorenz, J.-H./Schipper, W. (Hrsg.), Impulse für den Mathematikunterricht. Hannover: Schroedel. S. 62–68

Solzbacher, C./Behrensen, B./Sauerhering, M./Schwer, C. (2012): Jedem Kind gerecht werden? Sichtweisen und Erfahrungen von Lehrkräften. München: Carl Link

Sonntag, M. (2010): Gemeinsam nicht einsam! Erziehungswissenschaftliche Forschung zwischen Sonderpädagogik und inklusivem Anspruch. Zeitschrift für Inklusion, 4 (1). http:// www.inklusion-online.net/index.php/inklusion/article/view/41/47 (Zugriff: 11.03.2014)

Sonntag, M./Veber, M. (2014): Die Arbeit in multiprofessionellen Teams als Herausforderung und Chance – ein Dialog über den Tellerrand. In: Erziehung und Unterricht, (3–4). S. 288–296

Speck, O. (2011): Wage es nach wie vor, dich deines eigenen Verstandes zu bedienen! Ideologische Implikationen einer Schule für alle. In: Zeitschrift für Heilpädagogik, 62 (3). S. 84–91

Spitzer, M. (2013): Digital lernbehindert. Der negative Einfluss digitaler Medien auf die Gehirnbildung. In: Grundschule, Heft 5. S. 13–15

Stöckli, M./Moser Optiz, E./Pfister, M./Reusser, L. (2014): Gezielt fördern, differenzieren und trotzdem gemeinsam lernen. Überlegungen zum inklusiven Mathematikunterricht. Sonderpädagogische Förderung heute, 59 (1). S. 44–56

Stöger, H./Ziegler, A. (2013): Heterogenität und Inklusion im Unterricht. In: Digitale Medien und Schule, Heft 7 (2013). Schulpädagogik heute, 4.

Struck, P. (1980): Projektunterricht. Stuttgart: Kohlhammer

Takala, M./Aunio, P. (2005): Exploring a new inclusive model in Finnish early childhood special education: A 3-year follow-up study. In: International Journal of Inclusive Education, 9. S. 39–54

Tamnet, D. (2007): Elf ist freundlich und Fünf ist laut. Ein genialer Autist erklärt seine Welt (4. Aufl.). Düsseldorf: Patmos

Textor, A. (2009): Nötig und möglich – Gemeinsamer Unterricht mit Schülern mit dem Förderschwerpunkt emotionale und soziale Entwicklung. In: Börner, S./Glink, A./Sanders, D./Sasse, A. (Hrsg.), Integration im vierten Jahrzehnt. Bilanz und Perspektiven. Bad Heilbrunn: Klinkhardt. S. 113–122

Trumpa, S./Janz, F./Heyl, V./Seifried, S. (2014): Einstellungen zu Inklusion bei Lehrkräften und Eltern – Eine schulartspezifische Analyse. Zeitschrift für Bildungsforschung. 4(3). S. 241–256

Turner, A./Ingrisch, D./Diem-Wille, G. (2010): Psychoanalytisch orientierte Lehrerfortbildung: Warum sollen Lehrerinnen und Lehrer Kleinkinder beobachten? In: Müller, F. H./ Eichenberger, A. E/Lüders, M./Mayr, J. (Hrsg.), Lehrerinnen und Lehrer lernen. Konzepte und Befunde zur Lehrerfortbildung. Münster u.a.: Waxmann. S. 361–376

Urton, K./Wilbert, J./Hennemann, T. (2014): Der Zusammenhang zwischen der Einstellung zur Integration und der Selbstwirksamkeit von Schulleitungen und deren Kollegien. In: Empirische Sonderpädagogik, 4 (1). S. 3–16

Valtin, R./Wagner, C. (2004): Geschlechterrollenorientierungen und ihre Beziehungen zu Maßen der Ich-Stärke bei Jugendlichen aus Ost- und West-Berlin. In: Zeitschrift für Erziehungswissenschaft, 7 (1). S. 103–120

Vaughn, S./Klingner, J. K. (1998): Students' perceptions of inclusion and resource room settings. In: Journal of Special Education, 32. S. 79–88

Veber, M. (2010): Ein Blick zurück nach vorn in der Lehrerbildung. Eine empirische Studie zur Alltagstheorie über Behinderung, Integration-Inklusion und Sonderschule. Münster: Waxmann

Veber, M./Fischer, C. (2015 i. D.): Individuelle Förderung in Inklusiver Bildung – eine potenzialorientierte Verortung. In: Amrhein, B./Ziemen, K. (Hrsg.), Diagnostik im Kontext inklusiver Bildung – Theorien, Ambivalenzen, Akteure, Konzepte. Bad Heilbrunn: Klinkhardt

Veber, M./Rott, D. (2011): Potenziale erkennen: Diagnostik mit Förderplänen. In Stangier, S./Thoms, E.-M. (Hrsg.), Eine Schule für alle. Inklusion umsetzen in der Sekundarstufe (1. Aufl.). Mülheim an der Ruhr: Verlag an der Ruhr. S. 148–153

Veber, M. (2015): Potenzialorientierung – Weg und Ziel Inklusiver Bildung. In: Zeitschrift Schulpädagogik heute 12 (2015) 6, S. 1–21

Veenman, S. (1996): Effects of multigrade and multiage classes reconsidered. In: Review of Educational Research, 66. S. 323–340

Verboom, L. (2006): Mit dem Taschenrechner. In: Quak, U./Sterkenburgh, S./Verboom, L. (Hrsg.): Die Grundschul-Fundgrube für Mathematik. Unterrichtsideen und Beispiele für das 1. bis 4. Schuljahr. Berlin: Cornelsen Scriptor. S. 109–121

Wagner, P. (Hrsg.). (2013): Handbuch Inklusion. Grundlagen vorurteilsbewusster Bildung und Erziehung (1. Ausg. der überarb. Neuaufl., 3. Gesamtaufl.). Freiburg i. Br.: Herder

Warwitz, S. A./Rudolf, A. (2014): Spielend lernen – Lernspiele. In: Warwitz, S. A./Rudolf, A. (Hrsg.): Vom Sinn des Spielens. Reflexionen und Spielideen (3. Auflage). Baltmannsweiler: Schneider Verlag Hohengehren

Weiner, B. (1986): An attributional theory of motivation and emotion. New York u. a.: Springer

Weiner, B. (1992): Human motivation: Metaphors, theories, and research. Newbury Park: Sage

Werning, R. (2014): Stichwort: Schulische Inklusion. In: Zeitschrift für Erziehungswissenschaft 14(4). S. 601–623

Winter, H. (1989): Entdeckendes Lernen im Mathematikunterricht: Einblicke in die Ideengeschichte und ihre Bedeutung für die Pädagogik. Braunschweig, Wiesbaden: Vieweg

Winter, H. (2003): Sachrechnen in der Grundschule (3. Aufl.). Berlin: Cornelsen Scriptor

Wittmann, E. C. (1998): Design und Erforschung von Lernumgebungen als Kern der Mathematikdidaktik. In: Beiträge zur Lehrerbildung, 16 (3). S. 329–342

Wittmann, E. C./Müller, G. N. (1995): Handbuch produktiver Rechenübungen. Stuttgart: Klett Schulbuchverlag

Wocken, H. (1996a): Das Ende der kategorialen Behindertenpädagogik. Sonderpädagogik, 26 (2). S. 57–62

Wocken, H. (1996b): Sonderpädagogischer Förderbedarf als systemischer Begriff. Sonderpädagogik, 26 (1). S. 34–38

Wocken, H. (1998): Gemeinsame Lernsituationen. Eine Skizze zur Theorie des gemeinsamen Unterrichts. In: Hildeschmidt, A./Schnell, I. (Hrsg.), Integrationspädagogik. Auf dem Weg zu einer Schule für alle. Weinheim: Juventa. S. 37–52

Wocken, H. (2011): Das Haus der inklusiven Schule. Baustellen – Baupläne – Bausteine (Lebenswelten und Behinderung, Bd. 14). Hamburg: Feldhaus, Ed. Hamburger Buchwerkstatt

Wocken, H. (2014): Im Haus der inklusiven Schule. Grundrisse – Räume – Fenster (Lebenswelten und Behinderung, Bd. 16). Hamburg: Feldhaus, Ed. Hamburger Buchwerkstatt

Wollring, B. (2009): Zur Kennzeichnung von Lernumgebungen für den Mathematikunterricht in der Grundschule. In: Peter-Koop, A./Lilitakis, G./Spindeler, B. (Hrsg.): Lernumgebungen. Ein Weg zum kompetenzorientierten Mathematikunterricht in der Grundschule. Offenburg: Mildenberger. S. 9–23

Zech, F. (2002): Grundkurs Mathematikdidaktik. Theoretische und praktische Anleitungen für das Lehren und Lernen von Mathematik (10. Auflage). Weinheim, Basel: Beltz

Zimpel, A. F. (2012): Der zählende Mensch. Was Emotionen mit Mathematik zu tun haben (2. Aufl.). Göttingen: Vandenhoeck & Ruprecht

Glossar

Friedhelm Käpnick

Binnendifferenzierung (innere Differenzierung)

Bei dieser traditionellen und nach wie vor weit verbreiteten Differenzierungs-form werden für eine bestimmte Zeit (in der Regel von der Lehrkraft) relativ leis-tungshomogene Lerngruppen (zum Beispiel je eine Gruppe mit leistungsstarken, durchschnittlich leistungsfähigen und leistungsschwachen Kindern) gebildet, die gemäß ihren jeweiligen Kompetenzniveaus Aufgaben zu vergleichbaren Lernthemen bearbeiten. Eine stärker kindorientierte Form der Binnendifferen-zierung besteht darin, dass die Kinder bei vorgegebenen Übungsaufgaben mit unterschiedlichen Schwierigkeitsniveaus selbst entscheiden, welche Aufgaben sie bearbeiten.

Breitenförderung

Die Breitenförderung ist auf die Förderung aller Schüler in Regelschulen fokus-siert. Das Hauptaugenmerk ist hierbei auf schulische Allgemeinbildung gerich-tet. Der Begriff wird immer dann verwendet, wenn man sich bewusst von einer speziellen Förderung hochbegabter oder minderbegabter Kinder abgrenzen will.

Diversität

Diversität (engl. *diversity*) ist im pädagogischen Kontext eine Grundposition bzw. Richtung, deren Kernidee darin besteht, Unterschiede zwischen Lernenden an-zuerkennen und sie als Gewinn und Bildungsressource zu sehen.

Exklusion

In der Schulpädagogik bedeutet Exklusion den Ausschluss von Personen oder In-stitutionen aus einer schulpädagogischen Maßnahme.

Förderschule

Eine Förderschule bzw. ein Förderzentrum oder eine Schule mit sonderpäda-gogischem Förderschwerpunkt ist in Deutschland eine Schulart für Kinder und Jugendliche, die in ihren Bildungs-, Entwicklungs- und Lernmöglichkeiten als mehr oder weniger schwer beeinträchtigt eingestuft werden (z. B. durch geisti-ge oder durch körperliche Behinderungen, seltener durch eine langfristige Er-krankung oder erlittene Unfälle). Verschiedene Förderschultypen bieten dabei einen sogenannten sonderpädagogischen Unterricht, der speziell auf die jewei-ligen Bedürfnisse der Kinder zugeschnitten sein soll. Er soll den Kindern eine bessere Entwicklung ermöglichen, als sie ohne solche passende Unterstützung an einer normalen Schule erreichbar wäre. Insofern in die Schulen nur Schüler mit einem sonderpädagogischer Bedarf gehen, sind Förderschulen bzw. Sonder-schulen keine Regelschulen.

Forscherhefte

Forscherhefte sind eigenverantwortlich geführte und individuell gestaltete Dokumentationen forschenden Lernens von Kindern im inklusiven Mathematikunterricht. Sie sind sehr eng mit dem Bearbeiten von offenen Aufgaben, mit Mathekonferenzen, mit Stationenlernen oder mit einem projektartigen Arbeiten verknüpft. Ihre Hauptfunktion besteht darin, dass die Kinder ihre entdeckten, meist allgemeineren mathematischen Erkenntnisse, Strukturen und Zusammenhänge, zu allen wichtigen Themenbereichen eigenverantwortlich festhalten und diese für nachfolgende gemeinsame Auswertungen sowie fortlaufend für weitere Lerntätigkeiten zu nutzen. Somit werden mit den Eigenproduktionen (vgl. Selter 1993) in den Forscherheften auf sinnvolle Weise individuelles und kooperatives Lernen verbunden.

Heterogenität

Die Lernenden werden hinsichtlich ihrer Leistungspotenziale, ihrer Lernhaltungen, Willensqualitäten sowie ihrer kulturellen und familiären Herkunft u. Ä. als verschieden angesehen und diese Unterschiedlichkeit wird als sehr große Herausforderung für schulisches Lernen angesehen. Sie erfordert unterschiedliche schulpädagogische sowie didaktische Maßnahmen, um dennoch vergleichbare curriculare Ziele mit allen Lernenden erreichen zu können.

Homogenität

Die Lernenden werden als relativ einheitlich hinsichtlich ihrer Leistungspotenziale, im Allgemeinen auch bezüglich ihrer Lernhaltungen, Willensqualitäten, ihrer kulturellen bzw. familiären Herkunft u. Ä. betrachtet, was (scheinbar) als erleichternd für die Organisation und Durchführung von Unterricht angesehen wird. Zum Erreichen identischer curricularer Ziele werden dementsprechend auch gleiche schulpädagogische und didaktische Maßnahmen eingesetzt.

Individuelle Förderung

Unter individueller Förderung werden nach Solzbacher u. a. (2012, S. 242) alle Aktivitäten von Lehrkräften verstanden, die darauf gerichtet sind, die Persönlichkeitsentwicklung und die Entfaltung der Fähigkeiten und Begabungen eines jeden Kindes zu unterstützen. Ausgangspunkt sind die jeweilige Lebenswelt des Kindes, seine besonderen Bedürfnisse und die Bewältigung seiner Entwicklungsaufgaben. Individuelle Förderung orientiert sich stets an den Ressourcen des Kindes. – Grundorientierung sind die Akzeptanz der Vielfalt (Diversität) und die Umsetzung eines ganzheitlichen Bildungsanspruchs. Lehrkräfte sollten Lernumgebungen arrangieren, die Kinder anregen, ihre Entwicklung selbsttätig zu gestalten.

Inklusion, Inklusive Bildung, Inklusive Pädagogik

Inklusion bedeutet im Kontext dieses Buches die Wertschätzung der Vielfalt unserer Gesellschaft. Sie erkennt die Verschiedenheit von Menschen an und trägt der Individualität und den Bedürfnissen aller Menschen Rechnung. Unterschiede werden als Gewinn und Lernressource gesehen. Aus systemtheoretischer Sicht sind Inklusion und Exklusion „zwei Seiten einer Medaille", die kein graduelles Konzept oder einen statisch fixierten Zustand kennzeichnen, sondern vielmehr eine system- sowie zeitbezogene Zuschreibung. Menschen können demgemäß in unterschiedlichen Phasen und Situationen ihres Lebens inkludiert oder auch exkludiert sein. Mit genau diesen Prozessen setzt sich Inklusion basierend auf den allgemeinen Menschenrechten gesamtgesellschaftlich sowie bürgerrechtsorientiert auseinander (vgl. Veber 2015, S. 3).

Inklusive Bildung ist auf die Inklusions- und Exklusionsprozesse in der Schule (auch in außerunterrichtlichen schulischen Handlungsfeldern) fokussiert. Sie „zielt auf Überwindung einer auf Platzierungs- und Förderungsfragen von Schülern mit Behinderungen orientierten Sichtweise, stellt konsequent die grundlegende Frage nach dem Umgang mit Verschiedenheit im schulischen Kontext in den Mittelpunkt und richtet den Fokus auf Prozesse der Inkludierung bzw. der Exkludierung von Schülergruppen allgemein" (ebd.).

Inklusive Pädagogik meint in der oben beschriebenen Bedeutung einen Ansatz zur Umsetzung von Inklusion im pädagogischen Kontext. Sie bezieht sich auf alle pädagogischen Handlungsfelder über die Lebensspanne eines Menschen hinweg. Dabei werden Etikettierung und Klassifizierung abgelehnt. Ausgangspunkt der professionellen Bemühungen sind auch hier die Rechte von Ausgrenzung bedrohter sowie verletzbarer Menschen (vgl. ebd.).

Integration

Schulische Integration umfasst den Prozess, Kinder mit sonderpädagogischem Förderbedarf, mit einer außergewöhnlichen Begabung u. Ä. in den Unterricht von Regelschulen zu integrieren – unter der Perspektive, dass die Grundstruktur und die Rahmenbedingungen des Unterrichts an Regelschulen erhalten bleiben. Der Fokus liegt also vor allem auf das „Anpassen" der zu integrierenden Kinder.

Instruktion

Instruktion im traditionellen Verständnis (auch „direkter Unterricht") ist ein didaktisches Element, das von der Prämisse ausgeht, es sei Aufgabe des Lehrers, den Schülern etwas „beizubringen", und daraus Regeln für die möglichst effektive Gestaltung von lehrerzentrierten Klassenunterricht ableitet. In diesem Sinne bedeutet Instruktion auch: vermitteln, belehren, anleiten, unterweisen, und orientiert sich vor allem an den Defiziten von Kindern.

Instruktion im Kontext von Inklusion meint dagegen eine Begleitung der individuellen Lernprozesse der Kinder durch Pädagogen (Lernbegleiter). Diese schaffen für die Kinder anregende Lernumgebungen, regen soziale Interaktionen an und fördern somit ko-konstruktive Prozesse. In diesem Verständnis bedeutet Instruktion also: von- und miteinander lernen, beraten, anregen und begleiten, sodass vor allem die Potenziale und Stärken der Kinder gefördert werden.

Konstruktion

Mit dem Theorem „Konstruktion" ist vor allem ein Lernen auf eigenen (individuellen) Wegen gemeint und als Selbstbildung zu verstehen. Der Lerner organisiert
sich sein Wissen auf der Basis subjektiver Wahrnehmungs- und Erfahrungsbereiche selbst und fügt es in vorhandene Wissensnetze ein.

Kooperation

Unter Kooperation wird eine besondere soziale Beziehung zwischen verschiedenen Personen oder Personengruppen verstanden, die durch gemeinsam bestimmte und angestrebte Aufgaben sowie Ziele gekennzeichnet ist. Die Grundintention
besteht dabei darin, durch das gemeinsame Wirken entweder Handlungsabläufe zu verbessern und zu optimieren oder die Handlungsfähigkeit der beteiligten
Personen so zu erhöhen, wie es ohne die Kooperation nicht möglich erscheint.
Eine wesentliche Voraussetzung für gelingende Kooperation besteht in einem
Grundvertrauen zwischen den Kooperationspartnern.

Hinsichtlich des Ausmaßes kann man 3 Kooperationsformen unterscheiden:

▶ Austausch von Informationen und Materialien (als einfachste Kooperationsform),
▶ arbeitsteilige Kooperation (Aufteilung von Teilaufgaben eines Gesamtprojek-
tes an die jeweiligen Kooperationspartner, was gemeinsame Vereinbarungen
über Ziele und die Aufgaben voraussetzt),
▶ Ko-Konstruktion (sehr enge Kooperationsform, die gemeinsame Ziele und
eine intensive gemeinsame Arbeit beinhaltet). (Gräsel u. a. 2006)

Lernwerkstatt (Lern- oder Schülerlabor)

Unter einer Lernwerkstatt wird ein mit verschiedenartigen Materialien vorbere-
iteter Raum (oder eine Lernumgebung) verstanden, der Schüler selbstanregend
zum forschenden Lernen (zum Erkunden von Phänomenen, zum Experimentieren, projektartigen Bearbeiten komplexer Sachverhalte) animiert. Bei der ex-
tremsten Form, dem offenen forschenden Lernen, liegen alle Lernschritte, vom
Finden und Bestimmen eines Problems, über das Planen und Durchführen von
Lösungsschritten bis zur Präsentation und Analyse von Forschungsergebnissen,
in der Hauptverantwortung der Schüler.

Lernpatenschaft

Eine Lernpatenschaft umfasst eine zielgerichtete, meist längerfristige Zusammenarbeit unter Schülern. Sie ist durch eine vertrauensvolle Zusammenarbeit,
zum Beispiel zwischen einem leistungsstarken Schüler und einem Schüler mit
Lernproblemen oder einem Schüler mit Migrationshintergrund, geprägt – mit
dem vorrangigen Ziel, dass sich die Schüler gegenseitig stärken. So könnten einerseits die (zeitweiligen) Lernschwierigkeiten eines Schülers verringert oder
„abgebaut" werden, und andererseits würde auch der leistungsstarke Schüler
vom helfenden Lernen (zum Beispiel durch ein vertiefendes Eindringen in in-

haltliche Zusammenhänge) profitieren. Darüber hinaus können Lernpatenschaften zu einer nachhaltigen Verbesserung der Sozialkompetenzen, der Entwicklung von Selbstkonzepten u. a. beider Lernpaten beitragen. Lernpatenschaften beziehen sich somit nicht nur auf die Förderung fachlicher Kompetenzen, sondern auch auf motivationale und soziale Aspekte der Persönlichkeitsbildung.

Multiprofessionelle (Lehrer-)Teams (Team-Teaching)

Lehrer sowie zum Beispiel Erzieher, Sonderpädagogen oder Begabungsförderer, also pädagogisch professionelle Personen mit verschiedenen Spezialkompetenzen, arbeiten im Rahmen einer engen Kooperation als gleichberechtigte Partner in einem Team zusammen. Dabei orientieren sie sich an gemeinsam „akzeptierten und handlungsbestimmten Werten und Zielen und bilden so ein professionelles Selbst" (Bauer/Kopka 1996, S. 97). Multiprofessionelle Lehrerteams gelten als ein wesentliches Merkmal gelingender inklusiver Bildung.

Natürliche Differenzierung

Bei dieser Differenzierung vom Kinde aus erhalten alle Kinder die gleichen offenen und relativ komplexen Lernangebote, die so konzipiert sind, dass alle Schüler zum Bearbeiten und Lösen angeregt werden und die Möglichkeit haben, erfolgreich zu lernen. Dabei kann jeder Schüler selbst bestimmen, wie tief er in den Aufgabeninhalt bzw. in das Thema eindringt, welche Lernmittel er nutzt, welche Lösungswege er anwendet, ob er allein, zu zweit oder in einer Kleingruppe arbeitet und wie er seine Lösung darstellt.

Regelschule

Mit dem Begriff „Regelschule" sind in Deutschland alle allgemeinbildenden Schularten, also Grund-, Haupt-, Real- oder Gesamtschule sowie Gymnasium mit Ausnahme der Sonder- bzw. Förderschule, gemeint, die sich in der Trägerschaft eines Bundeslandes bzw. des Staates befinden. Auf diese Weise grenzt man Regelschulen von „privaten" bzw. „freien" oder „alternativen" Schulen ab.

Segregation

Segregation bezeichnet allgemein den Vorgang der „Entmischung" von unterschiedlichen Elementen in einem Beobachtungsgebiet. Man spricht dann von Segregation, wenn sich die Tendenz zu einer Polarisierung und räumlichen Aufteilung der Elemente gemäß bestimmter Eigenschaften beobachten lässt. In Bezug auf schulisches Lernen wird mit Segregation demgemäß ein zumindest zeitweiliges beobachtbares „Entmischen" bzw. Trennen von Schülern aufgrund ihrer Leistungsunterschiede beim Lernen in einem oder in mehreren Fächern verstanden.

Selbstkompetenz

Unter Selbstkompetenz (eines Schülers) wird die Fähigkeit verstanden, „in sich verändernden Zusammenhängen motiviert und aktiv gestaltend handeln zu können. Die Handlungsfähigkeit des Einzelnen hängt entscheidend von der Fähigkeit ab, Wissen und Emotionen miteinander zu verknüpfen" (Künne/Sauerhering 2012, S. 7). Demgemäß ist die Entwicklung von Selbstkompetenz ein dynamischer Prozess, der wesentlich durch erzieherische Einflüsse geprägt werden kann. So sind für eine nachhaltige Selbstkompetenzförderung professionelle pädagogische Beziehungen sowie die Gestaltung fordernder wie zugleich fördernder Lernumgebungen von zentraler Bedeutung.

Selbstbestimmtes bzw. selbstreguliertes Lernen

Selbstbestimmtes Lernen bedeutet allgemein, dass Lernende über die Ziele und Inhalte, über die Formen und Wege, Ergebnisse und Zeiten sowie die Orte ihres Lernens selbst entscheiden.

Wenn Lernende bei vorgegebenen Inhalten und Zielen ihr eigenes Lernen selbst steuern und Entscheidungen über die Art und Weise ihrer Lernorganisation fällen, spricht man besser vom „selbstorganisierten Lernen".

Die Befähigung zum selbstbestimmten bzw. selbstregulierten Lernen ist im Allgemeinen ein längerfristiger Prozess, der Phasen der Anleitung und Beratung durch die Lehrkräfte wie auch eine stetige (selbst-)kritische Reflexion und einen regen Austausch mit den Mitschülern einschließt.

Selektion

Selektion bedeutet, dass die Schüler im Hinblick auf verschiedene Schullaufbahnen und Lebenschancen „sortiert" werden. Eine solche markante Selektion wird in Deutschland bereits mit der Feststellung des Konstruktes „Schulfähigkeit" vorgenommen und am Ende der Grundschulzeit mit dem Bestimmen der weiteren schulischen Laufbahn wiederholt, wenn für die Schüler entweder über ein Weiterlernen an einer Real- bzw. Regel- oder Gesamtschule oder an einem Gymnasium (häufig noch mit einem speziellen Profil) entschieden wird. „Steuerungsmittel" sind in erster Linie die bis dato gezeigten Leistungen eines Schülers sowie seine von den Lehrkräften eingeschätzten Leistungspotenziale.

Sonderpädagogik

Hierunter versteht man eine pädagogische Spezialdisziplin, die Konzepte für die Förderung von Kindern und Jugendlichen entwickelt und realisiert, für die ein sonderpädagogischer Förderbedarf festgestellt wurde. Die Förderung von diesen Schülern schließt auch als Ziel deren Eingliederung bzw. Inklusion ein. Ihr Forschungsgegenstand ist demgemäß die Entwicklung und Evaluation von effektiven Maßnahmen für die betroffenen Schüler.

Stationenlernen

Das Stationenlernen, auch als „Stationenbetrieb", „Stationenarbeit", „Lernzirkel" oder „Lerntheke" bezeichnet, ist eine besondere Organisationsform differenzierenden Übens. Die Differenzierung kann sich auf verschiedene Lernthemen wie auch auf unterschiedliche Anforderungsniveaus beziehen. Üblich ist, dass sich die Schüler in Kleingruppen an verschiedenen (meist 3 bis 5) Stationen mit jeweils unterschiedlichen Lernthemen selbstständig und eigenverantwortlich beschäftigen. Die Zeitdauer für die Arbeit an einer Station beträgt häufig 10 bis 20 Minuten, woraus sich die Möglichkeit eines mehrfachen Stationenwechsels in einer Lerneinheit ergibt. Alternativ können Schüler beim Stationenlernen auch Wahlmöglichkeiten hinsichtlich der Zeiteinteilung, der Reihenfolge der Bearbeitung von Aufgaben oder der Sozialform haben, um individuelles und selbstbestimmtes Lernen stärker anzuregen. Oft wird das Lernen an Stationen zudem genutzt, um mit unterschiedliche Arbeitsformen wie Basteln, Schreiben, Computerarbeit oder Spielen ein abwechslungsreiches und ein differenzierendes Üben zu ermöglichen.

Stuhl- und Gesprächskreise

Die Grundintention dieses in verschiedenen Varianten gestalteten Organisationsformates besteht darin, den Kindern in einer vertrauten und vertrauensvollen Atmosphäre die Möglichkeit zu einem freien Gedankenaustausch und zur gemeinsamen Mitbestimmung über die Gestaltung ihres Gemeinschaftslebens und ihres Unterrichts zu geben. Ein solches Grundanliegen entspricht ausdrücklich den Kernideen Inklusiver Bildung, woraus sich der hohe Stellenwert von Stuhl- und Gesprächskreisen für einen inklusiven Mathematikunterricht ergibt.

Wochenplanarbeit

Wochenplanarbeit ist eine Organisationsform, die im Kontext Inklusiver Bildung vor allem der Förderung selbstbestimmten und eigenverantwortlichen Lernens dient. Die Grundidee besteht darin, dass jedes Kind für den Zeitraum einer Woche persönliche Lernziele bestimmt, hierzu seine Lernergebnisse dokumentiert und darüber rückblickend reflektiert. Die Lehrkräfte stehen dabei den Schülern als Lernbegleiter zur Seite. Eine übliche Form der Wochenplanarbeit besteht darin, dass die Lehrkräfte Pflichtaufgaben als Basislernprogramm und/oder differenzierende Aufgaben, die den jeweiligen Lernbedürfnissen der Kinder entsprechen, vorgeben und die Schüler weitere Übungsaufgaben selbst bestimmen können.

Zieldifferenzierter Förderplan

Für Kinder mit besonderem Förderbedarf ist es in einem inklusiven Mathematikunterricht sinnvoll, zieldifferenzierte Förderpläne zu bestimmen, die ihren tatsächlichen Lernvoraussetzungen und -bedürfnissen entsprechen. Die in einem solchen Förderplan enthaltenen Zielvereinbarungen und Fördermaßnahmen weichen somit von denen anderer Kinder mit „üblichen" Lernbiografien deutlich ab.

Über die Autorinnen und Autoren dieses Bandes

Dr. Ralf Benölken ist Juniorprofessor für Didaktik der Mathematik an der Universität Münster. Seine Forschungsschwerpunkte sind mathematische Begabungen, Rechenprobleme, daran anknüpfend Fragen der individuellen Diagnostik und Förderung (insbesondere im inklusiven Mathematikunterricht) sowie Ansätze zur Gestaltung geschlechtergerechten Mathematikunterrichts.

Daniel Bertels ist abgeordnete Lehrkraft am Institut für Erziehungswissenschaft, Abteilung Schulpädagogik/Schul- und Unterrichtsforschung (Arbeitseinheit Prof. Dr. Christian Fischer) an der Westfälischen Wilhelms-Universität Münster. Seine Schwerpunkte in der Lehre sind sonderpädagogische Unterstützungsbedarfe in inklusiven Kontexten, Inklusive Bildung und Individuelle Förderung.

Dr. Nina Berlinger ist Studienrätin i. H. am Institut für Didaktik der Mathematik und der Informatik an der Universität Münster und in der mathematikdidaktischen Grundschullehrerausbildung tätig. Ihr Forschungsschwerpunkt ist die Diagnostik und Förderung mathematisch begabter Kinder, insbesondere die Bedeutung des räumlichen Vorstellungsvermögens für derart begabte Grundschulkinder.

Dr. Nadine Ehrlich ist Gymnasiallehrerin und unterrichtet Mathematik, Physik und Pädagogik. Sie engagiert sich in Netzwerken zur individuellen Förderung sowie zum sprachsensiblen Mathematikunterricht. Zuvor promovierte sie zum Themenkomplex „Mathematisch begabte Sechst- und SiebtklässlerInnen" und erwarb diverse Erfahrungen in der universitären Forschung und Lehre.

Dr. Mandy Fuchs ist Professorin für die Didaktik frühkindlicher Bildung an der Hochschule Neubrandenburg und seit ca. 20 Jahren in der Aus- und Fortbildung pädagogischer Fachkräfte in Grundschulen und Kitas tätig. Ihre Schwerpunkte sind die Entwicklung mathematischer Lernkonzepte zur Förderung von Kindern in heterogenen Lerngruppen sowie ihrer mathematischen Begabungen.

Matthias Geukes ist Schulleiter einer Hauptschule im westfälischen Halle. Er unterrichtet Mathematik und Technik und ist seit 10 Jahren in der Lehrerfortbildung tätig. Seine Arbeitsschwerpunkte sind die Unterrichtsentwicklung im Fach Mathematik unter dem Fokus der individuellen Förderung, insbesondere die Unterstützung von Stärken bei vermeintlich „leistungsschwachen" SchülerInnen.

Stefanie Jansing studierte das Grundschullehramt an der Universität in Münster. Seit 2 Jahren arbeitet sie an einer Dortmunder Grundschule, an der bereits seit vielen Jahren inklusiv unterrichtet wird. Frau Jansing besitzt mehrjährige Erfahrungen in der Förderung mathematisch begabter Kinder, aber ebenso in der Förderung von Kindern mit unterschiedlichen Förderschwerpunkten.

Prof. Dr. Friedhelm Käpnick ist Professor für Mathematikdidaktik an der Westfälischen Wilhelms-Universität Münster und seit 30 Jahren in der Aus-, Fort- und Weiterbildung tätig. Seine Arbeits- und Forschungsschwerpunkte sind die Diagnostik und Förderung von mathematisch begabten Kindern in verschiedenen Altersstufen sowie die Entwicklung von Lehr-Lern-Materialien für den regulären Mathematikunterricht unter dem besonderen Fokus der individuellen Förderung von Kindern.

Janine Kelm hat das Lehramt für die Sekundarstufe I studiert und ist derzeit wissenschaftliche Mitarbeiterin am Institut für Didaktik der Mathematik und der Informatik an der WWU Münster. Ihr Forschungsschwerpunkt umfasst die Diagnostik und Förderung von Kindern mit Rechenproblemen.

Britta Sjuts ist wissenschaftliche Mitarbeiterin am Institut für Didaktik der Mathematik und der Informatik an der Westfälischen Wilhelms-Universität Münster. Ihr Forschungsschwerpunkt ist die Diagnostik und Förderung von mathematisch begabten Kindern, vor allem von Fünft- und SechstklässlerInnen.

Marcel Veber ist abgeordnete Lehrkraft am Institut für Erziehungswissenschaft, Abteilung Schulpädagogik/Schul- und Unterrichtsforschung (Arbeitseinheit Prof. Dr. Christian Fischer) an der Universität Münster. Seine Schwerpunkte in Lehre und Forschung sind Inklusive Bildung, Individuelle Förderung in inklusiven Settings, inklusive LehrerInnenbildung sowie inklusive Begabungsförderung.

Bildquellenverzeichnis

S. 63: © elypse – Fotolia.com
S. 122, 135, 143, 145, 146, 176, 178, 181, 182, 212, 227, 228: Abbildungen aus Schulbüchern mit freundlicher Genehmigung des Cornelsen Verlages Berlin
Die Abbildungen von Schülerarbeiten stammen aus dem Archiv der Autoren.

Unter **www.friedrich-verlag.de** finden Sie Materialien zum Buch als Download.
Bitte geben Sie den achtstelligen Download-Code in das Suchfeld ein.

DOWNLOAD-CODE: **d14833vv**

Hinweis:

Das Download-Material enthält Kopiervorlagen mit Arbeitsblättern und OHP-Vorlagen zu in Kapitel 6 vorgestellten Organisationsformen.

Haben Sie Fragen zum Download? Dann wenden Sie sich bitte
an den Leserservice der Friedrich Verlags GmbH.
Schreiben Sie uns oder rufen Sie uns an!

Sie erreichen unseren Leserservice
Montag bis Donnerstag von 8 – 18 Uhr
Freitag von 8 – 14 Uhr
Tel.: 05 11/4 00 04-150
Fax: 05 11/4 00 04-170
E-Mail: *leserservice@friedrich-verlag.de*

Wir freuen uns über Ihre Rückmeldungen und helfen Ihnen gerne weiter!